Old English Dictionary

The English language as spoken from circa 700 AD until 1100 AD

Ænglisċ – English

English – Ænglisċ

Matthew Eagles

THE CHOIR PRESS

Copyright © 2020-2023 Matthew Eagles

All rights reserved. No part of this publication may be reproduced or transmitted in any form or by any means, electronic or mechanical including photocopying, recording or any information storage or retrieval system, without prior permission in writing from the publishers.

The right of Matthew Eagles to be identified as the author of this work has been asserted by him in accordance with the Copyright, Designs and Patents Act 1988

First published in the United Kingdom in 2020 by
New Generation Publishing

This revised and updated edition published in 2023 by
The Choir Press
ISBN 978-1-78963-370-2
Printed and bound by CPI Group (UK) Ltd,
Croydon, CR0 4YY

Contents

Preface to 2nd edition 5
Abbreviations used in this dictionary 8
The Alphabet 8
Pronunciation 9
Relation to other languages 12
Grammar 13
    Nouns 13
    Adjectives 15
    Adverbs 17
    Pronouns 17
    Interrogative pronouns: hwā ('who')/hwæt ('what') 18
    Hwæþer ('which of two') 18
    Hwilċ ('which') 19
    'The'/'that' 19
    'This' 20
    Strong verbs 20
    Weak verbs 24
    Preterite-present verbs 27
    i-mutation 27
Bibliography 29
Place names 30
    Britain 30
    Countries and Continents 37
Cardinal numbers and the calendar 41
Ænglisċ – English 42
English – Ænglisċ 214

Preface to 2nd edition

"Old English", also known as Anglo-Saxon, is the version of English as spoken in England around 700 to 1100 AD. My reason for compiling this dictionary is that, try as I might, I was unable to find anywhere a two-way dictionary between Old English and Modern English, or a pocket-sized Old English dictionary. Given how instructive Old English can be in showing the origin of many words in Modern English, for example **hūs** → 'house' it seemed to me that there was a gap in need of being filled.

Although modern England is a single country, in the days of Old English it was more an association of tribal areas, each having its own king: East Anglia, Essex, Kent, Mercia (the Midlands), Northumbria, Sussex, and Wessex (most of southern England). Hence Old English existed as separate dialects: Mercian, Northumbrian, Kentish, and West Saxon. However, most surviving manuscripts were written in the West Saxon dialect, and this is the version that is considered to be 'standard' Old English, and which is given in this dictionary.

As a result of its dialectal nature, spelling was not as standardised as in Modern English – many variant spellings from those listed here can exist, although some variations have been included. It is very difficult to be consistent in terms of the format and presentation of content, but I have tried my best. Common variations in spelling include **i/ie/y**; **ī/īe/ȳ**; **a/æ/ea**; words ending **-nes** can also be spelt **-nis**; also the matter of whether a vowel is long or short is not always certain. In this dictionary I have tried to keep to standardised spellings as much as possible.

I would certainly not call myself the greatest expert in Old English, but have studied it for several years as an amateur. In my favour, I am a perfectionist and pay a lot of attention to detail. I have researched extensively, as per the Bibliography section, but any mistakes are my own. My own interest is purely linguistic, focussing on the language rather than the culture or history of England at the time.

One notable feature of this dictionary is that I have given a suggestion of the likely pronunciation of each word, based on the best knowledge available, sometimes with a slight bias towards what is pronounceable to Modern English speakers. I have of course tried to be consistent but it is often a matter of simply applying judgement based on the spelling of words.

Words that have only been found in poetry have generally not been included, apart from some exceptions. Also, I have generally omitted obscure words, although many of these indicate concepts that were important in the days when Old English was used (i.e. around 1000AD), especially around war and religion.

Compared with dictionaries in general, this one is perhaps better adapted to casual browsing. The plural of **fōt** 'foot' is **fēt** 'feet' and the plural of **tōþ** 'tooth' is **tēþ** 'teeth', so the same change of vowel occurs in Old English as in the modern language. The past tense of the verb **blōwan** 'to blow' is **blēow** 'blew', but similarly the past tense of **rōwan** 'to row' is **rēow**, which suggests that in Modern English the phrase "The team rowed to victory" could in fact have been "The team rew to victory"!

And then there is the single word **gytesǣl** that translates as "(the) joy at the pouring out of wine", or the word **grīstbitung** which means "(the) gnashing of teeth". There are many Old English words for such things as 'warrior', 'battle', 'chief', 'brave', 'cruel' etc. which gives an idea of the concepts that were most of interest to people of

1000 years ago. Furthermore a lot of poetry was written, giving rise to some rather lyrical terms: the word **bānhūs** for 'body' literally translating as "bone-house", or **hwælweġ** 'sea' translating as "whale-road".

In Old English, **wordhord** meant 'a collection of words'. This dictionary has a **wordhord** of over 5,000 Old English words, plus place names, which I have collected from dictionaries, textbooks and Wikipedia (see bibliography). Those of modern coinage are designated with "N" for "new". It is not an exhaustive collection, and other words exist that will not be found in this dictionary, but I have generally tried to select the most commonly-used words.

There is an expression in Old English: **Þǣr ēower goldhord is, þǣr biþ ēower heorte**, that is: "Wherever your treasure is, there is your heart". Substitute **wordhord** for **goldhord** and perhaps you have my reason for compiling the dictionary. Among my other amendments for this second edition, of which there is an extensive list, I have made changes following reviewers' comments on Amazon, and I would like to note my thanks to those reviewers for enabling me to make such improvements. Thanks are also due to Professor Ricardo Paderni of the Department of Modern Languages, Universidad Nacional de Mar del Plata, for his advice on pronunciation; this second edition has an improved pronunciation section as a result. I have been very much gladdened by the positive reaction to the first edition, and hope that this second edition will also be considered a worthwhile venture by others in using it as much as it has been for me in compiling it.

Matthew Eagles
2nd edition, February 2023

Abbreviations used in this dictionary

acc	accusative	m. / Masc	masculine
adj.	adjective	n. / Neu	neuter
adv.	adverb	nom	nominative
comp.	comparative	partic.	participle
conj.	conjunction	pers.	person
dat	dative	pl.	plural
f. / Fem	feminine	prep.	preposition
gen	genitive	pres.	present
indecl.	indeclinable	pret-pres	preterite-present
indef.	indefinite		
Indic	indicative	pron.	pronoun
inst	instrumental	rel.	relative
interj.	interjection	sing.	singular
LWS	Late West Saxon	Subj	subjunctive
		superl.	superlative

The Alphabet

Old English was originally written using a runic alphabet, known as 'futhorc' or 'fuþorc' after the sounds of the first six letters. In time this runic alphabet was replaced with a Latin alphabet similar to that used for English today. In its Latin form, the Old English alphabet was less standard than the modern alphabet, but can be thought of as having 24 letters as below:

A Æ B C D Ð E F G H I L M N O P R S T Þ U W X Y

The letters **Ð** (lower case **ð**) and **Þ** (**þ**) both represent the 'th' sound as in 'thunder' or 'bathe'. They were used interchangeably in Old

English, so for example the word **þrēo** for 'three' could also have been written **ðrēo**. In this dictionary, only **Þ/þ** is used.

The name of the letter **Æ** is 'æsċ' (pronounced 'ash'); **Þ** is 'þorn' (pronounced 'thorn'); **Ð** is pronounced 'eth'. The symbol **Ƿ/ƿ** ('wynn') was sometimes used instead of **W/w**, but this dictionary uses **W/w**.

Old English vowels can be long or short, e.g. **a** (short) / **ā** (long) – long vowels are marked with a macron (¯) over the letter. Also, **c** and **g** can either be marked with a dot above (i.e., **ċ** or **ġ**) or without, depending on the pronunciation. I have tried to indicate dots over c and g where I believe they apply, but it is possible that some errors are present - similarly, there can be discrepancies between different sources as to whether a vowel should be long or short.

Pronunciation

This dictionary uses standard phonetic symbols to indicate how words were likely to have been pronounced: the advantage of these is that they are unambiguous, only ever representing one sound.

Double consonants are pronounced double, e.g. 'nn' sounded as in 'penknife' not as in 'pen'. There are no silent letters in Old English.

In general, Old English words are accented on the first syllable, except that words beginning with the prefix **ġe-** are accented on the second syllable, and verbs beginning with prefixes are accented on the next syllable after the prefix.

The pronunciation shown in this dictionary is a guide only; in some cases there is a slight 'bias' towards what is achievable by Modern

English speakers. Therefore in some cases the pronunciation shown may not be strictly correct, but should still be a good approximation. For example, long vowels (as marked with macrons) were always in practice simply longer versions of the shortened vowel. The example words shown are based on the British English accent (Received Pronunciation).

Old English; Phonetic symbol representing the approximate sound; Description

a	ɑ	a-h**a**
ā	ɑː	f**a**ther
æ	æ	b**a**t. Name of letter is 'ash' (æsc).
ǣ	æː	h**a**s
b	b	
c	k	**k**ick
ċ	tʃ	**ch**ild
ċġ	dʒ	as the 'j' in **j**aw. can be written either as ċġ or cg – pronunciation is the same.
d	d	
e	ɛ	l**e**t
ē	ɛː	p**air**
ea	æɑ	**a** as in b**a**t followed by **a** as in a-h**a**
ēa	æːɑ	**a** as in h**a**s followed by **a** as in a-h**a**
eo	eo	**e** as in l**e**t followed by **aw** as in l**aw**n (but shorter)
ēo	eːo	**air** as in p**air** followed by **aw** as in l**aw**n (but shorter)
f	f	If not at beginning or end of word, and not next to p, t or c, pronounced /v/
ff	f	
g	g	**g**arden
ġ	j	/x/ if not at start of syllable. Pronounced like 'ch' in Scottish 'loch' after a back vowel (a, o, u), or a back vowel and a non-nasal consonant. After a frontal

		vowel (æ, e, i, or y), similar to 'h' in 'human' or 'ch' in German 'ich'. ȝ (the letter 'yogh') may also be seen instead of ġ.
h-	h	**h**ill. Initial h is always sounded even in front of other consonants.
-h	x	lo**ch**
i	i/ɪ	s**ee**
ī	iː	mach**i**ne
ie	ɪ	pronounced the same way as 'i'
īe	iː	pronounced the same way as 'ī'
l	l	**l**uck
m	m	
n	n	
ng	ŋg	as in 'a**ng**er' - i.e. the g is pronounced.
nġ	ndʒ	as in 'reve**nge**'
o	ɒ	r**o**d
ō	ɔː	l**aw**n
oe	ø	as in German 'sch**ö**n'
ōe	øː	as above, but held longer
p	p	
r	r	may have been trilled, or pronounced as in modern southern England. Pronounced even at end of word.
s	s	If not at beginning or end of word, and not next to p, t or c, pronounced /z/
ss	s	
sc	ʃ	as in **sh**ow. Exception is āscian: /sk/. When pronounced 'sh' /ʃ/, usually written sċ.
st	st	
t	t	
þ	θ	If not at beginning of word, and not next to p, t or c, pronounced /ð/. The difference is that /ð/ is the 'th' sound in bathe whereas /θ/ is 'th' as in 'lithium'.
u	u/ʊ	sh**oo**t

ū	u:	sm**oo**th
w	w	Pronounced even at end of word. Note that p (wynn) can also be used instead of w.
x	ks	
y	y	as in German '**ü**ber' or French '**tu**'
ȳ	y:	as above, but held longer

Relation to other languages

Old English has many commonalities with other Germanic languages such as Danish and German, sometimes in words that are now quite different in Modern English. Examples below:

Modern Engl.	*Old English*	*Danish*	*German*
bird	fugol	fugl	Vogel
collection	samnung	samling	Sammlung
egg	æg	æg	Ei
entrance	ingang	indgang *	Eingang
noble	æþele	ædel **	Edel
part	dǣl	del	Teil
peace	friþ	fred **	Friede
severe	strang	streng	streng
sorrow	sorg	sorg	Sorge (='worry')
voice	stemn	stemme	Stimme

* 'd' here is silent. ** 'd' here is pronounced 'th'

This also explains the derivation of some 'new' Old English words, e.g. television = 'feorrsīen', perhaps based on the Danish 'fjernsyn', which is not unreasonable given the Danish (Viking) influence on Old English.

Grammar

This section is not intended to be exhaustive, but to serve as a set of basic notes. Old English is a conjugated language, that is the endings of verbs (and other words) can change depending on the context. So 'stone' is **stān**, 'stones' is **stānas**, 'to the stones' is **tō þǣm stānum** and 'of the stones' is **þāra stāna**. Similarly, 'I want' is **iċ wille**, 'you want' is **þū wilt** and 'we want' is **wē willaþ**. There are many more endings in Old English compared with Modern English, depending on:
- Whether a noun is masculine, feminine or neuter
- Whether a verb is in the past tense or present tense
- Whether a noun is used with a preposition
- The grammatical case required. There are five available in Old English – nominative, accusative, genitive, dative and instrumental.

Nouns and adjectives are said to 'decline' if their endings change in this way; nearly all do so, although a few are 'indeclinable' and so never change their ending.

Nouns

1. Strong masculine nouns

(a) default type:
stān 'stone'

	Sing.	*Plural*
Nom	stān	stānas
Acc	stān	stānas
Dat	stāne	stānum
Gen	stānes	stāna

(b) ending **-u**:
sunu 'son'

	Sing.	*Plural*
Nom	sunu	suna
Acc	sunu	suna
Dat	suna	sunum
Gen	suna	suna

(c) ending **-r** (incl. feminines):
mōdor 'mother'

	Sing.	Plural
Nom	mōdor	mōdor
Acc	mōdor	mōdor
Dat	mēder	mōdrum
Gen	mōdor	mōdra

(d) ending **-nd**, formed from the present participle of verbs:
frēond 'friend'

	Sing.	Plural
Nom	frēond	frīend
Acc	frēond	frīend
Dat	frīend	frēondum
Gen	frēondes	frēonda

(e) ending **-end**:
būend 'dweller'

	Singular	Plural
Nom	būend	būend
Acc	būend	būend
Dat	būend	būendum
Gen	būendes	būendra

2. Strong feminine nouns

(1) default type: **e**-accusatives

(a - short syllable then final vowel):
ġiefu 'gift'

	Singular	Plural
Nom	ġiefu	ġiefa
Acc	ġiefe	ġiefa
Dat	ġiefe	ġiefum
Gen	ġiefe	ġiefena

(b) **spræċ** 'speech'

	Singular	Plural
Nom	spræċ	spræċa
Acc	spræċe	spræċa
Dat	spræċe	spræċum
Gen	spræċe	spræċa

Nouns ending **-en** double the **n** in inflection, as do those ending **-ræden**. Those ending **-nes** double the s in inflection.

3. Strong neuter nouns:
sċip 'ship'

	Singular	Plural
Nom	sċip	sċipu
Acc	sċip	sċipu
Dat	sċipe	sċipum
Gen	sċipes	sċipa

A neuter noun only has plural ending **-u** if it has a short syllable.

4. Weak nouns

	Masc.	Neu.	Fem.	Plural
Nom	-a	-e	-e	-an
Acc	-an	-e	-an	-an
Dat	-an	-an	-an	-ena
Gen	-an	-an	-an	-um

Nouns are usually strong unless specified as weak. A weak noun uses a strong adjective unless the rules for using weak adjectives (below) are met.

Adjectives

1. Strong adjectives:
cwic 'alive'

	Masc	Singular Neu	Fem
Nom	cwic	cwic	cwicu
Acc	cwicne	cwic	cwice
Dat	cwicum	cwicum	cwicre
Gen	cwices	cwices	cwicre
Instr	cwice	cwice	(cwicre)

		Plural	
Nom	cwice	cwicum	cwice, -a
Acc	cwice	cwicum	cwice, -a
Dat	cwicum	cwicum	cwicum
Gen	cwicra	cwicra	cwicra

Adjectives containing **æ** change it to **a** for all suffixes starting with a vowel. e.g. **glæd** 'glad' (nom) – **glades** (gen, masc) but **glædra** (gen, fem).

Those ending **-e** drop it before any suffix, e.g. **swēte** 'sweet' – nom pl. **swētu**.

Those ending **-ig, -el, -ol, -en, -er, -or** often contract before inflections beginning with a vowel.

Those ending **-u** change it to **w** before suffixes beginning with vowel, to **o** before suffixes beginning with consonant, or left as **u** with no suffix. e.g. **ġearu** 'ready' (nom) - **ġearwes** (gen, masc) but **ġearora** (gen, fem).

An adjective on its own without a noun = 'the ... one', e.g. **se ealda** = 'the old one, the old man'

2. Weak adjectives

These have the same endings as weak nouns. Note that **gōd** 'good', used in the example below, can also be a strong adjective:

		Singular	
	Masc	Neu	Fem
Nom	gōda	gōde	gōde
Acc	gōdan	gōde	gōdan
Dat	gōdan	gōdan	gōdan
Gen	gōdan	gōdan	gōdan

		Plural	
Nom	gōdan	gōdan	gōdan
Acc	gōdan	gōdan	gōdan
Dat	gōdum	gōdum	gōdum
Gen	gōdena	gōdena	gōdena

Weak adjectives are used in these cases:
(i) with the definite article **se/sēo/þæt** ('the') etc.
(ii) demonstrative pronouns (**þes/ þis/þēos** etc. – 'this')
(iii) possessive adjectives (**mīn** 'mine', **þīn** 'your' etc. - especially in the later period) - but not **his/hiere/hiera**
(iv) in the vocative case, i.e. when a person or thing was addressed, invoked or called upon: **ēalā þū lēofa cyning!** 'oh, thou dear king!'
Otherwise the strong forms are used. Possessive pronouns themselves are always strong, as is **ōþer** 'second'.

To form comparative adjectives (e.g. bigger, smaller, nearer), add **-ra** and decline as a weak adjective.
To form superlative adjectives (e.g. biggest, smallest, nearest): add **-ost**; the adjective can be weak or strong. Ending can be **-est** if there is i-mutation (see below). If adj. ends **-iġ**, the superlative ends **-igost**.

Adverbs

Add **-e** or **-līċe** to adj. ending. Examples: **wearme** 'warmly' from **wearm**; **beorhte** 'brightly', **wundorlīċe** 'wondrously'.

Pronouns

	Nom	*Acc*	*Dat*	*Gen*
I	ic	mē, meċ	mē	mīn
you/thou	þū	þē, þeċ	þē	þīn
we two	wit	unc, uncit	unc	uncer
you two	ġit	inċ, inċit	inċ	inċer

	Nom	Acc	Dat	Gen
we (pl.)	wē	ūs, ūsiċ	ūs	ūre, ūser
you (pl.)	ġē	ēow, ēowiċ	ēow	ēower
he	hē	hine	him	his
it	hit	hit	him	his
she	hēo	hīe	hiere	hiere
they	hīe	hīe	him	hiera

'We two' (**wit**) and 'You two' (**ġit**) are rarely used. Expressions such as 'on it' etc. are generally expressed as **þǣron** rather than **on hit** - **þǣr** takes the place of **hit**, and the preposition is appended.

Interrogative pronouns: hwā ('who')/hwæt ('what')

	Masc/Fem	Neu
Nom	hwā	hwæt
Acc	hwone	hwæt
Dat	hwǣm, hwām	hwǣm, hwām
Gen	hwæs	hwæs
Instr	hwȳ	hwȳ

Hwæþer ('which of two')

	Singular		
	Masc	Neu	Fem
Nom	hwæþer	hwæþer	hwæþer
Acc	hwæþerne	hwæþer	hwæþere
Dat	hwæþrum	hwæþrum	hwæþerre
Gen	hwæþres	hwæþres	hwæþerre
Instr	hwæþre	hwæþre	hwæþerre

	Plural		
	Masc	Neu	Fem
Nom	hwæþre	hwæþer	hwæþra
Acc	hwæþre	hwæþer	hwæþra

Dat	hwæþrum	hwæþrum	hwæþrum
Gen	hwæþerra	hwæþerra	hwæþerra
Instr	hwæþrum	hwæþrum	hwæþrum

Hwilċ ('which')

	Singular		
	Masc	*Neu*	*Fem*
Nom	hwilċ	hwilċ	hwilċ
Acc	hwilcne	hwilċ	hwilċe
Dat	hwilcum	hwilcum	hwilcre
Gen	hwilċes	hwilċes	hwilcre
Instr	hwilċe	hwilċe	hwilcre

	Plural		
	Masc	Neu	Fem
Nom	hwilċe	hwilċ	hwilca
Acc	hwilċe	hwilċ	hwilca
Dat	hwilcum	hwilcum	hwilcum
Gen	hwilcra	hwilcra	hwilcra
Instr	hwilcum	hwilcum	hwilcum

'The'/'that'

	Singular			
	Masc	*Neu*	*Fem*	*Plural*
Nom	se	þæt	sēo	þā
Acc	þone	þæt	þā	þā
Dat	þǣm, þām	þǣm, þām	þǣre	þǣm, þām
Gen	þæs	þæs	þǣre	þāra
Instr	þȳ, þon	þȳ, þon	(dative used for fem/pl.)	

The above with **þe** becomes a relative pronoun meaning 'who, which, that', e.g. 'It was John who did that' = 'Hit wæs Iohannes **se þe** dyde þæt'; 'The house which I live in is old' = 'Þæt hūs in **þǣm þe** iċ wunie is eald'

There is generally no indefinite article (i.e. 'a') in Old English, so **hūs** could be 'a house' or 'house'.

'This'

	Masc	Singular Neu	Fem	Plural
Nom	þes	þis	þēos	þās
Acc	þisne	þis	þās	þās
Dat	þissum	þissum	þisse	þissum
Gen	þisses	þisses	þisse	þissa
Instr	þȳs	þȳs	(dative used for fem/pl)	

þisse/þissa can also be spelt **þisre/þisra**.

Strong verbs

A verb is classified as 'strong' if the stem of the verb changes depending on person and tense. An example in Modern English would be the verb 'to ring', where the past tense is 'rang' or 'had rung'. Below is a general conjugation of strong verbs, based on the example **bindan** 'to bind':

		Indic.	Subj.
Pres.	1st person singular ('I'/**iċ**)	binde	binde
	2nd person singular ('you'/**þū**)	bindest	binde
	3rd person singular ('he', 'she', 'it' / **hē, hit, hēo**)	bindeþ	binde
	plural ('we', 'you', 'they' / **wē, ġē, hīe**)	bindaþ	binden
Past	1st person singular ('I'/**iċ**)	band	binde
	2nd person singular ('you'/**þū**)	bunde	binde

	Indic.	*Subj.*
3rd person singular ('he', 'she', 'it' / **hē, hit, hēo**)	band	binde
plural ('we', 'you', 'they' / **wē, ġē, hīe**)	bundon	binden

Imperative singular **bind**, plural **bindaþ**. Infinitive **bindan**
Present participle **bindende**, past participle **ġebunden**.
Gerund: **tō bindenne**
Example of use: **wē bindaþ** = 'we bind'.

Some brief notes on usage of the above forms:
- Sentences in Old English can either be indicative ('I am binding'), or subjunctive ('I would bind ... '). The subjunctive mood is generally used for conditional statements, or to express wishes or desires.
- The imperative is used for giving instructions, e.g. **bind þis** = 'bind this!'
- The infinitive is the 'neutral' form of a verb, expressed by 'to ...' in Modern English, e.g. 'I don't want **to bind** this'. When looking up a verb in a dictionary, the infinitive is the form that is shown – **bindan** in the example above.
- The present participle is a type of adjective formed from the present tense of a verb, e.g. 'a binding contract'. The past participle is formed from the past tense, e.g., 'a bound book'.
- A gerund is a verb form that functions as if it were a noun, e.g. 'To bind this together is difficult', or 'Binding this is difficult'.
- The present tense can also be used for the future: **iċ singe** means 'I sing', whereas **tōmorgen iċ singe** would translate as 'tomorrow I will sing'.

There are seven general types of strong verb for all Germanic languages; the listings in this dictionary show which type each strong verb belongs to (where known). They are:

*Type 1 – like **scīnan** 'to shine': stem of infinitive contains **ī***
    Indicative, present tense: iċ **scīne,** þū **scīnst,** hē/hēo/hit **scīnþ**, wē/ġē/hīe **scinaþ**.
    Indicative, past tense: iċ **scān**, þū **scīte**, hē/hēo/hit **scān**, wē/ġē/hīe **scinon**.
    Past participle **scinen.**

*Type 2 – like **cēosan** 'to choose': stem of infinitive contains **ēo** or **ū***
    Indicative, present tense: iċ **ċēose**, þū. **ċīest**, hē/hēo/hit **ċīest**, wē/ġē/hīe **ċēosaþ**.
    Indicative, past tense: iċ **ċēas**, þū **cure**, hē/hēo/hit **ċēas**, wē/ġē/hīe **curon**.
    Past participle **coren.**

*Type 3 – like **bindan** 'to bind': stem of infinitive contains **i/ie/e/eo** + two consonants (usu. incl. **l, m, n** or **r**)*
    Indicative, present tense: iċ **binde**, þū **bindest**, hē/hēo/hit **bindeþ**, wē/ġē/hīe **bindaþ**.
    Indicative, past tense: iċ **band**, þū **bunde**, hē/hēo/hit **band**, wē/ġē/hīe **bundon**.
    Past participle **bunden.**

*Type 4 – like **beran** 'to bear': stem of infinitive contains **e/i** + single consonant (usu. **l, m, n** or **r**)*
    Indicative, present tense: iċ **bere**, þū **birest**, hē/hēo/hit **bireþ**, wē/ġē/hīe **beraþ**.
    Indicative, past tense: iċ **bær**, þū **bǣre**, hē/hēo/hit **bær**, wē/ġē/hīe **bǣron**.
    Past participle **boren.**

*Type 5 – like **ġiefan** 'to give': stem of infinitive contains **i/ie/e/eo** + single consonant (not **l, m, n** or **r**)*
    Indicative, present tense: iċ **ġiefe**, þū **ġiefst**, hē/hēo/hit **ġiefþ**, wē/ġē/hīe **ġiefaþ**.
    Indicative, past tense: iċ **ġeaf**, þū **ġēafe**, hē/hēo/hit **ġeaf**, wē/ġē/hīe **ġēafon**.
    Past participle **ġiefen**.

*Type 6 – like **sċacan** 'to shake': stem of infinitive contains **a, ea, e** or **ie**. Past tense contains **ō**.*
    Indicative, present tense: iċ **sċace**, þū **sċæcst**, hē/hēo/hit **sċæcþ**, wē/ġē/hīe **sċacaþ**.
    Indicative, past tense: iċ **sċōc**, þū **sċōce**, hē/hēo/hit **sċōc**, wē/ġē/hīe **sċōcon**.
    Last participle **sċacen**.

*Type 7 – like **feallan** 'to fall': past tense has **ēo** or **ē***
    Indicative, present tense: iċ **fealle**, þū **fielst**, hē/hēo/hit **fielþ**, wē/ġē/hīe **feallaþ**.
    Indicative, past tense: iċ **fēoll**, þū **fēolle**, hē/hēo/hit **fēoll**, wē/ġē/hīe **fēollon**.
    Past participle **feallen**.

Additionally:
- where the verb stem ends with **g**, this becomes **h** in declined forms
- for verb stems ending **s**, **t** or **d**: -**sst** becomes -**st**, -**sþ** becomes -**st**, -**tþ** becomes -**tt**, -**dþ** becomes -**tt**, -**dst** becomes -**tst**.

Weak verbs

A verb is 'weak' if the stem of the verb stays intact, whatever the person or tense. For example, the Modern English verb 'to play' can have forms 'plays', 'played' or 'playing', but the 'play-' stem stays intact. The types of weak verb in Old English are as follows:
- type 1a – stem of infinitive has short vowel + two consonants, e.g. **fremman** 'do', or short vowel + **r + ian**, e.g. **nerian** 'save'
- type 1b – stem of infinitive has long vowel + single consonant (e.g. **hīeran** 'hear'), or short vowel + two different consonants
- type 2 – infinitive ends -**ian**, e.g. **lufian** 'love'
- type 3 contains 4 verbs only: **habban** 'have', **libban** 'live', **seċġan** 'say', **hyċġan** 'think'

The conjugations of the different weak verb types are shown below.

Weak type 1a – e.g. ***fremman*** *'to do'*

		Indic.	Subj.
Pres.	1st person singular ('I'/**iċ**)	fremme	fremme
	2nd person singular ('you'/**þū**)	fremest	fremme
	3rd person singular ('he', 'she', 'it' / **hē, hit, hēo**)	fremeþ	fremme
	plural ('we', 'you', 'they' / **wē, ġē, hīe**)	fremmaþ	fremmen
Past	1st person singular ('I'/**iċ**)	fremede	fremede
	2nd person singular ('you'/**þū**)	fremedest	fremede
	3rd person singular ('he', 'she', 'it' / **hē, hit, hēo**)	fremede	fremede
	plural ('we', 'you', 'they' / **wē, ġē, hīe**)	fremedon	fremeden

Imperative sing. **freme**, plural **fremmaþ**. Infinitive **fremman**.
Present participle **fremmende**, past participle **(ġe)fremede**.
Gerund: **tō fremmenne.**

Weak type 1b – e.g. hīeran 'to hear'

		Indic.	Subj.
Pres.	1st person singular ('I'/**iċ**)	hīere	hīere
	2nd person singular ('you'/**þū**)	hīerst	hīere
	3rd person singular ('he', 'she', 'it' / **hē, hit, hēo**)	hīerþ	hīere
	plural ('we', 'you', 'they' / **wē, ġē, hīe**)	hīeraþ	hīeren
Past	1st person singular ('I'/**iċ**)	hīerde	hīerde
	2nd person singular ('you'/**þū**)	hīerdest	hīerde
	3rd person singular ('he', 'she', 'it' / **hē, hit, hēo**)	hīerde	hīerde
	plural ('we', 'you', 'they' / **wē, ġē, hīe**)	hīerdon	hīerden

Imperative sing. **hīer**, plural **hīeraþ**. Infinitive **hīeran**.
Present participle **hīerende**, past participle **hīered**. Gerund: **tō hīerenne.**

Weak type 2 – example 1: wenian 'to wean'

		Indic.	Subj.
Pres.	1st person singular ('I'/**iċ**)	weriġe	weniġe
	2nd person singular ('you'/**þū**)	wenest	weniġe
	3rd person singular ('he', 'she', 'it' / **hē, hit, hēo**)	weneþ	weniġe
	plural ('we', 'you', 'they' / **wē, ġē, hīe**)	weniaþ	wenien

		Indic.	*Subj.*
Past	1st person singular ('I'/**iċ**)	wenede	wenede
	2nd person singular ('you'/**þū**)	wenedest	wenede
	3rd person singular ('he', 'she', 'it' / **hē, hit, hēo**)	wenede	wenede
	plural ('we', 'you', 'they' / **wē, ġē, hīe**)	wenedon	weneden

Imperative sing. **wene**, plural **weniaþ**. Infinitive **wenian**.
Present participle **weniende**, past participle **wened**. Gerund: **tō wenienne**.

*Weak type 2 – example 2: **lufian** 'to love'*

		Indic.	*Subj.*
Pres.	1st person singular ('I'/**iċ**)	lufiġe	lufiġe
	2nd person singular ('you'/**þū**)	lufast	lufiġe
	3rd person singular ('he', 'she', 'it' / **hē, hit, hēo**)	lufaþ	lufiġe
	plural ('we', 'you', 'they' / **wē, ġē, hīe**)	lufiaþ	lufien
Past	1st person singular ('I'/**iċ**)	lufode	lufode
	2nd person singular ('you'/**þū**)	lufodest	lufode
	3rd person singular ('he', 'she', 'it' / **hē, hit, hēo**)	lufode	lufode
	plural ('we', 'you', 'they' / **wē, ġē, hīe**)	lufodon	lufoden

Imperative sing. **lufa**, plural **lufiaþ**. Infinitive **lufian**.
Present participle **lufiende**, past participle **lufod**. Gerund: **tō lufienne**.

Preterite-present verbs

These are verbs whose present tense resembles the past tense (or 'preterite') of strong verbs. Typically, auxiliary verbs such as 'can' and 'should' fall into this class of verb. **Sċulan** 'should' is an example:

		Indic.	*Subj.*
Pres.	1st person singular ('I'/**iċ**)	sċeal	sċule
	2nd person singular ('you'/**þū**)	sċealt	sċule
	3rd person singular ('he', 'she', 'it' / **hē, hit, hēo**)	sċeal	sċule
	plural ('we', 'you', 'they' / **wē, ġē, hīe**)	sċulon	sċulen
Past	1st person singular ('I'/**iċ**)	sċolde	sċolde
	2nd person singular ('you'/**þū**)	sċoldest	sċolde
	3rd person singular ('he', 'she', 'it' / **hē, hit, hēo**)	sċolde	sċolde
	plural ('we', 'you', 'they' / **wē, ġē, hīe**)	sċoldon	sċolden

Imperative sing. **sċyle**, plural **sċylaþ**. Infinitive **sċulan**.
Present participle **sċulende**, past participle **sċulen**. Gerund: **tō sċulenne**.

i-mutation

i-mutation is a change of vowel under certain circumstances, and gives an explanation for many of the changes of vowel in the tables above:

original	i-mutated
a, ā	æ, ǣ
a + m *or* n	e + m *or* n
æ	e
e	i
o, ō	e, ē
u, ū	y, ȳ
ea, ēa	ie, īe
eo, ēo	ie, īe

An explanation of why i-mutation occurs is beyond the scope of this book, but it relates to the German 'umlaut' and to 'vowel harmony' where the quality of a vowel is influenced by other nearby vowels (e.g. i) and consonants which may have since disappeared. For example, the original plural of **mann** ('man') was **manni**, the **i** causing the preceding **a** to mutate into **e** to produce **menn** ('men'). i-mutation is the reason for the following singular/plural forms of nouns in Modern English: man/men, tooth/teeth, foot/feet, mouse/mice (Old English **mann/menn**, **tōþ/tēþ**, **fōt/fēt**, **mūs/mȳs**).

i-mutation affects:

- Nouns that are converted from adjectives by the addition of þ. In Modern English: strong/strength, hale/health, foul/filth, derived from Old English **strang/strengþ**, **hāl/hǣlþ**, **fūl/fȳlþ**.
- 2nd and 3rd person singulars of strong verbs. For example, from **ċeorfan** 'to cut' we have **iċ ċeorfe** ('I cut') / **þū ċierfst** ('you cut') / **hē ċierfþ** ('he cuts'); from **dūfan** ('to dive') – **iċ dūfe** / **þū dȳfst** / **hē dȳfþ**.
- The formation of weak verbs from nouns and adjectives. For example: the verb **fēdan** ('to feed') from the noun **fōda** ('food'); the verb **fyllan** (to fill) from the adjective **full** 'full'.
- Some comparatives/superlatives: **lang** ('long') > **lengra** ('longer') > **lengest** ('longest'). In Modern English, this accounts for the forms elder/eldest from 'old'.

Bibliography

"An Anglo-Saxon Primer" by Henry Sweet, 3rd ed., 1886
"An Anglo-Saxon Reader" by Henry Sweet (ed. C T Onions), 12th ed., 1950
"The Anglo-Saxon Student's Dictionary" by Henry Sweet, 1897
"Anglo-Saxon Dictionary" by J R Clark Hall, 1916
"Old English Phrases for the Traveler to Anglo-Saxon England" by Mary Savelli, 2011
"Introduction to Old English" by Peter S Baker, 2012
Collins Gem German Dictionary, 1988
Concise Oxford English Dictionary, 12th ed., 2011
Danish in Three Months, Hugo's Language Books, 1998
Wikibooks - Old English
Wikipedia – "Old English", "Germanic strong verb", "Voiceless labial–velar fricative"
Old English Wikipedia - "Scīra þæs Geānedan Cynerīces"

Place names

Britain

Old English name	Modern Eng.	Notes
Aberdon	Aberdeen	
Aberdonsċīr	Aberdeenshire	
Alor	Aller	
Angleseġ	Anglesey	
Apulder	Appledore	
Æsces-dūn	Ashdown	
Æþelinga-ēġ	Athelney	
Afen	Avon	
Ægelesburg	Aylesbury	
Æglesford	Aylesford, Kent	
Æġlesþrep	Aylesthorpe	
Bebbanburh	Bamborough	
Banffsċīr	Banffshire	
Basingas	Basingstoke	
Baþanċeaster	Bath	
Beadanford	Bedford	
Beadanfordsċīr	Bedfordshire	Also Bēdanfordsċīr
Bēamflēot	Benfleet, Essex	
Benesingtūn	Benson	
Bearrucsċīr	Berkshire	Also Bearrocsċīr
Berewicsċīr	Berwickshire	
Beofres-stān	Beverstone	
Bircenheafod	Birkenhead	
Beormingahām	Birmingham	
Blæcburna	Blackburn	
Blæcpōl	Blackpool	
Bōsanhām	Bosham, Sussex	
Brādanford	Bradford	

Old English name	Modern Eng.	Notes
Brecenscīr	Breconshire	
Cwātbrycg	Bridgnorth	
Bricgstōw	Bristol	
Buccingahāmscīr	Buckinghamshire	
Butscīr	Bute	
Buttingtūn	Buttington, Montgomery (?)	
Caþness	Caithness	
Grantabrycg	Cambridge	
Grantabrycgscīr	Cambridgeshire	
Cantwaraburg	Canterbury	Also Cantawaraburg, Cantwaraburh
Cardiff	Cardiff	
Cardiganscīr	Cardiganshire	
Luel	Carlisle	
Camarþenscīr	Carmarthenshire	
Carnarfonscīr	Carnaerfonshire	
Ċeasterscīr	Cheshire	
Lēgaċeaster	Chester	Also Lēgeceaster
Ċiseċeaster	Chichester	
Ċippanhamm	Chippenham	
Crīstescyrce	Christchurch	
Claccmannanscīr	Clackmannan	
Cūlingas	Cooling, Kent	
Cornweal	Cornwall	Also Cornweall, Westwēalas
Westwēalas	Cornwall	Also Cornweall
Dūnholmscīr	county Durham	
Cofentreo	Coventry	
Creċganford	Crayford	
Crogdenu	Croydon	
Cumbraland	Cumberland	
Denbighscīr	Denbighshire	

Old English name	*Modern Eng.*	*Notes*
Deoraby	Derby	
Dēorabyscīr	Derbyshire	
Defenasċīr	Devon	
Dornwaraċeaster	Dorchester	Also Dorceċeaster, Dorcanċeaster
Dorsæte	Dorset	Also Dornsæte
Dofras	Dover	Also Dofre
Lefenax	Dumbartonshire	
Dumfriessċīr	Dumfriesshire	
Dynbær	Dunbar	
Dūnholm	Durham	
Ēast-engle	East Anglia	
Ēast Loþene	East Lothian	
Ypwinesflēot	Ebbsfleet (?)	
Edinburg	Edinburgh	
Ēþandūn	Edington (?)	
Ēliġ	Ely	
Sūþsǣ	English Channel	
Ēastseaxe	Essex	
Exanċeaster	Exeter	Also Escanceaster
Fearnhamm	Farnham, Surrey	
Fif Sċīr	Fife	
Flintsċīr	Flintshire	
Glamorgan	Glamorgan	
Glasgow	Glasgow	
Glestingaburg	Glastonbury	
Glēawċeaster	Gloucester	
Glēawcestersċīr	Gloucestershire	
Hamm	Ham, Sussex	
Hāmtūnescīr	Hampshire	Also Hamtūnsċīr
Hæstingas	Hastings	
Hereford	Hereford	

Old English name	Modern Eng.	Notes
Herefordsċīr	Herefordshire	
Heortford	Hertford	
Heortfordsċīr	Hertfordshire	
Hul	Hull	
Humber	Humber	Also Hymbre
Huntandūnsċīr	Huntingdonshire	
Inferness-sċīr	Inverness-shire	
Ġipswīċ	Ipswich	Also Ġipeswīċ
Īrisċ Sǣ	Irish Sea	
Wiht	Isle of Wight	
Cent	Kent	Also Cent-land
Cyngestūn	Kingston upon Hull	
Ciricecuþbrihtsċīr	Kirkcudbrightshire	
Lanercsċīr	Lanarkshire	
Lonceastersċīr	Lancashire	
Lonceaster	Lancaster	
Loidis	Leeds	
Ligeraċeaster	Leicester	Also Lægreċeaster
Lægreceastresċīr	Leicestershire	
Lāmwic	Lerwick	
Lǣwe	Lewes, Sussex	
Lincoln	Lincoln	
Lincolnsċīr	Lincolnshire	
Lindesīg	Lindsey	
Liferpōl	Liverpool	
Lunden	London	Also Lundenburg
Ligtun	Luton	
Mæġþenhad	Maidenhead	Also Mæġdenhȳþ
Mameċeaster	Manchester	
Merioneþsċīr	Merionethshire	
Meresīg	Mersea, Essex	
Mærse	Mersey	

Old English name	Modern Eng.	Notes
Merantūn	Merton, Surrey	
Middelseaxe	Middlesex	
Midloþene	Midlothian	
Middeltūn þæra de Cahaignes	Milton Keynes	
Middeltūn	Milton, Kent	
Monmuþa	Monmouth	
Monmuþscīr	Monmouthshire	
Muntgumni	Montgomery	
Muntgumniscīr	Montgomeryshire	
Moray	Moray	
Humbremūþa	mouth of the Humber	
Nairn	Nairn	
Nīwe ċeaster	Newcastle upon Tyne	Also Niwcastel on Tina
Niwport	Newport	
Norþfolc	Norfolk	
Norþsǣ	North Sea	
Norþhāmtūn	Northampton	
Norþhāmtūnescīr	Northamptonshire	
Norþhymbraland	Northumberland	Also Norþhymbre = Northumbria
Norþwiċ	Norwich	
Snotingahām	Nottingham	
Snotingahāmscīr	Nottinghamshire	
Nonne Etone	Nuneaton	
Āclēa	Ockley	
Orcanege	Orkney	
Oxnaford	Oxford	
Oxnafordscīr	Oxfordshire	Also Oxenafordscīr
Peblesscīr	Peebles	
Pembrocescīr	Pembrokeshire	

Old English name	*Modern Eng.*	*Notes*
Perþ	Perth	
Perþsċīr	Perthshire	
Sūþtūn	Plymouth; Sutton	
Portesmūþa	Portsmouth	
Preostatun	Preston	
Pryfetes flōda	Privet, Hants (?)	
Rēadanōrasċīr	Radnorshire	
Rēadingas	Reading	
Renfrewsċīr	Renfrewshire	
Coln	river Colne (Herts)	
Hrōfesċeaster	Rochester	
Ross-sċīr	Ross-shire	
Roteland	Rutland	
Sandwīċ	Sandwich	
Seleċiriċe	Selkirk	
Seleċiriċesċīr	Selkirkshire	
Sealwudu	Selwood Forest	
Sæfern	Severn	
Sċēaþfeld	Sheffield	
Hjaltland	Shetland	
Sċeōburg	Shoebury, Essex	
Scrobbesburh	Shrewsbury	
Scrobbesbyrigsċīr	Shropshire	
Slōh	Slough	
Sumorsǣte	Somerset	
Sūþhamtun	Southampton	
Sūþend-on-Sǣ	Southend-on-Sea	
Stæfford	Stafford	
Stæffordsċīr	Staffordshire	
Striuelin	Stirling	
Striuelinsċīr	Stirlingshire	
Stōc	Stoke-on-Trent	Alsc Stocce on Trente

Old English name	Modern Eng.	Notes
Sūþfolc	Suffolk	
Sundrodland	Sunderland	
Sūþriġe	Surrey	
Sūþseaxe	Sussex	
Swansǣ	Swansea	
Swīndūn	Swindon	
Temes	Thames	
Lyge	the Lea	
Pedrede	the Parret	
Andred	the Weald (forest in Kent/Sussex)	
Trente	Trent	
Trowbrycg	Trowbridge	
Wæringwic	Warwick	
Wæringsċīr	Warwickshire	
Weþmōr	Wedmore	
West Loþene	West Lothian	
Westmidlandsċīr	West Midlands	
Westmoringaland	Westmorland	
Hwerwyllan	Wherwell, Hants	
Wigtūnsċīr	Wigtownshire	
Wiltūn	Wilton	
Wiltūnscīr	Wiltshire	
Wīnburne	Wimbourne	
Wintanċeaster	Winchester	Also Winteċeaster
Windlesōra	Windsor	
Wīrhealas	Wirral	
Heantun	Wolverhampton	
Wiogoraċeastre	Worcester	
Wigreċeastresċīr	Worcestershire	
Eoforwīc	York	Also Eferwīc
Eoferwīcsċīr	Yorkshire	

Countries and Continents
(f. ind. = feminine indeclinable)

Name/Gender	Nationality	Modern English	Notes
Affrica (f. ind.)	**Affricisċ**	Africa	
Geāndu Rīcu Wīnlandes (n. pl.) ℕ	**Geānedrīcisċ**	America (USA)	
Wīnland (n.) ℕ	**Wīnlendisċ**	the Americas	
Asia (f. in.)	**Asisċ**	Asia	
Awstralia (f. ind.) ℕ	**Awstralisċ**	Australia	Also Sūþland (n.)/ Sūþlendisċ
Ēastrīċe (n.) ℕ	**Ēastrīċisċ**	Austria	
Bangladesċ (n.) ℕ	**Bangladesċisċ**	Bangladesh	
Belgica (f. ind.)	**Belgicisċ**	Belgium	
Hwītrussland (n.) ℕ	**Hwītrussisċ**	Belorussia	
Brasil (n.) ℕ	**Brasilisċ**	Brazil	
Bretland (n.)	**Brettisċ**	Britain	Also Breoton (f.); Ġeānedcynerīċisċ
Bulgarland (n.) ℕ	**Bulgarisċ**	Bulgaria	
Canada (f. ind.) ℕ	**Canadisċ**	Canada	
Ċile (n.) ℕ	**Ċilisċ**	Chile	

Name/Gender	Nationality	Modern English	Notes
Čīna (f. ind.) ℕ	Čīnisċ	China	Also Midrīċe (n.)/ Midrīċ-isċ
Cuba (f. ind.) ℕ	Cubisċ	Cuba	
Ċecland (n.) ℕ	Ċekisċ	Czech Republic	
Ægypte	Ægyptisċ	Egypt	Also Ēgyptaland
Enġlaland (n.)	Enġlisċ	England	Also Ænġlisċ
Ēste	Ēstisċ	Estonia	
Europe (f. ind.)	Europisċ	Europe	Also Europeland (n.)/ Europeanisċ
Finnas (m. pl.)	Finnisċ	Finland	
Alamanne (m pl.)	Alamannisċ	Germany	
Grēcland (n.)	Crēasisċ	Greece	
Ungerland (n.)	Ungerlendisċ	Hungary	
Īsland (n.) ℕ	Īslendisċ	Iceland	Also Thīla, Tȳle (f. ind.)
India (f. ind.)	Indisċ	India	Also Indialand (n.)
Indonesia (f. ind.) ℕ		Indonesia	
Persia (f. ind.)	Persisċ	Iran	Also Perse, Persēas
Irāc (n.) ℕ	Irācisċ	Iraq	
Īrisċ (n.)	Īrland	Ireland	
Israhēl	Israhēlisċ	Israel	Also Israēl
Eotol	Eotolwaru/ Eotolisċ	Italy	

Name/Gender	Nationality	Modern English	Notes
Italia (f. ind.)	**Italisċ**	Italy	Also Itala, Eotol, Eotolwaru
Iapan (n.) ℕ	**Iapanisċ**	Japan	Also Sunnland (n.)/ Sunnlendisċ
Ġeotland		Jutland	
Corēa (f. ind.) ℕ	**Corēisċ**	Korea	
Lettland (n.)	**Latfisċ**	Latvia	Also Latfia (f. ind.)
Lippuania (f. ind.) ℕ	**Lippwanisċ**	Lithuania	Also Lippwania
Mexico (n.) ℕ	**Mexicwisċ**	Mexico	
Niþerland (n.) ℕ	**Niþerlendisċ**	Netherlands	
Nīwe Sǣland (n.) ℕ	**Nīwsǣlendisċ**	New Zealand	
Nigeria (f. ind.) ℕ	**Nigerianisċ**	Nigeria	Also Sūþgirland (n.)/ Sūþgirlendisċ
Norþwīnland (n.) ℕ		North America	
Norþweġ (m.)	**Norren**	Norway	Norþmann = nationality
Pacistan (m.) ℕ	**Pacistǣnisċ**	Pakistan	
Filippinīega (f. pl.) ℕ	**Philipusīgisċ**	Philippines	Also Philippinīega
Polaland (n.)	**Polisċ**	Poland	Also Wīslendisċ
Portugal ℕ	**Portugalisċ**	Portugal	

Name/Gender	Nationality	Modern English	Notes
Rumǣnia (f. ind.) N	**Rumǣnisċ**	Romania	Also Rūmanisċ, Datisċ
Russland (n.) N	**Russisċ**	Russia	
Saudisc Arabea (f. ind.) N	**Saudarabisċ**	Saudi Arabia	
Sċotland (n.)	**Sċyttisċ**	Scot(t)land	Can mean 'Ireland'
Suþaffrica (f. ind.) N	**Sūþaffricisċ**	South Africa	
Sūþwīnland (n.) N		South America	
Sūþcorēa (f. ind.) N	**Sūþcorēisċ**	South Korea	
Spēonland (n.)	**Spēonisċ**	Spain	Also Ispania/Ispānisċ
Tāprabane N	**Deprobanisċ**	Sri Lanka	
Swēoland (n.) N	**Swēoþēodisċ**	Sweden	Also Swēonisċ
Swissland (n.) N	**Switsisċ**	Switzerland	
Thailand (n.) N	**Tæġisċ**	Thailand	
Tyrcland (n.) N	**Turcisċ**	Turkey	Also Turcland
Ucræġna (f. ind.) N	**Ucræġnisċ**	Ukraine	
Norþwēalas (m. pl.)	**Wēalisċ**	Wales	Note: Westwēalas = Cornwall

Cardinal numbers and the calendar

Mōnandæġ	Monday	**Æfterra Ġēola**	January
Tīwesdæġ	Tuesday	**Solmōnaþ**	February
Wōdnesdæġ	Wednesday	**Hrēþmōnaþ**	March
Þunresdæġ	Thursday	**Ēastermōnaþ**	April
Frīġedæġ	Friday	**Þrimilċe[mōnaþ]**	May
Sæterndæġ	Saturday	**Ǣrra līþa** (*or*	June
Sunnandæġ	Sunday	**Sēremōnaþ**)	
		Æfterra līþa (*or*	July
		Mǣdmōnaþ)	
		Wēodmōnaþ	August
		Hāliġmōnaþ	September
		Winterfylleþ	October
		Blōtmōnaþ	November
		Ġēolmōnaþ	December

1	**ān**	16	**siextīene**
2	**twā**	17	**seofontīene**
3	**þrēo**	18	**eahtatīene**
4	**fēower**	19	**nigontīene**
5	**fīf**	20	**twentiġ**
6	**siex**	30	**þritiġ**
7	**seofon**	40	**fēowertiġ**
8	**eahta**	50	**fīftiġ**
9	**nigon**	60	**siextiġ**
10	**tīen**	70	**hundseofontiġ**
11	**endlufon**	80	**hundeahtatiġ**
12	**twelf**	90	**hundnigontiġ**
13	**þrēotīene**	100	**hund[tēontiġ]**
14	**fēowertīene**	1000	**þūsend**
15	**fīftīene**		

Ænglisċ – English

Some notes about dictionary order:
Æ/æ is listed as if the two letters were 'ae' separately, i.e. between 'ad' and 'af' – 'æfen' [evening] would come between 'ādl' [disease] and 'āfor' [fierce].
Þ/þ comes between **T** and **U**.
If **ġe-** is shown in brackets, it is optional; if no brackets are present, the word must be spelt with **ġe-**. As per the standard in Old English, if **ġe** is used as a prefix, the letters are ignored when sorting into dictionary order (e.g. unġemet appears after unlytel).

Some cross-references to other words are included, e.g. **tēþ** – "see tōþ". Often, as well as the cross-reference, a brief indication of the meaning is given. If the word you are looking for in Old English doesn't appear to be there, it is worth scanning a few entries either side, as cross-entries are mostly not included if the root word has a similar beginning (e.g. **tritt** from **tredan**).

Many verbs have prefixes (e.g. **ā-**, **be-**, etc): you can find out more of how such a verb is conjugated by looking up the unprefixed form. For example, for the conjugation of **bēwegan**, see **wegan** – this indicates that "he killed" (past tense, singular) would be **hē bēwæg**.

Note that the list includes some modern coinages, designated with "(ℕ)".

Words listed in Old English are in the nominative case and singular unless otherwise indicated.

Some words contain a hint of the meaning, then a cross-reference, e.g. **anst** = "grant/allow (see unnan)". In these cases, it is recommended to use the cross-reference to get the full meaning of a word: **þū anst** for example can mean "you grant"/"you allow"/"you wish".

A

ā /a:/ (adv.) ever, always [Also āwa, ō]

ā- /a:/ (prefix) (gives verbs sense of 'forth'/'away'; or has no particular meaning) [e.g. ādrīfan 'to drive away']

abbod /ˈabbʊd/ (noun m.) abbot

abbudisse /ˈabbʊdɪsɛ/ (noun f.) abbess

ābēcēdē /ˈa:be:ke:de:/ (noun f.) alphabet

ābelgan /a:ˈbɛlgan/ (verb strong 3) be angry (with) [+ dat. past partic. ābolgen 'angry']

ābēodan /a:ˈbe:odan/ (verb strong 2) (offer), announce [+ dat]

āberan /a:ˈbɛran/ (verb strong 4) bear, support, carry

āberstan /a:ˈbɛrstan/ (verb strong 3) burst ['ūt āberstan' = 'break out']

ābīdan /a:ˈbi:dan/ (verb strong 1) await

ābiddan /a:ˈbɪddan/ (verb strong 5) ask for, demand [3rd pers. pres. ābitt, past sing. ābæd, past pl. ābǣdon, past partic. ābeden, imper. ābide]

ābītan /a:ˈbi:tan/ (verb strong 1) devour

āblendan /a:ˈblɛndan/ (verb weak) blind

āblinnan /a:ˈblɪnnan/ (verb strong 3) cease

āborgian /a:ˈbɔrgian/ (verb weak) borrow

ābrecan /a:ˈbrɛkan/ (verb strong 4) break into, take (city)

ābrēotan /a:ˈbre:otan/ (verb strong 1) destroy, kill

ābrēoþan /a:ˈbre:oθan/ (verb strong 2) degenerate, fail [past partic. ābroþen 'degenerate, reprobate']

ābūgan /a:ˈbu:gan/ (verb strong 2) bend; swerve, turn [3rd pers. pres. ābȳhþ, past sing. ābēag, past pl. ābugon, past partic. ābogen]

ābūtan /a:ˈbu:tan/ about/around (see onbūtan or ymbūtan)

ābysgian /a:ˈbysgian/ (verb weak) occupy, trouble [always passive]

ac /ak/ (cc nj.) but

āc /a:k/ (noun f.) oak tree [i-mutation noun: pl ǣċ]

43

acan /ˈakan/ *(verb strong 6)* ache

āċennan /aːˈtʃɛnnan/ *(verb weak)* bring forth, bear (child) [past sing ācende]

āċennednes /aːˈtʃɛnnɛdnɛs/ *(noun f.)* birth

āċeorfan /aːˈtʃeorvan/ *(verb strong 3)* cut; cut down (tree) [on weg āċeorfan' = 'cut away'; 'of āceorfan' = 'cut off']

āċierran /aːˈtʃırran/ *(verb weak)* turn

ācræftan /aːˈkræftan/ *(verb weak)* devise

ācsian /ˈaːksıan/ ask (see āscian)

ācweċċan /ˈaːkwɛtʃan/ *(verb weak)* shake

ācwelan /ˈaːkwɛlan/ *(verb strong 4)* die

ācwellan /aːˈtʃwɛllan/ *(verb weak)* kill

ācwenċan /aːˈtʃwɛntʃan/ *(verb weak)* extinguish

ācwern /ˈaːkwɛrn/ *(noun n.)* squirrel

ācweþan /aːˈkwɛðan/ *(verb weak)* speak ['ācweþan fram' = 'neglect']

ācweþung ℕ /aːˈkwɛðuŋ/ *(noun f.)* pronunciation

ācwielman /aːˈkwılman/ *(verb weak)* kill [also ācwylman]

ācȳþan /aːˈkyːðan/ *(verb weak)* make known

ād /aːd/ *(noun m.)* funeral pile

ādīedan /aːˈdiːdan/ *(verb weak)* kill

ādihtan /aːˈdıxtan/ *(verb)* compose, write, edit

ādilgian /aːˈdıl(ɛ)gıan/ *(verb weak)* destroy [Also ā-dilegian]

ādl /ˈaːd(ə)l/ *(noun f.)* disease

ādlian /ˈaːdlıan/ *(verb weak)* be ill, diseased [1st pers. pres. indic. ādlie]

ādliġ /ˈaːdlıj/ *(adj.)* diseased, sick

ādōn /aːˈdɔːn/ *(verb strong)* put

ādræfan /aːˈdræːvan/ *(verb weak)* drive away, expel

ādrenċan /aːˈdrɛntʃan/ *(verb weak)* drown

ādrēogan /aːˈdreːogan/ *(verb strong 2)* endure, pass (life, the night) [mīn līċ ne cann ... adrēogan = I'm allergic to ...]

ādrīfan /aːˈdriːvan/ *(verb strong 1)* drive off

ādūn /ˈaːduːn/ *(adv.)* down

ādrūgian /aːˈdruːgıan/ *(verb weak)* dry up [intr. dryġe]

ādwæsċan /aːˈdwæːʃan/ *(verb weak)* extinguish [3rd pers pres indic ādwæsċþ]

ǣ /æː/ *(noun f. weak)* (divine) law [indeclinable. Also ǣw.]

ǣbbian /aːˈɛbbıan/ *(verb weak)* ebb

ǣbere /ˈæːbɛrɛ/ *(adj.)* open, public

ǣcen /ˈæːkɛn/ *(adj.)* made of oak

ǣcer /ˈækɛr/ *(noun m.)* field [second e is retained in inflected forms]

ǣcræft /ˈæːkræft/ *(noun m.)* jurisprudence [declines as cræft]

ǣcs /æks/ *(noun f.)* axe

ǣdre /ˈæːdrɛ/ *(adv.)* forthwith

ǣfæst /ˈæːvæst/ *(adj.)* pious; married [also ǣwfæst]

æfæstnis /'æ:væstnɪs/ (noun f.) piety

æfen /'æ:vɛn/ (noun m.) evening [n is often doubled in inflection; e is retained.]

æfenmete /'æ:vɛnmɛtɛ/ (noun m.) supper

æfenġereord /'æ:vɛnreordʊŋg/ (noun f.) dinner

æfentīd /'æ:vɛntiːd/ (noun f.) evening time

æfnan /'ævnan/ (verb weak) perform, accomplish

æfre /'æ:vrɛ/ (adv.) ever, always

æftan /'æftan/ (adv.) from behind

æfter /'æftɛr/ (adv./prep.) after; according to, by; (motion over given space); (denoting object of verb) [+ dat (or sometimes acc); 'æfter þǣm (þe)' = 'after that, afterwards'; 'æfter þissum' = 'afterwards']

æfterfylgan /'æftɛrvylgan/ (verb weak) pursue

æfter-genga /'æftɛr 'gɛŋga/ (noun m.) successor [also æfter-fylgend (m.)]

æfterra /'æftɛrra/ (adv.) later; second, following [Also æftera]

æfterra ġēola /'æftɛrra 'gjeːola/ (month) January

æfterra līþa /'æftɛrra 'liːða/ (month) July

æftersōna /'æftɛrzɔːna/ (adv.) again

æf-þanca /'æfθaŋka/ (noun m.) grudge

æġ /'æːj/ (noun n.) egg [gen sing æġes; nom/acc pl æġru, gen pl æġra, dat pl æġrum]

æġhwā /'æːjhwaː/ (pron.) each [MASC/FEM: nom æġhwā, acc æġhwone, dat æġhwǣm/æġhwām, gen æġhwæs, instr æġhwȳ; NEU: nom/acc æġhwæt, dat æġhwǣm/æġhwām, gen æġhwæs, inst æġhwȳ]

æġhwǣr /'æ:jhwæ:r/ (adv.) everywhere

æġhwæs /'æ:jhwæs/ (adv.) entirely

æġhwæþer /'æ:jhwæ:ðɛr/ (pron.) each, either, both; of two [declines like hwæþer]

æġhwanon /'æ:jhwanɒn/ (adv.) from all sides, on all sides

æġhwider /'æ:jhwɪdɛr/ (adv.) in all directions

æġhwilc /'æːj hwɪlk/ (pron.) each (one), every (one) [Declines like hwilċ. Also æġhwelċ.]

æġift /'æ:jɪft/ (noun n.) repayment

æġilde /æ:jɪldɛ/ (adj.) without payment, unatoned

ǣġþer /'æːjθɛr/ (pron.) either, each [Also conj.: ǣġþer (ġe) ... ġe = both ... and [=æġhwæþer]]

ǣht /æ:xt/ (noun f.) property [from āhtɛ, āgan]

æl- /æl/ (prefix) (intensifies adjs) [e.g. ælcræftiġ 'omnipotent' from cræftiġ 'skilful']

ǣlan /æ:lan/ (verb weak) burn

ǣlċ /'æ:ltʃ/ (adj.) each [ǣlċ æfter ōþrum' = 'one after the other'; 'ǣlċe dæġe' = 'each day']

ǣled /'æ:lɛtʃ/ (noun m.) fire

ælf /ælf/ (noun m.) elf, fairy [plural ielfe]

æl-fremede /ˈælfrɛmɛdɛ/ *(adj.)* foreign, free (from)

ælmesgeorn /ˈælmɛsjeorn/ *(adj.)* charitable, 'alms-loving'

ælmesgiefu /ˈælmɛsjivu/ *(noun f.)* almsgiving, charity

ælmesse /ˈælmɛsɛ/ *(noun f.)* alms, charity

ælmihtiġ /ˈælmɪxtɪj/ *(adj.)* almighty

æmenn /ˈæːmɛnn/ *(adj.)* desert, 'without men'

æmtiġ /ˈæːmtɪj/ *(adj.)* unoccupied, empty [Also æmettiġ]

æmetigian /ˈæːmɛtɪgɪan/ *(verb weak)* free, disengage

æmetta /ˈæːmɛtta/ *(noun m.)* leisure

æ-mynde /ˈæːmyndɛ/ *(noun n.)* forgetfulness

æne /ˈæːnɛ/ *(adv.)* once; at once

Ænġlisċ /ˈændʒlɪʃ/ *(adj./noun n.)* English *(see Englisċ)*

æniġ /ˈæːnɪj/ *(adj.)* any [from ān]

ænliċ /ˈæːnlɪtʃ/ *(adj.)* single, only; excellent, noble, 'unique'

æppel /ˈæppɛl/ *(noun m.)* apple; ball, anything round

æppelwīn /ˈæppɛlwiːn/ *(noun n.)* cider

ǣr /æːr/ *(prep.)* before (of time) [+ dat (or sometimes acc); 'ǣr þæm (þe)' (conj) = before]

ǣr /æːr/ *(adj./adv.)* formerly, before; first; early [comparative ǣrra (adv. ǣror), superlative ǣrest]

ǣr /æːr/ *(conj.)* before [always used with subjunctive of verb]

ǣr /æːr/ *(noun n.)* brass

ærċebiscop /ˈærtʃɛ bɪʃɒp/ *(noun m.)* archbishop [Also arcebishop]

ǣrende /ˈæːrɛndɛ/ *(noun n.)* errand, message

ǣrendfæst /ˈæːrɛndvæst/ *(adj.)* bound on an errand

ǣrendraca /ˈæːrɛnd raka/ *(noun m.)* messenger

ǣrendsecg /ˈæːrɛndsɛdʒ/ *(noun m.)* messenger

ǣrendġetæl Ⓝ /ˈæːrɛndjɛtæl/ *(noun n.)* postcode

ǣrendġewrit /ˈæːrɛndjɛrɪt/ *(noun n.)* written message, letter

ǣr-gōd /ˈæːrgɔːd/ *(adj.)* very good

ǣrist /ˈæːrɪst/ *(noun f./m.)* rising again, resurrection [from ārīsan]

ærn /ærn/ *(noun n.)* house

ærnan /ˈærnan/ *(verb weak)* ride; gallop

ærne-mergen /ˈæːrnɛ mɛrgɛn/ *(noun m.)* early morning

ǣrra /ˈæːrra/ *(comp. adj.)* former [superlative ǣrest]

ǣrra ġēola /ˈæːrra ˈgjeːola/ *(month)* December [alternative for ġeolmōnaþ]

ǣrra līþa /ˈæːrra ˈliːða/ *(month)* June

ǣr-wacol /ˈæːwakɒl/ *(adj.)* early awake

ǣs /æːs/ *(noun n.)* food, carrion

æsċ /æʃ/ *(noun n.)* ash-tree; warship [nom/acc sing æsċ, gen sing æsces, dat sing æsce, nom/acc pl ascas, gen pl asca, dat pl ascum]

æsc /æʃ/ axe *(see eax)*

æstel /ˈæstɛl/ *(noun m.)* bookmark

ǣ-swic /æːˈswɪk/ *(noun m.)* sedition

ǣswīcian /æːˈswiːkiɑn/ *(verb)* offend

æt /æt/ ate (see etan)

æt /æt/ *(prep.)* at (incl. time); from (deprivation); by (instrumental) [+ dat; origin/source — ābǣdon wīf æt him = 'asked for wives from them'; specification/defining — wurdon æt sprǣċe = 'fell into conversation'. With acc, æt = 'until, up to']

ǣt /æːt/ *(noun n.)* food, flesh

ætberan /ˈætbɛrɑn/ *(verb strong 4)* bring

ætberstan /ætˈbɛrstɑn/ *(verb strong 3)* escape, 'burst forth'

ætbreġdan /ætˈbrɛjdɑn/ *(verb strong 3)* snatch away, deprive of [+ dat; intransitive]

ætēowan /æˈteːowɑn/ *(verb)* show

ætēowian /æˈteːowiɑn/ *(verb weak)* appear [+ dat]

ætforan /ætˈfɒrɑn/ *(prep.)* before [+ dat]

ætgædre /ætˈgædrɛ/ *(adv.)* together; at the same time

ætgrǣpe /ætˈgræːpɛ/ *(adj.)* aggressive

æthlēapan /ætˈhlæːɑpɑn/ *(verb strong 7)* run away [+ dat]

ǣthūs Ⓝ /æːˈθuːs/ *(noun n.)* eatery, restaurant

ætīewan /ˈæt iːwɑn/ *(verb weak 1b)* show [+ dat; 3rd pers. pres. ætīewþ, past ætīewde, past partic. ætīewed. Also ætēowan.]

ǣton /ˈæːtɒn/ ate (see etan)

ætreċċan /ætˈrɛtʃɑn/ *(verb weak)* declare forfeited, deprive of [+ dat and acc]

ǣtren /ˈæːtrɛn/ *(adj.)* poisoned, poisonous

ætsacan /ætˈsɑkɑn/ *(verb strong 6)* deny [+ gen]

ætsamne /ætˈsɑmnɛ/ *(adv.)* together

ætstandan /ætˈstɑndɑn/ *(verb strong 6)* stand still, remain

ætwindan /ætˈwɪndɑn/ *(verb strong 3)* escape from [+ gen]

ætwītan /ætˈwiːtɑn/ *(verb strong 1)* reproach [+ dat of person]

æþelboren /ˈæðɛlbɒrɛn/ *(adj.)* of noble birth

æþele /ˈæðɛlɛ/ *(adj.)* noble, excellent

æþeling /ˈæðɛlɪŋg/ *(noun m.)* prince, noble

æþelu /ˈæðɛlu/ *(noun f.)* lineage

ǣþre /ˈæːðrɛ/ *(noun f.)* kidneys

ǣþryt /ˈæːθryt/ *(adj.)* tedious [from āþrēotan 'be weary/irksome']

ǣw /æːw/ law (see ǣ)

ǣwbreca /ˈæːwbrɛkɑ/ *(noun m.)* adulterer

ǣwbryce /ˈæːwbrykɛ/ *(noun m.)* adultery

ǣwe /ˈæːwɛ/ *(noun f.)* marriage

ǣwielm /ˈæːwɪlm/ *(noun m.)* fountain, source

(ġe)ǣwnian /ˈæːwniɑn/ *(verb weak)* marry [+ dat]

æx /æks/ axe (see eax)

āfæstnian /ɑːˈvæstniɑn/ *(verb weak)* fasten

āfandian /aːˈvandɪan/ *(verb weak)* experience, find out; try, test [from findan]

āfaran /aːˈvaran/ *(verb strong 6)* go away, depart, travel

āfeallan /aːˈvæallan/ *(verb strong 7)* fall (incl. in battle); fall off, decay

āfēdan /aːˈvɛːdan/ *(verb weak)* feed [3rd pers pres indic āfētt]

āfiellan /aːˈvɪllan/ *(verb weak)* fell; kill

āfindan /aːˈvɪndan/ *(verb strong)* find out, discover

āflīegan /aːˈvliːgan/ *(verb weak)* put to flight, expel

āflīeman /aːˈvliːman/ *(verb weak)* put to flight; banish

āfor /aːˈvɒr/ *(adj.)* fierce

āfremþung /aːˈvrɛmðʊŋg/ *(noun f.)* alienation

āfȳlan /aːˈvyːlan/ *(verb weak)* defile [from fūl]

āfyllan /aːˈvyllan/ *(verb weak)* fill

āfyrht /aːˈvyrxt/ *(adj.)* frightened [past participle of āfyrhtan (weak verb) from forht]

āfȳsan /aːˈvyːzan/ *(verb weak)* drive away

āgalan /aːˈgalan/ *(verb strong 6)* sing

āgan /ˈaːgan/ *(verb (pret-pres))* possess, own [INDIC: Present - iċ āh, þū āhst, hē/hit/hēo āh, wē/ġe/hīe āgon; Past - iċ āhte, þū āhtest, hē/hit/hēo āhte, wē/ġe/hīe āhton. SUBJ: Present - āge (sing.), āgen (pl.); Past - āhte (sing.), āhten (pl.). pres. partic. āgende, past partic. (ġe)āgen, imper. āht (sing.)/āhtaþ (pl.). Infinitives - āgan, tō āgenne.]

āgān /aːˈgaːn/ *(verb strong)* happen; go [pres. indic.: iċ āgā, þū āgǣst, hē/hit/hēo āgǣþ, wē/ġe/hīe āgāþ; past indic. iċ/hē/hit/hēo āgāode, þū āgēodest, wē/ġe/hīe āēodon; pres. subj. sing. āgā, plural āgān; past subj. āēode (all persons); imper. sing. āgā, plural āgāþ, pres. partic. āgangende, past partic. āgegān]

āgen /ˈaːgɛn/ *(adj.)* own [originally past participle of āgan. Final vowel is generally contracted in inflection (see hāliġ). Can be used as emphatic reflexive possessive, e.g. 'his āgenne sunu' = 'his own son'. Always strong. Also ǣgen.]

āgen /ˈaːgɛn/ *(noun n.)* property

āġēotan /aːˈgjɛːotan/ *(verb strong 2)* pour out, shed (tears etc.)

āġiefan /aːˈgjivan/ *(verb strong 5)* give, render; return, pay back [+ dat; 'eft āgifan' = 'return']

āġinnan /aːˈjɪnnan/ begin (see onginnan)

āglǣca /aːˈglæːka/ *(noun m.)* monster; warrior

āglǣc-wīf /aːˈglæːkwiːf/ *(noun n.)* monstrous woman

āgyltan /aːˈgyltan/ *(verb weak)* sin

āh /aːx/ own (see āgan)

āhebban /aːˈhebban/ *(verb strong 6)* raise, exalt, lift up [1st pers. pres. āhebbe, 2nd pers. pres. āhefst, 3rd pers. pres. āhefþ, past sing. āhōf, past pl. āhōfon, past

48

partic. āhafen, imper. sing. āhefe. Often used with 'upp']

āhieldan /a:'hɪldan/ (verb weak) incline

āhierdan /a:'hɪrdan/ (verb weak) harden

āhlēapan /a:'hlæ:apan/ (verb strong 7) leap up

āhlūttrian /a:'hlu:ttrɪan/ (verb weak) make pure

āhōn /a:'hɔ:n/ (verb strong 7) hang [transitive]

āhreddan /a:'hrɛddan/ (verb weak) save; rescue, recapture

āhrēosan /a:'hre:ozan/ (verb strong 2) fall

āht /a:xt/ anything (see āwiht)

āhte /'a:xtɛ/ owed (see āgan)

āhwǣr /'a:hwæ:r/ (adv.) anywhere; at any time, ever [also āhwār]

āhwæþer /'a:hwæðɛr/ (adv./conj.) either [Also āwþer, āþer: 'āwþer, oþþe ... oþþe' = 'either ... or']

āhwæþer /'a:hwæðɛr/ (pron.) someone, something; anyone; anything [declines like hwæþer]

āhwanon /a:'hwanɒn/ (adj.) from anywhere, on any side

āhwierfan /a:'hwɪrvan/ (verb weak) turn away

āhȳran /a:'hy:ran/ (verb weak) hire

āīdlian /a:'i:dlɪan/ (verb weak) make useless, annul

ālǣdan /a:'læ:dan/ (verb weak) lead away, carry off

ālǣtan /a:'læ:tan/ (verb strong 7) give up, relinquish

Alamannisċ N /'alamannɪʃ/ (adj.) German

alan /'alan/ (verb strong 6) nourish, grow [1st/3rd pers. sing. past indic. ōl, past indic. plural ōlon, past partic. (ġe)alen]

āleċġan /a:'lɛdʒan/ (verb weak) conquer, destroy, refute

ālēogan /a:'le:ogan/ (verb strong 2) deny, 'lie' [+ dat of pers and acc of thing]

āliċġan /a:'lɪdʒan/ (verb strong 5) fail

ālīefan /a:'li:van/ (verb weak) allow [+ dat and acc]

ālīesan /a:'li:zan/ (verb weak) loosen, release; redeem [from lēas]

ālīesednes /a:'li:zɛdnɛs/ (noun f.) redemption

ālīesend /a:'li:zɛnd/ (noun m.) redeemer

altare /'altarɛ/ (noun m.) altar

amber /'ambɔr/ (noun f.) (unit of measure, esp. of liquid)

ambiht /'ambɪxt/ (noun n.) office, service

ambiht-sċealc /'ambɪxtʃæalk/ (noun m.) servant, retainer

ambyre /'ambyrɛ/ (adj.) favourable wind

āmerian /'a:mɛrɪan/ (verb weak) purify

āmetan /'a:mɛtan/ (verb weak) bestow

āmētan /'a:mɛ:tan/ (verb weak) paint, draw

āmierran /'a:mɪrran/ (verb weak) mar, ruin, destroy

ān /a:n/ (adj.) 1 (as strong adj); a certain one, certain; alone; an, a [declined like other strong adjectives: nom/acc ān, gen ānes (m/n), ānre (f), dat/inst ānum (m/f), ānre (f). Acc sing masc can be ānne/ænne. (generally weak) gen pl 'ānra' in 'ānra ge-hwelc 'each one'; 'on ān' = 'continuously'; 'nā þæt ān' = 'not only']

āncenned /'a:nkɛnnɛd/ (adj.) only-born, only (child) [past participle]

anclēo /'aŋkle:o/ (noun n.) ankle

and /and/ (conj.) and; but

anda /'anda/ (noun m.) zeal, indignation; injury, mischief, hatred

andbīdian /'andbi:dɪan/ (verb weak) wait, expect [+ gen; from bīdan]

andefn /'ɒndɛvn/ (noun f.) amount, quantity, measure

andetnes /'andɛtnɛs/ (noun f.) confession

andettan /'andɛttan/ (verb weak) confess

andġiet /'andgjɪt/ (noun n.) sense, meaning; understanding, intelligence [andġit of andġiete' = 'sentence by sentence']

andġietfullīċe /'andgjɪtfʊlli:tʃɛ/ (adv.) intelligibly

andlang /'andlaŋg/ (prep.) along [+ gen]

andlifen /'andlɪvɛn/ (noun f.) sustenance, food

andsaca /'andsaka/ (noun m.) adversary

andswarian /'andswarɪan/ (verb weak) answer [+ dat; pres. partic. andswariende]

andswaru /'andswaru/ (noun f.) answer, reply

andweard /'andwæard/ (adj.) present [Believe 'Þȳ andweardan dæġe' could be used to mean 'nowadays']

andwlita /'andwlɪta/ (noun m.) countenance

andwyrdan /'andwyrdan/ (verb weak) answer [+ dat. Past sing andwyrde]

andwyrde /'andwyrdɛ/ (noun n.) answer

ānga /'a:ŋga/ (adj.) only

Angel /'æŋgɛl/ (noun m.) Angeln (a district in Slesvig, Denmark)

Angelcynn /'æŋgɛl kynn/ (noun n.) English nation, England

Angelþēod /'æŋgɛl ðe:od/ (noun f.) English nation

anġinn /an'gjɪnn/ (noun n.) beginning; enterprise

Angle /'aŋglɛ/ (noun m pl.) the Anglians, English

angsumlīċe /'aŋgzumli:tʃɛ/ (adv.) painfully

angsumnes /'aŋgzumnɛs/ (noun f.) pain

āniman /a:'nɪman/ (verb strong 4) take away

āninga /'a:nɪŋga/ (adv.) forthwith

(ġe)ānlǣċan /'a:nlæ:tʃan/ (verb weak) unite [3rd pers. pres. ānlǣċþ, past ānlǣhte, past partic. ānlǣht]

anlīcnes /'anli:knɛs/ (noun f.) likeness, resemblance; image

ānlīepe /ˈaːnliːpɛ/ (adj.) single
ānmōd /ˈaːnmɔːd/ (adj.) unanimous, resolute
ānmōdlīċe /ˈaːnmɔːdliːtʃɛ/ (adv.) unanimously
ann /ann/ grant/allow (see unnan)
ānnis /ˈaːnnɪs/ (noun f.) unity
ānræd /ˈaːnræːd/ (adj.) constant, firm, resolute
ānrædnes /ˈaːnræːdnɛs/ (noun f.) constancy
anst /anst/ grant/allow (see unnan)
ānstreċes /ˈanstrɛkɛs/ continuously
Antecrīst /ˈantɛkrɪst/ (noun m.) Antichrist
anþrācian /ænˈθraːkɪan/ (verb weak) dread
anþræċe /ænˈθræːkɛ/ (adj.) dreadful
ānwedd /ˈaːnwɛd/ (noun n.) security
ānwīg /ˈaːnwɪɡ/ (noun n.) single combat
apostata /ˈapɒstata/ (noun m.) apostate [person who renounces a religious or political belief or principle]
apostol /ˈapɒstɒl/ (noun m.) apostle [second o retained in all inflected forms (as it is foreign word)]
apulder /ˈapʊldɛr/ (noun f.) apple tree [e is lost in inflection]
ār /aːr/ (noun f.) mercy; honour; property, revenue; benefit, help [gen pl sometimes ārna]
ār /aːr/ (noun f.) oar

Arabisċ /ˈarabɪʃ/ (adj.) Arabic
āræcan /aːˈrækan/ (verb weak) reach, hand
ārædan /aːˈræːdan/ (verb weak) read
ǣræran /aːˈræːran/ (verb weak) raise, build [from ārīsan]
ārbēandrenċ N /ˈaːbæːandrɛntʃ/ (noun m.) hot chocolate
arcebiscop /ˈarkɛbɪʃɒp/ (noun m.) archbishop [also ærcebiscop]
ārdlīċe /ˈaːdliːtʃɛ/ (adv.) quickly [= ārodlīċe]
āreċċan /aːˈrɛtʃan/ (verb weak) expound, translate
āredian /aːˈrɛdɪan/ (verb weak) arrange
ārētan /aːˈrɛːtan/ (verb weak) cheer, gladden
ārfæst /ˈaːrvæst/ (adj.) honourable, good, honest
ārfæstnis /ˈaːrvæstnɪs/ (noun f.) virtue, honourableness
ārian /ˈaːrɪan/ (verb weak) honour; spare, have mercy on [+ dat; from ār]
ārīsan /aːˈriːzan/ (verb strong 1) arise [3rd pers. pres. ārīst, past sing. ārās, past pl. ārison, past partic. ārisen]
ārlēas /ˈaːrlæːas/ (adj.) wicked, dishonourable, base
ārlēaslīċe /ˈaːrlæːaslɪtʃɛ/ (adv.) wickedly
ārlīċe /ˈaːrlɪtʃɛ/ (adv.) kindly
arn /arn/ ran (see iernan (irnan))
ārod /ˈaːrɒd/ (adj.) quick, bold
arodæthūs N /ˈarɒdæːthuːs/ (noun n.) fast food restaurant

arodlīċe /ˈarɒdliːtʃɛ/ *(adv.)* quickly, readily, boldly

ārweorþ /ˈaːweorθ/ *(adj.)* worthy of honour, venerable [Also ārwurþ]

ārweorþfull /ˈaːweorðʊl/ *(adj.)* honourable [Also ārwurþfull]

ārweorþian /ˈaːweorðian/ *(verb weak)* honour [Also ārwurþian]

ārweorþlīċe /ˈaːweorðliːtʃɛ/ *(adv.)* reverentially, honourably [Also ārwurþlīċe]

ārweorþnis /ˈaːweorðnɪs/ *(noun f.)* reverence, honour [Also ārwurþnis]

āsǣlan /ˈaːzæːlan/ *(verb weak)* bind, fetter

āsāwan /ˈaːzaːwan/ *(verb strong 7)* sow

āsċacan /aːˈʃakan/ *(verb strong 6)* shake

asċas /ˈaʃas/ ash-trees; warships (see æsc)

asċe /ˈaʃɛ/ *(noun f.)* ash(es), ember

āsċēadan /aːˈskɛadan/ *(verb strong 7)* purify

āsċian /ˈaːskian/ *(verb weak 2)* ask [1st pers. pres. āsciġe, 2nd pers. pres. āscast, 3rd pers. pres. āscaþ, past āscode, past partic. āscod, imper. āsca. Also āxian, ācsian, āhsian.]

ġeāsċian /jɛˈaːksian/ *(verb weak)* have intelligence of, learn, hear, find out by asking

āsċierian /aːˈʃirian/ *(verb weak)* separate

āsċierpan /aːˈʃirpan/ *(verb weak)* sharpen

āseċgan /aːˈsɛdʒan/ *(verb weak 3)* say, tell

āscūfan /aːˈʃuːvan/ *(verb strong 2)* thrust, shove, push [3rd pers. pres. āscȳfþ, past sing. āsċēaf, past pl. āscufon, past partic. āscofen]

āscung /ˈaːskʊŋ/ asking (see āxung)

āsendan /aːˈzɛndan/ *(verb weak)* send away

āsettan /aːˈzɛttan/ *(verb weak)* set, place

āsīgan /aːˈzɪgan/ *(verb strong 1)* sink [past sing āsāg/āsāh]

āsingan /aːˈzɪŋgan/ *(verb strong 3)* sing

āsittan /aːˈzɪttan/ *(verb strong 5)* settle; run aground (of ships)

āslēan /aːˈzlæːan/ *(verb strong 6)* strike ['of āslēan' = 'strike off (the head)']

āslīdan /aːˈzliːdan/ *(verb strong 1)* slip

āsmēagan /aːˈsmæːagan/ *(verb weak)* consider, think of, conceive [Also āsmēan]

āsmiþian /aːˈsmɪθian/ *(verb weak)* forge, work

āsoden /ˈaːzɒdɛn/ *(adj.)* purified [from āsēoþan 'to smelt']

āsolcen /aːˈzɒlkɛn/ *(adj.)* sluggish [past partic. of lost verb āseolcan 'become torpid']

āsolcennes /ˈaːzɒlkɛnnɛs/ *(noun f.)* sloth

āspendan /aːˈspɛndan/ *(verb weak)* spend (money), expend

āspringan /aːˈsprɪŋgan/ *(verb strong 3)* spring up, arise

assa /ˈasa/ *(noun m.)* ass, donkey [assen (f.) = female ass]

āstandan /aːˈstandan/ *(verb strong 6)* stand up

āstellan /aːˈstɛllan/ *(verb weak)* institute, place ['tō bysene āsteald' = 'to set an example']

āstīgan /aːˈstiːgan/ *(verb strong 1)* ascend, descend [3rd pers. pres. āstīġþ, past sing. āstāg, past pl. āstigon, past partic. āstiġen; 'ūp āstīgan' = 'rise up']

āstīþian /aːˈstiːθian/ *(verb weak)* grow strong, grow up

āstreċċan /aːˈstrɛtʃan/ *(verb weak)* stretch out, extend (also of time)

āstyrian /aːˈstyrian/ *(verb weak)* stir, move [āstyred = agitated, angry]

āsundrian /aːˈzundrian/ *(verb weak)* sever

āswāmian /aːˈzwaːmian/ *(verb weak)* cease

āswebban /aːˈzwɛbban/ *(verb weak)* put to sleep

āswerian /aːˈzwɛrian/ *(verb strong 6)* swear

āswindan /aːˈzwindan/ *(verb strong 3)* waste away, perish, disappear

ātǣsan /aːˈtæːzan/ *(verb weak)* wear out, injure

āte /ˈaːtɛ/ *(noun f.)* oats

ātēon /aːˈteːon/ *(verb strong 2)* draw out, draw, take; apply, do with [3rd pers. pres. ātīehþ, past sing. ātēah, past pl. ātugon, past partic. ātogen]

ātēorian /ɑːˈteːorian/ *(verb weak)* fail, become exhausted

ātīefran /aːˈtiːvran/ *(verb weak)* paint, draw

ātimbran /aːˈtimbran/ *(verb weak)* build

atol /ˈatɒl/ *(adj.)* dire, terrible [Last vowel never contracts in inflection]

atolliċ /ˈatɒllitʃ/ *(adj.)* deformed, terrible [declines like fǣrliċ]

ātor /ˈaːtɒr/ *(noun n.)* poison [Also āttor]

ātorbǣre /aːtɒrbæːrɛ/ *(adj.)* poisonous

ātȳdran /aːˈtyːdran/ *(verb weak)* bring forth

-aþ /aθ/ *(suffix)* (forms nouns from verbs) [Noun is always masc.]

āþ /aːθ/ *(noun m.)* oath

āþbryce /ˈaːðbrykɛ/ *(noun m.)* perjury, breach of oath

āþenċan /aːˈθɛntʃan/ *(verb weak)* devise, contrive

āþenenes /aːˈθɛnɛnɛs/ *(noun f.)* extension

āþenian /aːˈθɛnian/ *(verb weak)* extend, stretch, spread

āþēodan /aːˈθeːodan/ *(verb weak)* separate

āþrēotan /aːˈθreːotan/ *(verb strong 2)* fail, run short [3rd pers. pres. āþrīett, past sing. āþrēat, past pl. āþruton, past partic. āþroten]

āþwēan /aːˈθwæːan/ *(verb strong 6)* wash

āwacan /ˈaːwakan/ *(verb strong 6)* awake

āwǣgan /a:'wæ:gan/ *(verb weak)* annul, make nugatory, deceive

āweaxan /a:'wæaksan/ *(verb strong 7)* grow up

āweċċan /a:'wɛtʃan/ *(verb weak)* awake, arouse; incite [from wacian. 1st pers. pres. āweċċe, 2nd pers. pres. āweċst, 3rd pers. pres. āweċþ, past āweahte, past partic. āweaht, imper. āweċe. Also āwreċċan.]

āwēdan /a:'wɛ:dan/ *(verb weak)* go mad [from wōd]

āwefan /a:'wɛvan/ *(verb strong 5)* weave

āweġ /a:'wɛ:/ away

āwegan /a:'wɛgan/ *(verb strong)* carry away ['ūt āwegan' = 'carry out']

āwendan /a:'wɛndan/ *(verb weak)* turn, direct; translate; change, alter; transform; pervert

āweorpan /a:'weorpan/ *(verb strong 3)* throw, throw away; depose (king) [3rd pers. pres. āwierpþ, past sing. āwearp, past pl. āwurpon, past partic. āworpen. Also āwurpan.]

āwēstan /a:'wɛ:stan/ *(verb weak)* lay waste, ravage

āwierġan /a:'wɪrjan/ *(verb weak)* curse

āwierġed /a:'wɪrjɛd/ *(adj.)* cursed, accursed

āwiht /'a:wɪxt/ *(pron.)* 'aught', anything, something ['tō āhte' = 'at all'. Also āht.]

āwindan /a:'wɪndan/ *(verb strong 3)* slip

āwrecan /a:'rɛkan/ *(verb strong)* avenge

āwrītan /a:'ri:tan/ *(verb strong 1)* write, draw, compose, narrate

āwundrian /'a:wʊndrɪan/ *(verb weak)* wonder (at), admire [+ gen. Iċ āwundriġe ... = I admire/am a fan of ...]

āwyrtwalian /a:'wyrtwalɪan/ *(verb weak)* root out

āxian /'a:ksɪan/ *(verb weak)* ask (see āscian)

āxung /'a:ksʊŋg/ *(noun f.)* asking, questioning [Also āscung]

B

bā /ba:/ both (f./n.) (see bēġen)
bacan /'bakan/ *(verb strong 6)* bake [imper. bac]
bād /ba:d/ waited (see bīdan)
bæc /bæk/ *(noun n.)* back [gen sing bæces, dat sing bæce, nom/acc pl bacu, gen pl baca, dat pl bacum. 'ofer bæc' = 'backwards, back'; 'under bæc' = 'back, backwards, behind'; 'gān bæc' = 'to go back']
bæcbord /'bækbɒrd/ *(noun n.)* port, left side of a ship
bæcere /'bækɛrɛ/ *(noun m.)* baker [also bæcestre (fem. or masc.)]
bæcern /'bækɛrn/ *(noun n.)* bakery
bæd /bæd/ asked/commanded (see biddan)
bǣdon /'bæ:dɒn/ asked/commanded (see biddan)
bælc /bælk/ *(noun m.)* pride
bǣm /bæ:m/ (to) both (see bēġen)
bær /bær/ *(adj.)* bare [AS STRONG ADJ: SING: MASC - nom bær, acc bærne, gen bares, dat barum, instr bare, FEM - nom baru/bær, acc bare, gen/dat bære, NEU - nom/acc bær, gen bares, dat barum, instr bare. PLURAL - masc nom/acc bare, fem nom/acc bare/bara, neu nom/acc baru/bare, gen pl bæra, dat pl barum]
bær /bær/ bore/carried (see beran)
bǣr /bæ:r/ *(noun f.)* bier [movable frame for coffin]
ġebǣran /jɛ'bæ:ran/ *(verb weak)* behave, bear oneself
ġebǣre /jɛ'bæ:rɛ/ *(noun n.)* gesture, cry
bærnan /'bærnan/ *(verb weak)* burn [transitive]
bærnett /'bærnɛtt/ *(noun n.)* burning
bǣron /'bæ:rɒn/ bore/carried (see beran)
bærst /bærst/ burst (see berstan)
bæst /bæst/ *(noun m.)* bast [fibrous material from a plant]
bæsten /'bæstɛn/ *(adj.)* of bast
bæþ /bæθ/ *(noun n.)* bath [gen sing bæþes, dat sing bæþe, nom/acc pl baþu, gen pl baþa, dat pl baþum]
bān /ba:n/ *(noun n.)* bone, ivory
bana /'bana/ *(noun m.)* slayer, murderer
bānbryce /'ba:nbrykɛ/ *(noun m.)* bone fracture
band /band/ bound (see bindan)
bannan /'bannan/ *(verb strong 7)* proclaim, summon [past partic. bannen]
bannuc /'bannʊk/ *(noun m.)* type of cake; scone
barn /barn/ burned (see beornan)
baru /'barʊ/ bare (f.) (see bær)
(ġe)bāsnian /'ba:znian/ *(verb)* await, expect
bāt /ba:t/ *(noun m.)* boat

bāt /ba:t/ bit (see bītan)

(ġe)baþian /'baθɪan/ *(verb weak)* bathe

be /bɛ/ *(prep.)* by; about, concerning; alongside; along, in; according to, after; (to denote object of verb); (to form adverbs) [+ dat. Also 'bī' or 'biġ'. 'be þǣm' = 'therefore', 'about which'; 'be þǣm þe' = 'because'; 'be norþan' = 'north of']

be- /bɛ/ *(prefix)* (gives verbs sense of removal/deprivation, or 'around'/'about') [e.g. beċeorfan 'to cut off' from ċeorfan 'to cut'; befaran 'to surround' from faran 'to go']

bēacen /bæ:akɛn/ *(noun n.)* sign, beacon [gen sing bēacnes, dat sing bēacne, nom/acc pl bēacnu, gen pl bēacna, dat pl bēacnum]

bēad /bæ:adan/ commanded (see bēodan)

beæftan /bɛ'æftan/ *(prep./adv.)* behind [+ dat if used as prep. Also bæftan.]

bēag /bæ:ag/ *(noun m.)* ring (as worn on finger)

bēag /bæ:ag/ bent (see būgan)

beald /bæald/ *(adj.)* bold, confident

bealde /bæaldɛ/ *(adv.)* boldly [also bealdlīċe]

bealg /bæalg/ was angry (see belgan)

bealu /'bæalʊ/ *(noun n.)* injury, evil [nom pl bealwu. Also bealo.]

bealufull /'bæalʊfʊl/ *(adj.)* evil, malicious

bealu-nīþ /'bæalʊni:θ/ *(noun m.)* crime

bealu-sīþ /'bæalʊzi:θ/ *(noun m.)* hardship

bēam /bæ:am/ *(noun m.)* tree

bēan /bæ:an/ *(noun f.)* bean

beard /bæard/ *(noun m.)* beard

bearg /bæarg/ defended (see beorgan)

bearhtm /'bæarxtm/ *(adj.)* instant

bearhtme /'bæarxtmɛ/ *(adv.)* instantly

bearm /bæarm/ *(noun m.)* breast, bosom

bearn /bæarn/ *(noun n.)* child [from beran; gen sing bearnes, dat sing bearne; nom/acc plural bearn, gen pl bearna, dat pl bearnum]

bearn-myrþre /'bæarnmyrðrɛ/ *(noun f.)* child-murderess, infanticide

bearu /bæarʊ/ *(noun m.)* grove, wood [nom/acc sing bearu, gen sing bearwes, dat sing bearwe, nom/acc pl bearwas, gen pl bearwa, dat pl bearwum]

bēatan /bæ:atan/ *(verb strong 7)* beat [3rd pers. pres. bīett, past sing. bēot, past pl. bēoton, past partic. bēaten]

bebēodan /bɛ'be:odan/ *(verb strong 2)* bid, command; commit, entrust [+ dat; 3rd pers. pres. bebīett/bebītt, past sing. bebēad, past pl. bebudon, past partic. beboden]

bebod /bɛ'bɒd/ *(noun n.)* command

bebyċġan /bɛˈbydʒan/ *(verb weak 1b)* sell

bebyrġan /bɛˈbyrjan/ *(verb weak)* bury [past pl bebyriġdon, past partic. bebyrġed. Also bebyriġan.]

bebyriġnes /bɛˈbyrınɛs/ *(noun f.)* burial

bēċ /bɛːtʃ/ books (see bōc)

beċēapian /bɛˈtʃæːapıan/ *(verb weak)* sell

beċeorfan /bɛˈtʃeorvan/ *(verb strong 3)* cut off

beċierran /bɛˈtʃırran/ *(verb weak)* betray, 'turn'

beclyppan /bɛˈklyppan/ *(verb weak)* embrace, encompass, hold

beclȳsan /bɛˈklyːzan/ *(verb weak)* shut up, confine [from clūse 'prison']

becuman /bɛˈkuman/ *(verb strong 4)* come

becweþan /bɛˈkwɛðan/ *(verb strong 5)* bequeath [+ acc and dat]

(ġe)bed /ˈbɛd/ *(noun n.)* prayer [from biddan; nom/acc sing ġebed, gen sing ġebedes, dat sing ġebede; nom/acc pl ġebedu, gen pl ġebeda, dat pl ġebedum]

bedǣlan /bɛˈdæːlan/ *(verb weak)* deprive of [+ gen; from dǣl]

bedd /bɛd/ *(noun n.)* bed

bedelfan /bɛˈdɛlvan/ *(verb strong 3)* bury, hide by digging

beden /ˈbɛdɛn/ asked-for (see biddan)

(ġe)bedhūs /ˈbɛdhuːs/ *(noun n.)* oratory, chapel

bedīeġlian /bɛˈdiːlıan/ *(verb weak)* conceal [also bediernan]

bedrēosan /bɛˈdreːozan/ *(verb strong 2)* deprive [+ inst]

befæstan /ɔɛˈvæstan/ *(verb weak)* make fast, fix; commit, entrust to [+ dat]

befaran /bɛˈvaran/ *(verb strong 6)* go around, surround

befealdan /bɛˈvældan/ *(verb strong 7)* fold

befeallan /ɔɛˈvællan/ *(verb strong 7)* fall

befēolan /bɛˈveːolan/ *(verb strong)* apɔly (oneself) to [+ dat]

befiellan /bɛˈvıllan/ *(verb weak)* throw down

befōn /bɛˈvːːn/ *(verb strong 7)* embrace, ɛncompass, seize; include

beforan /bɛˈvɔran/ *(prep./adv.)* before, in front [+ dat (or acc if implying motion)]

befrēon /bɛˈvreːon/ *(verb weak)* deliver

befrīgnan /ɔɛˈvrınan/ *(verb strong)* question [also befrīnan]

begān /bɛˈgan/ *(verb strong)* surround; practise, do

begang /bɛˈɡaŋɡ/ *(noun m.)* circuit

bēġen /ˈbɛːjɛn/ *(pron.)* both [nom/acc: ɔēġen (m), bā (f/n); dat bǣm/bām; gen bēġra/bega]

beġeondan /bɛˈɡjeondan/ *(prep.)* beyond [+ acc/dat]

beġēotan /bɛˈɡjeːotan/ *(verb strong 2)* pour over, flood; infuse

beġietan /bɛˈɡjıtan/ *(verb strong 5)* get, obtain, find [3rd pers.

pres. beġiett, past sing. beġeat, past pl. beġēaton, past partic. beġieten]

beġinnan /bɛˈgjɪnnan/ *(verb strong 3)* begin [3rd pers. pres. beġinþ, past sing. begann, past pl. begunnon, imper. pl. beġinnaþ, past partic. begunnen]

begrindan /bɛˈgrɪndan/ *(verb strong 3)* polish

behāt /bɛˈhaːt/ *(noun n.)* promise, vow

behātan /bɛˈhaːtan/ *(verb strong 7)* promise [+ dat. 3rd pers. pres. behætt, past sing. behēt, past pl. behēton, past partic. behāten]

behēafdian /bɛˈhæːavdɪan/ *(verb weak)* behead [from hēafod]

behealdan /bɛˈhæaldan/ *(verb strong 7)* behold, gaze on, observe [pl. pres. indic. behealdaþ, imper pl behealdaþ]

behelian /bɛˈhɛlɪan/ *(verb weak)* cover over, conceal

beheonan /bɛˈhɛonan/ *(prep.)* on this side of [+ dat. Also behinon]

behindan /bɛˈhɪndan/ *(adv.)* behind

behlīeþan /bɛˈhliːðan/ *(verb weak)* deprive

behōfian /bɛˈhɔːvɪan/ *(verb weak)* require [+ gen]

behrēosan /bɛˈhrɛːozan/ *(verb strong 2)* cover (with) [+ inst]

behrēowsian /bɛˈhrɛːowzɪan/ *(verb weak)* repent [from hrēowan]

behringan /bɛˈhrɪŋgan/ *(verb weak)* surround

bēhþ /bɛːxθ/ *(noun f.)* sign

behwierfan /bɛˈhwɪrvan/ *(verb weak)* change, convert

behȳdan /bɛˈhyːdan/ *(verb weak)* hide [past pl behȳddon]

beiernan /bɛˈɪrnan/ *(verb strong 3)* run

belǣwan /bɛˈlæːwan/ *(verb weak)* betray

beleċġan /bɛˈlɛdʒan/ *(verb weak 1b)* cover

belēosan /bɛˈlɛːozan/ *(verb strong 2)* lose [+ inst]

belgan /ˈbɛlgan/ *(verb strong 3)* be angry [3rd pers. pres. bilgþ, past sing. bealg, past pl. bulgon, past partic. ġebolgen 'angry']

belīefan /bɛˈliːvan/ *(verb weak 1b)* believe [later form for ġelīefan]

belīfan /bɛˈliːvan/ *(verb strong 1)* remain [3rd pers. pres. belīfþ, past sing. belāf, past pl. belifon, past partic. belifen; from lāf]

belimpan /bɛˈlɪmpan/ *(verb strong 3)* belong

belīþan /bɛˈliːvan/ *(verb weak)* deprive [+ gen]

belt /bɛlt/ *(noun m.)* belt

belūcan /bɛˈluːkan/ *(verb strong 2)* lock, close [past participle belocen]

bemetan /ˈmɛtan/ *(verb strong 5)* compare (something to something) [used with tō]

bemurcian /bɛˈmʊrkɪan/ *(verb weak)* murmur at [transitive]

bēn /bɛːn/ *(noun f.)* prayer, request [nom/acc sing bēn, gen/dat sing bēne, nom/acc pl bēna/bēne, gen pl bēna, dat pl bēnum]

benǣman /bɛ'næ:man/ *(verb weak)* deprive of [+ gen and instr.]

benċ /bɛntʃ/ *(noun f.)* bench

bend /bɛnd/ *(noun m./f./n.)* bond, chain [from bindan]

(ġe)bendan /'bɛndan/ *(verb weak)* bind

beneoþan /bɛ'neoθan/ *(prep.)* beneath [+ dat]

beniman /bɛ'nıman/ *(verb strong 4)* deprive of [+ gen]

bēo /be:o/ *(noun f.)* bee [plural bēon;. dat pl bēom/bēoum]

bēo /be:o/ am (see bēon/wesan)

bēobrēad /'be:obræ:ad/ *(noun n.)* pollen; honey with the comb

bēod /be:od/ *(noun m.)* table

bēodan /'be:odan/ *(verb strong 2)* offer; command [+ dat. INDIC: Present - iċ bēode, þū bīetst, hē/hit/hēo bīett, wē/ġē/hīe bēodaþ; Past - iċ bēad, þū bude, hē/hit/hēo bēad, wē/ġē/hīe budon. SUBJ: Present - bēode (sing.), bēoden (pl.); Past - bude (sing.), buden (pl.). past partic. (ġe)boden, imper. bēode (sing.)/bēodaþ (pl.). Infinitives - bēodan, tō bēodenne.]

bēodhræġl /'be:odhrɑil/ *(noun n.)* tablecloth

bēodsċēat /'be:odʃæ:at/ *(noun n.)* napkin

beofor /'beovɒr/ *(noun m.)* beaver

bēon /be:on/ *(verb)* be [bēon ymbe = have to do with. See wesan.]

bēor /be:or/ *(noun n.)* beer, strong drink

ġebēor /jɛ'be:or/ *(noun m.)* reveller, 'beer-companion'

beorc /beɔrk/ *(noun f.)* birch

beorg /beɔrg/ *(noun m.)* hill, mountain

ġebeorg /jɛ'beorg/ *(noun n.)* safety; guard

(ġe)beorgan /'beorgan/ *(verb strong 3)* save, protect, defend [+ dat; 3rd pers. pres. bierhþ, past sing. bearg/bearh, past pl. burgon, past partic. borgen]

beorht /beorxt/ *(adj.)* bright

beorhte /'beorxte/ *(adv.)* brightly

beorhtnes /'beorxtnɛs/ *(noun f.)* brightness

beorma /'beorma/ *(noun m.)* yeast

beornan /'beornan/ *(verb strong 3)* burn [3rd pers. pres. biernþ, past sing. barn, past pl. burnon, past partic. burnen. Intransitive]

(ġe)bēorsċipe /'be:orʃipɛ/ *(noun m.)* feast, banquet

bēorsele /'be:orsɛlɛ/ *(noun m.)* beer-hall, feast-hall

bēot /be:o:/ *(noun n.)* threat; boasting

bēot /be:o:/ beat (see bēatan)

(ġe)bēotian /'be:otıan/ *(verb weak)* boast, vow, promise

bēotliċ /'be:otlıtʃ/ *(adj.)* boastful [declines like færliċ]

bēotung /'be:otʊŋg/ *(noun f.)* threat

bēoþ /be:oθ/ are (plural; see bēon/wesan)

bepǣċan /bɛ'pæ:tʃan/ *(verb weak)* deceive

bera /'bɛrɑ/ *(noun m.)* bear

berǣdan /bɛˈræːdan/ *(verb weak)* deliberate on

beran /ˈbɛran/ *(verb strong 4)* bear, carry [3rd pers. pres. bierþ/bireþ/birþ/byrþ, pl. pres. beraþ, past sing. bær, past pl. bæron, past partic. boren, gerund tō beranne]

(ġe)beran /ˈbɛran/ *(verb strong 4)* bring forth (child) [past participle ġeboren 'born']

bere /ˈbɛrɛ/ *(noun m.)* barley

berēafian /bɛˈræːavian/ *(verb weak)* deprive [+ gen]

beren /ˈbɛrɛn/ *(adj.)* of a bear

berīdan /bɛˈriːdan/ *(verb strong 1)* surround, 'ride round'

berīepan /bɛˈriːpan/ *(verb weak)* despoil of, plunder [+ gen]

beriġe /ˈbɛrijɛ/ *(noun f.)* berry

bern /bɛrn/ *(noun n.)* barn [from bere-ærn = barley-house]

berōwan /bɛˈrɔːwan/ *(verb strong 7)* row round

berstan /ˈbɛrstan/ *(verb strong 3)* burst [2nd pers. pres. birst, 3rd pers. pres. bierst, past sing. bærst, past pl. burston, past partic. borsten]

besārġian /bɛˈzaːrɡian/ *(verb weak)* lament [from sāriġ]

besċieran /bɛˈʃiran/ *(verb strong 4)* shear, cut hair

besċierian /bɛˈʃirian/ *(verb weak)* deprive [also besċierwan]

besċūfan /bɛˈʃuːvan/ *(verb strong 2)* shove, push

besēon /bɛˈzeːon/ *(verb strong 5)* see, look [INDIC: 1st pers pres besēo, 2nd pers pres besiehst, 3rd pers. pres. besihþ/besiehþ, pl pres besēoþ, past sing. beseah, past pl. besāwon. SUBJ: pres sing besēo, past sing besāwe. Imperatives - sing beseoh, pl besēoþ. Present partic. besēonde, past partic. besewen/beseġen]

besettan /bɛˈzɛttan/ *(verb weak)* set about, surround, cover [past partic. besett]

besierwan /bɛˈzɪwan/ *(verb weak)* ensnare, surprise

besittan /bɛˈzɪttan/ *(verb strong 5)* besiege, 'sit round'

besmītan /bɛˈzmiːtan/ *(verb strong 1)* defile

besmitenes /bɛˈzmɪtɛnɛs/ *(noun f.)* defilement

besprecan /bɛˈsprɛkan/ *(verb strong 5)* speak about, complain of

bestandan /bɛˈstandan/ *(verb strong 6)* surround

bestealcian /bɛˈstæalkian/ *(verb weak)* go stealthily, steal

bestelan /bɛˈstɛlan/ *(verb strong 4)* move stealthily, steal

bestīeman /bɛˈstiːman/ *(verb weak)* moisten

bestrīepan /bɛˈstriːpan/ *(verb weak)* strip of [+ gen]

beswīcan /bɛˈzwiːkan/ *(verb strong 1)* deceive, circumvent, betray [3rd pers. pres. beswīcþ, past sing. beswāc, past pl. beswicon, past partic. beswicen]

besylian /bɛˈsylian/ *(verb weak)* defile

bet /bɛt/ *(adv.)* better

betǣċan /bɛ'tæːtʃan/ *(verb weak)* commit, entrust, give up; appoint [+ dat; 3rd pers. pres. betǣċþ, past betǣhte, past partic. betǣht]

(ġe)bētan /'bɛːtan/ *(verb)* amend, repair, restore, cure

betera /'bɛtɛra/ *(comp. adj.)* better [adverb = 'bet']

betellan /bɛ'tɛllan/ *(verb weak)* defend oneself (of a charge), exculpate oneself [reflexive]

betst /bɛtst/ *(superl. adj.)* best

betwēonan /bɛ'tweːonan/ *(prep.)* between; among [+ dat (usually) or acc; also betwēonum]

betwix /bɛ'twɪks/ *(prep.)* between, among; (of time) during [+ dat (usually) or acc; 'betwix þæm þe' (conj.) = while; 'betwix þissum' = 'meanwhile'. Also betweox, betwih, betwux, betwuh, betweoxn, betux, betuh.]

betȳnan /bɛ'tyːnan/ *(verb weak)* end, finish, 'enclose' [from tūn]

beþearf /bɛ'θæarf/ *(verb)* need [+ gen]

beþeċċan /bɛ'θɛtʃan/ *(verb weak 1a)* cover

beþenċan /bɛ'θɛntʃan/ *(verb weak)* consider, call to mind; reflect (reflex.)

beþenian /bɛ'θɛnian/ *(verb weak)* cover

(ġe)beþian /'bɛðian/ *(verb weak)* bathe [transitive; from bæþ]

beþringan /bɛ'θrɪŋgan/ *(verb strong 3)* press upon

beþung /'bɛðuŋg/ *(noun f.)* bathing, (hot) bath

beweaxan /bɛ'wæaksan/ *(verb strong 7)* grow over

bewegan /bɛ'wɛgan/ *(verb strong 5)* kill

beweorpan /bɛ'wɛorpan/ *(verb strong 3)* throw

bewēpan /bɛ'wɛːpan/ *(verb strong)* weep over, deplore

bewerian /bɛ'wɛrian/ *(verb weak)* defend [pres. partic. bewerienne]

bewindan /bɛ'wɪndan/ *(verb strong 3)* brandish; encompass, surround

bewitan /bɛ'wɪtan/ *(verb (pret-pres))* watch over, have charge of

bewrēon /bɛ'reːon/ *(verb strong 1)* cover

bewyrċan /bɛ'wyrtʃan/ *(verb weak)* cover, 'work over'

bī, biġ /biː/, /bɪj/ by/about (see be)

bīdan /'biːdan/ *(verb strong 1)* wait [+ gen; 3rd pers. pres. bītt, past sing. bād, past pl. bidon, imper. sing. bīd, past partic. biden. Can also mean 'endure' if used with acc.]

biddan /'bɪddan/ *(verb strong 5)* ask, beg; command [+ acc (person) & gen (thing). 3rd pers. pres. bitt, past sing. bæd, past pl. bǣdon, past partic. beden, imper. bide]

ġebiddan /jɛ'bɪddan/ *(verb strong 5)* pray (reflexive) [3rd pers. pres. ġebitt, past sing. ġebæd, past pl. ġebǣdon, past partic. ġebeden, imper. ġebide]

bīegan /ˈbiːgan/ *(verb weak)* convert, 'bend'

bieldan /ˈbɪldan/ *(verb weak)* encourage

bieldo /ˈbɪldɒ/ *(noun f.)* boldness, arrogance [from beald; indeclinable]

bierhtu /ˈbɪrxtʊ/ *(noun f.)* brightness

bierhþ /ˈbɪrxθ/ defends (see beorgan)

biernan /ˈbɪrnan/ *(verb strong 3)* burn [same as beornan; past partic. ġeburnen]

biernþ /ˈbɪrnθ/ burns (see beornan)

bierþ /ˈbɪrθ/ bears/carries (see beran)

bīett /biːtt/ see bēatan and bēodan

bifian /ˈbɪvian/ *(verb weak)* tremble [also beofian]

bīgenġ /ˈbiːgɛndʒ/ *(noun m.)* worship ['bi' = by; 'genġ' from gān. Also bīg-genġ.]

bīgleofa /ˈbiːglɛova/ *(noun m.)* food, 'means of living'

bīgspell /ˈbiːgspɛl/ *(noun n.)* example, parable, proverb [also bīspell]

bīgspellbōc /ˈbiːgspɛlbɔːk/ *(noun f.)* book of proverbs [also bīspellbōc]

bīgwist /ˈbiːgwɪst/ *(noun f.)* sustenance

bilewit /ˈbɪlɛwɪt/ *(adj.)* simple, innocent

bilewitlīċe /ˈbɪlɛwɪtliːtʃɛ/ *(adv.)* simply, innocently

bilewitnes /ˈbɪlɛwɪtnɛs/ *(noun f.)* simplicity, innocence

bilgþ /bɪlgθ/ is angry (see belgan)

bill /bɪll/ *(noun n.)* sword

ġebind /jɛˈbɪnd/ *(noun n.)* binding

bindan /ˈbɪndan/ *(verb strong 3)* bind [INDIC: 1st pers pres binde, 2nd pers pres bindest, 3rd pers. pres. bindeþ/bint, pl pres bindaþ, 1st/3rd pers past band, 2nd pers past bunde, past pl. bundon. SUBJ: pres sing binde, pres pl bindon, past sing bunde, past pl bundon. Imperatives - sing bind, pl bindaþ. Present partic. bindende, past partic. bunden]

binn /bɪnn/ *(noun f.)* manger, bin

binnan /ˈbɪnnan/ *(adv./prep.)* inside; within, in (also of time) [from be + innan - hence also 'beinnan'. + dat ('within') or acc ('to within')]

birst /bɪrst/ burst (see berstan)

bisċop /ˈbɪʃɒp/ *(noun m.)* bishop [also bisċeop, bisċep]

bisċopstōl /ˈbɪʃɒpstɔːl/ *(noun m.)* bishopric

bisen /jɛˈbyːsnʊŋg/ *(noun f.)* example [also bisenung, ġebȳsnung (in which case dat sing often ends -a), bysn]

(ġe)bisenian /ˈbyːsnian/ *(verb weak)* give example, illustrate [also ġebȳsnian (in which case past sing ġebȳsnode)]

bisiġ /ˈbɪzij/ *(adj.)* busy [also bysiġ]

bismer /ˈbɪzmɛr/ *(noun m./n.)* insult, ignominy [also bismor]

bismerful /ˈbɪzmɛrvʊl/ (adj.) ignominious, shameful

(ġe)bismerian /ˈbɪzmrɪan/ (verb weak) treat with ignominy, insult [from bismer; past pl bismrodon. Also bismrian.]

bismerlīċe /ˈbɪzmɛrli:tʃɛ/ (adv.) ignominiously, shamefully

bist /bɪst/ are (singular; see bēon/wesan)

bītan /ˈbi:tan/ (verb strong 1) bite [3rd pers. pres. bītt, past sing. bāt, past pl. biton, past partic. biten]

bite /ˈbɪtɛ/ (noun m.) bite

biter /ˈbɪtɛr/ (adj.) bitter, fierce [also bitter]

biternes /ˈbɪtɛrnɛs/ (noun f.) bitterness

bītt /bi:tt/ waits (see bīdan)

biþ /bɪθ/ is (see bēon/wesan)

blāc /bla:k/ (adj.) pale; white, bright

blācian /bla:kɪan/ (verb weak) turn pale

blācung /bla:kʊŋg/ (noun f.) turning pale, pallor

blæc /blæk/ (adj.) black [AS STRONG ADJ: SING: MASC - nom blæc, acc blæcne, gen blaces, dat blacum, instr blace, FEM - nom blacu/blæc, acc blace, gen/dat blæce, NEU - nom/acc blæc, gen blaces, dat blacum, instr blace. PLURAL - masc nom/acc blace, fem nom/acc blace/blaca, neu nom/acc blacu/blace, gen pl blæca, dat pl blacum]

blæc /blæk/ (noun n.) ink

blæd /blæ:d/ (noun m.) glory

blædfæst /ˈblæ:dvæst/ (adj.) glorious

blæst /blæ:st/ (noun m.) blowing, blast; flame

(ġe)bland /ˈbland/ (noun n.) mixture, tumult

(ġe)blandan /ˈblandan/ (verb strong 7) mix [past partic. blanden mixed']

blanden-feax /ˈblandɛnvæaks/ (adj.) grey-haired

blāwan /ˈbla:wan/ (verb strong 7) blow [3rd pers. pres. blæwþ, past sing. blēow, past pl. blēowon, past partic. blāwen]

blēd /blɛ:d/ (noun f.) fruit [from blōwan]

blēdan /ˈblɛ:dan/ (verb) bleed [3rd pers. pres. blēdeþ]

bledu /ˈblɛdʊ/ (noun f.) bowl, dish

bleġen /ˈblɛjɛn/ (noun f.) boil, blister, 'blain'

bleoh /blɛɔx/ (noun n.) colour, hue [h dropped in inflection and eo lengthened, i.e: blēo, blēos.]

blēow /blɛ:ɔw/ blew (see blāwan and blōwan)

blētsian /ˈblɛ:tsɪan/ (verb weak 2) bless [INDIC: 1st pers. pres. blētsige, 2nd pers. pres. blētsast, 3rd pers. pres. blētsaþ, pres. pl. blētsiaþ, 1st/3rd pers. past blētsode, 2nd pers. past blētsodest, past pl. blētsodon. SUBJ: pres. sing. blētsige, pres. pl. blētsien/blētsion, past sing. blētsode, past pl. blētsoden/blētsodon. Imper. sing. blētsa, pl. blētsiaþ. Pres.

partic. blētsigende, past partic. ġeblētsod. From blōd.]

blētsung /ˈblɛtsʊŋg/ *(noun f.)* blessing

blīcan /ˈbli:kan/ *(verb strong 1)* glitter [3rd pers. pres. blīcþ]

blind /blɪnd/ *(adj.)* blind

blindlīċe /ˈblɪndli:tʃɛ/ *(adv.)* blindly

(ġe)blinnan /ˈblɪnnan/ *(verb strong 3)* cease

bliss /blɪs/ *(noun f.)* merriment, joy, bliss [from blīþe]

blissian /ˈblɪsɪan/ *(verb weak)* rejoice [+ gen; 'iċ blisse' = 'I am glad'; imper sing blissa]

blīþe /ˈbli:ðɛ/ *(adj.)* glad, merry, friendly, blithe, happy

blīþelīċe /ˈbli:ðeli:tʃɛ/ *(adv.)* gladly

blīþemōd /ˈbli:ðɛmɔ:d/ *(adj.)* blithe of mood, friendly [also blīþmōd]

blīþnes /ˈbli:ðnɛs/ *(noun f.)* joy

blōd /blɔ:d/ *(noun n.)* blood

blōdgyte /ˈblɔ:dgytɛ/ *(noun m.)* bloodshed

blōdig /ˈblɔ:dɪj/ *(adj.)* bloody

blōma /ˈblɔ:ma/ *(noun m.)* metal

blōstma /ˈblɔ:stma/ *(noun m.)* blossom, fruit [also blōstm]

blōtan /ˈblɔ:tan/ *(verb strong 7)* sacrifice [1st/3rd pers. sing. past indic. blēot, past indic. plural blēoton, past partic. (ġe)blōten]

blōtmōnaþ /ˈblɔ:tmɔ:naθ/ *(month (m.))* November, month of sacrifice

(ġe)blōwan /ˈblɔ:wan/ *(verb strong 7)* bloom [past sing blēow, past pl blēowon, past partic. ġeblōwen]

bōc /bɔ:k/ *(noun f.)* book, scripture; document, deed [i-mutation noun: dat sing bēċ/bōċ, gen sing bēċ/bōċe, nom/acc pl bēċ, dat pl bōcum, gen pl bōca]

bōccræft /ˈbɔ:kkræft/ *(noun m.)* learning, literature

bōcere /ˈbɔ:kɛrɛ/ *(noun m.)* scribe

bōcfell /ˈbʊkfɛll/ *(noun n.)* parchment

bōchūs /ˈbɔ:khu:s/ *(noun n.)* library

Bōclæden /ˈbɔ:klædɛn/ *(noun n.)* book Latin, Latin

bōc-land /ˈbɔ:kland/ *(noun n.)* private land

bōcstæf /ˈbɔ:kstæf/ *(noun m.)* letter, character [plural bōcstafas]

(ġe)bod /bʊd/ *(noun n.)* command [from bēodan]

boda /ˈbʊda/ *(noun m.)* messenger

boden /ˈbʊdɛn/ commanded (see bēodan)

bodian /ˈbʊdɪan/ *(verb weak)* announce, preach [+ dat; from bēodan; 3rd pers. pres. indic. bodaþ, imper. sing. boda]

bodiġ /ˈbʊdɪj/ *(noun m.)* body

bodung /ˈbʊdʊŋg/ *(noun f.)* preaching

boga /ˈbʊga/ *(noun m.)* bow [from būgan]

bogen /ˈbʊgɛn/ bent (see būgan)

bōgian /ˈbɔ:gɪan/ *(verb weak)* dwell

bohte /ˈbʊxtɛ/ bought (see byċġan)

bold /bɒld/ *(noun n.)* house, building

bolgen /ˈbɒlgɛn/ angry (see belgan)

bolla /ˈbɒlla/ *(noun m.)* bowl

bolster /ˈbɒlstɛr/ *(noun m.)* cushion, bolster

bōnda /ˈbɒnda/ *(noun m.)* householder

bord /bɒrd/ *(noun n.)* table; shield

borda /ˈbɒrda/ *(noun m.)* fringe

borg /bɒrg/ *(noun m.)* pledge, security

borgbryce /ˈbɒrgbrykɛ/ *(noun m.)* breach of surety

boren /ˈbɒrɛn/ born/carried (see beran)

borgen /ˈbɒrgɛn/ saved/protected/defended (see beorgan)

borsten /ˈbɒrstɛn/ burst (see berstan)

bōsm /bɔːzəm/ *(noun m.)* bosom

bōt /bɔːt/ *(noun f.)* reparation, reform, remedy, satisfaction

botl /bɒtəl/ *(noun n.)* house

botm /bɒtəm/ *(noun m.)* bottom

box /bɒks/ *(noun m.)* box

brād /braːd/ *(adj.)* broad

bræc /bræːk/ *(noun m.)* cough

brǣdan /ˈbræːdan/ *(verb weak)* extend, dilate [from brād]

(ġe)brǣdan /ˈbræːdan/ *(verb weak)* roast, toast

brǣþ /bræːθ/ *(noun m.)* vapour, odour

bræs /bræs/ *(noun n.)* brass [bræsen = of brass]

brand /brand/ *(noun m.)* fire, flame

brastlian /brastlian/ *(verb weak)* roar (of flames)

brēac /bræːak/ enjoyed/used (see brūcan)

brēad /bræːad/ *(noun n.)* bread; morsel, crumb

breahtm /ˈbræaxtm/ *(noun m.)* noise, revelry

brēċ /breːtʃ/ *(noun pl.)* trousers

brecan /ˈbrɛkan/ *(verb strong 4)* break, cut: take (city) [Type 4 verb (though r precedes the vowel in the infinitive). 3rd pers. pres. briċþ, past sing. bræc, past pl. brǣcon, past partic. brocen]

ġebrēġd /jɛˈbrɛːd/ *(noun n.)* change

brēġdan /ˈbrɛːdan/ *(verb strong 3)* pull, draw [+ acc. Also brēdan (g often dropped) - past sing. brǣġd/brǣd, past pl. brugdon, past partic. brogden/brōden]

brēme /ˈbreːmɛ/ *(adj.)* famous, noble

brēmel /ˈbreːmɛl/ *(noun m.)* bramble [nom pl brēmlas]

brēmelæppel /ˈbreːmɛlæppɛl/ *(noun m.)* blackberry [also brēmelberie (f.)]

brēost /breːost/ *(noun n.)* breast

brēostwærc /ˈbreːostwærk/ *(noun n.)* pain in the chest

brēotan /ˈbreːotan/ *(verb strong 2)* break [3rd pers. pres. brīett/brīːt, past sing. brēat, past pl. bruton, past partic. broten]

brēoþan /ˈbreːoðan/ *(verb strong 2)* fail [past sing. brēaþ, past partic. broþen. Also ābrēoþan.]

65

brēowan /ˈbreːowan/ *(verb strong 2)* brew [past partic. browen]

brerd /brɛrd/ *(noun m.)* border, surface

Breten /ˈbrɛtɛn/ *(noun f.)* Britain

Brettas /ˈbrɛttas/ *(noun m pl.)* the British [also Brittas, Bryttas]

Brettisċ /ˈbrɛttɪʃ/ *(adj.)* British [also Brittisc, Bryttisc. Declines like mennisc]

Bretwalas /ˈbrɛtwalas/ *(noun m pl.)* Welsh, 'foreigners of Britain', Britons in Wales [also Bretwēalas, Brytwealas]

bridd /brɪdd/ *(noun m.)* young bird, chick

brim /brɪm/ *(noun n.)* ocean, water

(ġe)bringan /ˈbrɪŋgan/ *(verb weak 1b)* bring [3rd pers. pres. sing. bringþ, 1st/3rd pers. past sing. brōhte, imper. sing. bring, past partic. ġebrōht. Also brengan.]

broc /brɒk/ *(noun n.)* affliction, trouble

brōc /brɔːk/ *(noun m.)* brook

brocen /ˈbrɒkɛn/ *(adj.)* see brecan and brūcan

(ġe)brocian /ˈbrɒkɪan/ *(noun n.)* afflict

brōga /ˈbrɔːga/ *(noun m.)* terror, danger

brōhte /ˈbrɔːxtɛ/ brought (see bringan)

brōm /brɔːm/ *(noun m.)* broom

brosnian /ˈbrɒznɪan/ *(verb weak)* decay, moulder away

brosnung /ˈbrɒznʊŋg/ *(noun f.)* decay

broþ /brɒθ/ *(noun n.)* broth

brōþor /ˈbrɔːðʊr/ *(noun m.)* brother (also in 'monk' sense) [nom/acc/gen sing brōþor, dat sing brēþer, nom/acc pl (ge)brōþor/brōþru/brōþra, gen pl (ge)brōþra, dat pl (ge)brōþrum]

brū /bruː/ *(noun f.)* eyebrow

brūcan /ˈbruːkan/ *(verb strong 2)* enjoy, partake of, use, possess [+ gen; 3rd pers. pres. brȳcþ, past sing. brēac, past pl. brucon, past partic. brocen]

brūn /bruːn/ *(adj.)* brown

bryce /ˈbrykɛ/ *(noun m.)* breach; fragment; breakage, fracture [from brecan]

bryċġ /brydʒ/ *(noun f.)* bridge

brȳd /bryːd/ *(noun f.)* bride [nom/acc sing brȳd, gen/dat sing brȳde, nom/acc pl brȳda/brȳde, gen pl brȳda, dat pl brȳdum]

brȳdguma /ˈbryːdgʊma/ *(noun m.)* bridegroom [literally bride-man]

bryne /ˈbrynɛ/ *(noun m.)* burning, conflagration

brytnian /ˈbrytnɪan/ *(verb weak)* distribute

bū /buː/ *(noun n.)* dwelling [nom/acc pl bȳ]

būan /buːan/ *(verb weak)* dwell, occupy; cultivate [3rd pers. sing. past būde, pl. past būdon. Past partic. ġebūn/ġebūd. Also būn, būgan.]

Budden N /ˈbʊddɛn/ *(adj.)* Buddhist

Buddendōm N /ˈbʊddɛndɔːm/ *(noun m.)* Buddhism

bude /ˈbʊdɛ/ offered/commanded (see bēodan)

būend /ˈbuːɛnd/ *(noun m.)* dweller, inhabitant [present participle of būan]

bufan /ˈbʊvan/ *(prep.)* over, above, on [+ dat ('above') or acc ('upwards')]

(ġe)būgan /ˈbuːgan/ *(verb strong 2)* bend, incline, bow; join, go over to [3rd pers. pres. bȳhþ, past sing. bēag/bēah, past pl. bugon, past partic. bogen]

bulgon /ˈbʊlgɒn/ were angry (see belgan)

bundon /ˈbʊndɒn/ were bound (see bindan)

būne /ˈbuːnɛ/ *(noun f.)* cup

būr /buːr/ *(noun m.)* room, chamber, bower

ġebūr /jɛˈbuːr/ *(noun m.)* freeholder (peasant)

burg /bʊrg/ *(noun f.)* city, fortress [i-mutation noun: dat sing byriġ, gen sing byriġ/byriġe/burge; nom/acc pl byriġ/burga, dat pl burgum, gen pl burga. From beorgan. Also burh.]

burgġeat /ˈbʊrgjæat/ *(noun n.)* city-gate

burglēode /ˈbʊrgleːodɛ/ *(noun m pl.)* citizens

burgmann /ˈbʊrgmann/ *(noun m.)* citizen

burgon /ˈbʊrgɒn/ saved/defended (see beorgan)

burgsċir /ˈbʊrgʃiːr/ *(noun f.)* city, 'city-division'

burgtūn /ˈbʊrgtuːnɛ/ *(noun m.)* city

burgwaras /ˈbʊrgwaras/ *(noun m pl.)* citizens [also burgwaru (f.)]

burhweardhūs ℕ /ˈbʊrxwæardhuːs/ *(noun n.)* police station

ġeburnen /jɛˈbʊrnɛn/ burnt (see biernan)

burn /bʊrn/ *(noun f.)* stream, brook [also burna (m.), burne (f.)]

burnon /ˈbʊrnɒn/ burnt (see beornan)

burston /ˈbʊrstɒn/ burst (see berstan)

būtan /ˈbuːtan/ *(adv./prep.)* outside of, off; without, except, besides [+ dat (or acc) when used as prep.; = be-ūtan. Also būton, beūton.]

būtan /ˈbuːtan/ *(conj.)* unless; except, but [ˈbūtan þæt' (with indic.) = 'except that'. also būton.]

butere /ˈbʊtɛrɛ/ *(noun f.)* butter

buter-flēoge /ˈbʊtɛrvlɛːogɛ/ *(noun f.)* butterfly [also buter-flēge]

bȳ /byː/ dwellings (see bū)

byċġan /ˈbydʒan/ *(verb weak 1b)* buy [1st pers. pres. byċġe, 2nd pers. pres. byġst, 3rd pers. pres. byġþ, 1st/3rd pers. past bohte, past partic. ġeboht, imper. byġe]

bydel /ˈbydɛl/ *(noun m.)* messenger

byht /byxt/ *(noun n.)* dwelling

bȳhþ /ˈbyːxθ/ bends (see būgan)

bȳne /ˈbyːnɛ/ *(adj.)* cultivated

ġebyrd /jɛˈbyrd/ (noun f.) rank, 'birth'

ġebyrddæġ /jɛˈbyrddʌɪ/ (noun m.) birthday ['Ēadiġ ġebyrddæġ' = 'Happy birthday']

byrde /ˈbyrdɛ/ (adj.) of high rank

ġebyrdelīċe /jɛˈbyrdɛliːtʃɛ/ (adv.) energetically, spiritedly

ġebyrd-tīd /jɛˈbyrdtiːd/ (noun f.) time of birth

byre /ˈbyrɛ/ (noun m.) opportunity

bȳre /ˈbyːrɛ/ (noun n.) stall, shed, hut

ġebyrg /jɛˈbyrg/ (noun n.) taste

byrgan /ˈbyrgan/ (verb weak) bury [also byrigan]

byrgea /ˈbyrgæa/ (noun m.) one who gives bail, surety

byrgels /ˈbyrgɛls/ (noun m.) tomb

byrġen /ˈbyrjɛn/ (noun f.) tomb [from bebyrġan; dat sing byrġenne]

(ġe)byrian /ˈbyrian/ (verb weak 1a) be due, befit, belong [1st pers. pres. ġebyriġe, 2nd pers. pres. ġebyrest, 3rd pers. pres. ġebyreþ, past ġebyrede, past partic. ġebyred, imper. ġebyre]

byriġ /ˈbyrɪj/ towns/cities (see burg)

byrne /ˈbyrnɛ/ (noun f.) corslet

byrst /byrst/ (noun f.) bristle

byrst /byrst/ (noun m.) loss, injury

byrþen /ˈbyrðɛn/ (noun f.) burden [from beran; n is often doubled in oblique cases]

bysgian /ˈbysgian/ (verb weak) occupy; trouble

bysgu /ˈbysgʊ/ (noun f.) occupation, trouble

bysnian /ˈbyznian/ (verb weak) give example of, illustrate

bysnung /ˈbyznʊŋg/ (noun f.) example

bytlan /ˈbytlan/ (verb weak) build [from botl]

ġebytle /jɛˈbytlɛ/ (noun n.) building

C

cachūs /ˈkakhuːs/ (noun n.) toilet

cæġ /kʌɪ/ (noun f.) key [both lit. and fig.]

cāf /kaːf/ (adj.) bold; quick, prompt

cāflīċe /ˈkaːvliːtʃɛ/ (adv.) boldly

calc /kalk/ (noun m.) shoe, sandal

camb /kamb/ (noun m.) comb

camel /ˈkamɛl/ (noun m.) camel

camp /kamp/ (noun n.) fight

(ġe)campian /ˈkampian/ (verb) fight with [wiþ + acc]

cancer /ˈkankɛraːdl/ (noun f.) cancer [also cancerādl (f)]

candel /ˈkandɛl/ (noun f.) candle

cann /kann/ can (see cunnan)

canne /ˈkannɛ/ can [container], cup

canōn /ˈkanɔːn/ (noun m.) canon [canōnes bēc = canonical books]

Cantware /ˈkantwarɛ/ *(pl.)* Kent-dwellers, men of Kent

carcern /ˈkarkɛrn/ *(noun n.)* prison

carfull /ˈkarvʊl/ *(adj.)* careful

carian /ˈkarıan/ *(verb weak)* care, be anxious about [also cearian]

caru /ˈkarʊ/ *(noun f.)* care [nom sing caru, gen/dat/acc sing care, nom/acc pl cara/care, gen pl carena/cara, dat pl carum. Also cearu.]

carte /ˈkartɛ/ *(noun f.)* paper for writing on

cāsere /ˈkaːzɛrɛ/ *(noun m.)* emperor [nom/acc sing cāsere, gen sing cāseres, dat sing cāsere; nom/acc pl cāsera, gen pl cāsera, dat pl cāserum]

castel /ˈkastɛl/ *(noun m.)* castle [from French]

catt /katt/ *(noun m.)* cat

cawel /ˈkawɛl/ *(noun m.)* cabbage

ċēace /ˈtʃæːakɛ/ *(noun n.)* cheek

ċeafl /ˈtʃæavəl/ *(noun m.)* jaw [plural ċeaflas]

ċeald /tʃæald/ *(adj.)* cold

ċealf /tʃæalf/ *(noun n.)* calf [gen sing ċealfes; nom/acc pl ċealfru, gen pl ċealfra, dat pl ċealfrum]

ċeallian /ˈtʃæallıan/ *(verb weak)* call, shout

ċēap /tʃæːap/ *(noun n.)* purchase; price; cattle

ċēapġyld /ˈtʃæːapjyld/ *(noun n.)* purchase price ['hwæt is þæt ċēapġyld?' = 'how much is it?']

ċēaphūs ℕ /ˈtʃæːaphuːs/ *(noun n.)* shop ['grēat ætċēaphūs' = 'supermarket']

ċēapsetl /ˈtʃæapsɛtl/ *(noun n.)* toll-booth

ċēapstōw /ˈtʃæːapstɔːw/ *(noun f.)* market

ċēapstrǣt /ˈtʃæːapstræːt/ *(noun f.)* market street

ċēapung /ˈtʃæːapʊŋg/ *(noun f.)* business, trade

ċēas /tʃæːas/ chose (see ċēosan)

ċeaster /ˈtʃæːastɛr/ *(noun f.)* city, town; castle [acc/gen/dat sing ċeastre, nom/acc/gen pl ċeastra, dat pl ċeastrum]

cēċil /ˈkɛːtʃɪˌ/ *(noun m.)* cake

ċempa /ˈtʃɛmpa/ *(noun m. weak)* warrior, champion, fighter [gen/dat/acc sing cempan, nom/acc pl cempan, gen pl cempena, dat pl cempum]

cēne /ˈkɛːnɛ/ *(adj.)* brave, bold

ċenep /ˈtʃɛnɛp/ *(noun m.)* moustache

cēnlīċe /ˈkɛːnliːtʃɛ/ *(adv.)* boldly

ċennan /ˈtʃɛnnan/ *(verb weak)* bring forth, bear child [past sing cende]

cennungstōw /ˈkɛnnʊŋstɔːw/ *(noun f.)* birth-place

Centingas /ˈkɛntɪŋgas/ men of Kent ['iċ ecm of Centlande' = 'I am from Kent']

ċēol /tʃɛːol/ *(noun m.)* ship

ċeorfan /ˈtʃɛorvan/ *(verb strong 3)* cut, hew, carve [3rd pers. pres. ċierfþ, past sing. ċearf, past pl. curfon, past partic. corfen]

ċeorl /tʃɛorl/ *(noun m.)* man, husband (peasant)

(ġe)ċēosan /ˈtʃɛːozan/ *(verb strong 2)* choose [INDIC: 1st pers pres cēose, 2nd pers pres cīest, 3rd pers. pres. cīest/cīst, 1st pers past cēas, 2nd pers past cure, pl past curon. SUBJ: pres sing cēose, past sing cure. Past partic. coren]

cēpan /ˈkɛːpan/ *(verb weak)* attend, look out for [+ gen]

cicen /ˈtʃɪkɛn/ *(noun n.)* chicken

(ġe)cīdan /ˈtʃiːdan/ *(verb weak)* quarrel [+ dat or wiþ]

(ġe)cīegan /ˈtʃiːgan/ *(verb weak)* call, name [transitive]

cīele /ˈtʃiːlɛ/ *(noun m.)* cold, chill [from ċeald. Also cyle.]

cīepa /ˈtʃiːpa/ *(noun m.)* trader, merchant

cīepan /ˈtʃiːpan/ *(verb weak)* trade, sell [from ċēap]

cīepend /ˈtʃiːpɛnd/ *(noun m.)* seller [present participle of cīepan]

cierlisc /ˈtʃɪrlɪʃ/ *(adj.)* servile [from ċeorl]

cierm /tʃɪrm/ *(noun m.)* cry

cierman /ˈtʃɪrman/ *(verb weak)* cry, call

cierr /tʃɪrr/ *(noun m.)* turn; time, occasion

cierran /ˈtʃɪrran/ *(verb weak)* turn, return, go; proceed ['cierran tō' = 'take to'; 'him tō ġecirdon (þæt folc)' = 'reduced to subjection'; 'hīe noldon (hine) eft ġecierran' = 'they did not want to return to him']

ġecierrednes /jɛˈtʃɪrrɛdnɛs/ *(noun f.)* conversion (to Christianity)

cīese /ˈtʃiːzɛ/ cheese (see cȳse)

cīest /ˈtʃiːst/ chooses (see cēosan)

cild /tʃɪld/ *(noun n.)* child [gen sing cildes; nom/acc pl cildru, gen pl cildra, dat pl cildrum]

cildcradol /ˈtʃɪldkradɒl/ *(noun m.)* cradle (of child)

cildhād /ˈtʃɪldhaːd/ *(noun m.)* childhood [dat sing cildhāde, gen sing cildhādes, nom pl cildhādas, dat pl cildhādum, gen pl cildhāda]

cimbstān /ˈtʃɪmbstaːn/ *(noun m.)* base, pedestal

Cīnisċ N /ˈtʃiːnɪʃ/ Chinese

cinn /tʃɪnn/ *(noun n.)* chin

cinbān /ˈtʃɪnbaːn/ *(noun n.)* jawbone [also cinnbān]

cipe /ˈtʃɪpɛ/ *(noun f.)* onion

cipp /ˈtʃɪpp/ *(noun m.)* log

cirċliċ /ˈtʃɪrtʃlɪtʃ/ *(adj.)* ecclesiastical

circolwyrde N /ˈtʃɪrkɒlwyrdɛ/ *(noun m.)* computer [also spearcletelle]

ciriċe /ˈtʃɪrɪtʃɛ/ *(noun f. weak)* church [acc/gen/dat sing ciriċan, nom/acc pl ciriċan, gen pl ciriċena, dat pl ciriċum. Also cirċe.]

ciriċhata /ˈtʃɪrɪtʃhata/ *(noun m.)* church-hater, persecutor

cīse /ˈtʃiːzɛ/ cheese (see cȳse)

cist /tʃɪst/ *(noun f.)* chest

citel /ˈtʃɪtɛl/ *(noun m.)* kettle

clǣne /ˈklæːnɛ/ *(adj.)* clean, pure

clǣne /ˈklæːnɛ/ *(adv.)* entirely [also clāne. From clǣne.]

clǣnnes /ˈklæːnnɛs/ *(noun f.)* purity

(ġe)clǣnsian /ˈklæːnzɪan/ *(verb weak)* cleanse, purify [Can also mean 'justify, clear' + acc and gen]

clamm /klamm/ *(noun m.)* bond, chain

clāþ /klaːθ/ *(noun m.)* cloth

clawu /ˈklawu/ *(noun f.)* claw

cleofa /ˈkleova/ *(noun m.)* chamber, cell

clēofan /ˈkleːovan/ *(verb strong 2)* cleave, split [past sing. clēaf, past pl. clufon, past partic. clofen]

clēofangund N /ˈkleːovangʊnd/ *(noun n.)* virus

clibbor /ˈklɪbbɒr/ *(adj.)* adhesive, clinging

clif /klɪf/ *(noun n.)* cliff, rock

clipian /ˈklɪpian/ *(verb weak)* call, summon; exclaim [past sing clipode. Also cleopian.]

clipung /ˈklɪpʊŋg/ *(noun f.)* calling [dat sing often ends -a]

clūd /kluːd/ *(noun m.)* rock

clūdiġ /ˈkluːdɪj/ *(adj.)* rocky

clumian /ˈklʊmian/ *(verb weak)* mumble, mutter

clūs /kluːs/ *(noun f.)* prison [also clūse]

clūstor /ˈkluːstɒr/ *(noun n.)* lock, barrier

clyppan /ˈklyppan/ *(verb weak)* clip, embrace

ġeclystre /jɛˈklystrɛ/ *(noun n.)* bunch of grapes

ġecnǣwe /jɛˈknæːwɛ/ *(adj.)* acknowledging, conscious of [+ gen]

cnapa /ˈknapa/ *(noun m.)* boy, youth, servant

(ġe)cnāwan /ˈknaːwan/ *(verb strong 7)* know; understand [1st pers. pres. cnāwe, 3rd pers. pres. cnǣwþ, past sing. cnēow, past pl. cnēowon, past partic. cnāwen; 'Iċ ne cnāwe' = 'I don't know']

ġecneord /jɛkˈnɒrd/ *(adj.)* intent, diligent

cneordlīċe /ˈknɒrdliːtʃɛ/ *(adv.)* diligently

cnēoris /ˈknɛːorɪs/ *(noun n.)* generation; tribe, people [also cnēoriss]

cnēow /knɛːow/ *(noun n.)* knee [also cnēo]

cniht /knɪrt/ *(noun m.)* boy, youth

cnīf /kniːf/ *(noun m.)* knife

cnoll /knɒl/ *(noun m.)* top, summit

cnossian /ˈknɒsian/ *(verb)* strike, hit upon [past sing cnossode]

cnyssan /ˈknysan/ *(verb weak)* beat, buffet [transitive]

cnyttan /ˈknyttan/ *(verb weak)* bind

cnyttels /ˈknyttɛls/ *(noun m.)* string

cōc /kɔːk/ *(noun m.)* cook

coccel /ˈkɒkkɛl/ *(noun m.)* corn-cockle

cocer /ˈkɒkɛr/ *(noun m.)* quiver

cōcsian /ˈkɔːksian/ *(verb)* cook, roast [imper. ġecōcsa]

cōfa /ˈkɔːva/ *(noun m.)* chamber

cohhetan /ˈkɒxxɛtan/ *(verb weak)* shout

col /kɒl/ *(noun n.)* coal [nom/acc pl colu]

cōl /kɔːl/ *(adj.)* cool

cōlian /ˈkɔːlian/ *(verb weak)* grow cold

cōm /kɔːm/ came (see cuman)

cōmon /'kɔ:mɒn/ came (see cuman)

consul /'kɒnzʊl/ (noun m.) consul

ġecōplīċe /jɛ'kɔ:pli:tʃɛ/ (adv.) fittingly, properly

copor /'kɒpɒr/ (noun n.) copper

ġecor /jɛ'kɒr/ (noun n.) decision

coren /'kɒrɛn/ chosen (see ċēosan)

corfen /'kɒrvɛn/ carved (see ċeorfan)

corn /kɒrn/ (noun n.) grain, corn

cosp /kɒsp/ (noun m.) fetter

cost /kɒst/ (noun m.) option, choice

costnungcarte N /'kɒstnʊŋkartɛ/ (noun f.) qualification

costung /'kɒstʊŋ/ (noun f.) temptation

cot /kɒt/ (noun n.) cottage, den [nom/acc pl cotu]

cotlīf /'kɒtli:f/ (noun n.) hamlet

coþu /'kɒðu/ (noun f.) disease

crabba /'krabba/ (noun m.) crab

crācettan /'kra:kɛttan/ (verb) croak

cradol /'kradɒl/ (noun m.) cradle

cradolċild /'kradɒltʃild/ (noun n.) child in the cradle

cræft /kræft/ (noun m.) skill, cunning, craft, knowledge; strength, courage [dat sing cræfte, gen sing cræftes, nom pl cræftas, dat pl cræftum, gen pl cræfta]

cræftiġ /'kræftɪj/ (adj.) powerful, skilful [comp. cræftiġra, superl. cræftigost]

cræt /kræt/ (noun n.) chariot, cart

Crēcas /'krɛ:kas/ (noun m pl.) Greeks [also Crēacas]

Crēcisċ /'krɛ:tʃiʃ/ (adj.) Greek [also Crēaċisċ. 'Eald Crēaċisċ' = 'Classical Greek']

crēopan /'krɛ:ɔpan/ (verb strong 2) creep [3rd pers. pres. indic crēpþ/crīpþ, past sing. crēap]

(ġe)cringan /kriŋgan/ (verb strong 3) fall [past sing crang, past pl crungon, past partic. crungen]

Crīst /kri:st/ (noun m.) Christ

Crīsten /'kri:stɛn/ (adj.) Christian [Final vowel is generally contracted in inflection (see hāliġ)]

Crīstendōm /'kri:stɛndɔ:m/ (noun m.) Christianity

crīstmæsse /'kri:stmæsɛ/ (noun f.) Christmas

crocc /krɒk/ (noun f.) pot

crog /krɒg/ (noun m.) saffron

crūce /'kru:kɛ/ (noun f.) pot

cū /ku:/ (noun f.) cow [gen sing cū/cūē/cȳ, dat sing cȳ, nom pl cȳ/cȳe, gen pl cūa/cūna, dat pl cūm/cūum]

cucler /'kʊklɛr/ (noun m.) spoon

culfre /'kʊlvrɛ/ (noun f.) dove, pigeon

cuma /'kʊma/ (noun m.) stranger [from cuman]

cuman /'kʊman/ (verb strong 4) come; come to, recover [2nd pers. pres. cymst, 3rd pers. pres. cymþ, past sing. cōm/cwōm, past pl. cōmon/cwōmon, imper. sing. cum, past partic. cumen, pres. subj. sing. cōme. Cwōm/cwōmon is early West Saxon, the alternatives are Late. 'cuman ūp' = 'land'; 'cōm swimman' = 'came swimming'; 'cuman forþ' = 'come off, be carried out'; 'cum lā!' = 'come on!'; 'cum þū hēr/in' = 'come here/in']

cumb /kumb/ *(noun m.)* valley

cumbol /ˈkumbɒl/ *(noun n.)* banner

cumpæder /ˈkumpædɛr/ *(noun m.)* godfather

(ġe)cunnan /ˈkunnan/ *(verb (pret-pres))* know; be able [INDIC: Present - iċ cann, þū canst, hē/hit/hēo cann, wē/ġe/hīe cunnon; Past - iċ cūþe, þū cūþest, hē/hit/hēo cūþe, wē/ġē/hīe cūþon. SUBJ: Present - cunne (sing.), cunnen (pl.); Past - cūþe (sing.), cūþen (pl.). pres. partic. cunnende, past partic. cunnen/(ġe)cūþ, imper. cunne (sing.)/cunnaþ (pl.). Infinitives - cunnan, tō cunnenne.]

(ġe)cunnian /ˈkunnɪan/ *(verb weak)* try, test, explore [+ gen or acc. INDIC: 1st pers. pres. cunniġe, 2nd pers. pres. cunnast, 3rd pers. pres. cunnaþ, pres. pl. cunniaþ, 1st/3rd pers. past cunnode, 2nd pers. past cunnodest, past pl. cunnodon. SUBJ: pres. sing. cunniġe, pres. pl. cunnien/cunnion, past sing. cunnode, past pl. cunnoden/cunnodon. Imper. sing. cunna, pl. cunniaþ. Pres. partic. cunniġende, past partic. ġecunnod. From cunnan.]

cuppe /ˈkuppɛ/ *(noun f.)* cup

curfon /ˈkurvɒn/ cut/carved (see ċeorfan)

curon /ˈkurɒn/ chose (see ċēosan)

cūþ /kuːθ/ *(adj.)* known [originally past participle of cunnan]

cūþian /ˈkuːðɪan/ *(verb weak)* be known

cūþliċ /ˈkuːθlɪtʃ/ *(adj.)* certain, evident

cūþlīċe /ˈkuːθliːtʃɛ/ *(adv.)* familiarly, certainly

cwaciań /ˈkwakɪan/ *(verb weak)* quake

cwacung /ˈkwakuŋg/ *(noun f.)* trembling

cwǣdon /ˈkwæːdɒn/ said (see cweþan)

cwæþ /ˈkwæθ/ said (see cweþan)

cwalu /ˈkwɑlu/ *(noun f.)* killing, murder, violent death [from cwelan]

cwealm /ˈkwæɑlm/ *(noun m.)* death

cwealmbǣre /ˈkwæɑlmbæːrɛ/ *(adj.)* deadly

cweartern /ˈkwæɑrtɛrn/ *(noun n.)* prison

cweċċan /ˈkwɛtʃan/ *(verb weak 1a)* shake [1st pers. pres. sing. cwecce, 2nd pers. pres. sing. cwecest, 3rd pers. pres. sing. cweceþ, pl. pres. cweccaþ; 1st/3rd pers. past sing. cweahte/cwehte]

cwelan /ˈkwɛlan/ *(verb strong 4)* die [past sing. cwæl, past pl. cwǣlon, past partic. cwolen]

cwellan /ˈkwɛllan/ *(verb weak 1a)* kill [INDIC: 1st pers. pres. cwelle, 2nd pers. pres. cwelst/cwelest, 3rd pers. pres. cwelþ/cweleþ, pl pres cwellaþ, 1st/3rd pers past cwealde. SUBJ: pres sing cwelle, past sing cwealde. Imperatives - sing cwele, pl cwellaþ. Pres partic. cwellende, past partic. cweald.]

cwellere /ˈkwɛllɛrɛ/ *(noun m.)* killer, murderer, executioner

cwēman /ˈkwɛːman/ *(verb weak)* please, gratify

(ġe)cwēme /ˈkwɛːmɛ/ *(adj.)* agreeable

cwēn /kwɛːn/ *(noun f.)* queen [acc sing cwēn, gen/dat sing cwēne, nom/acc pl cwēna/cwēne, gen pl cwēna, dat pl cwēnum]

cweorn /kweorn/ *(noun f.)* mill [also cwyrn]

cweþan /ˈkwɛðan/ *(verb strong 5)* say, speak; name, call [2nd pers. pres. cwist, 3rd pers. pres. cwiþþ, past sing. cwæþ, past sing. cwǣde, past pl. cwǣdon, past partic. cweden, pres. partic. cweþende, imper. sing. cweþ, gerund tō cweþe. 'ġecwǣdon' = 'agreed, resolved']

ġecweþan /jɛˈkwɛðan/ *(verb strong 5)* agree, resolve

cwic /kwɪk/ *(adj.)* alive [strong nom sing often cucu]

cwiddian /ˈkwɪddɪan/ *(verb weak)* talk, speak, discuss

cwide /ˈkwɪdɛ/ *(noun m.)* speech, address, proposal; discourse, homily [from cweþan]

cwidelēas /ˈkwɪdɛlæːas/ *(adj.)* speechless

(ġe)cwidrǣden /ˈkwɪdræːdɛn/ *(noun f.)* agreement [from cwide]

cwield /kwɪld/ *(noun f.)* destruction, death

cwielman /ˈkwɪlman/ *(verb weak)* kill; afflect [from cwealm]

cwielmian /ˈkwɪlmɪan/ *(verb weak)* suffer [intransitive]

cwīþan /ˈkwiːðan/ *(verb weak)* bewail

cwiþþ /kwɪθ/ says (see cweþan)

cwolen /ˈkwɒlɛn/ dead (see cwelan)

cȳ /kyː/ cows (see cū)

cȳċel /ˈkyːtʃɛl/ *(noun m.)* cake

cȳf /kyːf/ *(noun f.)* tub, vessel

cylle /ˈkyllɛ/ *(noun m.)* vessel

cyme /ˈkymɛ/ *(noun m.)* coming

cymþ /kymθ/ comes (see cuman)

cycene /ˈkykɛnɛ/ *(noun f.)* kitchen

ġecynd /jɛˈkynd/ *(noun f./n.)* nature

cynecynn /ˈkynɛkyn/ *(noun n.)* royal family

cynedōm /ˈkynɛdɔːm/ *(noun m.)* government, kingdom

cynehelm /ˈkynɛhɛlm/ *(noun m.)* crown

cynehlāford /ˈkynɛhlaːvɒrd/ *(noun m.)* ancestral lord, liege lord

cynelīc /ˈkynɛliːk/ *(adj.)* royal

cynelīċe /ˈkynɛliːtʃɛ/ *(adv.)* like a king, royally

cynerīċe /ˈkynɛriːtʃɛ/ *(noun n.)* kingdom

cynesetl /ˈkynɛzɛtəl/ *(noun n.)* royal seat, throne

cynestōl /ˈkynɛstɔːl/ *(noun m.)* throne

cyning /kynɪŋ/ *(noun m.)* king [dat sing cyninge, gen sing cyninges, nom pl cyningas, dat pl cyningum, gen pl cyninga. Also cyng.]

cynn /kynn/ *(noun n.)* race, kind [gen sing cynnes, dat sing cynne; nom/acc plural cynn, gen pl cynna, dat pl cynnum]

cynnliċ /ˈkynnlɪtʃ/ *(adj.)* suitable

cynren /ˈkynrɛn/ *(noun n.)* kin, kindred

cyre /ˈkyrɛ/ *(noun m.)* choice, free will

cyrtel /ˈkyrtɛl/ *(noun m.)* coat, tunic

ċȳse /ˈtʃyːzɛ/ *(noun m.)* cheese [also cīese, cīse]

(ġe)cyssan /ˈkysan/ *(verb weak)* kiss

cyst /kyst/ *(noun f.)* the best of anything choice, free will [from ċēosan]

cystiġ /ˈkystɪj/ *(adj.)* charitable, virtuous

cȳte /ˈkyːtɛ/ *(noun f.)* cottage, hut, cabin

(ġe)cȳþan /kyːðan/ *(verb weak 1b)* make known, tell [3rd pers. pres. cȳþþ, 1st/3rd pers. past sing. cȳþde/cȳdde, past partic. ġecȳþed/ġecȳdd; from cūþ. Conjugated similarly to hīeran.]

cȳþþ /kyːθ/ *(noun f.)* native land, home

D

dǣd /dæːd/ *(noun f.)* deed, action [acc sing dǣd, gen/dat sing dǣde, nom/acc pl dǣda/dǣde, gen pl dǣda, dat pl dǣdum]

dǣdbētan /ˈdæːdbɛːtan/ *(verb weak)* atone (an evil deed), repent

dǣdbōt /ˈdæːdbɔːt/ *(noun f.)* repentance, deed-atonement

dǣdcēne /ˈdæːdcɛːnɛ/ *(adj.)* daring

dǣdfrom /ˈdæːdvrɒm/ *(adj.)* energetic

dæġ /dʌɪ/ *(noun m.)* day [nom/acc sing dæġ, gen sing dæġes, dat sing dæġe; plural: dagas (nom/acc), dagum (dat), daga (gen); 'dæġes' = 'by day']

dæġhwāmlīċe /ˈdʌɪwaːmliːtʃɛ/ *(adv.)* daily [adj is dæg-hwāmlīċ.]

dæġmǣl /ˈdʌɪmæːl/ *(noun n.)* clock, time-piece

dæġ-rēd /ˈdʌɪθrɛːd/ *(noun n.)* daybreak, dawn

dæġþerlīċ /ˈdʌɪθɛrlɪtʃ/ *(adj.)* of this day [see note] ['on þissum dæġþerlican dæġe' = 'on this very day']

dæl /dæl/ *(noun n.)* valley

dǣl /dæːl/ *(noun m.)* part, division [dat sing dǣle, gen sing dǣles, nom pl dǣlas, dat pl dǣlum, gen pl dǣla; be healfum dǣle' = 'by half'; 'be ænigum dæle' = 'at all'; 'be sumum dæle' = 'partly']

(ġe)dǣlan /dæːlan/ (verb weak) divide, share, distribute; tear; give away [ġedælan (+acc) wiþ (+dat) = to separate from; ġedælan (+acc) wiþ (+acc) = to avoid]

ġedafenian /jɛˈdavɛnian/ (verb weak) befit, suit [+ dat; often impers.]

daru /ˈdarʊ/ (noun f.) injury [gen/dat sing dære]

dēad /dæːad/ (adj.) dead

dēadbǣre /ˈdæːadbæːrɛ/ (adj.) deadly

dēadliċ /ˈdæːadlitʃ/ (adj.) mortal

dēaf /dæːaf/ dived (see dūfan)

dēaġ /ˈdʌɪ/ (noun f.) colour, dye

dēah /dæːax/ is worth (see dugan)

dearr /dæarr/ dare(s) (see durran)

dēaþ /dæːaθ/ (noun m.) death

dēaþbǣre /ˈdæːaθbæːrɛ/ (adj.) deadly [also dēadbære]

dēaþdæġ /ˈdæːaθdʌɪ/ (noun m.) day of death

dēaw /dæːaw/ (noun m.) dew

ġedēfe /jɛˈdeːvɛ/ (adj.) fitting, suitable

dēfliċ /ˈdeːvlitʃ/ (adj.) fitting, suitable

Defnas /ˈdɛvnas/ men of Devon ['on Defnum' = 'in Devon']

dehter /ˈdɛxtɛr/ see dohtor

ġedelf /ˈjɛdɛlf/ (noun n.) digging

delfan /ˈdɛlvan/ (verb strong 3) dig [3rd pers. pres. dilfþ, past sing. dealf, past pl. dulfon, past partic. dolfen]

dēma /deːma/ (noun m.) judge [also dēmend]

ġedēman /jɛˈdeːman/ (verb weak) judge, 'deem'; decree

dēmere /ˈdɛmɛrɛ/ (noun m.) judge

Dene /ˈdɛnɛ/ (noun m. pl.) Danes

Denemearc /ˈdɛnɛmæark/ (noun f.) Denmark ['iċ eom of Denemearce' = 'I am from Denmark'. Also Denamearc.]

Denisċ /ˈdɛniʃ/ (adj.) Danish [declines like mennisċ]

denn /dɛnn/ (noun n.) den

denu /ˈdɛnʊ/ (noun f.) valley [nom sing denu, gen/dat/acc sing dene, nom/acc pl dena/dene, gen pl denena/dena, dat pl denum]

dēofol /ˈdeːovɒl/ (noun m./n.) devil [gen sing dēofles, dat sing dēofle, nom/acc pl dēoflu, gen pl dēofla, dat pl dēoflum. Used without definite article.]

dēofolcund /ˈdeːovɒlkʊnd/ (adj.) devilish

dēofolġield /ˈdeːovɒljɪld/ (noun n.) idol

dēofolġileda /ˈdeːovɒljilɛda/ (noun m.) idolater

dēofolliċ /ˈdeːovɒllitʃ/ (adj.) devilish

dēofolsēoc /ˈdeːovɒlseːok/ (adj.) possessed of a devil, 'devil-sick'

dēop /deːop/ (adj.) deep

dēope /ˈdeːopɛ/ (adv.) deeply

dēor /deːor/ (noun n.) wild beast

deorc /deork/ (adj.) dark; sad, gloomy

dēorcynn /'de:orkynn/ (noun n.) species of animal

deorcdrenc N /'deorkdrɛŋk/ (noun m.) coffee

deorcdrenchūs N /'deorkdrɛŋkhu:s/ (noun n.) café, coffee shop

dēore /'de:orɛ/ (adj.) dear, precious

dēorling /'de:orlıŋg/ (noun m.) darling, favourite [also dȳrling]

dēorwierþe /'de:orwırðɛ/ (adj.) precious; noble [also dēorweorþ, dēorwurþ]

dēorwierþnes /'de:orwırðnɛs/ (noun f.) treasure

derian /'dɛrıan/ (verb weak 1a) injure [INDIC: 1st pers. pres. derige, 2nd pers. pres. derest, 3rd pers. pres. dereþ, pres. pl. deriaþ, 1st/3rd pers. past sing. derede, 2nd pers. past sing deredest, past pl. deredon. SUBJ: pres. sing derige, pres. pl. derien/derion, past sing derede (or deredest for 2nd pers. only), past pl. dereden/deredon. Imper. sing. dere, pl. deriaþ. Pres. partic. derigende, past partic. ġedered.]

deriendliċ /'dɛrındlıtʃ/ (adj.) injurious, mischevious

dest, dēþ /dɛst/, /dɛθ/ do/does (see dōn)

diacon /'dıakɒn/ (noun m.) deacon

dīċ /di:tʃ/ (noun m./f.) ditch, moat

dīegol /'di:gɒl/ (adj.) hidden, secret [Also dīġol, dēogol. Final vowel is generally contracted in inflection (see hāliġ]

dīegellīċe /di:gɛlli:tʃɛ/ (adv.) secretly [Also dēogollīċe]

dīegolnes /di:gɒlnɛs/ (noun f.) secret

dīepe /'di:pɛ/ (noun f.) depth [from dēop]

dīeran /'di:ran/ (verb weak) esteem

dīere /'di:rɛ/ (adj.) dear, beloved; precious, costly [Also dēore]

dierne /'dırnɛ/ (adj.) secret, hidden

diht /dıxt/ (noun n.) command, direction [from Latin dictum]

dihtan /'dıxtan/ (verb weak) appoint, direct; compose, write

dimm /dımm/ (adj.) dark

disċ /dıʃ/ (noun m.) dish [declines like mennisċ]

disċ-þeġn /'dıʃðɛ:n/ (noun m.) waiter, 'dish-thane'

dohte /'dɒxtɛ/ dared (see dugan)

dohtor /'dɒxtɒr/ (noun f.) daughter [nom/acc/gen sing dohtor, dat sing dehter, nom/acc pl dohtor, gen pl dohtra, dat pl dohtrum]

dol /dɒl/ (adj.) foolish

dolfen /'dɒlvɛn/ dug (see delfan)

dolg /dɒlg/ (noun n.) wound

dollīċe /'dɒlli:tʃɛ/ (adv.) foolishly, presumptuously

dōm /dɔ:m/ (noun m.) doom, judgement, sentence; decree, law; opinion, decision; choice

-dōm /dɔ:m/ (noun m.) -dom (forms nouns) [Noun is always masc. Example: hāliġdōm 'holiness' from hāliġ 'holy']

dōmlīċe /'dɔːmliːtʃɛ/ (adv.) gloriously

(ġe)dōn /dɔːn/ (verb strong) do, act; put, place, take [pres. indic.: iċ dō, þū dēst, hē/hit/hēo dēþ, wē/ġē/hīe dōþ; past indic: ic/hē/hit/hēo dyde, þū dydest, wē/ġē/hīe dydon; subj. pres. sing. dō, plural dōn; past subj. dyde (all persons); imper. sing. dō, plural dōþ; pres. partic. dōnde, past partic. ġedōn, infinitives dō, tō dōnne. 'Hwæt dēst þū?' = 'What do you do [for a living]?'; 'dydon rīċu settan' = 'had the kingdoms founded'; 'dyde on his byrne' = 'put on his corslet']

ġedōn /jɛ'dɔːn/ (verb strong) encamp

dorste /'dɒrstɛ/ dared (see durran)

draca /'draka/ (noun m.) dragon

dræfan /'dræːvan/ (verb weak) drive

drāf /draːf/ drove (see drīfan)

drāf /draːf/ (noun f.) drove

dranc /draŋk/ drank (see drincan)

drēam /dræːam/ (noun m.) joy; music

drēamlēas /'dræːamlæːas/ (adj.) sad

(ġe)dreċċan /'drɛtʃan/ (verb weak 1a) vex, trouble, afflict [1st pers. pres. sing. drecce, 2nd pers. pres. sing. drecest, 3rd pers. pres. sing. dreceþ, pl. pres. dreccaþ; 1st/3rd pers. past sing. dreahte/drehte]

(ġe)drēfan /'drɛːvan/ (verb weak) trouble in mind, afflict

(ġe)drēfednis /'drɛːvɛdnɪs/ (noun f.) trouble, tribulation

drenc /drɛŋk/ (noun m.) drink

drencan /'drɛŋkan/ (verb weak) give to drink, ply

dreng /'drɛŋg/ (noun m.) warrior

drēogan /'drɛːogan/ (verb strong 2) endure [3rd pers. pres. drīgþ, past sing. drēag, past pl. drugon]

drēor /drɛːor/ (noun m.) blood

drēoriġ /'drɛːorɪj/ (adj.) sad

drēoriġnes /'drɛːorɪnɛs/ (noun f.) sadness

(ġe)drēosan /'drɛːozan/ (verb strong 2) fall [past sing. drēas, past partic. droren]

drepan /'drɛpan/ (verb strong) strike

drepe /'drɛpɛ/ (noun m.) strike, blow

drīfan /'driːvan/ (verb strong 1) drive [3rd pers. pres. drīfþ, past sing. drāf, past pl. drifon, past partic. drifen]

(ġe)drinc /drɪŋk/ (noun n.) drinking, carousing

drinca /'drɪŋka/ (noun m.) drink

drincan /'drɪŋkan/ (verb strong 3) drink [3rd pers. pres. drincþ, past sing. dranc, past pl. druncon, past partic. druncen]

ġedrincan /jɛ'drɪŋkan/ (verb strong 3) drink up

drohtnian /'drɒxtnian/ (verb weak) live, continue, behave

drohtnung /'drɒxtnuŋg/ (noun f.) conduct, way of life [dat sing often ends -a]

drūgian /'druːɡɪan/ *(verb weak)* dry [intransitive]

druncen /'drʊŋkɛn/ *(adj.)* drunk [past participle]

druncenhād /'drʊŋkɛnhaːd/ *(noun m.)* drunkenness

drȳ /dryː/ *(noun m.)* magician, sorcerer

drȳcræft /'dryːkræft/ *(noun m.)* magic, sorcery [also drēocræft]

drȳġe /dryːjɛ/ *(adj.)* dry ['on drȳgum' = 'on dry land']

dryht /dryxt/ *(noun f.)* body of retainers, nation; band, company

Dryhten /'dryxtɛn/ *(noun m.)* the Lord, God; (d-) king, lord [Used without definite article. Also drihten.]

dryhtenliċ /'dryxtɛnlɪtʃ/ *(adj.)* divine, 'lordly'

dryhtliċ /'dryxtlɪtʃ/ *(adj.)* noble

dryhtsċipe /'dryxtʃɪpɛ/ *(noun m.)* valour

drync /dryŋk/ *(noun m.)* drink

dryre /dryrɛ/ *(noun m.)* fall

dūce /'duːkɛ/ *(noun f.)* duck

dūfan /'duːvan/ *(verb strong 2)* dive [INDIC: Present - iċ dūfe, þū dȳfst, hē/hit/hēo dȳfþ, wē/ġē/hīe dūfaþ; Past - iċ dēaf, þū dufe, hē/hit/hēo dēaf, wē/ġē/hīe dufon. SUBJ: Present - dūfe (sing.), dūfen (pl.); Past - dufe (sing.), dufen (pl.). pres. partic. dūfende, past partic. (ġe)dofen, imper. dūf (sing.)/dūfaþ (pl.). Infinitives - dūfan, tō dūfende.]

dugan /'dʊɡan/ *(verb (pret-pres))* avail, be worth, be useful [INDIC: Present - iċ dēah, þū dēaht, hē/hit/hēo dēah, wē/ġē/hīe dugon; Past - iċ dohte, þū dohtest, hē/hit/hēo dohte, wē/ġē/hīe dohton. SUBJ: Present - duge (sing.), dugen (pl.); Past - dohte (sing.), dohten (pl.). pres. partic. dugende, past partic. dugen, imper. duge (sing.)/dugaþ (pl.). Infinitives - dugan, tō dugenne. 'ne dohte hit' = 'there was no worth/goodness']

duguþ /'dʊɡʊθ/ *(noun f.)* worth, excellence; multitude, body of retainers

dulmun /'dʊlmʊn/ *(noun m.)* warship

dūn /duːn/ *(noun f.)* hill, down

dunn /dʊnn/ *(adj.)* brown

durran /'dʊrran/ *(verb (pret-pres))* dare, venture [INDIC: Present - iċ dearr, þū dearst, hē/hit/hēo dearr, wē/ġē/hīe durron; Past - iċ dorst/dorste, þū dorstest, hē/hit/hēo dorst/dorste, wē/ġē/hīe dorston. SUBJ: Present - durre/dyrre (sing.), durren (pl.); Past - dorste (sing.), dorsten (pl.). pres. partic. durrende, past partic. dorren, imper. durre (sing.)/durraþ (pl.). Infinitives - durran, tō durrenne.]

duru /'dʊrʊ/ *(noun f.)* door [nom/acc sing duru, dat/gen sing dura, nom/acc/gen pl dura, dat pl durum]

dūst /duːst/ *(noun n.)* dust

dwǣs /dwæːs/ *(adj.)* foolish

dwelian /ˈdwɛlıan/ *(verb weak 2)* seduce, lead astray [past dwelode]

(ġe)dwild /dwıld/ *(noun n.)* error [also (ġe)dwield (n.), (ġe)dwola (m.)]

(ġe)dwimor /ˈdwımɒr/ *(noun n.)* phantom

ġedwolgod /jɛˈdwɒlgɒd/ *(noun n.)* false god

(ġe)dwolman /ˈdwɒlman/ *(noun m.)* heretic [also (ġe)dwolmann]

dyde /ˈdydɛ/ did (see dōn)

dȳfan /dy:van/ *(verb weak)* dip

dȳfþ /dy:vθ/ dives (see dūfan)

dyhtiġ /ˈdyxtıj/ *(adj.)* strong [from dēah]

dyne /ˈdynɛ/ *(noun m.)* din

dynian /ˈdynıan/ *(verb weak)* resound [from dyne]

dynt /ˈdynt/ *(noun m.)* stroke

dyppan /ˈdyppan/ *(verb weak 1a)* dip [INDIC: 3rd pers. pres. sing. dypþ, 1st/3rd pers. past sing. dypte. Conjugated similarly to hīeran.]

dyrstiġ /ˈdyrstıj/ *(adj.)* bold

dyrstiġnis /ˈdyrstıjnıs/ *(noun f.)* boldness, audacity

dysiġ /ˈdyzıj/ *(adj.)* foolish

dysiġ /ˈdyzıj/ *(noun n.)* folly

dysiġliċ /ˈdyzılıtʃ/ *(adj.)* foolish [also dysliċ]

E

-e /ɛ/ *(suffix)* -ly

e-ǣrende ℕ /ˈɛærɛndɛ/ *(noun n.)* email

ēa /æ:a/ *(noun f. weak)* river, water [generally undeclined; occasional gen sing ēas. Also ē.]

ēa /æ:a/ *(interj.)* oh!

ēac /æ:ak/ *(adv.)* also ['ēac swelce' = 'also'. Also ēc.]

ēac /æ:ak/ *(prep.)* besides, in addition to [+ dat; 'ēac þan' = 'also']

ēaca /ˈæ:aka/ *(noun m.)* increase, addition

ēacian /ˈæ:akıan/ *(verb weak)* increase [intransitive]

(ġe)ēacnian /ˈæ:aknıan/ *(verb weak)* increase; conceive

ēad /æ:ad/ *(noun n.)* riches, prosperity

ēadiġ /ˈæ:adıj/ *(adj.)* prosperous, blessed; rich, happy [Not generally contracted in inflection]

ēage /ˈæ:agɛ/ *(noun n. weak)* eye [nom/acc sing ēage, gen/dat sing ēagan, nom/acc pl ēagan, gen pl ēagena, dat pl ēagum]

ēagþȳrel /ˈæ:agðy:rɛl/ *(noun n.)* window, 'eye-hole'

eaht /æaxt/ *(noun f.)* deliberation

eahta /ˈæaxta/ *(number)* 8 [Indeclinable]

eahtatīene /ˈæaxtati:nɛ/ *(number)* 18 [Indeclinable. 18th = eahtatēoþa]

eahtian /ˈæaxtıan/ *(verb weak)* watch over

eahtoþa /ˈæaxtʊða/ *(number)* eighth [always weak]

ēalā /ˈæːala:/ *(interj.)* oh!, lo!; also 'hello'

ēaland /ˈæːaland/ *(noun n.)* island

eald /ˈæald/ *(adj.)* old [comparative ieldra/ildra, superlative ieldest (i-mutation). 'eald fæder' = 'grandfather']

ealddōm /ˈæalddɔːm/ *(noun m.)* age

ealdefæder /ˈæaldɛfædɛr/ *(noun m.)* grandfather [all sing forms ealdefæder; nom/acc pl ealdefædras/ealdefæderas, gen pl ealdefædra/ealdefædera, dat pl ealdefæderum. Also ealdfæder.]

ealdemōdor /ˈæaldɛmɔːdʊr/ *(noun f.)* grandmother [nom/acc/gen sing ealdemōdor, dat sing ealdemēder, nom/acc pl ealdemōdra/ealdemōdru, gen pl ealdemōdra, dat pl ealdemōdrum. Also ealdmōdor.]

ealdian /ˈæaldıan/ *(verb weak)* grow old

ealdor /ˈæaldʊr/ *(noun m.)* chief, master; prince, king [o disappears in all inflected forms]

ealdorbiscop /ˈæaldʊrbıʃɒp/ *(noun m.)* chief bishop

ealdordōm /ˈæaldʊrdɔːm/ *(noun m.)* sovereignty

ealdorlēas /ˈæaldʊrlæːas/ *(adj.)* lifeless

ealdorlīċe /ˈæaldʊrliːtʃɛ/ *(adv.)* nobly

ealdormann /ˈæaldʊrmann/ *(noun m.)* chief, officer, magistrate

Eald-seaxe /ˈæaldsæaksɛ/ *(noun m pl.)* Old Saxons (on the continent)

ealdung /ˈæaldʊŋg/ *(noun f.)* growing old, age

(ġe)ealgian /ˈæalgıan/ *(verb weak)* defend

eall /ˈæall/ *(adj.)* all ['mid ealle' = 'entirely'; 'ealra mæst' = 'most of all'; 'ealle þā hwīle' = 'all the while']

eall /ˈæall/ *(adv.)* entirely, quite ['eall swā' = 'just as'; 'ealles swīþost' = 'especially']

eallgōd /ˈæallgɒd/ *(adj.)* all-good

eallmihtiġ /ˈæallmıxtıj/ *(adj.)* almighty

eallnīwe /ˈæalniːwɛ/ *(adj.)* quite new, brand new

eallrihte /ˈæalrıxtɛ/ *(adv.)* just, exactly

eallswā /ˈæallswa:/ *(adv.)* just as [also eal-swā]

eallunga /ˈæalʊŋa/ *(adv.)* entirely, completely

ealneġ /ˈæaˈnɛː/ *(adv.)* always

ealu /ˈæalʊ/ *(noun n.)* ale [nom pl ealwu, gen sing ealoþ]

ēam /ˈæːam/ *(noun m.)* (maternal) uncle

earc /ˈærk/ *(noun m.)* ark [also arc]

eard /ˈæard/ *(noun m.)* country, native land, home, dwelling, place

eardġeard /ˈæardjæard/ *(noun m.)* dwelling-place, earth

eardian /'æardıan/ *(verb weak)* dwell
eardiend /'æardınd/ *(noun m.)* dweller
eardlandlār ℕ /'æardlandla:r/ *(noun f.)* geography
eardstapa /'æardstapa/ *(noun m.)* wanderer
eardungstōw /'æardʊŋgstɔ:w/ *(noun f.)* dwelling-place
ēare /'æ:arɛ/ *(noun n. weak)* ear [nom/acc sing ēare, gen/dat sing ēaran, nom/acc pl ēaran, gen pl ēarena, dat pl ēarum]
earfoþ /'æarvʊθ/ *(noun n.)* hardship, distress, toil
earfoþe /'æarvʊðɛ/ *(adj.)* difficult
earfoþlīċe /'æarvʊðli:tʃɛ/ *(adv.)* with difficulty, scarcely
earg /'æarg/ *(adj.)* cowardly
eargian /'æargıan/ *(verb weak)* shun, fear
earglic /'æarglık/ *(adj.)* bad
ēarhring /'ɛ:rhrıŋg/ *(noun m.)* earring
earm /æarm/ *(noun m.)* arm
earm /æarm/ *(adj.)* poor, wretched, despicable
earming /'æarmıŋg/ *(noun m.)* poor wretch
earmliċ /'æarmlıtʃ/ *(adj.)* miserable, wretched [declines like fǣrliċ]
earmlīċe /'æarmli:tʃɛ/ *(adv.)* miserably, wretchedly
earn /æarn/ *(noun m.)* eagle
(ġe)earnian /'æarnıan/ *(verb weak)* earn, deserve
earnung /'æarnʊŋg/ *(noun f.)* merit

ears /æars/ *(noun m.)* buttocks, bum
eart /æart/ are (singular; see wesan)
ēast /æ:ast/ *(adv.)* east, eastwards
ēastæþ /'æ:astæθ/ *(noun n.)* shore, bank
ēastan /'æ:astan/ *(adv.)* from the east ['be ēastan' (+ dat) = 'east of', 'wiþ ēastan' = 'to the east']
ēastanwind /'æ:astanwınd/ *(noun m.)* east wind
ēastdǣl /'æ:astdæ:l/ *(noun m.)* east part, the East
ēastende /'æ:astɛndɛ/ *(noun m.)* east end
Ēastenġle /'æ:astɛndʒlɛ/ *(noun m pl.)* East Anglia; the East-Anglians ['iċ eom of Ēast-englum' = 'I am from East Anglia']
Ēasterdæġ /'æ:astɛrdʌı/ *(noun m.)* Easter day
ēastermōnaþ /'æ:astɛrmɔ:naθ/ *(month (m.))* April, Easter-month
ēasterne /'æ:astɛrnɛ/ *(adj.)* eastern
ēasteweard /'æ:astɛwæard/ *(adj.)* eastward
ēasthealf /'æ:asthæalf/ *(noun f.)* east side
ēastlang /'æ:astlaŋg/ *(adv.)* eastwards
ēastmest /'æ:astmɛst/ *(adj.)* easternmost
ēastrīċe /'æ:astri:tʃɛ/ *(noun n.)* eastern kingdom, empire; the east
ēastrihte /'æ:astrıxtɛ/ *(adv.)* due east

Ēastron /'æ:astrɒn/ *(noun f. pl. weak)* Easter [dat pl Ēastron]

Ēastsæ /'æ:astzæ:/ *(noun f.)* Baltic sea

Ēast-seaxe /'æ:astsæaksɛ/ *(noun m pl.)* East-Saxons, Essex ['iċ eom of Ēast-seaxum' = 'I am from Essex'. Also Ēast-seaxan.]

ēaststæþ /'æ:aststæθ/ *(noun n.)* east bank (of a stream)

ēastweardes /'æ:astwɛardɛs/ *(adv.)* eastwards

ēaþe /'æ:aðɛ/ *(adj./adv.)* easy, easily [comparative adv. īeþ/īþ/ēþ, superlative adv. ēaþost/īþest; 'ēaþe mæġ' = 'perhaps']

ēaþeliċ /'æ:aðɛlitʃ/ *(adj.)* insignificant, weak [declines like færliċ]

(ġe)ēaþmēdan /'æ:aðmɛ:dan/ *(verb weak)* humble [from ēaþmōd]

ēaþmēdu /'æ:aðmɛ:du/ *(noun f.)* reverence (used in plural) [also ēaþ-mēttum (n. pl.)]

ēaþmōd /'æ:aðmɔ:d/ *(adj.)* humble [also ēadmōd]

ēaþmōdlīċe /'æ:aðmɔ:dli:tʃɛ/ *(adv.)* humbly

eax /æaks/ *(noun f.)* axe [also æx, æsc]

eaxl /'æaks(ə)l/ *(noun f.)* shoulder

ebba /'ɛbba/ *(noun m.)* ebb

Ebrēas /'ɛbræas/ *(noun m pl.)* Hebrews

Ebrēisċ /'ɛbrɛ:ʃ/ *(adj.)* Hebrew [Ebrēisċ-ġeþēod = Hebrew language]

ece /'ɛkɛ/ *(noun m.)* ache

ēċe /'ɛ:tʃɛ:/ *(adj.)* eternal [AS STRONG ADJ: gen sing - masc ēċes, fem ēċere/ēċre; fem nom sing ēċu. Also ēċeliċ.]

ēċelīċe /'ɛ:tʃɛli:tʃɛ/ *(adv.)* eternally

ecġ /ɛdʒ/ *(noun f.)* edge [nom sing ecġ, acc/dat/gen sing ecġe, nom/acc pl ecġa/ecġe, gen pl ecġa, dat pl ecġum]

ēcnes /'ɛ:tʃnɛs/ *(noun f.)* eternity

ed- /ɛd/ *(suffix)* re-

edġift /'ɛdʒift/ *(noun n.)* giving back, return, repayment

edhwierft /'ɛdhwɪrft/ *(noun m.)* reverse [also edhwyrft]

edlēan /'ɛdlæ:an/ *(noun n.)* reward

ednīwe /'ɛdni:wɛ/ *(adj.)* renewed

(ġe)ednīwian /'ɛdni:wian/ *(verb weak)* renew

edor /'ɛdɒr/ *(noun m.)* enclosure, dwelling

(ġe)edstaþelian /'ɛdstaðɛlian/ *(verb weak)* re-establish

edwenden /'ɛdwɛndɛn/ *(verb weak)* turn, change

edwīt /'ɛdwi:t/ *(noun n.)* reproach, contumely

efen /'ɛvɛr/ *(adj./adv.)* even, equal; just, true; (as adv.) just as [also emn]

efeneald /'ɛvɛnæald/ *(adj.)* of equal age

efenehþ /'ɛvɛnɛxθ/ *(adj.)* plain

efenlange /'ɛvɛnlaŋgɛ/ *(prep.)* along [+ dat; also emnlange]

efen-niht /'ɛvɛnnɪxt/ *(noun f.)* equinox

(ġe)efenlǣċan /'ɛvɛnlæ:tʃan/ *(verb weak)* imitate

efes /ˈɛvɛs/ *(noun f.)* eaves; border of a forest

efne /ˈɛvnɛ/ *(adv.)* behold, lo!; even, evenly, exactly, just; just now

efsian /ˈɛvzɪan/ *(verb weak)* clip, shear

efstan /ˈɛfstan/ *(verb weak)* hasten

eft /ɛft/ *(adv.)* again; afterwards, then; back

eġe /ˈɛjɛ/ *(noun m.)* fear

eġefull /ˈɛjɛfʊll/ *(adj.)* terrifying [also eġesfull]

eġesa /ˈɛjɛza/ *(noun m. weak)* fear, terror [gen/dat/acc sing egesan, nom/acc pl egesan, gen pl egesena, dat pl egesum. egsa (without the e) is also seen.]

eġesliċ /ˈɛjɛzlitʃ/ *(adj.)* fearful, awful, terrible [declines like fǣrliċ]

eġeslīċe /ˈɛjɛzliːtʃɛ/ *(adv.)* fearfully, terribly

ēhtan /ˈɛːxtan/ *(verb weak)* pursue, persecute [+ gen]

ēhtere /ˈɛːxtɛrɛ/ *(noun m.)* persecutor

ehtnes /ˈɛxtnɛs/ *(noun f.)* persecution

ele /ɛlɛ/ *(noun m.)* oil

eletrēow /ˈɛlɛtreːow/ *(noun n.)* olive tree

elfremede /ˈɛlvrɛmɛdɛ/ *(adj.)* strange, foreign, free [also ælfremede]

ellen /ˈɛllɛn/ *(noun n./m.)* courage

ellenlēas /ˈɛllɛnlæːas/ *(adj.)* cowardly, lacking courage

ellenwōdnes /ˈɛllɛnwɔːdnɛs/ *(noun f.)* fervour, zeal [also ellenwōdnis]

elles /ˈɛllɛs/ *(adv.)* else, otherwise ['elles hwæt' = 'anything else']

eln /ɛln/ *(noun f.)* ell

elnboga /ˈɛlnbɒga/ *(noun m.)* elbow

elþēod /ˈɛlðɛːod/ *(noun f.)* foreign nation

elþēodiġnes /ˈɛlðɛːodɪjnɛs/ *(noun f.)* foreign land

emn /ɛmn/ even (see efen)

emniht /ˈɛmnɪxt/ *(noun f.)* equinox [also efen-niht]

emnlange /ˈɛmnlaŋgɛ/ *(prep.)* along [+ dat; also efenlange]

-en /ɛnd/ *(suffix)* -en (forms adj. from noun denoting material) [e.g. ǣcen 'made of oak' from āc 'oak']

-end /ɛnd/ *(suffix)* (forms agent nouns from verbs) [Noun is always masc.]

ende /ˈɛndɛ/ *(noun m.)* end; quarter, direction [nom/acc sing ende, gen sing endes, dat sing ende; nom/acc pl endas, gen pl enda, dat pl endum]

(ġe)endebyrdan /ˈɛndɛbyrdan/ *(verb weak)* arrange in order, include

endebyrdnes /ˈɛndɛbyrdnɛs/ *(noun f.)* order, succession

endemes /ˈɛndɛmɛs/ *(adv.)* together

(ġe)endian /ˈɛndian/ *(verb weak)* end, finish (transitive); die [3rd pers. pres. indic. endaþ, pres. pl. indic. endiaþ.]

endlufon /'ɛndlʊvɒn/ (number) 11 [indeclinable before a noun; used alone, declined as endlufone (nom/acc), endlufona (gen), endlufonum (dat)]

endlyfta /'ɛndlyfta/ (number) eleventh [always weak]

(ġe)endung /'ɛndʊŋg/ (noun f.) ending, end [dat sing often ends -a]

enġe /'ɛndʒɛ/ (adj.) narrow; severe

enġel /'ɛndʒɛl/ (noun m.) angel [second e disappears in all inflected forms: gen sing enġles, dat sing enġle, nom/acc pl enġlas, gen pl enġla, dat pl enġlum]

enġelliċ /'ɛndʒɛllɪtʃ/ (adj.) angelic, of angels

Enġlaland /'ɛndʒlaland/ (noun n.) England [enġla = gen pl of enġle]

Enġle /'ɛːndʒlɛ/ (noun m pl.) the English [from Angel]

Enġlisċ /'ɛndʒlɪʃ/ (adj./noun n.) English; English language [from enġle. Declines like mennisċ. 'on engliscre spræce', 'on Englisċ' = 'in English', 'nīwe Englisċ' = 'Modern English'. Also Ænglisċ.]

Enġlisċ-ġereord /'ɛndʒlɪʃgjɛreord/ (noun n.) English language

ent /ɛnt/ (noun m.) giant

ēode /'eːodɛ/ went (see gān)

eodorcan /'eodɒrkan/ (verb weak) ruminate [= ed-recian]

eofor /'eovɒr/ (noun m.) wild boar

eom /eom/ am (see wesan)

eorl /eorl/ (noun m.) earl

eorlġewæde /'eorljawæːdɛ/ (noun n.) armour

eormengyld ℕ /'eormɛngyld/ (noun n.) university

eornost /'ɛɔrnɒst/ (noun f.) earnest ['on eornost' = 'in earnest'. A so eornest.]

eornoste /'ɛɔrnɒstɛ/ (adj.) earnestly, fiercely

eornostlīċe /'ɛɔrnɒstliːtʃɛ/ (adv.) in truth, indeed

eorþ-būend /'eorðbuːɛnd/ (noun m.) earth-dweller

eorþe /'eorðɛ/ (noun f.) earth, soil

eorþfæst /'eorðvæst/ (adj.) firm in the earth

eorþliċ /'eorðlitʃ/ (adj.) earthly [declines like færliċ]

eorþġemet /'eorðjɛmɛt/ (noun n.) geometry

eorþ-tierwe /'eorðtiwɛ/ (noun f.) bitumen [= 'earth-tar']

eoten /'eotɛr/ (noun m.) giant

eotenisċ /'eɛtɛnɪʃ/ (adj.) of giants

ēow /eːow/ (to) you (see þū)

ēowan /'eːowan/ (verb weak) show, display

ēower /'eːowɛr/ (possessive pron.) your (plural) [declines like other adjs (always strong): ēowres, ēowerne, gen pl ēowerra (LWS ēowra)]

-ere /ɛrɛ/ (suffix) -er (forms agent nouns from verbs) [Noun is always masc.]

erian /'ɛrɪan/ (verb weak) plough

ēse /'eːzɛ/ (noun pl.) gods

esne /'ɛznɛ/ (noun m.) man

ēst /ɛːst/ (noun f.) favour, love, grace

Estas /'ɛstas/ Estonians
-estre /'ɛstrɛ/ *(suffix)* (forms agent nouns from verbs) [female equiv. of -ere. Noun is always fem.]
etan /'ɛtan/ *(verb strong 5)* eat [2nd pers. pres. itst, 3rd pers. pres. itt, past sing. æt, past pl. æton, past partic. eten]

ettan /'ɛttan/ *(verb weak)* harrow; graze
ēþ /'ɛːθ/ *(comp. adv.)* more easily
ēþel /'ɛːðɛl/ *(noun m.)* country, native land; territory [second e disappears in all inflected forms: gen sing ēþles, dat sing ēþle, nom/acc pl ēþlas, gen pl ēþla, dat pl ēþlum]
exen /'ɛksɛn/ oxen (see oxa)

F

fā /faː/ *(noun m.)* enemy
fācen /'faːkɛn/ *(noun n.)* treachery, crime [also fācn]
fācenfull /'faːkɛnvʊl/ *(adj.)* treacherous
fadian /'fadɪan/ *(verb weak)* arrange, order
fadiend /'fadɪnd/ *(noun m.)* manager
fæc /fæk/ *(noun n.)* period of time, interval [gen sing fæces, dat sing fæce, nom/acc pl facu, gen pl faca, dat pl facum]
fæcele /'fæːkɛlɛ/ *(noun f.)* torch
fæcne /'fæːknɛ/ *(adj.)* treacherous, evil
fæder /'fædɛr/ *(noun m.)* father; God [all sing forms fæder; nom/acc pl fædras/fæderas, gen pl fædra/fædera, dat pl fæderum. 'eald fæder' = 'grandfather']
ġefædliċ /jɛ'vædlɪtʃ/ *(adj.)* fit, suitable
fǣġe /'fæːjɛ/ *(adj.)* death-doomed
(ġe)fæġen /'fʌɪɛn/ *(adj.)* glad

fæġer /'fʌɪɛr/ *(adj.)* fair, beautiful [Final vowel is generally contracted in inflection (see hāliġ)]
fæġernes /'fʌɪɛrnɛs/ *(noun f.)* fairness, beauty
(ġe)fæġnian /'fʌɪnɪan/ *(verb weak)* rejoice [+ gen. Also fægenian.]
fæġre /'fʌɪrɛ/ *(adv.)* beautifully, well [also fæġere]
fæġrian /'fʌɪrɪan/ *(verb weak)* grow beautiful
fǣhþ /fæːxθ/ *(noun f.)* feud, hostility
fǣle /'fæːlɛ/ *(adj.)* faithful, good
(ġe)fǣlsian /'fæːlzɪan/ *(verb weak)* purify
fǣmne /'fæːmnɛ/ *(noun f. weak)* virgin [acc/gen/dat sing fǣmnan, nom/acc pl fǣmnan, gen pl fǣmnena, dat pl fǣmnum]
fær /fær/ *(noun n.)* journey; proceedings, life [also færeld]
fǣr /fæːr/ *(noun f.)* (sudden) danger

færinga /fæ:riŋga/ (adv.) suddenly

færlic /'fæ:rlitʃ/ (adj.) sudden, dangerous [AS STRONG ADJ: SING: MASC - nom færlic, acc færlicne, gen færlices, dat færlicum, instr færlice, FEM - nom færlicu/færlic, acc færlice, gen/dat færlicre, NEU - nom/acc færlic, gen færlices, dat færlicum, instr færlice. PLURAL - masc nom/acc færlice, fem nom/acc færlice/færlica, neu nom/acc færlicu/færlice, gen pl færlicra, dat pl færlicum]

færlice /'fæ:rli:tʃɛ/ (adv.) suddenly

færþ /færθ/ goes (see faran)

fæst /fæst/ (adj.) fast, firm, secure [AS STRONG ADJ: (masc sing) nom fæst, acc fæstne, gen fæstes, dat fæstum, instr fæste; (masc pl) nom/acc fæste, gen fæstra, dat/instr fæstum; (fem sing) nom fæst, acc fæste, gen/dat/instr fæstre; (fem pl) nom/acc fæste/fæsta, gen fæstra, dat/instr fæstum; (neu sing) nom/acc fæst, gen fæstes, dat fæstum, instr fæste; (neu pl) nom/acc fæst, gen fæstra, dat/instr fæstum.]

fæstan /'fæstan/ (verb weak) fast

fæste /'fæstɛ/ (adv.) fast, firmly

fæsten /'fæstɛn/ (noun n.) fortress; fast, fasting [n doubled in oblique cases: dat pl fastennum]

fæstenbryce /'fæstɛnbrykɛ/ (noun m.) breach of fasting

fæstlīce /'fæstli:tʃɛ/ (adv.) firmly, bravely

fæstnian /'fæstnian/ (verb weak) fasten, fix; confirm, conclude (peace)

fæstnes /'fæstnɛs/ (noun f.) firmness, massiveness

fæstnung /'fæstnuŋg/ (noun f.) security

fæt /fæt/ (noun n.) vessel, jar [gen sing fætes, dat sing fæte, nom/acc pl fatu, gen pl fata, dat pl fatum]

fætels /'fæ.tɛls/ (noun m.) vessel

fǣtt /fæ:tt/ (adj.) fat

fǣttian /'fæ:ttian/ (verb weak) grow fat

fæþm /'fæθam/ (noun m.) embrace (outstretched arms); fathom (unit of measure, 6 feet)

fæþmrīm /'fæðmri:m/ (noun n.) fathom (unit of measure)

fāg /'fa:g/ (adj.) variegated

fāgnes /'fa:gnɛs/ (noun f.) variegation, various colours

fāh /'fa:x/ (adj.) hostile

(ġe)fāh /fa.x/ (noun m.) enemy [also fā]

fana /'fana/ (noun m.) banner

fand /fand/ found (see findan)

fandian /'fɑndian/ (verb weak) try, test, tempt [+ gen; from findan]

fandung /'fɑnduŋg/ (noun f.) temptation, test

(ġe)faran /'faran/ (verb strong 6) go [2nd pers. pres. færst, 3rd pers. pres. færþ, past sing. fōr, past pl. fōron, past partic. faren, imper. sing. far, plural faraþ. 'Hū færst þū?' = 'How are you?']

ġefaran /jɛˈvaran/ *(verb strong 6)* overrun, take possession of (a country); attack; die

faru /ˈfarʊ/ *(noun f.)* procession, retinue, pomp; way, going, journey; proceedings, life

fatu /ˈfatʊ/ vessels (see fæt)

fēa /fæːa/ *(adj. pl.)* few [As strong adj - uses only plural inflections: dat fēam, gen fēara. 'swiþe fēawe þā þēawas' = 'very few of the virtues' (NB gen. not used). Also fēawa.]

(ġe)fēa /ˈfæːa/ *(noun m. weak)* joy

feaht /fæaxt/ fought (see feohtan)

-feald /fæald/ *(suffix)* -fold (creates adj. based on quantity) [e.g. maniġfeald 'manifold', siextiġfeald 'sixty-fold']

(ġe)fealdan /ˈfæaldan/ *(verb strong)* fold

feallan /ˈfæallan/ *(verb strong 7)* fall; flow (river) [3rd pers. pres. fielþ/filþ/felþ, pl. pres. feallaþ, past sing. fēoll, past pl. fēollon, past partic. feallen; 'on feallan' = 'assail']

fealu /ˈfæalʊ/ *(adj.)* grey, dull-coloured [AS STRONG ADJ]: (masc sing) nom fealu, acc fealone, gen fealwes, dat fealwum, instr fealwe; (masc pl) nom/acc fealwe/fealowe, gen fealora, dat/instr fealwum; (fem sing) nom fealu, acc fealwe, gen/dat/instr fealore; (fem pl) nom/acc fealwe, gen fealora, dat/instr fealwum; (neu sing) nom/acc fealu, gen fealwes, dat fealwum, instr fealwe; (neu pl) nom/acc fealu, gen fealora, dat/instr fealwum]

fearh /fæarx/ *(noun m.)* pig

fearr /fæarr/ *(noun m.)* bull; ox

fēasċeaftiġ /ˈfæːaʃæaftɪj/ *(adj.)* needy

feax /fæaks/ *(noun n.)* head of hair

(ġe)feċċan /ˈfɛtʃan/ *(verb weak)* fetch; seek

fēdan /ˈfɛːdan/ *(verb weak)* feed; foster, bring up [from fōda. 2nd pers indic sing fētst]

fēfer /ˈfɛːvɛr/ *(noun m./n.)* fever [gen sing fēfres]

(ġe)fēgan /ˈfɛːgan/ *(verb weak)* join

fēhst, fēhþ /ˈfɛːxst/, /ˈfɛːxθ/ takes/seizes (see fōn)

fela /ˈfɛla/ *(adj. pl.)* many [+ gen; indeclinable; e.g. 'fela wundra' = 'many miracles'. Also feala.]

fēlan /ˈfɛːlan/ *(verb weak)* feel

feld /fɛld/ *(noun m.)* field, field of battle [nom/acc sing feld, gen/dat sing felda, nom/acc/gen pl felda, dat pl feldum]

fell /fɛll/ *(noun n.)* skin, hide

feng /ˈfɛŋg/ *(noun m.)* grasp, embrace

fēng /ˈfɛːŋg/ took/seized (see fōn)

fenġelād /ˈfɛnjɛlaːd/ *(noun n.)* marsh-track [also fennġelād]

fenland /ˈfɛnnland/ *(noun n.)* fen-land [also fennland]

fenn /fɛnn/ *(noun n./m.)* mud, fen

fēogan /'fe:ogan/ *(verb)* hate, persecute [also fēon]

feoh /feox/ *(noun n.)* cattle; money, property, wealth [h dropped in inflection and eo lengthened: gen sing fēos, dat sing fēo, gen pl fēona (other plurals do not exist)]

feohlēas /'feoxlæ:as/ *(adj.)* without money

(ġe)feoht /feoxt/ *(noun n.)* fight, battle, war

(ġe)feohtan /'feoxtan/ *(verb strong 3)* fight [3rd pers. pres. fieht/fiht, past sing. feaht, past pl. fuhton, past partic. fohten, pres. partic. feohtende. 'on feohtan' = 'attack, fight'; ġefeohtan wiþ (+acc) = to fight with]

ġefeohtan /jɛ'veoxtan/ *(verb strong)* gain (by fighting), win

feohte /'feoxtɛ/ *(noun f.)* fight

feohtend /'feoxtɛnd/ *(noun m.)* fighter, warrior

fēol /fe:ol/ *(noun f.)* file

fēolan /'fe:olan/ *(verb strong 3)* penetrate, get in, enter [past sing. fealh, past pl. fulgon, past partic. folen]

fēole /'fe:olɛ/ *(noun f.)* file

fēolian /'fe:olian/ *(verb weak)* file

fēoll /fe:oll/ fell (see feallan)

fēon /ve:on/ *(verb weak)* hate

ġefēon /jɛ've:on/ *(verb strong 5)* rejoice [+ gen and instr. 3rd pers. pres. ġefihþ, past sing. ġefeah, past pl. ġefǣgon, past partic. ġefegen/ġefægen]

fēond /fe:ond/ *(noun m.)* enemy; fiend, devil [nom/acc sing fēond, gen sing fēondes, dat sing fēonde, nom/acc pl fīnd/fīend/fēondas, gen pl fēonda, dat pl fēondum. Pres. partic. of fēon]

fēondliċ /fe:ond/ *(adj.)* hostile

feorh /feorx/ *(noun n./m.)* life [h disappears in inflected forms: nom/acc sing feorh, gen sing fēores, dat sing fēore, nom/acc pl feorh, gen pl fēora, dat pl fēorum]

feorhbold /'feorxbɒld/ *(noun n.)* body

feorm /feorm/ *(noun f.)* feast, banquet; food

feormehām /'feormɛha:m/ *(noun m.)* farm

feorr /feorr/ *(adv.)* far [comparative adv. fierr/firr, superlative adv. fierrest/firrest]

feorran /'feorran/ *(adv.)* from afar

feorrancumen /'feorrankʊmɛn/ *(adj.)* come from afar, strange

feorrcund /'feorkʊnd/ *(adj.)* from afar, strange

feorrsīen ℕ /'feorrzi:n/ *(noun f.)* television

feorrsprecendġetæl ℕ /'feorrsprɛkɛndjɛtæl/ *(noun n.)* mobile phone number

fēorþa /'fe:orða/ *(adj.)* fourth [always weak]

fēoung /'fe:oŋg/ *(noun f.)* enmity

fēower /'fe:owɛr/ *(number)* 4 [indeclinable before a noun; used alone, declined as fēowere (nom/acc), fēowera (gen), fēowerum (dat)]

fēowerscīete /ˈfeːowɛrʃiːtɛ/ *(adj.)* four-cornered, square [from scēat. Also fēowerscȳte.]

fēowertīene /ˈfeːowɛrtiːnɛ/ *(number)* 14 [Indeclinable. 14th = fēowertēoþa]

fēowertiġ /ˈfeːowɛrtij/ *(number)* 40 [Generally undeclined in nom/acc but declined like adjectives with gen -ra, dat -um. + gen of noun. 40th = fēowertigoþa]

(ġe)fēra /ˈfɛːra/ *(noun m. weak)* companion [from fōr]

fēran /ˈfɛːran/ *(verb weak)* go, fare, proceed; fare, act [from fōr. Indic: past sing fērde, past pl fērdon]

ġefēran /jɛˈvɛːran/ *(verb weak)* take possession of, go over

ġefēre /jɛˈvɛːrɛ/ *(adj.)* accessible

ferian /ˈfɛrıan/ *(verb weak 1a)* carry [INDIC: 1st pers. pres. feriġe, 2nd pers. pres. ferest, 3rd pers. pres. fereþ, pres. pl. feriaþ, 1st/3rd pers. past sing. ferede, 2nd pers. past sing feredest, past pl. feredon. SUBJ: pres. sing ferige, pres. pl. ferien/ferion, past sing ferede (or feredest for 2nd pers. only), past pl. fereden/feredon. Imper. sing. fere, pl. feriaþ. Pres. partic. feriġende, past partic. ġefered. From faran. Also ferigan.]

fers /fɛrs/ *(noun n.)* verse

fersċ /fɛrʃ/ *(adj.)* fresh

(ġe)fērscipe /ˈfɛːrʃipɛ/ *(noun m.)* company

fēt /fɛːt/ feet (see fōt)

fetel /ˈfɛtɛl/ *(noun m.)* belt, hilt

(ġe)fetian /ˈfɛtıan/ *(verb weak)* fetch [past tense fette. Also fetigan.]

fetor /ˈfɛtɒr/ *(noun f.)* fetter

fētst /fɛːtst/ feeds (see fēdan)

fēþa /ˈfɛːða/ *(noun m.)* troop

fēþe /ˈfɛːðɛ/ *(noun n.)* movement

feþer /ˈfɛðɛr/ *(noun f.)* feather [also fiþer]

fīc /fiːk/ *(noun m.)* fig

fīctrēow /ˈfiːktreːow/ *(noun n.)* fig tree

fieht /fıxt/ fights (see feohtan)

fiell /fıll/ *(noun m.)* death

fiellan /ˈfıllan/ *(verb weak)* fell, slay

fielþ /fılθ/ falls (see feallan)

fīend /fiːnd/ fiends (see fēond)

fierd /fırd/ *(noun f.)* army; expedition, campaign [from faran; acc sing fierd, gen/dat sing fierde, nom/acc pl fierda/fierde, gen pl fierda, dat pl fierdum. Also 'fird' in Anglo-Saxon times implies native army (not Danish).]

fierdian /ˈfırdıan/ *(verb weak)* campaign

fierdlēas /ˈfırdlæːas/ *(adj.)* undefended

fiergen-bēam /ˈfırɡɛnbæːam/ *(noun m.)* mountain tree

fiergen-strēam /ˈfırɡɛnstræːam/ *(noun m.)* mountain stream

fierr /ˈfırr/ further (see feorr)

fierst /fɪrst/ *(noun m.)* period, time; respite

fif /fiːf/ *(number)* 5 [indeclinable before a noun; used alone, declined as fīfe (nom/acc), fīfa (gen), fīfum (dat)]

fīfta /ˈfiːftɑ/ *(number)* fifth [always weak]

fīftīene /ˈfiːftiːnɛ/ *(number)* 15 [Indeclinable. 15th = fīftēoþa]

fīftiġ /ˈfiːftɪj/ *(number)* 50 [Generally undeclined in nom/acc but declined like adjectives with gen -ra, dat -um. + gen of noun. 50th = fīftigoþa]

filde /ˈfɪldɛ/ *(adj.)* plain, champaign, field-like

fille /ˈfɪllɛ/ *(noun f.)* thyme

findan /ˈfɪndɑn/ *(verb strong 3)* find [3rd pers. pres. fint, past sing. funde/fand, past pl. fundon, past partic. funden. 'findan æt' = 'obtain from']

finger /ˈfɪŋɡɛr/ *(noun m.)* finger

Finnas /ˈfɪnnɑs/ *(noun m pl.)* Finns

firen /ˈfɪrɛn/ *(noun f.)* crime

firenlust /ˈfɪrɛnlʊst/ *(noun m.)* sinful desire, luxury

firnum /ˈfɪrnʊm/ *(adv.)* excessively

first /fɪrst/ *(noun m.)* period, time

fisċ /fɪʃ/ *(noun m.)* fish [declines like mennisċ]

fisċaþ /ˈfɪʃɑθ/ *(noun m.)* fishing [also fiscoþ]

fisċcynn /ˈfɪʃkynn/ *(noun n.)* fish-kind

fisċere /ˈfɪʃɛrɛ/ *(noun m.)* fisher

fisċian /ˈfɪʃɑn/ *(verb)* fish

fiþer-fēte /ˈfɪðɛrfeːtɛ/ *(adj.)* four-footed

flā /flɑː/ *(noun f.)* arrow

flǣsċ /flæːʃ/ *(noun n.)* flesh

flǣsċliċ /ˈflæːʃlɪtʃ/ *(adj.)* fleshly, carnal

flǣscmete /ˈflæːʃmɛtɛ/ *(noun m.)* meat [plural -mettas]

flān /flɑːn/ *(noun m./f.)* arrow

flēam /flæːɑm/ *(noun m.)* flight [from flēon]

fleax /flæɑks/ *(noun n.)* flax

flēde /ˈfleːdɛ/ *(adj.)* flooded, full (river)

flēogan /ˈfleːoɡɑn/ *(verb strong 2)* fly [3rd pers. pres. flīehþ/flīhþ, past sing. flēag, past pl. flugon, past partic. flogen, pres. partic. flēogende]

flēoge /ˈfleːoɡɛ/ *(noun f.)* fly, insect

flēohnet /ˈfleːoxnɛt/ *(noun n.)* fly-net, curtain [also flēohnett]

(ġe)flēon /fleːon/ *(verb strong 2)* flee [3rd pers. pres. flīehþ/flīhþ, past sing. flēah, past pl. flugon, past partic. flogen]

flēos /fleːos/ *(noun n.)* fleece

flēotan /ˈfleːotɑn/ *(verb strong 2)* float [3rd pers. pres. flīett, past sing. flēat, past pl. fluton, past partic. floten]

flēotwyrt /ˈfleːotwyrt/ *(noun f.)* seaweed

flett /flɛtt/ *(noun n.)* floor, ground, hall

(ġe)flīeman /ˈvliːmɑn/ *(verb weak)* put to flight [from flēam]

flītan /ˈfliːtɑn/ *(verb strong 1)* quarrel, dispute

flītcræft /ˈfliːtkræft/ *(noun m.)* logic [declines as cræft]

flocc /flɒk/ *(noun m.)* troop

floccmǣlum /ˈflɒkmæːlʊm/ *(adv.)* in troops

flocrād /ˈflɒkraːd/ *(noun f.)* troop-incursion [also floccrād]

flōd /floːd/ *(noun m.)* mass of water, flood; flow of tide (as opposed to ebb)

flōde /ˈfloːde/ *(noun f.)* channel

flōr /floːr/ *(noun f.)* floor, ground

flota /ˈflɒta/ *(noun m.)* fleet [from flēotan]

flothere /ˈflɒthɛrɛ/ *(noun m.)* naval army, army of pirates

flotmann /ˈflɒtmann/ *(noun m.)* sailor, pirate

flōwan /ˈfloːwan/ *(verb strong 7)* flow [3rd pers. pres. flēwþ, past sing. flēow, past pl. flēowon, past partic. flōwen]

flugon /ˈflʊgɒn/ see flēon and flēogan

flyht /flyxt/ *(noun m.)* flight [from flēogan]

flyhtsċrid N /flyxtʃrɪd/ *(noun n.)* aeroplane

fnǣst /ˈfnæːst/ *(noun m.)* blowing, breath

fō /foː/ (I) take/seize (see fōn)

foca /ˈfoka/ *(noun m.)* cake

fōda /ˈfoːda/ *(noun m.)* food

fōdor /ˈfoːdɒr/ *(noun n.)* fodder

fohten /ˈfɒxtɛn/ fought (see feohtan)

folc /fɒlk/ *(noun n.)* people, nation [gen sing folces, dat sing folce; nom/acc plural folc, gen pl folca, dat pl folcum]

folcġefeoht /ˈfɒlkjɛveoxt/ *(noun n.)* pitched battle

folcisċ /ˈfɒlkɪʃ/ *(adj.)* of the people

folclagu /ˈfɒlklagʊ/ *(noun f.)* law of the people

folcland /ˈfɒlkland/ *(noun n.)* public land

folcliċ /ˈfɒlklɪtʃ/ *(adj.)* popular [declines like fǣrliċ]

folcwæġnsteall N /ˈfɒlkwʌɪnstæall/ *(noun m./n.)* bus stop

folde /ˈfɒldɛ/ *(noun f.)* earth, ground

folgian /ˈfɒlgɪan/ *(verb weak)* follow; obey [+ dat. INDIC: 1st pers. pres. folgige, 2nd pers. pres. folgast/fylgst, 3rd pers. pres. folgaþ/fylgþ, pres. pl. folgiaþ. SUBJ: pres. sing. folgige (all persons), pl. folgigen/folgigon. Past indic/subj folgode/fylgde/fylgde (all persons). Imper. sing. folga, pl. folgiaþ. Pres. partic. folgiende/fylgende, past partic. ġefolgod. Also fylgan, fylian.]

folgoþ /ˈfɒlgʊθ/ *(noun m.)* following, body of retainers, province

fōn /foːn/ *(verb strong 7)* seize, take, capture; accept [INDIC: 1st pers pres fō, 2nd pers pres fēhst, 3rd pers. pres. fēhþ, pl. pres. fōþ, past sing. fēng, past pl. fēngon. SUB]: pres sing fō, past sing fēnge. Imperatives - sing fōh, pl fōþ. Present partic. fōnde, past partic. fangen. 'fēng tō rīċe' =

'came to the throne'; 'tōgædre fēngon' = 'joined together (in battle)'; 'him on fultum fēng' = 'helped them']

for /fɒr/ (prep.) before; for, because of, for the sake of; instead of; in the sight of; (causal) [+ dat (instr) or + acc if in sense of 'instead of/for'. 'rīċe for worulde' = 'in the eyes of the world'; 'ne dorste for God' = 'for the fear of God'; 'for þæm'/'for þon'/'for þȳ' = 'therefore'; 'for þæm (þe)'/'for þæm þȳ'/'for þon (þe)'/'for þȳ (þe)' = 'because'; 'for þæm þæt'/'for þȳ þæt' = 'in order that' ; 'for hwȳ'/'for hwæm'/'for hwon' = 'wherefore'/'why']

for /fɒr/ (adv.) too (much), very

for- /fɒr/ (prefix) (gives verbs sense of 'to destruction'; intensifies this sense; or indicates a 'bad' sense) [e.g. fordōn 'to destroy' from dōn 'to do']

fōr /fɔːr/ (noun f.) journey [from faran]

fōr /fɔːr/ went (see faran)

foran /ˈfɒran/ (adv.) in front, before ['foran forrīdan' = 'cut off their advance']

fōranniht /ˈfɒranıxt/ (noun f.) dusk, evening

forbærnan /fɒrˈbærnan/ (verb weak) burn up, burn [transitive]

forbēodan /fɒrˈbeːodan/ (verb strong 2) forbid [3rd pers pres indic forbēodaþ. Can be used with acc and dat.]

forbeornan /fɒrˈbeornan/ (verb strong 3) burn up, destroy by burning [intransitive]

forberan /fɛrˈbɛran/ (verb strong) suffer; tolerate

forbīegan /fɒrˈbiːgan/ (verb weak) abase, humiliate

forbreġdan /fɒrˈbrɛːdan/ (verb strong 3) transform

forbrēotan /fɒrˈbreːotan/ (verb strong 2) break

forbūgan /fɒrˈbuːgan/ (verb strong 2) escape, avoid

forċeorfan /fɒrˈtʃeorvan/ (verb strong 3) cut off

forċierran /fɒrˈtʃɪrran/ (verb weak) avoid

forċierred /ˈfɒrˈtʃɪrrɛd/ (adj.) perverse

forcuman /fɔrˈkuman/ (verb strong 4) destroy

ford /fɒrd/ (noun m.) ford [dat sing forda]

fordēman /fɒrˈdɛːman/ (verb weak) condemn

fordilgian /fɒrˈdɪlgɪan/ (verb weak) destroy

fordōn /fɒrˈdɔːn/ (verb strong) destroy, ruin [from dōn]

fordrīfan /fɛrˈdriːvan/ (verb strong 1) drive, sweep away

forealdod /fɒrˈældɒd/ (adj.) aged [past participle of forealdian, grow old]

fore /fɒrɛ/ (prep./adv.) before [superlative forma/fyrmest. Also for.]

foreberan /fɒrɛˈbɛran/ (verb strong 4) prefer [1st pers. pres. indic. forebəre]

forecweden /fɔrɛˈkwɛdɛn/ *(adj.)* aforesaid, above-mentioned [past participle]

foregān /fɔrɛˈga:n/ *(verb weak)* precede

foregenga /fɔrɛˈgɛŋga/ *(noun f.)* attendant

foreiernan /ˈfɔrɛirnan/ *(verb strong 3)* run forward

foresċēawian /ˈfɔrɛʃæːawian/ *(verb weak)* pre-ordain, decree, appoint [3rd pers pres indic fore-sċēawaþ]

foreseċġan /ˈfɔrɛsɛdʒan/ *(verb weak)* say before; predict ['se foresæġda' = 'the aforesaid']

fōresprǣċ /ˈfɔrɛspræːtʃ/ *(noun f.)* introduction, preamble

forespreca /ˈfɔrɛsprɛka/ *(noun m.)* mediator

foresprecen /ˈfɔrɛsprɛkɛn/ *(adj.)* aforesaid, aforementioned [past participle]

forfaran /fɔrˈfaran/ *(verb strong 6)* intercept; destroy, ruin; perish

forflēon /fɔrˈfleːon/ *(verb strong 2)* flee from, avoid

forġiefan /fɔrˈgjivan/ *(verb strong 5)* give, grant; forgive (sins) [+ dat. Imper. sing. forġief. 'Forġief mē' = 'excuse me']

forġiefnis /fɔrˈgjivnɪs/ *(noun f.)* forgiveness (of sins) [also forġiefnes]

forġieldan /fɔrˈgjildan/ *(verb strong 3)* pay for

forġīeman /fɔrˈgiːman/ *(verb weak)* neglect

forġietan /fɔrˈgjitan/ *(verb strong 5)* forget, neglect

forhæfednes /fɔrˈhævɛdnɛs/ *(noun f.)* continence, temperance [also forhæfednis]

forhēafod /ˈfɔrhæːavɒd/ *(noun n.)* forehead

forhealdan /fɔrˈhæaldan/ *(verb strong 7)* withhold

forheard /fɔrˈhæard/ *(adj.)* very hard

forhēawan /fɔrˈhæːawan/ *(verb strong 7)* cut down, kill

forhergian /fɔrˈhɛrgian/ *(verb weak)* ravage [also forherigan]

forhergung /fɔrˈhɛrguŋg/ *(noun f.)* devastation [also forheriung]

forhogian /fɔrˈhɒgian/ *(verb weak)* despise

forhohnes /fɔrˈhɒxnɛs/ *(noun f.)* contempt

forhradian /fɔrˈhradian/ *(verb weak)* anticipate, frustrate

forht /fɔrxt/ *(adj.)* afraid

forhtian /ˈfɔrxtian/ *(verb weak)* be afraid

forhtlīċe /ˈfɔrxtliːtʃɛ/ *(adv.)* with fear

forhtmōd /ˈfɔrxtmɔːd/ *(adj.)* frightened

forhtung /ˈfɔrxtuŋg/ *(noun f.)* fear

forhwega /fɔrˈhwega/ *(adv.)* somewhere, about

forhwierfan /fɔrˈhwɪrvan/ *(verb weak)* convert

forhyċġan /fɔrˈhydʒan/ *(verb weak 3)* despise [from hyċġan]

forierman /fɔrˈɪrman/ *(verb weak)* reduce to poverty [from earm]

forlætan /fɒr'læ:tan/ *(verb strong 7)* leave, abandon; omit, neglect; remit, excuse; loose [3rd pers. pres. forlætt, past sing. forlēt, past pl. forlēton, past partic. forlæten. 'upp forlætan' = 'direct upwards']

forlætennes /fɒr'læ:tannɛs/ *(noun f.)* remission [also forlætnes]

forleġen /fɒr'lɛjɛn/ *(adj.)* adulterer, fornicator [from forliċgan]

forlēogan /fɒr'le:ogan/ *(verb strong 2)* lie, perjure oneself, slander [past participle forlogen]

forlēosan /fɒr'le:ozan/ *(verb strong 2)* lose [3rd pers. pres. forlīest/forlīst, past sing. forlēas, past pl. forluron, past partic. forloren 'ruined'. Also lēosan. 'Iċ forlēas mīn sċeatt' = 'I have lost my money']

forliġer /fɒr'lijɛr/ *(noun n.)* wantonness, immortality

forliġere /fɒr'lɛjɛrɛ/ *(noun n.)* adultery, fornication [also forleġere]

forma /'fɒrma/ *(adj.)* first [always weak; superlative: fyrmest = first]

formaniġ /fɒr'manɪj/ *(adj.)* very many

formolsnian /fɒr'mɒlznɪan/ *(verb weak)* crumble, decay

fornēah /fɒr'næ:ax/ *(adv.)* very nearly, almost

fornīedan /fɒr'ni:dan/ *(verb weak)* compel [also fornȳdan]

forniman /fɒr'nɪman/ *(verb strong 4)* annul (laws)

foroft /fɒr'ɒft/ *(adv.)* very often

forrædan /fɒr'ræ:dan/ *(verb weak)* betray

forrīdan /fɒr'ri:dan/ *(verb strong 1)* intercept (by riding)

forrotian /fɒr'rɒtɪan/ *(verb weak)* rot away, decay

forsacan /fɒr'sakan/ *(verb strong 6)* deny, refuse

forscaman /fɒr'ʃaman/ *(verb weak)* be ashamed [+ acc; impersonal]

forsċieppan /fɒr'ʃippan/ *(verb strong 6)* transform

forsċrincan /fɒr'ʃriŋkan/ *(verb strong 3)* shrink up

forsċyldigod /fɒr'ʃyldɪgɒd/ *(adj.)* guilty [from forsċyldigan]

forsēon /fɒr'ze:on/ *(verb strong 5)* despise [3rd pers. pres. forsihþ, past sing. forseah, past pl. forsāwon, past partic. forsewen]

forsēoþan /fɒr'ze:oðan/ *(verb strong 2)* wither [from sēoþan 'boil']

forsewennes /fɒr'zɛwɛnnɛs/ *(noun f.)* contempt [also forsewennis]

forsīþian /fɒr'zi:ðɪan/ *(verb weak)* perish

forslēan /fɒr'zlæ:an/ *(verb strong 6)* cut through; defeat, destroy

forspanan /fɒr'spanan/ *(verb strong 6/7)* seduce, lead astray

forspendan /fɒr'spɛndan/ *(verb weak)* spend, squander

forspillan /fɒr'spɪllan/ *(verb weak)* destroy, kill

forst /fɒrst/ *(noun m.)* frost [from frēosan]

forstandan /fɒr'standan/ (verb strong 6) protect; 'stand before'; understand; avail, help (+ dat)

forstelan /fɒr'stɛlan/ (verb strong 4) steal

forswǣlan /fɒr'zwæːlan/ (verb weak) burn, inflame [transitive]

forswāpan /fɒr'zwapan/ (verb strong 7) sweep away

forswelgan /fɒr'zwɛlgan/ (verb strong 3) devour

forswīþe /fɒr'zwiːðɛ/ (adv.) very much, utterly

forsworen /fɒr'zwɒrɛn/ (adj.) perjured

forsyngod /fɒr'zyŋgɒd/ (adj.) sinful, sinner [from forsyngian]

fortendan /fɒr'tɛndan/ (verb weak) burn away, cauterise

forþ /fɒrθ/ (adv.) forth, forwards, on; (of time) continually, still [forþ be þǣre ēa' = 'past the river'; 'and swā forþ' = 'and so on']

forþan /'fɒrðan/ (adv./conj.) therefore, so [also forþon. See also for.]

forþbringan /'fɒrðbriŋgan/ (verb weak) produce

forþcuman /'fɒrθkʊman/ (verb strong 4) come forth, be born

forþearle /'fɒrðæarlɛ/ (adv.) very much, greatly, excessively

forþēofian /fɒr'θeːovian/ (verb weak) steal

forþēon /fɒr'θeːon/ (verb weak) overcome

forþfæder /'fɒrðvædɛr/ (noun m.) forefather, ancestor

forþfaran /'fɒrðvɛːran/ (verb strong 6) depart, die

forþfēran /'fɒrðvɛːran/ (verb weak) depart, die

forþfōr /'fɒrðvɔːr/ (noun f.) departure, death

forþgang /'fɒrðgaŋg/ (noun m.) progress, success

(ġe)forþian /'fɒrðian/ (verb weak) accomplish

forþolian /fɒr'θɒlian/ (verb weak) go without, miss [+ inst]

forþrǣstan /fɒr'θræːstan/ (verb weak) afflict, destroy

forþryccan /fɒr'θrykkan/ (verb weak) oppress

forþrysman /fɒr'θrysman/ (verb weak) suffocate, choke

forþġesċeaft /'fɒrðjɛʃæaft/ (noun f.) future; future life

forþsīþ /'fɒrðziːθ/ (noun m.) departure, death [='going forth']

forþġewiten /'fɒrðjɛwitɛn/ (adj.) dead [past participle]

forþylman /fɒr'θylman/ (verb weak) envelop, encompass

forwegan /fɒr'wɛgan/ (verb strong 5) kill

forweornian /fɒr'weornıan/ (verb weak) wither

forweorpan /fɒr'weorpan/ (verb strong 3) throw

forweorþan /fɒr'weʊrðan/ (verb strong 3) perish

forwiernan /fɒr'wɪrnan/ (verb weak) prevent, refuse [+ dat of pers and gen of thing]

forwrēgan /fɒr'rɛːgan/ (verb weak) accuse, calumniate

forwundian /fɔr'wundɪan/ (verb weak) wound

forwyrċan /fɔr'wyrtʃan/ (verb weak) dam up (a river); ruin, destroy; (reflex.) sin, trespass

forwyrd /'fɔrwyrd/ (noun f./m.) destruction [from forweorþan]

fōstor /'fɔːstɔr/ (noun n.) fostering, sustenance

fōstorfæder /'fɔːstɔrvædɛr/ (noun m.) foster-father

fōt /fɔːt/ (noun m.) foot [i-mutation base: acc same as nom; nom pl = fēt, dat sing = fēt/fōte, gen sing fōtes, dat pl fōtum, gen pl fōta]

fōtmǣl /'fɔːtmæːl/ (noun n.) foot-measure

fōtstān /'fɔːtstaːn/ (noun m.) base, pedestal

fōtswæþ /'fɔːtswæθ/ (noun n.) foot-print, foot

fox /'fɔks/ (noun m.) fox

fracoþ /'frakʊθ/ (adj.) bad, wicked [also fracod]

fracoþliċ /'frakʊðlɪtʃ/ (adj.) base, shameful

ġefrǣġe /jɛ'vræːjɛ/ (adj.) famous

fræġn /frʌɪn/ asked (see friġnan)

frǣt /fræːt/ ate (see fretan)

frætwa /'frætwa/ (noun f pl.) ornaments, trappings, armour

(ġe)frætwan /'frætwian/ (verb weak) adorn [also frætwian]

frætwung /'frætwʊŋg/ (noun f.) ornament [dat sing often ends -a]

fram /fram/ (prep.) from [+ dat; in passive sense — 'hīe wǣron fram Wyrtġeorne ġelaþode' = 'invited by': as adv: 'fram gān' = 'depart'; 'frɑm iċ ne wille' = 'I will not (run) away']

fram /fram/ (adj.) active, bold

framlīċe /'framliːtʃɛ/ (adv.) actively, boldly, promptly

frān /fraːn/ asked (see friġnan)

franca /'fraŋka/ (noun m.) spear, lance, javelin

Francland /'fraŋklandɛ/ (noun n.) France ['iċ ɛom of Franclande' = 'I am from France']

frēa /frɛːa/ (noun m. weak) lord [gen/dat/acc sing frēan, nom/acc pl frēan, gen pl frēana, dat pl frēarn]

frēcednes /'frɛːkɛdnɛs/ (noun f.) danger

frēcenliċ /'frɛːkɛnlɪtʃ/ (adj.) dangerous [also frēcne]

ġefrēdan /jɛ'vrɛːdan/ (verb weak) feel [iċ ġefrēde, þū ġefrēdest. 'Iċ gefrēde sēocnesse' = 'I feel ill']

(ġe)frēfran /'frɛːvran/ (verb weak) console, cheer

fremde /'frɛmdɛ/ (adj.) strange, foreign [also fremede, fremþe]

(ġe)fremian /'frɛmɪan/ (verb weak 2) perform, do (+ acc); benefit (+ dat) [past fremode]

(ġe)fremman /'frɛmman/ (verb weak 1a) perform, do, afford; benefit [INDIC: 1st pers pres fremme, 2nd pers pres fremest, 3rd pers pres fremeþ, pl pres fremmaþ, 1st pers past fremede, 2nd pers past fremedest, 3rd pers past fremede, pl past fremedon. SUBJ: pres sing fremme, pres pl fremmen, past

sing fremede, past pl fremeden. Imperative: sing - freme, pl - fremmaþ. Participles fremmende, fremed. Gerund tō fremmanne.]
(ġe)fremming /ˈfrɛmmɪŋɡ/ *(noun f.)* performance, purpose
fremsum /ˈfrɛmzʊm/ *(adj.)* beneficial
fremsumnes /ˈfrɛmzʊmnɛs/ *(noun f.)* benefit
fremu /ˈfrɛmʊ/ *(noun f.)* benefit
Frenċisċ /ˈfrɛntʃiʃ/ *(adj.)* French
frēo /ˈfreːo/ *(adj.)* free [plural frīġe. Also frēoh.]
frēodōm /ˈfreːodɔːm/ *(noun m.)* freedom
(ġe)frēoġan /ˈfreːojan/ *(verb weak)* free [ġefrēoġan (+acc) wiþ (+acc) = to free ... from ...; also frēon]
frēoliċ /ˈfreːolitʃ/ *(adj.)* beautiful
frēols /ˈfreːols/ *(noun m.)* freedom [originally frīheals]
frēolstīd /ˈfreːolstiːd/ *(noun f.)* festival
frēond /ˈfreːond/ *(noun m.)* friend, relative, lover [i-mutation noun: nom/acc sing frēond, gen sing frēondes, dat sing frēonde, nom/acc pl frīnd/frēondas/frīend, gen pl frēonda, dat pl frēondum. Frēond = pres. partic. of lost verb frēon 'love']
frēondlēas /ˈfreːondlæːas/ *(adj.)* friendless
frēondliċ /ˈfreːondlitʃ/ *(adj.)* friendly

frēondsċipe /ˈfreːondʃipɛ/ *(noun m.)* friendship [nom/acc sing frēondsċipe, gen sing frēondsċipes, dat sing frēondsċipe; nom/acc pl frēondsċipas, gen pl frēondsċipa, dat pl frēondsċipum]
frēosan /ˈfreːozan/ *(verb strong 2)* freeze [past sing. frēas, past pl. fruron, past partic. froren]
Frēsisċ /ˈfreːsiʃ/ *(adj.)* Friesian ['on Frēsisċ' = 'in the Friesian manner']
fretan /ˈfrɛtan/ *(verb strong 5)* devour, eat [past sing. fræt, past pl. fræton, past partic. freten. From for-etan.]
frettan /ˈfrɛttan/ *(verb weak)* graze [from fretan]
friċġan /ˈfrɪdʒan/ *(verb strong 5)* ask [imper. friġe]
frīend /friːnd/ friends (see frēond)
frīġedæġ /ˈfriːjɛdʌɪ/ *(day of week (m.))* Friday
Friesland /ˈfriːslandɛ/ *(noun n.)* Frisia ['iċ eom of Frīslande' = 'I am from Frisia']
friġnan /ˈfrɪjnan/ *(verb strong 3)* ask [past sing frægn/frān, past pl frugnon, past partic. frugnen/frunen. Also frīnan.]
Frisa /ˈfriza/ *(noun m.)* Friesian
friþ /frɪθ/ *(noun m.)* peace ['friþ niman' = 'make peace']
friþāþ /ˈfrɪθaːθ/ *(noun m.)* peace-oath
friþian /ˈfrɪðian/ *(verb weak)* make peace with [wiþ + acc]

98

(ġe)friþian /ˈfrɪðɪan/ *(verb weak)* protect [+ acc]

friþstōw /ˈfrɪθstɔːw/ *(noun f.)* sanctuary, 'peace-place'

friþsum /ˈfrɪθsum/ *(adj.)* peaceful

frōd /frɔːd/ *(adj.)* wise; old ['frōd fēores' = 'advanced in years']

frōfor /ˈfrɔvɒr/ *(noun f.)* consolation [acc/gen/dat sing frōfre, nom/acc/gen pl frōfra, dat pl frōfrum]

froren /ˈfrɒrɛn/ frozen (see frēosan)

fruma /ˈfruma/ *(noun m.)* beginning

frumsċeaft /ˈfrumʃæaft/ *(noun f.)* (first) creation

frymþ /frymθ/ *(noun f.)* beginning [also frymþu]

fuglere /ˈfuɡlɛrɛ/ *(noun m.)* fowler

fugol /ˈfuɡɒl/ *(noun m.)* bird [o disappears in inflected forms: plural fuglas]

fugolcynn /ˈfuɡɒlkynn/ *(noun n.)* bird-tribe

fūht /fuːxt/ *(adj.)* damp

fuhton /ˈfuxtɒn/ fought (see feohtan)

ful /fʊl/ *(adv.)* very, full

fūl /fuːl/ *(adj.)* foul, impure, unclean

fūle /ˈfuːlɛ/ *(adv.)* foully

fulfremed /fʊlˈfrɛmɛd/ *(adj.)* perfect [(past participle)]

fulfremman /fʊlˈfrɛmman/ *(verb weak)* perfect, complete [also fullfremman]

fulgān /fʊlˈɡaːn/ *(verb strong)* accomplish, carry out [+ dat. Also fullgān.]

fūlian /ˈfuːlian/ *(verb weak)* decay, rot

full /fʊll/ *(adj.)* full, full (of) [+ gen, e.g. 'full wæteres' = "full of water"; 'be fullan' = 'fully, perfectly']

-full /fʊll/ *(suffix)* -ful

fullblīþe /ˈfʊllbliːðɛ/ *(adj.)* very glad

fullian /ˈfʊllian/ *(verb weak)* fulfil

fullian /ˈfʊllian/ *(verb weak)* baptise [also fulwian]

fullīċe /ˈfʊlliːtʃɛ/ *(adv.)* fully

fulnēah /ˈfʊlnæːax/ *(adv.)* almost, very nearly

fulrīpod /ˈfʊlriːpɒd/ *(adj.)* mature

fultum /ˈfʊltum/ *(noun m.)* help; forces, troops

(ġe)fultumian /ˈfʊltumian/ *(verb weak)* help [+ dat]

fulwiht /ˈfʊlwɪxt/ *(noun m.)* baptism [also fulluht]

fulwyrċan /ˈfʊlwyrtʃan/ *(verb weak)* complete [also fullwyrċan]

funde /ˈfʊndɛ/ found (see findan)

fundian /ˈfʊndian/ *(verb weak)* hasten, make one's way

furh /fʊrx/ *(noun f.)* furrow [dat fyrh]

furlang /ˈfʊrlaŋɡ/ *(noun n.)* furlong, length of a furrow [= furh-lang 'furrow-length']

furþor /ˈfʊrðɒr/ *(adv.)* further, more [from forþ]

furþum /ˈfʊrðum/ *(adv.)* even, quite; just as [also furþon]

fūs /fuːs/ *(adj.)* hastening

fūsliċ /ˈfuːslɪtʃ/ *(adj.)* ready, prepared

ġefylce /jeˈvyltʃɛ/ *(noun n.)* army, troop, division [gen sing ġefylces, dat sing ġefylce, nom/acc pl ġefylcu, gen pl ġefylca, dat pl ġefylcum]

(ġe)fyllan /ˈfyllan/ *(verb weak 1a)* fill, fulfil [3rd pers. pres. fylþ, 1st/3rd pers. past sing. fylde, past partic. fylled/ġefyld; from full. Conjugated similarly to hīeran.]

fyllo /ˈfyllʊ/ *(noun f.)* fullness (of food), fill, feast, gorging [sing only: nom/acc /dat/gen fyllu/fullo. Also fyllu.]

fylstan /ˈfylstan/ *(verb weak)* help [+ dat]

fȳr /fyːr/ *(noun n.)* fire [can be used as interjection]

fyrhtan /ˈfyrxtan/ *(verb weak)* fear

fyrhto /ˈfyrxtʊ/ *(noun f.)* fear, terror

fyrlen /ˈfyːrlɛn/ *(noun n.)* distance ['hwæt is þæt fyrlen?' = 'how far is it?']

fyrlen /ˈfyːrlɛn/ *(adj.)* distant [from feorr]

fyrmest /ˈfyrmɛst/ see fore and forma

(ġe)fyrn /fyrn/ *(adv.)* formerly, before

fyrn-dagas /ˈfyrndagas/ *(noun m pl.)* former days

fyrn-ġēar /ˈfyrnjæːar/ *(noun n pl.)* former years

fyrn-ġeweorc /ˈfyrnjɛweork/ *(noun n.)* former work

fyrst /fyrst/ *(superl. adj.)* first, chief [also fyrest]

fȳsan /ˈfyːzan/ *(verb weak)* put to flight; impel, drive

fyxen /ˈfyːksɛn/ *(noun f.)* vixen, female fox

G

(ġe)gada /ˈgada/ *(noun m.)* companion, associate

(ġe)gadrian /ˈgadrıan/ *(verb weak)* gather, reap [INDIC: 1st pers pres gadriġe, 2nd pers pres gaderast, 3rd pers pres gadriaþ; past sing ġegaderade]

ġegadrian /jeˈgadrıan/ *(verb weak)* gather, collect, assemble

gǣlsa /ˈgæːlza/ *(noun m.)* wantonness, pride

gærs /gærs/ *(noun n.)* grass

gǣstedōm /ˈgæːstedɔːm/ *(noun m.)* spirituality

gǣsne /ˈgæːznɛ/ *(prep.)* bereft (of), without [+ gen; also gēsne]

gǣst /gæːst/ see gāst; see gān

gǣsthūs /ˈgæːsthuːs/ *(noun n.)* hotel, inn

gǣt /gæːt/ goats (see gāt)

gafeloc /ˈgavɛlɒk/ *(noun m.)* missile, spear

gafol /ˈgavɒl/ *(noun n.)* interest, profit; tribute

gafolġielda /ˈgavɒlˌjɪlda/ (noun m.) taxpayer

gāl /gaːl/ (adj./noun n.) proud, wanton; (as noun) pride

galan /ˈgalan/ (verb strong 6) sing [past sing gōl]

gālmōd /ˈgaːlmɔːd/ (adj.) wanton

gālsċipe /ˈgaːlʃɪpɛ/ (noun m.) pride

gamen /ˈgamɛn/ (noun n.) sport; game [dat. gamne]

(ġe)gān /gaːn/ (verb strong) go; gain, conquer; walk; happen (impers, + dat) [pres. indic.: iċ gā, þū gǣst, hē/hit/hēo gǣþ, wē/ġe/hīe gāþ; past indic. iċ/hē/hit/hēo ēode (also gang), þū ēodest, wē/ġē/hīe ēodon; pres. subj. sing. gā, plural gān; past subj. ēode (sing), ēoden (pl); imper. sing. gā, plural gāþ, pres. partic. gangende, past partic. (ġe)gān, infinitives gān, tō gānne. 'Hū gǣþ hit?' = 'How are you?'; 'hit gǣþ gōd' = 'I am fine'; 'gān intō' = 'pass into the possession of'; 'Gā forþ/bæc' = 'Go forward/back'. Also (ġe)gangan.]

gang /gaŋg/ (noun m.) track, footprint; flow, stream ['þǣre ēa gang' = 'bed of the river']

ġegang /jɛˈgaŋg/ (noun n.) occurrence

gangpytt /ˈgaŋgpytt/ (noun m.) toilet, privy [also gangsetl (n), gangstōl (m)]

gann /gann/ began (see ġinnan)

ganot /ˈganɒt/ (noun m.) gannet

gārrǣs /ˈgaːræːs/ (noun m.) battle [from gār (m.) 'spear']

gārlēac /ˈgaːrlæak/ (noun n.) garlic

gārseċġ /ˈgaːrsɛdʒ/ (noun m.) ocean

ġegān /jɛˈgaːn/ (verb strong) gain, conquer

gangende /ˈgaŋgɛndɛ/ going (see gān)

gāst /gaːst/ (noun m.) spirit, life; the Holy Ghost [se hālga gāst = the Holy Ghost. Also gǣst.]

gāstliċ /ˈgaːstlitʃ/ (adj.) spiritual, holy [declines like fǣrliċ. Also gǣstliċ.]

gāt /gaːt/ (noun f.) goat [i-mutation noun: pl gǣt; 'gǣt meolce' = 'goat's milk']

gatu /ˈgatʊ/ gates (see ġeat)

ġe- /jɛ/ (prefix) (can give verb sense of success/completion; sometimes has no meaning) [For verbs prefixed ġe-, look up the verb wthout the prefix]

ġe /jɛ/ (conj.) and ['ġe ... ġe' or 'ǣġþer (ġe) ... ġe' = 'both ... and']

ġē /jɛː/ (pron.) you (three or more) [nom ġē, acc ēow, gen ēower, dat ēow]

ġēa /jæa/ (interj.) yes [also gese]

ġēac /jæak/ (noun m.) cuckoo

ġeaf /jæaf/ gave (see ġiefan)

ġeald /jæald/ paid (see ġieldan)

ġealg /jæalg/ (adj.) sad

ġealga /ˈjæalga/ (noun m.) gallows, cross

ġēanþingian /ˈjæanðɪŋgɪan/ (verb weak) reply

ġēap /jæ:ap/ *(adj.)* steep, high, 'deep'

ġēaplīċe /ˈjæ:apli:tʃɛ/ *(adv.)* cunningly, 'deeply'

ġēar /jæ:ar/ *(noun n.)* year [also ġēr]

ġēara /jæ:ara/ *(adv.)* formerly, of yore

ġearcian /ˈjæarkıan/ *(verb weak)* prepare, make ready

ġeard /jæard/ *(noun m.)* yard, court; enclosure, dwelling

ġēardagas /ˈjæ:ardagas/ *(noun m pl.)* days of yore ['in/on ġēardagum' = 'in former days']

ġēarlīċe /ˈjæ:arli:tʃɛ/ *(adv.)* yearly

ġearu /ˈjæaru/ *(adj.)* ready [AS STRONG ADJ: (masc sing) nom gearu, acc gearone, gen gearwes, dat gearwum, instr gearwe; (masc pl) nom/acc gearwe/gearowe, gen gearora, dat/instr gearwum; (fem sing) nom gearu, acc gearwe, gen/dat/instr gearore, (fem pl) nom/acc gearwe, gen gearora, dat/instr gearwum; (neu sing) nom/acc gearu, gen gearwes, dat gearwum, instr gearwe; (neu pl) nom/acc gearu, gen gearora, dat/instr gearwum. Also gearo.]

ġearwe /ˈjæarwɛ/ *(adv.)* accurately, well, 'readily' [also ġeare]

(ġe)ġearwian /ˈjæarwıan/ *(verb weak)* prepare

ġeat /jæat/ *(noun n.)* gate [nom/acc sing ġeat, gen sing ġeates, dat sing ġeate, nom/acc pl gatu, gen pl gata, dat pl gatum]

ġeat /jæat/ understood (see ġietan)

ġeatoliċ /ˈjæatɒlıtʃ/ *(adj.)* adorned, splendid

ġeatwa /ˈjæatwa/ *(noun f pl.)* trappings, armour

ġeatweard /ˈjæatwæard/ *(noun m.)* gate-keeper, porter

ġeġnum /ˈgɛnʊm/ *(adv.)* forwards, direct, straight

ġēo /je:o/ *(adv.)* formerly [also iū, ġiū, 'iū ǣr']

ġēoc /je:ok/ *(noun f.)* help, consolation

ġēoguþ /ˈje:ogʊθ/ *(noun f.)* youth; young men [also ġēogoþ, iūgoþ]

ġēoguþhād /ˈje:ogʊθha:d/ *(noun m.)* youth [cf. ċildhād 'childhood']

ġēolmōnaþ /ˈju:lmɔ:naθ/ *(month (m.))* December

ġeolu /ˈjeolʊ/ *(adj.)* yellow

ġeolurēad /ˈjeolʊræ:ad/ *(adj.)* orange

ġēomor /ˈje:omɒr/ *(adj.)* sad

ġēomrung /ˈje:omrʊŋg/ *(noun f.)* lamentation [dat sing often ends -a]

ġeond /jeond/ *(prep.)* through, throughout (place or time) [+ acc (or sometimes dat). Also ġind, ġiond.]

ġeondfaran /jeondˈvaran/ *(verb strong 6)* traverse, pervade

ġeondlācan /jeondˈla:kan/ *(verb weak)* traverse, flow over

ġeondsċēawian /jeondˈʃæ:awıan/ *(verb weak)* consider

ġeondsprenġan
/jeondˈsprɛndʒan/ (verb weak) sprinkle over, besprinkle

ġēong /jeːoŋg/ (adj.) young [Also iung. Comparative ġinġra, superlative ġinġest (i-mutation)]

ġeongra /ˈjeːoŋgra/ (noun m.) disciple, follower [also giongra]

ġeorn /jeorn/ (adj.) eager, desirous

ġeorne /ˈjeorne/ (adv.) eagerly, earnestly; certainly, surely

ġeornfull /ˈjeornvʊll/ (adj.) eager [also ġeornfulliċ]

ġeornfulnes /ˈjeornvʊlnɛs/ (noun f.) eagerness, zeal

ġeornlīċe /ˈjeornliːtʃe/ (adv.) eagerly, willingly, zealously

ġēotan /ˈjeːotan/ (verb strong) pour

ġēr /jeːr/ year (see ġēar)

ġēs /ɡeːs/ geese (see ġōs)

ġese /ˈjɛːsɛ/ (adv.) yes [also ġīse, ġȳse]

ġiedd /jɪdd/ (noun n.) song, word

ġiefan /ˈjɪvan/ (verb strong 5) give [3rd pers. pres. ġiefþ, past sing. ġeaf, past pl. ġēafon, past partic. ġiefen, imper. ġif/ġief]

ġiefta /ˈjɪfta/ (noun f pl.) marriage, wedding [from ġiefan. Also ġifta.]

ġiefthūs /ˈjɪfthuːs/ (noun n.) wedding-hall

ġieftliċ /ˈjɪftlɪtʃ/ (adj.) wedding [declines like fǣrliċ]

ġiefu /ˈjɪvʊ/ (noun f.) gift; grace (of God) [from ġiefan. nom sing ġiefu, acc/gen/dat sing ġiefe, nom/acc pl ġiefa/ġiefe, gen pl ġiefa, dat pl ġiefum]

ġiehþa /ˈjɪxθa/ (noun m.) itch

ġield /jɪld/ (noun n.) tax, payment [also ġild]

ġieldan /ˈjɪldan/ (verb strong 3) pay; pay for [3rd pers. pres. ġielt, past sing. ġeald, past pl. guldon, past partic. golden. Also ġildan.]

ġiellan /ˈjɪllan/ (verb strong 3) yell, sound, shout, scream

ġielp /jɪlp/ (noun m.) boasting, pride

ġīeman /ˈjiːman/ (verb weak) care for, take notice of, take care of [+ gen (acc)]

ġīemelēas /ˈjiːmɛlæːas/ (adj.) careless

ġīemelēast /ˈjiːmɛlæːast/ (noun f.) carelessness, neglect

ġierd /jɪrd/ (noun f.) rod, twig

ġierla /ˈjɪrla/ (noun m.) dress, robe [from ġearu]

ġiernan /ˈjɪrnan/ (verb weak) yearn, desire; ask, demand [+ gen; from ġeorn]

(ġe)ġierwan /ˈjɪrwan/ (verb weak) prepare, adorn, arm; dress, clothe [w dropped in past forms: 1st/3rd pers. past sing. ġierede/ġierede, past partic. ġeġired. 'ġierwan ūp' = 'serve up (meal)'. Also ġirwan.]

ġiest /jɪst/ (noun m.) guest, stranger

ġiesthūs /ˈjɪsthuːs/ (noun n.) inn, 'guest-house'

ġiestrandæġ /ˈjɪstrandʌɪ/ (adv.) yesterday

ġiestrannihт /ˈjɪstrannɪxt/ (adv.) yesterday night

ġiet /jɪt/ (adv.) yet; further, besides; still ['þā ġiet' = 'still'. Also ġieta]

ġietan /'jɪtan/ (verb strong 5) understand, perceive [3rd pers. pres. ġiett, past sing. ġeat, past pl. ġeaton, past partic. ġieten. Also ġitan.]

ġif /jɪf/ (conj.) if ['ġif ... þonne ...' = 'if ... then ...']

ġifan /'jɪvan/ (verb strong 5) give [3rd pers. pres. ġifþ, past sing. ġeaf, past pl. ġeafon, past partic. ġifen. Variation of ġiefan.]

ġifeþe /'jɪvɛðɛ/ (adj.) granted (by fate), given

ġīfernis /'jiːvɛrnɪs/ (noun f.) greediness

ġifre /'jɪvrɛ/ (adj.) useful, salutary

ġīfre /'jiːvrɛ/ (adj.) greedy

ġīgant /'jiːgant/ (noun m.) giant

ġimm /jɪmm/ (noun m.) gem, jewel

ġimstān /'jɪmstaːn/ (noun m.) gem, jewel, precious stone [also ġimmstān]

ġimwyrhta /'jɪmwyrxta/ (noun m.) jeweller, 'gem-wright' [also ġimmwyrhta]

ġind /'jɪnd/ through (see ġeond)

ġingra /'jɪŋra/ younger (see ġeong)

ġingre /'jɪŋrɛ/ (noun f.) handmaid, female attendant

ġinn /jɪnn/ (adj.) spacious

ġinnan /'jɪnnan/ (verb strong 3) begin [3rd pers. pres. ġinþ, past sing. gann, past pl. gunnon, past partic. gunnen]

ġinnfæst /'jɪnnvæst/ (adj.) ample, liberal

ġiscian /'jɪʃian/ (verb weak) sob

ġise /'jɪzɛ/ yes (see ġese)

ġīsel /'jiːzɛl/ (noun m.) hostage

ġit /jɪt/ (pron.) you two [nom ġit, acc inc, gen incer, dat inc]

ġītsere /'jiːtsɛrɛ/ (noun m.) miser

ġītsian /'jiːtsɪan/ (verb weak) covet, desire

ġītsung /'jiːtsʊŋg/ (noun f.) covetousness, avarice [dat sing often ends -a]

ġiū /jɪuː/ formerly (see ġēo)

(ġe)gladian /'gladɪan/ (verb weak) gladden

glæd /glæd/ (adj.) glad; bright, shining [AS STRONG ADJ: (masc sing) nom glæd, acc glædne, gen glades, dat gladum, instr glade; (masc pl) nom/acc glade, gen glædra, dat/instr gladum; (fem sing) nom gladu, acc glade, gen/dat/instr glædre; (fem pl) nom/acc glade, gen glædra, dat/instr gladum; (neu sing) nom/acc glæd, gen glades, dat gladum, instr glade; (neu pl) nom/acc gladu, gen glædra, dat/instr gladum. Comparative glador, superlative gladost.]

glædlīċe /'glædliːtʃɛ/ (adv.) gladly

glædmōd /'glædmɔːd/ (adj.) cheerful

glædnes /'glædnɛs/ (noun f.) gladness

glæs /glæs/ (noun n.) glass [gen sing glæses, dat sing glæse, nom/acc pl glasu, gen pl glasa, dat pl glasum]

glæsen /ˈglæsɛn/ *(adj.)* made of glass

glæsfæt /ˈglæsvæt/ *(noun n.)* glass (vessel)

glēaw /glæːaw/ *(adj.)* prudent, wise

glēd /gleːd/ *(noun f.)* flame, fire, ember

(ġe)glenġan /ˈglɛndʒan/ *(verb weak)* adorn; trim (lamp)

(ġe)glīdan /ˈgliːdan/ *(verb strong)* glide [past sing glād]

glīw /gliːw/ *(noun m.)* joy, mirth

glīwcræft /ˈgliːwkræft/ *(noun m.)* music

glīwian /ˈgliːwian/ *(verb weak)* joke, jest, play music; adorn [also glēowian]

glōf /gloːf/ *(noun f.)* glove

gnornian /ˈgnɒrnian/ *(verb weak)* mourn, lament

gnornung /ˈgnɒrnuŋg/ *(noun f.)* mourning, grief

God /gɒd/ *(noun m.)* God [Godes þonces' = 'by the grace of God']

god /gɒd/ *(noun n.)* heathen god

gōd /goːd/ *(adj.)* good, brave [comparative betera (adv. bet), superlative betst. AS STRONG ADJ: (masc sing) nom gōd, acc gōdne, gen gōdes, dat gōdum, instr gōde; (masc pl) nom/acc gōde, gen gōdra, dat/instr gōdum; (fem sing) nom gōd, gen/dat/instr gōdre; (fem pl) nom/acc gōde/gōda, gen gōdra, dat/instr gōdum; (neu sing) nom/acc gōd, gen gōdes, dat gōdum, instr gōde; (neu pl) nom/acc gōd, gen gōdra, dat/instr gōdum. AS WEAK ADJ: (masc sing) nom gōda, acc/gen/dat/instr gōdan; (masc pl) nom/acc gōdan, gen gōdena, dat/instr gōdum; (fem sing) nom gōde, acc/gen/dat/instr gōdan; (fem pl) nom/acc gōdan, gen gōdena, dat/instr gōdum; (neu sing) nom/acc gōde, gen/dat/instr gōdan, (neu pl) nom/acc gōdan, gen gōdena, dat/instr gōdum. 'gōde hwīle' = 'a good while, a long time'; 'gōd morgen' = 'good morning' (as greeting).]

gōd /goːd/ *(noun n.)* good thing; goodness; property, goods; benefit

godbearn /ˈgɒdbæarn/ *(noun n.)* godchild

godcund /ˈgɒdkʊnd/ *(adj.)* divine

godcundliċ /ˈgɒdkʊndlitʃ/ *(adj.)* divine

godcundlīċe /ˈgɒdkʊndliːtʃɛ/ *(adv.)* divinely

godcundnes /ˈgɒdkʊndnɛs/ *(noun f.)* divinity

gōddǣd /ˈgɑxddæːd/ *(noun f.)* good deed

godfæder /ˈgɒdˈvædɛr/ *(noun m.)* godfather

gōdfyrht /ˈgoːdvyrxt/ *(adj.)* pious

gōdian /ˈgoːdian/ *(verb weak)* improve [intransitive]

gōdnes /ˈgoːdnɛs/ *(noun f.)* goodness

godsibb /ˈgɒdzɪb/ *(noun m.)* sponsor

godspel /ˈgɒdspɛl/ *(noun n.)* gospel [also godspell]

godspellere /ˈgɒdspɛllɛrɛ/ *(noun m.)* evangelist

godspelliċ /ˈgɒdspɛllitʃ/ *(adj.)* evangelical [declines like fǣrliċ]

godsunu /ˈgɒdzʊnʊ/ *(noun m.)* godson

godwebb /ˈgɒdwɛb/ *(noun n.)* purple (cloth)

gōl /gɔːl/ sang (see galan)

gold /gɒld/ *(noun n.)* gold

golden /gɒldɛn/ paid-for (see ġieldan)

goldhord /ˈgɒldhɒrd/ *(noun n.)* treasure

goldsmiþ /ˈgɒldsmiθ/ *(noun m.)* goldsmith

gōs /gɔːs/ *(noun f.)* goose [i-mutation noun: pl gēs 'geese']

Gota /ˈgɔta/ *(noun m.)* Goth

Gotisċ /ˈgɒtiʃ/ *(adj.)* Gothic

grǣd /græːd/ *(noun m.)* grass

grǣdiġ /ˈgræːdij/ *(adj.)* greedy

grǣdiġlīċe /ˈgræːdiliːtʃɛ/ *(adv.)* greedily [also grǣdelīce]

græf /græv/ *(noun n.)* grave

græft /græft/ *(noun m./f./n.)* carved object, sculpture

grǣġ /græːj/ *(adj.)* grey

græs /græs/ *(noun n.)* grass

grǣtan /ˈgræːtan/ *(verb strong 6)* weep

grāf /graːf/ *(noun m.)* grove

grafan /ˈgravan/ *(verb strong 6)* dig [past sing. grōf]

gram /gram/ *(adj.)* angry, fierce, cruel [+ dat]

grama /ˈgrama/ *(noun m.)* anger

grānian /ˈgraːnian/ *(verb weak)* groan

grānung /ˈgraːnʊŋg/ *(noun f.)* groaning

grāp /graːp/ *(noun f.)* grasp, clutch

grāpian /ˈgraːpian/ *(verb weak)* grasp

grēat /græːat/ *(adj.)* thick, massive

(ġe)gremian /ˈgrɛmian/ *(verb weak)* enrage, irritate

grēne /ˈgreːnɛ/ *(adj.)* green

grēot /greːot/ *(noun n.)* gravel, dust, earth

grēotan /ˈgreːotan/ *(verb strong 2)* weep

grēow /greːow/ grew (see grōwan)

(ġe)grētan /ˈgreːtan/ *(verb weak)* greet, salute; (ill-)treat [3rd pers indic sing grēt/grētt]

grimm /grɪmm/ *(adj.)* fierce, cruel [AS STRONG ADJ]: (masc sing) nom grimm, acc grimmne, gen grimmes, dat grimmum, instr grimme; (masc pl) nom/acc grimme, gen grimmra, dat/instr grimmum; (fem sing) nom grimm, acc grimme, gen/dat/instr grimmre; (fem pl) nom/acc grimme/grimma, gen grimmra, dat/instr grimmum; (neu sing) nom/acc grimm, gen grimmes, dat grimmum, instr grimme; (neu pl) nom/acc grimm, gen grimmra, dat/instr grimmum.]

grimmlīċ /ˈgrɪmmlitʃ/ *(adj.)* fierce, cruel

(ġe)grindan /ˈgrɪndan/ *(verb strong 3)* grind [3rd pers. pres.

grint, past sing. grand, past pl. grundon, past partic. grunden]

grindel /ˈgrɪndɛl/ (noun m.) bar

(ġe)grīpan /ˈgriːpan/ (verb strong 1) seize, grasp, snatch [3rd pers. pres. grīpþ, past sing. grāp, past pl. gripon, past partic. gripen]

gripe /ˈgripɛ/ (noun m.) grasp

grīstbitung /ˈgriːstbɪtʊŋg/ (noun f.) gnashing of teeth [dat sing often ends -a; from verb grīstbitian 'to gnash the teeth']

griþ /grɪθ/ (noun n.) peace; protection [a Norse word]

griþian /ˈgrɪðian/ (verb weak) protect

griþlēas /ˈgrɪðlæːas/ (adj.) unprotected

grōwan /ˈgrɔːwan/ (verb strong 7) grow [3rd pers. pres. grēwþ, past sing. grēow, past pl. grēowon, past partic. grōwen]

grund /grʊnd/ (noun m.) ground, bottom; sea, water; earth, plain

grundlēas /ˈgrʊndlæːas/ (adj.) bottomless

grundlunga /ˈgrʊndlʊŋga/ (adv.) completely [literally 'from the ground']

grūt /gruːt/ (noun f.) groats, coarse meal

grymetian /ˈgrymɛtian/ (verb weak) grunt, roar

guldon /ˈgʊldɒn/ paid (see ġieldan)

guma /ˈgʊma/ (noun m. weak) man (in poetry) [gen/dat/acc sing guman, nom/acc pl guman, gen pl gumena, dat pl gumum. Used more in poetry than in prose]

gumdryhten /ˈgʊmdryxtɛn/ (noun m.) lord

gumfēþa /ˈgʊmveːða/ (noun m.) troop

gunnen /ˈgʊnnɛn/ begun (see ġinnan)

gyden /ˈgydɛn/ (noun f.) goddess

gyldan /ˈgyldan/ (verb weak) gild [from gold]

gylden /ˈgyldɛn/ (adj.) golden [from gold]

gyldfōtþōþer Ñ /ˈgyldvɔːtðɔːðer/ (noun m.) football

gylian /ˈgyʊan/ (verb weak) yell

gylt /gylt/ (noun m.) guilt, sin, crime, fault

gyltend /ˈgyltɛnd/ (noun m.) sinner

gyrdel /ˈgyrdɛl/ (noun m.) girdle

gyte /ˈgytɛ/ (noun m.) pouring forth, shedding (of blood)

gytesæl /ˈgytɛsæːl/ (noun m.) joy at the pouring out of wine [dat pl gytesālum]

H

habban /ˈhabban/ (verb weak 3) have, hold; take; (forms past tenses); (used with past partic.) [INDIC: 1st pers. pres. hæbbe, 2nd pers. pres. hæfst/hafast, 3rd pers. pres. hæfþ/hafaþ, pres.

plural habbaþ. SUBJ. hæbbe (sing), habben/habbon (pl). Past indic. & subj. hæfde (all persons); imper. hafa (sing), habbaþ (pl.); pres. partic. habbende, past partic. (ġe)hæfd. Hæfþ/hæfde + past participle can be used to express pluperfect.]

hād /ha:d/ (noun m.) rank, order; condition, state

-hād /ha:d/ (suffix) -hood [e.g. prēosthād 'priesthood' from prēost 'priest'. Noun is always masc.]

hādian /'ha:dıan/ (verb) ordain

ġehādod /jɛ'ha:dɒd/ (adj.) ordained, in orders, clerical [past participle of hādian]

hādre /'ha:drɛ/ (adv.) brightly, clearly

ġehæċċa /jɛ'hætʃa/ (noun m.) sausage

hæfde /'hævdɛ/ had (see habban)

hæfþ /hævð/ has (see habban)

(ġe)hæftan /'hæftan/ (verb weak) hold fast, hold, fetter; imprison, chain, hold captive [from habban]

hæftnīed /'hæftni:d/ (noun m.) captivity

hæġl /hail/ (noun m.) hail [also hagol]

hæġlfaru /'hʌilvarʊ/ (noun f.) hailstorm [also hagolfaru]

hæġtesse /'hʌitɛsɛ/ (noun f.) witch

(ġe)hǣlan /'hæ:lan/ (verb weak) heal [from hāl. pres indic: iċ hǣle, þū hǣlst, hē/hit/hēo hǣlþ, wē/ġē/hīe hǣlaþ; past indic: iċ hǣlde, þū hǣldest, hē/hit/hēo hǣlde, wē/ġē/hīe hǣldon; pres subj hǣle (sing)/hǣlen (pl); past subj hǣlde (sing)/hǣlden (pl); imper hǣl (sing)/hǣlaþ (pl); pres partic. hǣlende; past partic. hǣled]

ġehǣlan /jɛ'hæ:lan/ (verb) salute [imper. pl. hǣlaþ]

hǣlend /'hæ:lɛnd/ (noun m.) Saviour, Christ [present participle of hǣlan; declines as būend]

hæleþ /'hælɛθ/ (noun m.) hero, fighter (in poetry)

hǣlo /'hæ:lɒ/ (noun f.) salvation; health, prosperity [from hāl]

hǣmed /'hæ:mɛd/ (noun n.) connection, marriage

hǣr /hæ:r/ (noun n.) hair

hærfest /'hærvɛst/ (noun m.) Autumn

hǣs /hæ:s/ (noun f.) command

hæsl-wrid /'hæzlrıd/ (noun n.) hazel-thicket [also hæsel-wrid]

hæspe /'hæ:spɛ/ (noun f.) hasp

hǣst /hæ:st/ (adj.) violent

hǣste /'hæ:stɛ/ (adv.) violently, fiercely

hæt /hæ:t/ (noun m.) hat

hǣte /'hæ:tɛ/ (noun f.) heat [from hāt. Also hǣtu.]

hǣþ /hæ:θ/ (noun f.) heath

hǣþen /'hæ:ðɛn/ (adj.) heathen [from hæþ; 'hǣþne menn' could imply Danes in Anglo-Saxon times]

hǣþenġield /'hæ:ðɛnjıld/ (noun n.) idolatry

hæþenġielda /ˈhæːðɛnjɪlda/ *(noun m.)* idolater

hæþennes /ˈhæːðɛnnɛs/ *(noun f.)* heathens, heathendom

hæþensċipe /ˈhæːðɛnʃɪpɛ/ *(noun m.)* heathendom

hæwen /ˈhæːwɛn/ *(adj.)* blue

hafenian /ˈhavɛnɪan/ *(verb weak)* hold, grasp

hafoc /ˈhavɒk/ *(noun m.)* hawk

haga /ˈhaga/ *(noun m.)* hedge, enclosure

hagol /ˈhagɒl/ *(noun m.)* hail [also hæġl]

hagostealdcarte N /ˈhagɒstæaldkartɛ/ *(noun f.)* Bachelor's degree

hagostealdmann /ˈhagɒstæaldmann/ *(noun m.)* bachelor

hāl /haːl/ *(adj.)* whole, sound ['Wes (þū) hāl' = 'Goodbye']

(ġe)hāl /ˈhaːl/ *(adj.)* whole, uninjured ['Eart þū ġehāl?' = 'Are you all right?']

hālettan /ˈhaːlɛttan/ *(verb weak)* greet, salute

hālga /ˈhaːlga/ *(noun m.)* saint [from hālig]

(ġe)hālġian /ˈhaːljɪan/ *(verb weak)* hallow, consecrate

hāliġ /ˈhaːlɪj/ *(adj.)* holy [comparative haligra, superlative haligost. AS STRONG ADJ: SING: MASC - nom hāliġ, acc hāliġne, gen hālges, dat hālgum, instr hālge, FEM - nom hālgu/hāliġ, acc hāliġe, gen/dat hāligre, NEU - nom/acc hāliġ, gen hālges, dat hālgum, instr hālge. PLURAL - masc nom/acc hālge, fem nom/acc hālge/hālga, neu nom/acc hālgu/halge, gen pl hāligra, dat pl hālgum. AS WEAK ADJ: nom/acc plural hālgan]

hāliġdōm /ˈhaːlɪdɔːm/ *(noun m.)* holy object, relic; holiness

hāliġmōnaþ /ˈhaːlɪjmɔːnaθ/ *(month (m.))* September, holy month

hāliġnes /ˈhɑːlɪjnɛs/ *(noun f.)* sanctuary

hālsian /ˈhaːlˈzɪan/ *(verb weak)* address, admonish; exorcise

hālwende /ˈhaːlwɛndɛ/ *(adj.)* wholesome, salutary, healthy

hām /haːm/ *(noun m./adv.)* home, dwelling; homewards (with verbs of motion) [dat sing hām. 'æt hām' = 'at home']

-hām /haːm/ *(suffix)* coat, covering

hāmcūþ /ˈhaːmkuːθ/ *(adj.)* familiar

hāmcyme /ˈhaːmkymɛ/ *(noun m.)* coming home

hamm /hamm/ *(noun m.)* piece of land

hamor /ˈhamɒr/ *(noun m.)* hammer

hāmweard /ˈhaːmwæard/ *(adj.)* homewards

hāmweardes /ˈhaːmwæardɛs/ *(adv.)* homewards

hana /ˈhana/ *(noun m.)* cock

hancred /ˈhankrɛd/ *(noun m.)* cock-crow [from crāwan 'crow']

hand /hand/ *(noun f.)* hand [nom/acc sing hand, gen/dat sing handa, nom/acc/gen pl handa, dat pl handum. 'on ġehwæþere hand' = 'on both sides'; 'on hand āġiefan' = 'hand over to'; 'tō handa lǣtan' = 'hand over']

handbred /'handbrɛd/ *(noun n.)* palm of the hand

handclāþ /'handklaːθ/ *(noun n.)* towel

handcwyrn /'handkwyrn/ *(noun f.)* hand-mill [also handcweorn]

handsprecend N /'handsprɛkɛnd/ *(noun m.)* mobile phone

handsprecendġetæl N /'handsprɛkɛndjɛtæl/ *(noun n.)* mobile phone number

handġeweorc /'handjɛweork/ *(noun n.)* handiwork

hangen /'haŋgɛn/ hanged (see hōn)

hangian /'haŋgian/ *(verb weak)* hang [intransitive verb is hōn]

hār /haːr/ *(adj.)* hoary, grey, old

hara /'hara/ *(noun m.)* hare

hāt /haːt/ *(adj.)* hot

(ġe)hāt /haːt/ *(noun n.)* promise, vow

hata /'hata/ *(noun m.)* hater, prosecutor

hātan /'haːtan/ *(verb strong 7)* command, ask; name, call, be called [1st pers. pres. hātte, 3rd pers. pres. hǣtt, past sing. hēt, past pl. hēton, past partic. hāten. With infinitive in passive sense: 'hēton him seċġan' = 'bade them be told'. Passive - hātte: 'Hū hātte þū?' = 'What is your name?'; 'Iċ hātte' = 'My name is...'; 'Þis hātte' = 'this is called', etc. In phrase [name] + 'ġehāten', the name is undeclined.]

hāte /'hatɛ/ *(adv.)* hotly

hātheort /'haːtheort/ *(adj.)* passionate, furious

hātheortnes /'haːtheortnɛs/ *(noun f.)* passion, anger

hatian /'hatian/ *(verb weak)* hate [3rd pers. pres. indic hatiaþ]

ġehātland /jɛ'haːtland/ *(noun n.)* promised land

hatol /'hatɒl/ *(adj.)* odious, hateful

hātte /'haːttɛ/ I call/am called (see hātan)

hatung /'hatʊŋg/ *(noun f.)* hate

(ġe)hāwian /'haːwian/ *(verb weak)* see, look out

hē /heː/ *(pron.)* he [nom hē, acc hine, gen his, dat him]

hēafod /'hæːavɒd/ *(noun n.)* head; source [o disappears in inflected forms: gen sing hēafdes, dat sing hēafde, nom/acc pl hēafdu, gen pl hēafda, dat pl hēafdum]

hēafodeċe /'hæːavɒdɛtʃɛ/ *(noun m.)* headache [also hēafodæċe]

hēafodlēas /'hæːavɒdlæːas/ *(adj.)* headless

hēafodmann /'hæːavɒdmann/ *(noun m.)* head-man, ruler, chief, leader

hēah /'hæːax/ *(adj.)* high [Comparative hērra/hīerra, superlative hīehst/hēhst (i-mutation); hēah drops its second h in inflection - AS STRONG ADJ: (masc sing) nom hēah, acc hēane, gen hēas, dat hēam, instr hēa; (masc pl) nom/acc hēa, gen hēara, dat/instr hēam; (fem sing) nom/acc hēa, gen/dat/instr hēare; (fem pl) nom/acc hēa, gen hēara, dat/instr hēam; (neu sing) nom/acc hēah, gen hēas, dat hēam, instr hēa; (neu pl) nom/acc hēa, gen hēara, dat/instr hēam. AS WEAK ADJ: nom/acc pl hēan.]

hēahburg /ˈhæːaxbʊrg/ *(noun f.)* chief town, capital

hēahcræft /ˈhæːaxkræft/ *(noun m.)* skill

hēahengel /ˈhæːaxɛndʒɛl/ *(noun m.)* arch-angel

hēahfæder /ˈhæːaxfædɛr/ *(noun m.)* patriarch; God

hēahġerēfa /ˈhæːaxjɛrɛːva/ *(noun m.)* high-sheriff, chief officer

hēahþungen /ˈhæːaxðʊŋgɛn/ *(adj.)* of high rank

heald /hæald/ *(adj.)* inclined, bowed

(ġe)healdan /ˈhæaldan/ *(verb strong 7)* hold, possess, keep; guard; preserve; observe, keep; treat [3rd pers. pres. hielt, past sing. hēold, past pl. hēoldon, past partic. healden, imper. pl. healdaþ]

healdend /ˈhæaldɛnd/ *(noun m.)* chief

healf /hælf/ *(adj.)* half

healf /hælf/ *(noun f.)* side [nom sing healf, acc/dat/gen sing healfe, nom/acc pl healfa/healfe, gen pl healfa, dat pl healfum]

hēaliċ /ˈhæːalitʃ/ *(adj.)* lofty; high, distinguished, proud [from hēah. declines like færliċ.]

heall /hæall/ *(noun f.)* hall

heals /hæals/ *(noun m.)* neck

healsian /ˈhæalsian/ *(verb weak)* implore, entreat

healstān /ˈhæalstaːn/ *(noun m.)* shortbread

healswriþa /ˈhæalsriða/ *(noun m.)* necklace

hēan /ˈhæːan/ *(adj.)* mean, abject, poor

hēanes /ˈhæːanɛs/ *(noun f.)* height, loftiness [also hēahnes, heahnis, hēannis]

hēanliċ /ˈhæːanlitʃ/ *(adj.)* ignominious

hēap /hæːap/ *(noun m.)* troop

heard /hæard/ *(adj.)* hard, sharp; strong; severe [comparative heardra, superlative heardost]

hearde /ˈhæardɛ/ *(adv.)* severely, fiercely

heardheort /ˈhæardheort/ *(adj.)* hard-hearted

heardheortnes /ˈhæardheortnɛs/ *(noun f.)* hard-heartedness [also heardheortnis]

heardlīċe /ˈhæardliːtʃɛ/ *(adv.)* bravely

heardmōd /ˈhæardmɔːd/ *(adj.)* brave

heardnis /ˈhæardnɪs/ *(noun f.)* hardness

heardsǣlþ /ˈhæardsæːlθ/ *(noun f.)* wickedness

hearg /hæarg/ *(noun m./f.)* idol

hearm /hæarm/ *(noun m.)* harm, damage, injury, affliction, grief

111

hearm-ful /ˈhæarmfʊl/ *(adj.)* hurtful

hearpe /ˈhæarpɛ/ *(noun f.)* harp

hearpere /ˈhæarpɛrɛ/ *(noun m.)* harper [female equiv. is hearpestre]

hearpian /ˈhæarpɪan/ *(verb weak)* play the harp

hearpung /ˈhæarpʊŋg/ *(noun f.)* harping

heaþorian /ˈhæaðʊrian/ *(verb weak)* confine

heaþu /ˈhæaθʊ/ *(noun m.)* war

hēawan /ˈhæːawan/ *(verb strong 7)* hew, cut [3rd pers. pres. hīewþ/hīwþ, past sing. hēow, past pl. hēowon, past partic. hēawen. 'æftan hēawan' = 'slander']

hebban /ˈhɛbban/ *(verb strong 6)* raise, lift [1st pers. pres. hebbe, 2nd pers. pres. hefst, 3rd pers. pres. hefþ, past sing. hōf, past pl. hōfon, past partic. hafen, imper. sing. hefe.]

heċġe /ˈhɛdʒɛ/ *(noun f.)* hedge

hēdan /ˈhɛːdan/ *(verb weak)* heed, look after [+ gen]

hefe /ˈhɛvɛ/ *(noun m.)* weight [from hebban]

hefiġ /ˈhɛvɪj/ *(adj.)* heavy; important [from hefe. Comp. hefiġra, superl. hefigost]

(ġe)hefigian /ˈhɛvɪgɪan/ *(verb weak)* make heavy, exaggerate; oppress, afflict [also hefgian]

hefiġtīeme /ˈhɛvɪjtiːmɛ/ *(adj.)* severe [tīme from tēam. Also hefiġtȳme.]

hēġ /hɛː/ *(noun n.)* hay, grass [also hīeġ, hīġ]

heġe /ˈhɛjɛ/ *(noun m.)* hedge

hēhþ /hɛːxθ/ hangs (see hōn)

hela /ˈhɛla/ *(noun m.)* heel

helan /ˈhɛlan/ *(verb strong 4)* conceal, cover, hide [past sing. hæl, past pl. hǣlon, past partic. holen]

helf /hɛlf/ *(noun m.)* handle, shaft

hell /hɛll/ *(noun f.)* hell

hellewīte /ˈhɛllɛwiːtɛ/ *(noun n.)* hell, hell-torment

hellwaran /ˈhɛllwaran/ *(noun m pl.)* hell-dwellers [also hellwaru (f.)]

helm /hɛlm/ *(noun m.)* helmet, protection

help /hɛlp/ *(noun m./f.)* help [can be used as interjection]

helpan /ˈhɛlpan/ *(verb strong 3)* help [+ dat or gen. INDIC: 1st pers pres helpe, 2nd pers pres hilpst, 3rd pers pres hilpþ, pl pres helpaþ, 1st pers past healp, 2nd pers past hulpe, 3rd pers past healp, pl past hulpon. SUBJ: pres sing helpe, pres pl helpen, past sing hulpe, past pl hulpen. Imperative: sing - help, pl - helpaþ. Participles - helpende, holpen. Gerund - tō helpanne.]

helpend /ˈhɛlpɛnd/ *(noun m.)* helper

ġehende /jɛˈhɛndɛ/ *(adj.)* near [+ dat; from 'hand']

hēng /hɛːŋg/ hanged (see hōn)

henn /hɛnn/ *(noun f.)* hen

hennfugol /ˈhɛnnvʊgɒl/ *(noun m.)* hen [also hennfugul]

hēo /he:o/ (pron.) she [nom hēo, acc hīe/hī, gen/dat hire]

hēofian /'he:ovɪan/ (verb weak) lament

heofon /'heovɒn/ (noun m.) heaven [often in plural: heofona rīċe. Also hefen, heofone (f.)]

heofonlić /'heovɒnlitʃ/ (adj.) heavenly [declines like fǣrlić. Also hefonlić.]

heofonrīċe /'heovɒnri:tʃɛ/ (noun n.) kingdom of heaven

hēofung /'he:ovʊŋg/ (noun f.) lamentation

hēold /he:old/ held (see healdan)

heolfor /'heolvɒr/ (noun n.) gore, blood

heolfriġ /'heolvrɪj/ (adj.) gory

heolstor /'heolstɒr/ (adj./noun m.) dark; (as noun) darkness

heolstor-cofa /'heolstɒrkɒva/ (noun m.) tomb, 'chamber of darkness'

heonan /'heonan/ (adv.) hence ['heonan forþ' = 'henceforth (time)']

heorcnian /'heorknɪan/ (verb) hearken, listen [imper. pl. heorcniaþ]

heord /heord/ (noun f.) herd; care, custody

hēore /'he:orɛ/ (adj.) pleasant, gentle

heorot /'heorɒt/ (noun m.) hart, stag [also heort]

heorte /'heortɛ/ (noun f. weak) heart

heorþ /'heorθ/ (noun m.) hearth

hēr /he:r/ (adv.) here; at this date, now ['hēr sind' - 'there are here']

hēræfter /hɛr'æftɛr/ (adv.) hereafter

hēr-be-ēastan /hɛrbɛ'æ:astan/ (adv.) east of this

here /'hɛrɛ/ (noun m.) army; band of thieves; devastation [gen sing herġes, dat sing herġe, nom/acc pl herġas, gen pl herġa, dat pl herġum. Can be negative and imply a plundering/marauding body of men (esp. Danish). 'fierd' is more positive. 'se here' in the Chronicle = 'the Danish army']

here-hȳþ /'hɛrɛhy:θ/ (noun f.) plunder

herennes /'hɛrɛnnɛs/ (noun f.) praise

hererēaf /'hɛrɛræ:af/ (noun n.) war spoil, plunder, booty

herestrǣl /'hɛrɛstræ:l/ (noun m.) arrow

heretoga /'hɛrɛtɒga/ (noun m.) army-leader, general, chief [toga from tēon]

hergaþ /'hɛrgaθ/ (noun m.) plundering, harrying, devastation

hergian /'hɛrgɪan/ (verb weak) ravage, make war; carry off [from here pl. pres. indic. hergiaþ]

hergung /'hɛrgʊŋg/ (noun f.) ravaging, warfare, war [dat sing often ends -a]

herian /'hɛrɪan/ (verb weak) praise [INDIC: 1st pers pres herie, 2nd pers pres herest, 3rd pers pres hereþ, pl pres heriaþ, 1st pers past herede, 2nd pers past heredest, 3rd pers past

113

herede, pl past heredon. SUBJ: pres sing herie, pres pl herien, past sing herie, past pl hereden. Imperative sing here, pl heriaþ. Participles - heriende (pres.), hered (past). Gerund tō herianne]

hērinne /'hɛːrɪnnɛ/ (adv.) herein

hērtōēacan /hɛːrtɔː'æːakan/ (adv.) in addition to this

herung /'hɛrʊŋg/ (noun f.) praise [also heriung]

hēt /hɛːt/ named/called (see hātan) [also hēht]

hete /'hɛtɛ/ (noun m.) hate, persecution

heteliċ /'hɛtɛlitʃ/ (adj.) violent

heteliċe /'hɛtɛliːtʃɛ/ (adv.) violently, severely

hetol /'hɛtɒl/ (adj.) hostile, violent [Last vowel never contracts in inflection]

hīd /hiːd/ (noun f.) a certain land-measure, hide

hider /'hɪdɛr/ (adv.) hither (to this place) ['hider on land' = 'to this land', 'here']

hīe /hiː/ (pron.) they [nom/acc hīe/hī, gen hiera/hira/heora, dat him. Also spelt 'hig', 'hy', 'hi'.]

hīeġ /hiː/ hay (see hēġ)

hīehst /hiːxst/ (superl. adj.) highest

hīehþu /'hiːxðʊ/ (noun f.) height [often indeclinable. Also hēhþu. Only found in poetry.]

hieldan /'hildan/ (verb weak) bow, incline, lean, slope

(ġe)hīenan /'hiːnan/ (verb weak) insult, ill-use, humble; condemn

hīenþu /'hiːnðʊ/ (noun f.) ignominy

hiera /'hɪra/ (possessive pron.) their [indeclinable. Also spelt 'hira', 'heora']

ġehīeran /jɛ'hiːran/ (verb weak 1b) hear; belong; (+ dat) obey [INDIC: 1st pers. pres. hīere, 2nd pers. pres. hīerst/hīerest, 3rd pers. pres. hīerþ/hīereþ, pres. pl. hīeraþ; 1st pers. past sing. hīerde, 2nd pers. past sing. hīerdest, 3rd pers. past sing. hīerde, past pl. hīerdon. SUBJ: pres. sing hīere, pres. pl. hīeren/hīeron, past sing hīerde (also hīerdest for 2nd pers.), past pl. hīerden/hīeron. Imper. sing. hīer, pl. hīeraþ. Pres. partic. hīerende, past partic. ġehīered. Also hīran.]

hierde /'hɪrdɛ/ (noun m.) shepherd [from heord]

hierdrǣden /'hɪrdræːdɛn/ (noun f.) guardianship [dat. hierdrǣdenne]

hiere /'hɪrɛ/ (possessive pron.) her [indeclinable]

hīereman /'hiːrɛman/ (noun m.) retainer, subject [also hīereman]

ġehīernes /jɛ'hiːrnɛs/ (noun f.) hearing

hierra /'hɪrra/ (comp. adj.) higher

(ġe)hierstan /'hɪrstan/ (verb weak) roast, fry [also hyrstan. Imper. hierst.]

hierste /'hɪrstɛ/ (noun f.) frying pan

hierstepanne /ˈhɪrstɛpannɛ/ (noun f.) frying pan [also hearstepanne]

hierstung /ˈhɪrstʊŋg/ (noun f.) frying

(ġe)hiersum /ˈhiːrsʊm/ (adj.) obedient [+ dat; from hīeran. Declines as sum.]

(ġe)hiersumian /ˈhiːrsʊmɪan/ (verb weak) obey [+ dat]

(ġe)hiersumnes /ˈhiːrsʊmnɛs/ (noun f.) obedience

hierwan /ˈhɪrwan/ (verb weak) vilify, abuse

hilt /hɪlt/ (noun n.) hilt

him /hɪm/ him (see hē)

hind /hɪnd/ (noun f.) hind

hindan /ˈhɪndan/ (adv.) from behind, behind ['hindan offaran' = 'intercept from behind, cut off retreat'; 'æt hindan' = 'hindan']

hindberiġe /ˈhɪndbɛrɪjɛ/ (noun f.) raspberry

hine /hɪnɛ/ him (see hē) [also spelt 'hiene']

hīred /ˈhiːrɛd/ (noun m./n.) family, household; brotherhood (of monks) [e is retained in inflected forms]

hīredman /ˈhiːrɛdman/ (noun m.) retainer, follower [also hīredmann]

his /hɪs/ (possessive pron.) his, its [indeclinable]

hit /hɪt/ (pron.) it [nom hit, acc hit, gen his, dat him. 'on it' etc. generally expressed as 'þǣron' rather than 'on hit' - þǣr takes the place of hit, and the preposition is appended]

hīw /hiːw/ (noun n.) hue, colour, form

hīwa /ˈhiːwa/ (noun m.) member of a family [also hīga]

hīwcūþ /ˈhiːwkuːθ/ (adj.) familiar

(ġe)hladan /ˈhladan/ (verb strong 6) load [past partic. hladen]

hlæd /hlæd/ (noun n.) mound

hlædder /ˈhlæddɛr/ (noun f.) ladder [e disappears in all inflected forms]

hlæfdiġe /ˈhlæːvdɪjɛ/ (noun f. weak) lady [acc/gen/dat sing hlæfdigan, nom/acc pl hlæfdigan, gen pl hlæfdigena, dat pl hlæfdiġum]

hlæst /hlæst/ (noun m.) load

ġehlæstan /jɛˈhlæstan/ (verb weak) load, burden, adorn

hlǣw /hlæːw/ (noun m.) mound, hill; cave

hlāf /hlaːf/ (noun m.) bread, loaf of bread

hlāford /ˈhlaːvɔrd/ (noun m.) lord, master [dat sing hlāforde, gen sing hlāfordes, nom pl hlāfordas, dat pl hlāfordum, gen pl hlāforda]

hlāforddōm /ˈhlaːvɔrddɔːm/ (noun m.) dominion, lordship

hlāfordlēas /ˈhlaːvɔrdlæːas/ (adj.) leaderless, lordless

hlāfordswica /ˈhlaːvɔrdswɪka/ (noun m.) betrayer of his lord, traitor

hlāfordswiċe /ˈhlaːvɔrdswɪtʃɛ/ (noun m.) treason

hlanc /hlaŋk/ (adj.) lank

hleahtor /ˈhlæaxtɔr/ (noun m.) laughter

hlēapan /ˈhlæːapan/ *(verb strong 7)* leap, run [3rd pers. pres. hlīepþ/hlīpþ/hlēpþ, past sing. hlēop, past pl. hlēopon, past partic. hlēapen]

hlēor /hleːor/ *(noun n.)* cheek

hlēoþor /ˈhleːoðɒr/ *(noun n.)* sound, melody, harmony

hlēoþrian /ˈhleːoðrıan/ *(verb weak)* speak

hlīdan /ˈhliːdan/ *(verb strong 1)* cover [past sing. hlād, past partic. hliden]

hliehhan /ˈhliːxxan/ *(verb strong 6)* laugh [also hlihhan]

hlīepe /ˈhliːpɛ/ *(noun f.)* leap

hlīet /ˈhliːt/ *(noun m.)* chance

hlīfian /ˈhliːvıan/ *(verb weak)* rise high, tower

hlimman /ˈhlımman/ *(verb strong 3)* resound [past pl. hlummon]

hlīsa /ˈhliːza/ *(noun m.)* fame, glory

hlīsfullīċe /ˈhliːzvʊlliːtʃɛ/ *(adv.)* gloriously

hliþ /hlıθ/ *(noun n.)* slope

hlot /hlɒt/ *(noun n.)* lot, share

hlōþ /hlɔːθ/ *(noun f.)* band, troop

hlūd /hluːd/ *(adj.)* loud [Superlative hlūdast]

hlūde /ˈhluːdɛ/ *(adv.)* loudly, aloud

hlūtor /ˈhluːtɒr/ *(adj.)* clear, pure [Final vowel is generally contracted in inflection (see hāliġ). Also hlūttor.]

hlȳdan /ˈhlyːdan/ *(verb weak)* make a noise, shout, din [from hlūd]

hlystan /ˈhlystan/ *(verb weak)* listen

hnǣgan /ˈhnæːgan/ *(verb weak)* lay low

hnappian /ˈhnappıan/ *(verb weak)* doze [also hnæppian]

hnecca /ˈhnɛkka/ *(noun m.)* neck

hnesċe /ˈhnɛʃɛ/ *(adj.)* soft

(ġe)hnesċian /ˈhnɛʃıan/ *(verb weak)* soften

hnesċlīċe /ˈhnɛʃliːtʃɛ/ *(adv.)* softly, gently

hnesċnes /ˈhnɛʃnɛs/ *(noun f.)* softness, frailty

hnīgan /ˈhniːgan/ *(verb strong 1)* bow, incline [past sing. hnāg, past pl. hnigon]

hnītan /ˈhniːtan/ *(verb strong 1)* knock, collide [past pl. hniton]

hnutu /ˈhnʊtʊ/ *(noun f.)* nut [i-mutation noun: nom/acc sing hnutu, gen sing hnyte/hnute, dat/gen sing, nom/acc pl hnyte, gen pl hnuta, dat pl hnutum]

ġehnyst /jɛxˈnyst/ *(adj.)* contrite

ġehoferod /jɛˈhɒvɛrɒd/ *(adj.)* hump-backed [past participle]

hōc /hɔːk/ *(noun m.)* hook

hōcor /ˈhɔːkɒr/ *(noun n.)* insult, derision

hōcorwyrde /ˈhɔːkɒrwyrdɛ/ *(adj.)* with insulting words, derisive

hof /hɒf/ *(noun n.)* court, dwelling

hogian /ˈhɒgıan/ *(verb weak)* consider, think about, care

hol /hɒl/ *(adj.)* hollow

hōl /hɔːl/ *(noun n.)* calumny, slander

ġehola /jɛˈhɒla/ *(noun m.)* protector

hold /hɒld/ (adj.) gracious, friendly, favourable [from heald]

holm /hɒlm/ (noun m.) ocean, sea, water

holt /hɒlt/ (noun n.) wood, forest

hōn /hɔ:n/ (verb strong 7) hang [3rd pers. pres. hēhþ, past sing. hēng, past pl. hēngon, past partic. hangen. 'blēdum ġehangen' = 'hung (laden) with fruit'. Transitive verb is hangian]

hopian /'hɒpɪan/ (verb weak) hope

hōr /hɔ:r/ (noun n.) adultery

hord /hɒrd/ (noun n./m.) treasure

hordern /'hɒrdɛrn/ (noun n.) treasury, storehouse [also holdærn]

hordfæt /'hɒrdvæt/ (noun n.) treasure-vessel, treasure

hordian /'hɒrdɪan/ (verb weak) hoard

hōre /'hɒrɛ/ (noun f.) whore

horiġ /'hɒrɪj/ (adj.) foul, filthy

hōring /'hɔ:rɪŋg/ (noun m.) adulterer, fornicator [from hōr 'adultery']

horn /hɒrn/ (noun m.) horn (various senses)

hors /hɒrs/ (noun n.) horse

horshwæl /'hɒrshwæl/ (noun m.) walrus, 'horse-whale'

hors-þeġn /'hɒrsðɛ:n/ (noun m.) horse-thane, horse-attendant

hosan /'hɒzan/ (noun pl.) leggings

hosp /hɒsp/ (noun m.) contumely, insult

hræding /'hrædʊŋg/ (noun f.) hurry, haste [dat sing often ends -a. 'on hrædinge' = 'hurriedly']

hrædlīċ /'hrædli:tʃ/ (adj.) quick (of time), soon

hrædlīċe /'hrædli:tʃɛ/ (adv.) quickly, soon

hræfn /hrævn/ (noun m.) raven [also hremm]

hræġl /'hrʌɪ(ɛ)l/ (noun n.) dress, clothing, robe

hrēw /hræ:w/ (noun n.) corpse [also hrāw]

hrān /hra:n/ touched (see hrīnan)

hrān /hra:n/ (noun m.) reindeer

hraþe /hraðɛ/ (adv.) quickly; surely, certainly ['swā hraþe swā' = 'as soon as'. Comp. hraþor, superl. hraþost/radost. Also raþe.

hrēam /hræ:am/ (noun m.) clamour

hrēaw /hræ:aw/ (adj.) raw

hreddan /'hrɛddan/ (verb weak) rescue, recover

hremman /'hrɛmman/ (verb weak) hinder

hrēod /hre:od/ (noun n.) reed

hrēodan /'hre:odan/ (verb strong 2) adorn [past partic. hroden]

hrēoh /hre:ox/ (adj.) rough, fierce [also hrēo]

(ġe)hrēosan /'hre:ozan/ (verb strong 2) fall [3rd pers. pres. hrīest/hrīst, past sing. hrēas, past pl. hruron, past partic. hroren]

hrēow /hre:ow/ (adj.) sad, sorrowful, repentant [also hrēo, hrēoh]

hrēowan /'hre:owan/ (verb strong 2) rue, repent [3rd pers. pres.

hrīewþ/hrīwþ, past sing. hrēaw, past pl. hruwon, past partic. hrowen; 'mē' understood]

hrēowlīċe /ˈhrɛːowliːtʃɛ/ *(adv.)* miserably, cruelly

hrēowsian /ˈhrɛːowsɪan/ *(verb weak)* repent

hrēowsung /ˈhrɛːowsuŋg/ *(noun f.)* repentance

hrepian /ˈhrɛpɪan/ *(verb weak)* touch

hrepung /ˈhrɛpuŋg/ *(noun f.)* touch, sense of touch

hrēþmōnaþ /ˈhrɛːðmɔːnaθ/ *(month (m.))* March [also Hlȳda]

hrēran /ˈhrɛːran/ *(verb weak)* move, stir [transitive]

hrīeman /ˈhriːman/ *(verb weak)* cry, call, shout

hrīm /hriːm/ *(noun m.)* rime, hoar-frost

hrīmġiecel /ˈhriːmjɪkɛl/ *(noun m.)* icicle [also hrīmġicel]

hrīmiġ /ˈhriːmij/ *(adj.)* frosty

hrīnan /ˈhriːnan/ *(verb strong 1)* touch [3rd pers. pres. hrīnþ, past sing. hrān, past pl. hrinon]

hring /hrɪŋg/ *(noun m.)* ring

hringnett /ˈhrɪŋgnɛtt/ *(noun n.)* chain mail

hrīþ /hriːθ/ *(noun f.)* storm

hrīþer /ˈhriːðɛr/ *(noun n.)* ox; beef

hriþian /ˈhrɪðɪan/ *(verb weak)* be feverish [iċ hriþiġe = I have a fever]

hrōf /hrɔːf/ *(noun n.)* roof, ceiling; top, summit

hrōr /hrɔːr/ *(adj.)* strong, brave

hrūse /ˈhruːzɛ/ *(noun f.)* earth

hrūtan /ˈhruːtan/ *(verb strong 2)* snore

hryċġ /hrydʒ/ *(noun m.)* back; ridge (of land)

hryre /ˈhryrɛ/ *(noun m.)* fall [from hrēosan]

hrȳþer /ˈhryːθɛr/ *(noun n.)* cattle

hū /huː/ *(adv.)* how

hūmeta /ˈhuːmɛta/ *(adv.)* how

hund /hʊnd/ *(number (n.))* 100 [undeclined, or declined like neuter noun. + gen]

hund /hʊnd/ *(noun m.)* dog

hundeahtatiġ /hʊndˈæaxtatɪj/ *(number)* 80 [Generally undeclined in nom/acc but declined like adjectives with gen -ra, dat -um. + gen of noun. 80th = hundeahtatigoþa]

hundendlufontiġ /hʊndˈɛndlʊvɒntɪj/ *(number)* 110 [Generally undeclined in nom/acc but declined like adjectives with gen -ra, dat -um. + gen of noun. 110th = hundendleofantigoþa]

hundfeald /hʊndˈfæald/ *(adj.)* hundredfold

hundnigontiġ /hʊndˈnɪgɒntɪj/ *(number)* 90 [Generally undeclined in nom/acc but declined like adjectives with gen -ra, dat -um. + gen of noun. 90th = hundnigontigoþa]

hundseofontiġ /hʊndˈzeovɒntɪj/ *(number)* 70 [Generally undeclined in nom/acc but declined like adjectives with gen -ra, dat -um. + gen of noun. 70th = hundseofontigoþa]

hundtēontiġ /hʊndˈteːontɪj/ (number) 100 [Generally undeclined in nom/acc but declined like adjectives with gen -ra, dat -um. + gen of noun. 100th = hundteontigoþa]

hundtwelftiġ /hʊndˈtwɛlftɪj/ (number) 120 [Generally undeclined in nom/acc but declined like adjectives with gen -ra, dat -um. + gen of noun. 120th = hundtwelftigoþa]

hungor /ˈhʊŋgɒr/ (noun m.) hunger; famine

hungriġ /ˈhʊŋgrɪj/ (adj.) hungry

huniġ /ˈhʊnɪj/ (noun n.) honey

hunta /ˈhʊnta/ (noun m.) hunter

huntaþ /ˈhʊntaθ/ (noun m.) hunting [also huntoþ]

huntung /ˈhʊntʊŋg/ (noun f.) hunting, a hunt

hupseax /ˈhʊpzæaks/ (noun n.) hip-sword

hūru /ˈhuːrʊ/ (adv.) especially; indeed; perhaps; about

hūs /huːs/ (noun n.) house [gen sing hūses, dat sing hūse; nom/acc plural hūs, gen pl hūsa, dat pl hūsum]

hūsbonda /ˈhuːsbɒnda/ (noun m.) house-owner, house-dweller; husband [also hūsbōnda]

hūsl /ˈhuːzəl/ (noun n.) housel, eucharist

hūsting /ˈhuːstɪŋg/ (noun n.) hustings, dais, tribunal, court [= Norse hūs-þing]

hūsweġ ℕ /ˈhuːswɛː/ (noun m.) driveway

hūþ /huːθ/ (noun f.) plunder, booty

huxliċ /ˈhʊkˈsliːtʃ/ (adj.) ignominious [also huscliċ]

huxlīce /ˈhɔksliːtʃɛ/ (adv.) ignominiously [also husclīce]

hwā /hwaːˈ/ (pron.) who; anyone, someone [MASC/FEM ('who'): nom hwā acc hwone/hwane/hwæne, dat hwǣm/hwām, gen hwæs, instr hwȳ; NEU ('what'): nom/acc hwæt, dat hwǣm/hwām, gen hwæs, inst hwȳ. Hwǣm is Early West Saxon.]

ġehwā /jɛˈhwaːˈ/ (indef. pron.) everyone, each one, anyone [Declines like hwā: MASC/FEM: nom ġehwā, acc ġehwone, dat ġehwǣm/ġehwām, gen ġehwæs, instr ġehwȳ; NEU: nom/acc ġehwæt, dat ġehwǣm/ġehwām, gen ġehwæs, inst ġehwȳ]

ġehwǣde /jɛˈhwæːdɛ/ (adj.) slight, small, young

hwæl /hwæl/ (noun m.) whale

hwælhunta /ˈhwælhʊnta/ (noun m.) whale-fisher

hwælhuntaþ /ˈhwælhʊntaθ/ (noun m.) whale-fishery

hwǣm /hwæːm/ to whom (see hwā)

hwǣr /hwæːr/ (adv.) where; anywhere ['swā hwǣr swā' = wherever. Also Norse]

ġehwǣr /jɛˈhwæːr/ (adv.) everywhere; on every occasion, always

hwæs /hwæs/ of whom (see hwā)

hwǣsan /ˈhwæsan/ *(verb strong 7)* wheeze [past sing hwēos]

hwæt /hwæt/ *(pron.)* what (interr.); something (indef.) [+ gen. MASC/FEM ('who'): nom hwā, acc hwone/hwane/hwæne, dat hwǣm/hwām, gen hwæs, instr hwȳ; NEU ('what'): nom/acc hwæt, dat hwǣm/hwām, gen hwæs, inst hwȳ. Hwǣm is Early West Saxon. 'swā hwæt swā' = 'whatever']

hwæt /hwæt/ *(interj.)* what!, lo!, behold!, well

hwæt /hwæt/ *(adj.)* quick, sharp, bold, brave [AS STRONG ADJ: SING: MASC - nom hwæt, acc hwætne, gen hwates, dat hwatum, instr hwate, FEM - nom hwatu/hwæt, acc hwate, gen/dat hwætre, NEU - nom/acc hwæt, gen hwates, dat hwatum, instr hwate. PLURAL - masc nom/acc hwate, fem nom/acc hwate/hwata, neu nom/acc hwatu/hwate, gen pl hwætra, dat pl hwatum]

ġehwæt /jɛˈhwæt/ *(indef. pron.)* anything, everything [declines like hwæt]

hwǣte /ˈhwæːtɛ/ *(noun m.)* wheat

hwæt-hwugu /ˈhwætʰwegʊ/ *(pron.)* something; somewhat [also hwæthwegu]

hwæt-hwugununges /ˈhwætʰwugunuŋɛs/ *(adv.)* somewhat, in some measure [also hwæt-hwegununga, hwæt-hweguningas]

hwætsċipe /ˈhwætʃipɛ/ *(noun m.)* boldness, bravery

hwæþer /ˈhwæþer/ *(pron. (noun))* which of two [Singular: Nom - hwæþer; Acc - hwæþerne (m), hwæþer (n), hwæþere (f); Gen - hwæþres (m/n), hwæþerre (f); Dat - hwæþrum (m/f), hwæþerre (f); Inst - hwæþre (n). Plural: Nom/Acc - hwæþre (m), hwæþer (n), hwæþra (f); Gen - hwæþerra; Dat/Inst - hwæþrum. "swā hwæþer swā' = 'whichever'. 'hwæþer ... oþþe...' = 'whether ... or ...'.]

hwæþer /ˈhwæðɛr/ *(conj.)* whether ['hwæþer þe' to introduce a direct question. Declines as adj.]

ġehwæþer /jɛˈhwæðɛr/ *(pron. (adj.))* each, either, both

hwæþre /ˈhwæðrɛ/ *(adv.)* however; nevertheless [can be conjunction and mean 'hwæþer']

hwanon /ˈhwanɒn/ *(adv.)* whence

ġehwanon /jɛˈhwanɒn/ *(adv.)* from all quarters

hwealf /hwæalf/ *(adj.)* concave, hollow

hwearf /hwæarf/ *(noun m.)* crowd

hwearfian /ˈhwæarfian/ *(verb weak)* turn, revolve

hwēne /ˈhwɛːnɛ/ *(adv.)* somewhat, a little

hwēol /hwe:ol/ *(noun n.)* wheel

hweorfan /ˈhweorvan/ *(verb strong 3)* turn, go, depart [3rd pers. pres. hwirfþ, past sing.

hwearf, past pl. hwurfon, past partic. hworfen]

hwerf /hwɛrf/ *(noun m.)* wharf, dam

hwerhwette /ˈhwɛrhwɛttɛ/ *(noun f.)* cucumber

hwetstān /ˈhwɛtstaːn/ *(noun m.)* whetstone

(ġe)hwettan /ˈhwɛttan/ *(verb weak)* whet, sharpen, incite

hwider /ˈhwɪdɛr/ *(adv./conj.)* whither, to what place ['swā hwider swā' = 'wherever'. Also hwæder.]

(ġe)hwierfan /ˈhwɪrvan/ *(verb weak)* turn, convert (trans.); return (intrans.)

ġehwierfednes /jɛˈhwɪrvɛdnɛs/ *(noun f.)* conversion

hwīl /hwiːl/ *(noun f.)* while, time [hwīlum (dat pl.) = 'at times', 'sometimes'; 'þā hwīle þe' (conj.) = 'while'; 'þā hwīle' = 'meanwhile, at the same time'; 'hwīle' = 'for a time'; 'gōde hwīle' = 'for a long time'; 'nū hwīle' = 'just now']

hwilċ /hwɪltʃ/ *(pron.)* which, what; anyone, any; someone [declined as strong adj; 'swā hwilċ swā' = 'whoever'; 'swilċ ... hwilċ' = correlative. Also hwelċ.]

ġehwilċ /jɛˈhwɪltʃ/ *(pron./adj.)* each, all; any, anyone; everything, everyone [+ gen unless as adj. Declines like hwilċ. Always used with ġe- prefix. 'ānra ġehwilċ' = 'each'. Also ġehwelċ.]

hwīlwende /ˈhwiːlwɛndɛ/ *(adj.)* transitory

hwīlwendliċ /ˈhwiːlwɛndlɪtʃ/ *(adj.)* transitory [hwīlwendlīċe (adv.) = 'transitorily']

hwīt /hwiːt/ *(adj.)* white, bright

hwītel /ˈhwiːtɛl/ *(noun m.)* blanket, cloak

hwōn /hwɔːn/ *(adv.)* a little, somewhat

hwone /ˈhwɒnɛ/ see hwā, hwæt

hwōnlīċe /ˈhwɔːnliːtʃɛ/ *(adv.)* slightly, moderately

hwonne /ˈhwɒnnɛ/ *(adv.)* when

hwōsta /ˈhwɔːsta/ *(noun m.)* cough

hwōstan /ˈhwɔːstan/ *(verb strong 7)* cough

hwȳ /hwyː/ *(adv./conj.)* why

hwȳ /hwyː/ see hwā, hwæt

hyċġan /ˈhydʒan/ *(verb weak 3)* think [pres. indic: iċ hyċġe, þū hyġst/hogast, hē/hit/hēo hyġ(e)þ/hogaþ, wē/ġe/hīe hyċġaþ; past indic. hog(o)de/nygde (all persons); pres. subj. hyċġe (all persons), past subj. hog(o)de/hygde (all persons); imper. sing. hyge/hoga/hyġþ, pl. hyċġaþ; pres. partic. hyċġende, past partic. (ġe)hogod]

hȳd /hyːd/ *(noun f.)* hide, skin

(ġe)hȳdan /ˈhyːdan/ *(verb weak)* hide

hyge /ˈhyġɛ/ *(noun m.)* mind, heart

hygelēas /ˈhyġɛlæːas/ *(adj.)* thoughtless, foolish

hygelēast /ˈhygɛlæːast/ *(noun f.)* folly
hygesċeaft /ˈhygɛʃæaft/ *(noun f.)* heart
hyht /hyxt/ *(noun f.)* hope, joy
hyhtful /ˈhyxtvʊl/ *(adj.)* joyful [also hyhtfull]
(ġe)hyhtan /ˈhyxtan/ *(verb weak)* hope
hyld /hyld/ *(noun f.)* favour [also hyldo]
hyll /hyll/ *(noun m./f.)* hill
hyngran /ˈhyŋgran/ *(verb weak)* be hungry
hype /ˈhypɛ/ *(noun m.)* hip
hȳran /ˈhyːran/ *(verb weak)* hire
hyrne /ˈhyrnɛ/ *(noun f.)* corner
hyseċild /ˈhyzɛtʃild/ *(noun n.)* male child

I

iċ /ɪtʃ/ *(pron.)* I [nom iċ, acc mē, gen mīn, dat mē]
īdel /ˈiːdɛl/ *(adj.)* idle; useless, vain; empty, desolate ['on īdel' = 'in vain']
īdelnis /ˈiːdɛlnɪs/ *(noun f.)* idleness, frivolity ['on īdelnisse' = 'in vain']
īecan /ˈiːkan/ *(verb weak 1b)* increase, add to [1st/3rd pers. past. sing. īehte/īhte. Conjugated similarly to hīeran. Transitive. From eāc.]
īeġ /iːj/ *(noun f.)* island
īeġoþ /ˈiːjʊθ/ *(noun n.)* island, eyot [also iġeoþ, iggaþ]
īeġland /ˈiːland/ *(noun n.)* island [from ēa]
ieldan /ˈɪldan/ *(verb weak)* delay, hesitate [from eald]
ieldesta /ˈɪldɛsta/ *(noun m.)* oldest, highest in rank, chief
ieldo /ˈɪldʊ/ *(noun f.)* age; period; old age [indeclinable. Also ield, ieldu.]
ieldra /ˈɪldra/ *(comp. adj.)* comp. of eald
ieldran /ˈɪldran/ *(noun m pl.)* ancestors; parents [originally comparative of eald]
ieldung /ˈɪldʊŋg/ *(noun f.)* delay
ielfe /ˈɪlvɛ/ elves (see ælf)
ielfetu /ˈɪlvɛtʊ/ *(noun f.)* swan
ierfe /ˈɪrvɛ/ *(noun n.)* heritage, property
ierfe-weard /ˈɪrvɛwæard/ *(noun m.)* heir
ierfe-weardnis /ˈɪrvɛwæardnɪs/ *(noun f.)* heritage
iergan /ˈɪrgan/ *(verb weak)* dishearten
iergþu /ˈɪrgðʊ/ *(noun f.)* cowardice
iermþu /ˈɪrmðʊ/ *(noun f.)* poverty, misery; crime [from earm]
iernan /ˈɪrnan/ *(verb strong 3)* run; flow (of a river) [1st pers. pres. ierne, 3rd pers. pres. iernþ/irnþ, past sing. arn, past pl. urnon, imper. pl. irnaþ, past partic. urnen. Also irnan.]

ġeiernan /jɛˈɪrnan/ *(verb strong 3)* run up to, reach

ierre /ˈɪrrɛ/ *(adj./noun n.)* angry, fierce; (as noun) anger

ierringa /ˈɪrrɪŋga/ *(adv.)* angrily, fiercely

iersian /ˈɪrsɪan/ *(verb weak)* be angry

iersung /ˈɪrsʊŋg/ *(noun f.)* anger

ierþ /ɪrθ/ *(noun f.)* produce, crops

īeþ /iːθ/ comp. adv. of ēaþe

īeþan /ˈiːðan/ *(verb weak)* lay waste, ravage

īeþelīce /ˈiːðeliːkɛ/ *(adv.)* easily [from ēaþe]

īeþnes /ˈiːðnɛs/ *(noun f.)* ease, pleasure, satisfaction, favour

īewan /ˈiːwan/ *(verb weak)* show [from ēage]

-iġ /ɪj/ *(suffix)* -y (forms adjs from nouns) [e.g. wlitiġ 'beautiful' from wlite 'beauty']

īġeoþ /ˈiːjeoθ/ *(noun m.)* eyot, island [also īeġoþ, iggaþ]

-iht /ɪxt/ *(suffix)* forms adjs having the quality of the related noun) [e.g. sandiht 'sandy' from sand 'sand']

īhte /ˈiːxtɛ/ increased (see īecan)

īl /iːl/ *(noun m.)* hedgehog

ilca /ˈɪlka/ *(pron.)* the same [always weak, and with the definite article, i.e. se ilca]

in /ɪn/ *(prep./adv.)* in, into [+ dat (instr.) ('in') or acc ('into'); seldom used. As adverb: comparative innera, superlative innemest]

inbryrdnes /ˈɪnbryrdnɛs/ *(noun f.)* inspiration, ardour

inc /ɪŋk/ you (referring to two people) (see ġit)

inca /ˈɪnka/ *(noun m.)* quarrel, grudge

incer /ˈɪŋkɛr/ *(possessive pron.)* your (referring to two people) [declines like other adjs: incres, incerne etc.]

Indiaþēodscipe N /ˈɪndɪaðeːodʃɪpɛ/ *(noun m.)* Hunduism

indrencan /ˈɪndrɛŋkan/ *(verb weak)* intoxicate

infær /ˈɪnfær/ *(noun n.)* entrance

in-gān /ˈɪngaːn/ *(verb weak)* enter, go in [also inn-gān, inn-ġeonga]

ingang /ˈɪnngaŋg/ *(noun m.)* entrance [also inngang]

inlīehtan /ˈɪnliːxtan/ *(verb weak)* illuminate

inmeldian N /ˈɪnmɛldɪan/ *(verb)* log in (computing)

inn /ɪnn/ *(adv.)* in (of motion) ['inn on' = 'into']

inn /ɪnn/ *(noun n.)* dwelling, house

innan /ˈɪnnan/ *(prep.)* within, in, from within [+ dat, or acc ('into')]

innan /ˈɪnnan/ *(adv.)* within, inside [also inne, innane]

innanbordes /ˈɪnnanbɔrdɛs/ *(adv.)* at home (opposed to abroad)

inne /ˈɪnnɛ/ *(adv.)* within, inside ['inne wurdon' = '(they) got in']

innera /ˈɪnnɛra/ *(adj./comp.)* inner [superlative innemest]

innfaru /ˈɪnnvaru/ *(noun f.)* entrance [also infaru]

innġehyġd /ˈɪnnjɛxyd/ *(noun n.)* inner thoughts, mind [also inġehyġd]

innian /ˈɪnnɪan/ *(verb weak)* take house, lodge

innoþ /ˈɪnnʊθ/ *(noun m.)* entrails, body, womb

innġeþanc /ˈɪnnjɛðaŋk/ *(noun m./n.)* thought, 'internal thought' [also inġeþanc]

innweard /ˈɪnnwæard/ *(adj.)* internal, deep, sincere [also inweard]

innweardlīċe /ˈɪnnwæardlɪtʃɛ/ *(adv.)* inwardly, deeply

instæpe /ˈɪnstæpɛ/ *(noun m.)* entrance

intinga /ˈɪntɪŋga/ *(noun m.)* cause, sake

intō /ˈɪntɔː/ *(prep.)* into [+ dat]

inwidd /ˈɪnwɪdd/ *(adj.)* malicious, hateful

Iōhannes /ˈjɔːhannɛz/ John

Iordanes /ˈjɔrdanɛz/ river Jordan

Īotan /ˈiːɒtan/ *(noun m pl.)* Jutes

Īrisċ /ˈiːrɪʃ/ *(adj.)* Gaelic (Irish)

Īrland /ˈɪrland/ *(noun n.)* Ireland ['iċ eom of Īralande' = 'I am from Ireland']

is /ɪs/ is (see wesan)

īs /iːs/ *(noun n.)* ice

-isc /ɪʃ/ *(suffix)* -ish (denotes nationality) [e.g. Rōmānisc 'Roman']

īsen /ˈiːzɛn/ *(adj./noun n.)* iron [also īren, īsern]

itst, itt /ɪtst/, /ɪtt/ eat(s) (see etan)

iū, iūgoþ /juː/, /ˈjuːgʊθ/ see ġeo, ġēoguþ

Iūdeas /ˈjuːdæas/ *(noun m pl.)* the Jews

Iūdēisc /ˈjuːdɛːʃ/ *(adj.)* Jewish [þā Iūdēiscan = the Jews. Declines like mennisc]

iung /jʊŋ/ young (see ġeong)

īw /iːw/ *(noun m.)* yew, yew-tree

L

lā /laː/ *(interj.)* lo!, behold! ['lā lēof!' = 'Sir!'; 'wā lā wā' = 'alas'. Lā can also be used as emphatic particle, e.g. "hwæt lā is þæt?" = "whatever is that?"]

lāc /laːk/ *(noun n.)* gift; offering, sacrifice

lācan /ˈlaːkan/ *(verb strong 7)* play

lācnian /ˈlaːknɪan/ *(verb weak)* cure, treat

lācnung /ˈlaːknʊŋg/ *(noun f.)* cure, remedy

lactuce /ˈlaktʊkɛ/ *(noun m.)* lettuce

lacu /ˈlakʊ/ *(noun f.)* lake, pond

(ġe)lād /ˈlaːd/ *(noun n.)* path

(ġe)lādian /ˈlaːdɪan/ *(verb weak)* clear from blame, excuse

lǣċan /'læ:tʃan/ (verb weak 1b) approach [INDIC: 3rd pers. pres. sing. lǣċþ, 1st/3rd pers. past sing. lǣhte/lǣcte; past partic. lǣht. Conjugated similarly to hīeran.]

(ġe)lǣċċan /'læ:tʃan/ (verb weak) seize [3rd pers. pres. ġelǣċþ, past ġelǣhte, past partic. ġelǣht]

lǣċe /'læ:tʃɛ/ (noun m.) doctor, physician; leech

lǣċecræft /'læ:tʃɛkræft/ (noun m.) medicine [declines as cræft]

lǣċedōm /'læ:tʃɛdɔ:m/ (noun m.) medicine, remedy [literally 'leech-dom', from lǣċe 'doctor; leech']

lǣċehūs /'læ:tʃɛhu:s/ (noun n.) hospital

lǣċewyrt /'læ:tʃɛwyrt/ (noun f.) medicine

lǣdan /'læ:dan/ (verb weak 1b) lead; carry, bring, take [3rd pers. pres. lǣtt/lǣt, 1st/3rd pers. past sing. lǣdde, past partic. ġelǣdd/ġelǣded. Conjugated similarly to hīeran.]

Lǣden /'læ:dɛn/ (noun n.) Latin; any foreign language [also lēden]

Lǣdenġeþēode /'læ:dɛnjɛðe:odɛ/ (noun n.) Latin language

Lǣdenware /'lædɛnwarɛ/ (noun m pl.) Romans

lǣfan /'læ:van/ (verb weak) leave [from lāf]

lǣġ /lʌɪ/ lay (see licġan)

lǣl /læ:l/ (noun f.) twig, whip; mark, bruise

lǣn /læ:n/ (noun n.) loan

lǣne /'læ:nɛ/ (adj.) transitory, lent

(ġe)lǣran /'læ:ran/ (verb weak 1b) teach; advise, suggest [+ acc of pers. and of thing; from lār. imper. sing. lǣraþ. Conjugated similarly to hīeran - 3rd pers. pres. sing. lǣrþ, 1st/3rd pers. past sing. lǣrde, past partic. ġelǣred]

ġelǣred /jɛ'læ:rɛd/ (adj.) learned [past participle of lǣran]

lǣriġ /'læ:rijˇ/ (noun f.) border

læs /læs/ collected (see lēsan)

lǣs /læ:s/ (adv.) less [bȳ lǣs (þe) [conj. with subject] = 'lest']

lǣssa /'læ:sa/ (comp. adj.) less, more little [from lȳtel]

lǣst /læ:st/ (noun f.) fault

lǣst /læ:st/ (superl. adj.) least, most little [from lȳtel]

(ġe)lǣstan /'læ:stan/ (verb weak) perform, carry out

læt /læt/ (adj.) slow [+ gen. AS STRONG ADJ: SING: MASC - nom læt, acc lætne, gen lates, dat latum, inst- late, FEM - nom latu/læt, acc late, gen/dat læte, NEU - nom/acc læt, gen lates, dat latum, instr late. PLURAL - masc nom/acc late, fem nom/acc late/lata, neu nom/acc latu/late, gen pl læta, dat pl latum]

lǣtan /'læ:tan/ (verb strong 7) let; leave (behind) [3rd pers. pres. lǣtt, past sing. lēt, past pl. lēton, past partic. lǣten. 'hēo lēt þā swa' = 'she let the matter rest there']

ġelǣte /jɛ'læ:tɛ/ (noun n.) manners, bearing ['wega ġelǣtu' [plural] = 'meetings of the roads']

lǽþþu /'læ:θʊ/ *(noun f.)* injury, trouble

lǽwed /'læ:wɛd/ *(adj.)* lay, layman

lāf /la:f/ *(noun f.)* remains, leavings; relic ['tō lāfe bēon' = to remain over, be left [from (be)līfan]]

lāf /la:f/ remained (see līfan)

(ġe)lagen /'lagɛn/ blamed (see lēan)

(ġe)lagian /'lagıan/ *(verb weak)* appoint

lāgon /'la:gɒn/ lay (see liċgan)

lagu /'lagʊ/ *(noun m.)* water

lagu /'lagʊ/ *(noun f.)* law

ġelagu /jɛ'lagʊ/ *(noun n pl.)* extent (of land)

laguflōd /'lagʊvlɔ:d/ *(noun m.)* wave, waters, ocean

lahbryce /'laxbrykɛ/ *(noun m.)* breach of law

lahliċ /'laxlıtʃ/ *(adj.)* lawful, legal

lahlīċe /'laxli:tʃɛ/ *(adv.)* lawfully, legally [from lagu]

lahmann /'laxmann/ *(noun m.)* law-man, lawyer

lamb /lamb/ *(noun n.)* lamb [nom/acc sing lamb, gen sing lambes, dat sing lambe, nom/acc pl lambru, gen pl lambra, dat pl lambrum]

ġelamp /jɛ'lamp/ happened (see ġelimpan)

land /land/ *(noun n.)* land, country

landār /'landa:r/ *(noun f.)* possessions in land, landed property

landbigenga /'landbıgɛŋga/ *(noun m.)* inhabitant, native [also landbegenga]

landbūend /'landbu:ɛnd/ *(noun m.)* land-dweller, native

landcræft ℕ /'landkræft/ *(noun m.)* geology [declines as cræft]

landfolc /'landvɒlk/ *(noun n.)* people of the country

landhæfen /'landhævɛn/ *(noun m.)* land-holding

landhere /'landhɛrɛ/ *(noun m.)* land-army, native army

landlēode /'landle:odɛ/ *(noun m pl.)* people of the country, natives

landġemǣre /'landjɛmæ:rɛ/ *(noun n.)* boundary of the land

landsċipe /'landʃıpɛ/ *(noun m.)* region, landscape

landseten /'landzɛtɛn/ *(noun f.)* estate

lang /laŋg/ *(adj.)* long [comparative lengra, superlative lengest (i-mutation)]

ġelang /jɛ'laŋg/ *(adj.)* ready, attainable [usually + æt or on]

lange /'laŋgɛ/ *(adv.)* for a long time, long [comparative leng, superlative lengest]

ġelangian /jɛ'laŋgıan/ *(verb weak)* summon

langlīċe /'laŋgli:tʃɛ/ *(adv.)* for a long time, long

langsum /'laŋgsʊm/ *(adj.)* tedious, long, protracted

langsumlīċe /'laŋgsʊmli:tʃɛ/ *(adv.)* slowly, protractedly ['Sprec þū mā langsumlīċe' = 'Speak more slowly']

langung /ˈlaŋgʊŋ/ (noun f.) longing

lār /laːr/ (noun f.) teaching, doctrine, science, learning; advice

lārcarte N /ˈlaːrkartɛ/ (noun f.) degree (education)

lārēow /ˈlaːreːow/ (noun m.) teacher [ˈlārˌþēow]

lārēowdōm /ˈlaːreːowdɔːm/ (noun m.) instruction

lārspell /ˈlaːrspɛll/ (noun n.) sermon, homily, doctrine, discourse

lāst /laːst/ (noun m.) track, footprint [ˈon lāste' + dat = 'behind/after']

late /ˈlatɛ/ (adv.) slowly, late ['late on ġēare' = 'late in the year']

latian /ˈlatɪan/ (verb weak) delay [from læt]

latu /ˈlatʊ/ slow (f.) (see læt)

(ġe)lāþ /laːθ/ (adj.) hostile, hated, noxious, loathsome, hateful

lāþ /laːθ/ (noun n.) injury, misfortune

lāþ /laːθ/ (adj.) hostile; hateful to, hated by

lāþettan /ˈlaːðettan/ (verb weak) hate, loathe

laþian /ˈlaðɪan/ (verb weak) invite, summon

lāþian /ˈlaːðɪan/ (verb weak) hate

lāþliċ /ˈlaːðlɪtʃ/ (adj.) hateful

(ġe)laþung /ˈlaðʊŋ/ (noun f.) congregation [dat sing often ends -a]

laur /laʊr/ (noun m.) bay

lēac /læːak/ (noun m.) leek

lēac /læːak/ closed/locked (see lūcan)

lēactūn /ˈlæːaktuːn/ (noun m.) kitchen garden, herb garden

lēaf /læːaf/ (noun f.) leave, permission

lēaf /læːaf/ (noun n.) leaf (on tree); sheet (of paper)

(ġe)lēafa /ˈlæːava/ (noun m. weak) belief, faith

lēafcarte N /ˈlæːafkartɛ/ (noun f.) diploma

(ġe)lēafe /ˈlæːavɛ/ (noun f.) leave, permission

(ġe)lēafull /ˈlæːafʊl/ (adj.) believing, pious

ġelēaflēas /jɛˈlæːavlæːas/ (adj.) unbelieving

ġelēaflēast /jɛˈlæːavlæːast/ (noun f.) want of faith, scepticism, unbelief

lēah /læːax/ (noun m.) meadow

leahtor /ˈlæaxtʊr/ (noun m.) crime, vice

leahtrian /ˈlæaxtrɪan/ (verb weak) revile

lēan /læːar/ (noun n.) reward, gift

lēan /læːar/ (verb strong 6) blame [INDIC: Present - iċ lēa, þū liehst, hē/hit/hēo liehþ, wē/ġē/hīe lēaþ; Past - iċ lōh, þū lōge, hē/hit/hēo lōh, wē/ġē/hīe lōgon. SUBJ: Present - lēa (sing.), lēan (pl.); Past - lōge (sing.), lōgen (pl.). pres. partic. lēande, past partic. (ġe)lagen, imper. lieh (sing.)/lēaþ (pl.). Infinitives - lēan, tō lēanne.]

(ġe)lēanian /ˈlæːanɪan/ (verb weak) reward, requite [+ dat]

lēap /læ:ap/ *(noun m.)* basket

lēas /læ:as/ *(adj.)* without, free from; in composites -less; false [+ gen]

-lēas /læ:as/ *(suffix)* -less (forms privative adjs) [e.g. drēamlēas 'sad' from drēam 'joy']

lēasung /'læ:asʊŋg/ *(noun f.)* falsehood, lie

lēat /læ:at/ stooped/bent (see lūtan)

leax /læks/ *(noun m.)* salmon

leċċan /'lɛtʃan/ *(verb weak)* water, moisten

leċġan /'lɛdʒan/ *(verb weak 1b)* lay [INDIC: 1st pers. pres. lecge, 2nd pers. pres. legest, 3rd pers. pres. leġþ/legeþ, 1st/3rd pers. past sing. leġde/lēde, past pl leġdon; past partic. leġd/ġeleged/ġelēd, imper. sing. lege; from liċġan. Conjugated similarly to hīeran. 'on leċġan' = 'accuse of']

leġer /'lɛjɛr/ *(noun n.)* lying

leġerstōw /'lɛjɛrstɔ:w/ *(noun f.)* burial-place

lencten /'lɛŋgktɛn/ *(noun m.)* Spring

lendan /jɛ'lɛndan/ *(verb weak)* land [from land]

lenġu /'lɛndʒʊ/ *(noun f.)* length [indeclinable]

lēo /le:o/ *(noun m./f.)* lion [gen/dat/acc sing lēon, nom/acc pl lēon, gen pl lēona, dat pl lēom/lēonum]

lēodbiscop /'le:odbiʃɒp/ *(noun m.)* bishop of the people

lēode /'le:odɛ/ *(noun f pl.)* people [lēodum (dat), lēoda (gen)]

lēodhata /'le:odhata/ *(noun m.)* persecutor of the people, tyrant

lēodsċipe /'le:odʃipɛ/ *(noun m.)* nation

lēof /le:of/ *(adj.)* dear, beloved; sir; pleasant ['mē wǣre lēofre' = 'I would rather' [from lufu], 'him lēofre wæs' = 'they would rather', etc. Comparative lēofor, superlative lēofost]

leofaþ /'leovaθ/ lives (see libban)

leofode /'leovʊdɛ/ lived (see libban)

lēofwende /'le:ovwɛndɛ/ *(adj.)* amiable

(ġe)lēogan /'le:ogan/ *(verb strong 2)* lie, tell untruth

lēogere /'le:ogɛrɛ/ *(noun m.)* liar

lēoht /le:oxt/ *(adj.)* light (of weight); bright, light, beautiful

lēoht /le:oxt/ *(noun n.)* light

lēohtberend /'le:oxtbɛrɛnd/ *(noun m.)* light-bearer (Lucifer)

lēoht-fæt /'le:oxtvæt/ *(noun n.)* lamp, torch, lantern; 'light-vessel'

lēoma /'le:oma/ *(noun m.)* ray of light

lēon /le:on/ *(verb strong 2)* lend, grant

leornere /'leornɛrɛ/ *(noun m.)* student, learner, disciple

(ġe)leornian /'leornıan/ *(verb weak)* learn [iċ leornie, þū leornast]

leornung /'leornʊŋg/ *(noun f.)* learning, education [nom sing leornung, acc/dat/gen sing

leornunge/leornunga, nom/acc pl leornunga/leornunge, gen pl leornunga, dat pl leornungum
leornungcniht /ˈleornuŋknɪxt/ (noun m.) disciple
lēosan /ˈleːozan/ (verb strong 2) lose
lēoþ /leːoθ/ (noun n.) song
lēoþcræft /ˈleːoθkræft/ (noun m.) art of poetry [declines as cræft]
lēoþsang /ˈleːoθsaŋg/ (noun m.) poem, poetry
lesan /ˈlezan/ (verb strong 5) gather, collect [1st/3rd pers. sing. past indic. læs, past indic. plural lǣron, past partic. (ġe)leren]
lēsca /ˈlɛːʃa/ (noun m.) groin
lēt /lɛːt/ let/left (see lǣtan)
(ġe)lettan /ˈlɛttan/ (verb weak 1a) hinder [INDIC: 3rd pers. pres. sing. lett, 1st/3rd pers. past sing. lette, past partic. ġelett. Conjugated similarly to hīeran.]
leþer /ˈlɛðɛr/ (noun n.) leather [found only in compound words]
lēw /lɛːw/ (noun f.) blemish, injury
lēwian /ˈleːwɪan/ (verb weak) blemish, injure
libban /ˈlɪbban/ (verb weak 3) live [INDIC: Present - iċ libbe, þū leofast/lifast, hē/hit/hēo leofaþ/lifaþ, wē/ġē/hīe libbaþ/leofaþ; Past - iċ lifde/leofode, þū lifdest, hē/hit/hēo lifde/leofode, wē/ġē/hīe lifdon/leofodon. SUBJ: Present - libbe (sing.), libben (pl.); Past - lifde/leofode (sing.), leofoden (pl.). pres. partic. libbende, past partic. (ġe)lifd/(ġe)leofod, imper. leofa (sing.)/leofaþ (pl.). Infinitives - libban, tō libbende. Also leofian.]
-liċ /lɪtʃ/ (suffix) -ly [forms adjs from nouns or other adjs, e.g. fēondliċ 'hostile' from fēond 'fiend']
līċ /liːtʃ/ (noun n.) body; dead body, corpse
-līċ /liːtʃ/ (suffix) -able
ġelīċ /jɛˈliːtʃ/ (adj.) like, similar to, equal [+ dat., e.g. 'ġelīċ hunde' = "like a dog"]
ġelīċe /jɛˈliːtʃɛ/ (adv.) in like manner, alike, equally; similarly
-līċe /liːtʃɛ/ (suffix) -ly
līċettan /ˈliːtʃɛttan/ (verb weak) pretend, simulate, dissimulate
(ġe)licgan /ˈlɪdʒan/ (verb strong 5) lie; lie dead; flow (of a river) [INDIC: 3rd pers. pres. līþ/liġeþ, pl. pres. licgaþ, past sing. læġ, past pl. lǣgon/lāgon; past partic. leġen, imper. liġe]
līchama /ˈliːxhama/ (noun m.) body
līchamlēas /ˈliːxhamlæːas/ (adj.) incorporeal
līchamliċ /ˈliːxhamlɪtʃ/ (adj.) corporeal, bodily
līchamlīċe /ˈliːxhamliːtʃɛ/ (adv.) bodily, personally
līcian /ˈliːkɪan/ (verb weak) please [+ dat; 1st/3rd pers. past sing. līcode; 'hit līcaþ mē ... (+ infin)' or '[noun] līcaþ mē' = 'I like ...']
līcmann /ˈliːkmann/ (noun m.) bearer, pall-bearer, 'corpse-man'

(ġe)līcnes /'li:knɛs/ (noun f.) likeness

līċrest /'li:tʃrɛst/ (noun f.) sepulchre; bier, hearse

līċþēnung /'li:tʃðɛnuŋg/ (noun f.) funeral

līefan /'li:van/ (verb weak) allow [+ dat; from lēaf]

(ġe)līefan /'li:van/ (verb weak 1b) believe [+ acc or gen. 3rd pers. pres. ġelīefþ, 1st/3rd pers. past sing. ġelīefde, past pl ġelīefdon, past partic. ġelīefed 'believing'; from ġelēafa. Conjugated similarly to hīeran. ġelīefan on (+ dat) = to believe in]

līeg /li:g/ (noun m.) fire, flame

līegitu /'li:gɪtu/ (noun f.) lightning

līehþ /lɪxθ/ blame (see lēan)

līesan /'li:zan/ (verb weak) release, redeem, loosen

līf /li:f/ (noun m.) life

līfan /'li:van/ (verb strong 1) remain [3rd pers. pres. līfþ, past sing. lāf, past pl. lifon, past partic. lifen]

lifde /'lɪvdɛ/ lived (see libban)

lifer /'lɪvɛr/ (noun f.) liver

(ġe)līffæstan /'li:fæstan/ (verb weak) endow with life

līflic /'li:vlɪtʃ/ (adj.) of life

lifiende /'lɪvɪndɛ/ (adj.) living [from libban]

(ġe)līhtan /'li:xtan/ (verb weak) make lighter, lighten; alight (from a horse)

lim /lɪm/ (noun n.) limb, member

līm /li:m/ (noun m.) lime, mortar, cement

ġelimp /jɛ'lɪmp/ (noun n.) accident, emergency, calamity; occurrence

(ġe)limpan /'lɪmpan/ (verb strong 3) happen [3rd pers. pres. ġelimpþ, past sing. ġelamp, past pl. ġelumpon, past partic. ġelumpen]

ġelimplic /jɛ'lɪmplɪtʃ/ (adj.) fitting, suitable

līmtimber N /'li:mtɪmbɛr/ (noun n.) gluten

līn /li:n/ (noun n.) linen

lind /lɪnd/ (noun f.) lime-tree

līne /'li:nɛ/ (noun f.) line, rope, cable

linnan /'lɪnnan/ (verb strong 3) cease from, yield up [+ inst]

līra /'li:ra/ (noun m.) calf (of leg)

liss /lɪs/ (noun f.) favour, love

list /lɪst/ (noun m./f.) art, skill

listum /'lɪstʊm/ (adv.) skilfully, cunningly

liþ /lɪθ/ (noun n.) limb

līþ /li:θ/ (noun n.) alcoholic drink, fermented drink

līþ /li:θ/ lies (see liċġan)

līþan /'li:ðan/ (verb strong 1) go [past partic. liden]

līþe /'li:ðɛ/ (adj.) gentle, sweet

līþelīċe /'li:ðɛli:tʃɛ/ (adv.) gently

liþere /'lɪðɛrɛ/ (noun f.) sling

(ġe)līþiġian /'li:ðɪgɪan/ (verb weak) soften, moderate

līxan /'li:ksan/ (verb weak 1b) shine [INDIC: 3rd pers. pres. sing. lixt, 1st/3rd pers. past sing. lixte. Conjugated similarly to hīeran.]

lobbe /'lɒbbɛ/ (noun f.) spider

loca /ˈlɒka/ (noun m.) enclosure
loc /lɒk/ (noun n.) lock; enclosure, sheepfold
locc /lɒkk/ (noun m.) lock of hair
lōcian /ˈlɔːkɪan/ (verb weak) look
lof /lɒf/ (noun n.) praise, glory
lofsang /ˈlɒvsaŋg/ (noun m.) song of praise, hymn
(ġe)lōgian /ˈlɔːgɪan/ (verb) place; occupy, furnish; arrange ['ġelōgian upp' = 'lay by, deposit'; 'ġelōgod sprǣc' = 'composed speech, style']
lōgon, lōh /ˈlɔːgɒn/, /lɔːx/ blamed (see lēan)
ġelōm /jɛˈlɔːm/ (adj.) frequent, repeated
(ġe)lōme /ˈlɔːmɛ/ (adv.) often, repeatedly
ġelōmlīċe /jɛˈlɔːmliːtʃɛ/ (adv.) often
loppestre /ˈlɒppɛstrɛ/ (noun f.) lobster
losian /ˈlɒzɪan/ (verb weak) be lost, perish [+ dat; 'him losaþ' = 'he loses'; 'iċ losie' = 'I am lost'; from (for)lēosan]
lūcan /ˈluːkan/ (verb strong 2) close, lock [3rd pers. pres. lȳcþ, past sing. lēac, past pl. lucon, past partic. locen]
lufian /ˈlovɪan/ (verb weak 2) love [INDIC: 1st pers. pres. lufiġe, 2nd pers. pres. lufast, 3rd pers. pres. lufaþ, pl pres lufiaþ, 1st pers past lufode, 2nd pers past lufodest, 3rd pers past lufode. SUBJ: pres sing lufie/lufige, pres pl. lufien/lufion, past sing lufode, past pl. lufoden/lufodon.

Imperative - sing lufa, pl lufiaþ. Participles - pres. lufiende/lufigende, past ġelufod. Gerund tō lufianne.]
lufiend /ˈlovɪend/ (noun m.) lover [female equiv. is lufestre]
lufliċ /ˈlovliːtʃ/ (adj.) loving, amiable
luflīċe /ˈlovˈliːtʃɛ/ (adv.) lovingly
lufu /ˈlovo/ (noun f.) love [from lēof; nom sing lufu, gen/dat/acc sing lufe, nom/acc pl lufa/lufe, gen pl lufena/lufa, dat pl lufum]
ġelumpen /jɛˈlompɛn/ happened (see ġelimpan)
lundlaga /ˈlondlaga/ (noun m.) kidney
lungen /ˈloŋgɛn/ (noun f.) lung
lungre /ˈloŋgrɛ/ (adv.) forthwith
lūs /luːs/ (noun f.) louse [i-mutation noun: pl lȳs]
lust /lost/ (noun m.) desire, lust
lustbǣrlīċe /ˈlostbæːrliːtʃɛ/ (adv.) with pleasure
lustbǣrnes /ˈlostbæːrnɛs/ (noun f.) pleasure
lustlīċe /ˈlostliːtʃɛ/ (adv.) willingly
lūtan /ˈluːtan/ (verb strong 2) stoop, bow, bend [3rd pers. pres. lȳtt, past sing. lēat, past pl. luton, past partic. loten]
lūtian /ˈluːtɪan/ (verb weak) lurk
lybb /lyb/ (noun n.) poison
lȳcþ /lyːkθ/ closes (see lūcan)
lyft /lyft/ (noun f./m./n.) air [acc sing lyft, gen/dat sing lyfte, nom/acc pl lyfta/lyfte, gen pl lyfta, dat pl lyftum. 'on lyft' = 'aloft'; 'under lyfte' = 'on earth']

lyfthæfen N /'lyfthævɛn/ *(noun f.)* airport

lyftwæġn N /'lyftwʌɪn/ *(noun m.)* aeroplane, airplane

lyre /'lyrɛ/ *(noun m.)* loss

lȳs /ly:s/ lice (see lūs)

(ġe)lystan /'lystan/ *(verb weak)* desire [+ acc of pers. and gen. sing. of thing; impersonal. Example: meċ lysteþ ... = I like ...]

lȳt /ly:t/ *(adv.)* little, few

lȳtel /'ly:tɛl/ *(adj.)* little [Final vowel is generally contracted in inflection (see hāliġ). Comparative læssa (adv. læs), superlative læst]

lȳthwōn /'ly:t-hwɒn/ *(adv.)* little, only a little

lytiġ /'lytɪj/ *(adj.)* treacherous

(ġe)lȳtlian /'ly:tlıan/ *(verb weak)* lessen [trans. and intrans.]

lȳtling /'ly:tlɪŋg/ *(noun m.)* little one, infant

lyþre /'lyθrɛ/ *(adj.)* wicked

M

mā /ma:/ *(adv.)* more; also comp. of micel

ġemaca /jɛ'maka/ *(noun m./f.)* companion, mate [also ġemæcca]

macian /'makıan/ *(verb weak 2)* make [INDIC: 1st pers. pres. maciġe, 2nd pers. pres. macast, 3rd pers. pres. macaþ, pres. pl. maciaþ, 1st/3rd pers. past macode, 2nd pers. past macodest, past pl. macodon. SUBJ: pres. sing. macige, pres. pl. macien/macion, past sing. macode, past pl. macoden/macodon. Imper. sing. maca, pl. maciaþ. Pres. partic. macigende, past partic. ġemacod.]

mæġ /mʌɪ/ can (see magan)

mæġ /mæ:j/ *(noun m.)* kinsman [i.e. blood relation] [nom/acc sing mæg, gen sing mæġes, dat sing mæġe; plural: magas (nom/acc), magum (dat), māga (gen). mæġe/māge (f.) = kinswoman]

mæġburg /'mæ:jbʊrg/ *(noun f.)* family

mæġden /'mʌɪdɛn/ *(noun n.)* maiden, virgin, girl [also mæden (e does not contract in inflected forms)]

mæġden-ċild /'mʌɪdɛntʃɪld/ *(noun n.)* female child

mæġen /'mʌɪɛn/ *(noun n.)* strength, capacity; virtue [from mæġ]

mæġenþrymm /'mʌɪɛnðrymm/ *(noun m.)* mighty strength, glory

mæġenþrymnes /'mʌɪɛnðrymnɛs/ *(noun f.)* glory [also mæġenþrymmnis]

mæġliċ /'mæ:lɪtʃ/ *(adj.)* belonging to a kinsman

mæġþ /mʌɪθ/ *(noun f.)* maid (in poetry) [nom/acc sing mæġþ,

mǣġþ /'mæ:θ/ *(noun f.)* family; tribe, nation; generation [gen/dat sing mæġþ/mæġþe, nom/acc pl mæġþ, gen pl mæġþa, dat pl mæġþum]

mǣġþ /'mæ:θ/ *(noun f.)* family; tribe, nation; generation

mǣġþhād /'mɑɪ:θha:d/ *(noun m.)* virginity

mæht /mæxt/ *(noun.)* might (see miht)

mǣl /mæ:l/ *(noun n.)* measure, mark, sign [instr 'mǣlum' = 'manner, wise' (only in compound words)]

mǣnan /'mæ:nan/ *(verb weak)* complain

ġemǣne /jɛ'mæ:nɛ/ *(adj.)* common

ġemǣnelic /jɛ'mæ:nɛlitʃ/ *(adj.)* common, general, universal [declines like fǣrlic]

ġemǣnelīċe /jɛ'mæ:nɛli:tʃɛ/ *(adv.)* in common, universally [also ġemǣnlīċe]

mǣran /'mæ:ran/ *(verb weak)* make famous

mǣre /'mæ:rɛ/ *(adj./noun n.)* famous, glorious, great (metaphorically); (as noun) a greater thing, something more important

ġemǣre /jɛ'mæ:rɛ/ *(noun n.)* boundary, territory, border [gen sing ġemǣres, dat sing ġemǣre, nom/acc pl ġemǣru, gen pl ġemǣra, dat pl ġemǣrum]

mǣrlic /'mæ:rlitʃ/ *(adj.)* famous, glorious

mǣrlīċe /'mæ:rli:tʃɛ/ *(adv.)* gloriously

mǣrsian /'mæ:rzian/ *(verb weak)* extol, celebrate, proclaim [from mǣre; 1st pers. pres. mǣrsiġe]

mǣrþ /'mæ:rθ/ *(noun f.)* glory, glorious deed [from mǣre. Also mǣrþu.]

mæsse /'mæssɛ/ *(noun f.)* mass

mæssepreost /'mæssɛpre:ost/ *(noun m.)* mass-priest

mæst /mæst/ *(noun m.)* mast

mǣst /mæ:st/ *(superl. adj.)* most [mǣst eallra' = 'biggest of all'; 'and tō þǣm mǣstan' = 'which is also the largest'. From miċel.]

mǣte /'mæ:tɛ/ *(adj.)* moderate, small

mǣþ /mæ:θ/ *(noun f.)* honour, reverence; measure, degree, proportion, rate

(ġe)mǣþegian /'mæ:ðɛgıan/ *(verb weak)* honour, distinguish

mæþel /'mæðɛl/ *(noun n.)* council, meeting

mǣw /mæ:w/ *(noun m.)* seagull

maga /'maga/ *(noun m.)* stomach ['magan wræċ' = 'stomach ache']

magan /'magɑn/ *(verb (pret-pres))* can, be able [INDIC: Present - iċ mæġ, þū meaht, hē/hit/hēo mæg, wē/ġē/hīe magon; Past - iċ meahe, þū meahtest, hē/hit/hēo meahte, wē/ġē/hīe meahton. SUBJ: Present - mæge (sing.), mægen (pl.); Past - meahte (sing.), meahten (pl). pres. partic. magende, past partic. magen. Infinitives - magan, tō magenne.]

magas /'magas/ kinsmen (see mæġ (noun))

māge /'ma:gɛ/ *(noun f.)* kinswoman, female relative

magister /'magistɛr/ *(noun m.)* teacher, leader, master [also mægister]

magistercarte ℕ /'magistɛrkartɛ/ *(noun f.)* Master's degree [also mægistercarte]

ġemālič /jɛ'ma:lɪtʃ/ *(adj.)* disgraceful, shameful [also ġemāhlič]

man /man/ *(indef. pron.)* one [from mann; in sense of French 'on']

ġeman /jɛ'man/ remember (see ġemunan)

mān /ma:n/ *(noun n.)* wickedness, crime

ġemāna /jɛ'ma:na/ *(noun m.)* community

mancus /'maŋkʊs/ *(noun m.)* 30-pence coin (⅛ of a pound)

māndǣd /'ma:ndæ:d/ *(noun f.)* wicked deed

mānfull /'ma:nvʊll/ *(adj.)* wicked

mānfullīce /'ma:nvʊlli:tʃɛ/ *(adv.)* wickedly

mang /maŋg/ *(noun n.)* troop, crowd

mangere /'maŋgɛrɛ/ *(noun m.)* merchant

mangung /'maŋgʊŋg/ *(noun f.)* trade, business [dat sing often ends -a]

(ġe)manian /'manɪan/ *(verb weak)* admonish, exhort, remind

maniġ /'manɪj/ *(adj.)* many [Not generally contracted in inflection. Also mæniġ.]

maniġfeald /'manɪvæald/ *(adj.)* manifold, various [Also mæniġfeald]

maniġfieldian /'manɪvɪldɪan/ *(verb weak)* multiply [from maniġfeald]

mann /mann/ *(noun m.)* man; person (man or woman); brave man, vassal [i-mutation noun: acc sing mann, dat sing menn; gen sing mannes; nom/acc pl menn, dat pl mannum, gen pl manna; 'se mann' = man (men in general). Also monn.]

manna /'manna/ *(noun m.)* man

manna /'manna/ *(noun n.)* manna (food)

manncynn /'mannkɪnn/ *(noun m.)* mankind; inhabitants, people [also mancynn]

mannrǣden /'mannræ:dɛn/ *(noun f.)* allegiance [also manrǣden]

mann-sielen /'mannzɪlɛn/ *(noun f.)* betrayal of men, selling men as slaves, abduction [from sellan]

mannslaga /'mannzlaga/ *(noun m.)* murder, man-slayer [from slēan, sleġe. Also manslaga.]

mannsliht /'mannzlɪxt/ *(noun n.)* man-slaying, murder [also manslieht]

mānswara /'ma:nzwara/ *(noun m.)* perjurer

manþwǣre /'manðwæ:rɛ/ *(adj.)* gentle towards men, kind

māra /'ma:ra/ *(comp. adj.)* greater, more [from miċel. Also māre.]

martyr /'martyr/ *(noun m.)* martyr

martyrdōm /'martyrdɔ:m/ *(noun m.)* martyrdom

ġemartyrian /jɛ'martyrıan/ *(verb weak)* martyr

maþa /'maða/ *(noun m.)* worm

maþelian /'maðɛlıan/ *(verb weak)* harangue, speak

Mathēus /'matheos/ Matthew

māþm /ma:ðm/ *(noun m.)* treasure, object of value [gen sing māþmes, dat sing māþme, nom/acc pl māþmas, gen pl māþma, dat pl māþmum. Also māþum, māþþum, mādm.]

māþm-fæt /'ma:ðmvæt/ *(noun n.)* precious vessel

mē /mɛ:/ me (see iċ)

meaht /mæaxt/ might (see miht)

mealt /mæalt/ *(noun n.)* malt

mearc /mæark/ *(noun f.)* mark; boundary

(ġe)mearcian /'mærkıan/ *(verb weak)* mark, mark out, brand

mearg /mæarg/ *(noun n.)* marrow

mearh /mæarx/ *(noun m.)* horse [nom/acc sing mearh, gen sing mēares, dat sing mēare; nom/acc pl mēaras, gen pl mēara, dat pl mēarum. Mearh may be found more often in poetry than in prose - alternative is 'hors']

mearn /'mæarn/ cared (see murnan)

mearþ /mæarθ/ *(noun m.)* marten

mēċe /'mɛ:tʃɛ/ *(noun m.)* mace

mēd /mɛ:d/ *(noun f.)* reward, pay

mēder /'mɛ:dɛr/ mother (see mōdor)

medmiċel /'mɛdmıtʃɛl/ *(adj.)* moderately great, small

medu /'mɛdʊ/ *(noun m.)* mead [nom/acc sing medu, gen/dat sing meda nom/acc/gen pl meda, dat pl medum . Also meodu.]

melda /'mɛlda/ *(noun m.)* informer, betrayer

(ġe)meltan /'mɛltan/ *(verb strong 3)* melt [past sing. mealt]

menen /'mɛnɛn/ *(noun n.)* handmaid

(ġe)mengan /'mɛŋgan/ *(verb weak)* mix, mingle; join, visit

menigu /'mɛnıgʊ/ *(noun f.)* multitude [sing only: nom/acc /dat/gen menigu/menigo. Also mengu, meniu]

menn /mɛnn/ men (see mann)

menniṡċ /'mɛnnıʃ/ *(noun n.)* race, people

menniṡċ /'mɛnnıʃ/ *(adj.)* human [From mann. AS STRONG ADJ: SING: MASC - nom mennisc, acc mennisce, gen mennisces, dat mennisc'm, instr mennisce, FEM - nom menniscu/mennisc, acc tile, gen/dat menniscre, NEU - nom/acc mennisc, gen mennisces, dat menniscum, instr mennisce. PLURAL - masc nom/acc mennisce, fem nom/acc mennisce/mennisca, neu nom/acc menniscu/mennisce, gen pl menniscra, dat pl menniscum]

menniscnes /'mɛnnɪʃnɛs/ (noun f.) incarnation; state of man

meolc /'meolk/ (noun f.) milk [Also meoluc]

mēos /me:os/ (noun n.) moss

meox /meoks/ (noun n.) dirt, filth

mere /'mɛrɛ/ (noun m.) lake, sea [nom/acc sing mere, gen sing meres, dat sing mere; nom/acc pl meras, gen pl mera, dat pl merum]

mere /'mɛrɛ/ (noun f.) mare

meregrot /'mɛrɛgrɒt/ (noun n.) pearl

merian /'mɛrɪan/ (verb) purify, refine

mersċ /mɛrʃ/ (noun m.) marsh

(ġe)met /'mɛt/ (noun n.) measure; manner, way

ġemet /jɛ'mɛt/ (adj.) suitable, fit

(ġe)metan /'mɛtan/ (verb strong 5) measure; compare [past sing. mæt, past pl. mǣton, past partic. meten. metan wiþ = to compare with]

(ġe)mētan /'me:tan/ (verb weak 1b) meet; find [from ġemōt. INDIC: 3rd pers. pres. sing. mētt, 1st/3rd pers. past sing. mētte; past pl. mētton, past partic. ġemētt. Conjugated similarly to hīeran.]

mete /'mɛtɛ/ (noun m.) food; meat [plural mettas]

metelīest /'mɛtɛli:st/ (noun f.) want of food

(ġe)metgian /'mɛtgɪan/ (verb weak) moderate

(ġe)metgung /'mɛtgʊŋg/ (noun f.) moderation

ġemetlīċe /jɛ'mɛtli:tʃɛ/ (adv.) moderately

metsung /'mɛtsʊŋg/ (noun f.) feeding, food

mettrum /'mɛttrʊm/ (adj.) unwell, ill, 'moderately strong' [Also medtrum. Compare med-miċel.]

mettrumnes /'mɛttrʊmnɛs/ (noun f.) illness, infirmity

mēþe /'me:ðɛ/ (adj.) weary

miċel /'mɪtʃɛl/ (adj.) big, great, much (incl. with comparatives) [Final vowel is generally contracted in inflection (see hāliġ). Comparative māra 'greater, more', (adv. mā); superlative mǣst 'greatest, most'. 'miċle lǣssa' = 'much less' (micel in instr. dat.), 'miċlum' = 'greatly', 'tō miċlum' = 'too much', 'mǣst ælc' = 'nearly every one'. Also mycel.]

miċelliċ /'mɪtʃɛllɪtʃ/ (adj.) splendid, magnificent

miċelnes /'mɪtʃɛlnɛs/ (noun f.) greatness, size

miċle /'mɪtʃlɛ/ (adv.) greatly, much [comparative māra, mā (adv.); superlative mǣst]

miċlian /'mɪtʃlɪan/ (verb weak) increase

mid /mɪd/ (prep. (adv.)) with (association, company), and, by means of, among [+ dat (instr), or occasionally acc. 'mid þǣm þe' [conj.] = when; 'mid þǣm þæt' = 'through that', 'mid þȳ (þe) = 'when'. Can be used to form adverbs: 'mid ealle' = 'entirely']

middæġ /ˈmɪddʌɪ/ (noun m.) midday, noon

middanġeard /ˈmɪddanjæard/ (noun m.) world, earth [Literally 'middle enclosure' between heaven and hell. Also middaneard.]

midde /ˈmɪddɛ/ (adj.) mid, middle (only of time)

middel /ˈmɪddɛl/ (noun n.) middle

Middel-enġle /ˈmɪddɛlɛndʒlɛ/ (noun m pl.) Middle-Angles

middeniht /ˈmɪddɛnɪxt/ (noun f.) midnight

middeweard /ˈmɪddɛwæard/ (adj.) middle

midhrif /ˈmɪdhrɪf/ (noun n.) midriff

midniht /ˈmɪdnɪxt/ (noun f.) midnight

mieltan /ˈmɪltan/ (verb weak) melt

Mierċe /ˈmɪrtʃɛ/ (noun m pl.) Mercians (i.e. from English Midlands); Mercia [from mearc; gen pl Mierċna. 'iċ eom of Miercum' = 'I am from Mercia'. Also Miercan. Miercena land = Mercia]

miercels /ˈmɪrkɛls/ (noun m.) mark

miht /mɪxt/ (noun f.) might, strength, power; virtue [from magan; acc sing miht, gen/dat sing mihte, nom/acc pl mihta/mihte, gen pl mihta, dat pl mihtum. Also mæht, meaht.]

mihte /ˈmɪxtɛ/ could (see magan)

mihtiġ /ˈmɪxtɪj/ (adj.) mighty, strong

mīl /miːl/ (noun f.) mile

milde /ˈmɪldɛ/ (adj.) mild, merciful [comparative mildra, superlative mildost]

mildheort /ˈmɪldheort/ (adj.) mild-hearted, merciful

mildheortnes /ˈmɪldheortnɛs/ (noun f.) mercy

mīlġemearc /ˈmiːljɛmæark/ (noun n.) distance of a mile

miltestre /ˈmɪltɛstrɛ/ (noun f.) harlot

milts /mɪlts/ (noun f.) mercy [also milds]

(ġe)miltsian /ˈmɪltsɪan/ (verb weak) have mercy on, pity [+ dat; from milde. Also mildsian.]

miltsung /ˈmɪltsʊŋ/ (noun f.) pity, mercy

mīn /miːn/ (possessive pron.) my [declines like other adjs (always strong): mīnes, mīnne etc.]

minte /ˈmɪntɛ/ (noun f.) mint

mircels /ˈmɪrkɛls/ (noun m.) mark, sign

mis- /mɪz/ (prefix) mis- (gives negative sense to noun) [e.g. misweorc 'evil deed' from weorc 'deed, work']

misbēodan /mɪzbeːodan/ (verb strong) ill-treat [+ dat]

misdǣd /mɪzdæːd/ (noun f.) misdeed

misfēran /ˈmɪzveːran/ (verb weak) go wrong, err

mislǣdan /ˈmɪzlæːdan/ (verb weak) mislead, lead astray

misliċ /ˈmɪzlɪtʃ/ (adj.) various [declines like fǣrliċ. Also mistliċ.]

mislīcian /ˈmizliːkɪan/ *(verb weak)* displease [+ dat]
mislimpan /ˈmɪzlɪmpan/ *(verb strong)* go wrong [+ dat; impersonal]
missenliċ /ˈmɪsɛnlɪtʃ/ *(adj.)* various
mist /mɪst/ *(noun m.)* mist
miswende /ˈmɪzwɛndɛ/ *(adj.)* erring, ill-behaving
misweorc /ˈmɪzwɛork/ *(noun n.)* evil deed
mīþan /ˈmiːðan/ *(verb strong 1)* hide, conceal
mōd /mɔːd/ *(noun n.)* heart, mind, spirit
mōdiġ /ˈmɔːdɪj/ *(adj.)* proud, brave, noble; spirited
mōdiġlīċe /mɔːˈdiliːtʃɛ/ *(adv.)* proudly
mōdiġnes /ˈmɔːdɪnɛs/ *(noun f.)* pride [also mōdiġnis]
mōdlār N /ˈmɔːdlaːr/ *(noun f.)* psychology
mōdor /ˈmɔːdɒr/ *(noun f.)* mother [nom/acc/gen sing mōdor, dat sing mēder, nom/acc pl mōdra/mōdru, gen pl mōdra, dat pl mōdrum]
mōdorliċ /ˈmɔːdɒrlɪtʃ/ *(adj.)* maternal
mōdriġe /ˈmɔːdrɪjɛ/ *(noun f.)* aunt
mōdġeþanc /ˈmɔːdjɛðaŋk/ *(noun m.)* thought of the heart
molde /ˈmɒldɛ/ *(noun f.)* mould, earth
mōna /ˈmɔːna/ *(noun m.)* moon
mōnandæġ /ˈmɔːnandʌɪ/ *(day of week (m.))* Monday

mōnaþ /ˈmɔːnaθ/ *(noun m.)* month [plural mōnþas or mōnaþ; from mōna]
mōr /mɔːr/ *(noun m.)* moor
moraþ /ˈmɒraθ/ *(noun n.)* mulberry wine
more /ˈmɒrɛ/ *(noun f.)* carrot
mōrberiġe /ˈmɔːrbɛrɪjɛ/ *(noun f.)* mulberry
mōrfæsten /ˈmɔːrvæstɛn/ *(noun n.)* moor-fastness (security)
morgen /ˈmɒrgɛn/ *(noun m.)* morning [n is often doubled in inflection; e is retained. Also merġen.]
morgenmete /ˈmɒrgɛnmɛtɛ/ *(noun m.)* morning meal, breakfast
morgentīd /ˈmɒrgɛntiːd/ *(noun f.)* morning
morþ /mɒrθ/ *(noun n.)* murder, crime, homicide
morþdǣd /ˈmɒrθdæːd/ *(noun f.)* deed of murder, murder
morþor /ˈmɒrðɒr/ *(noun n.)* murder; punishment, torment [gen sing morþres, dat sing morþre, nom/acc pl morþru, gen pl morþra, dat pl morþrum]
morþorwyrhta /ˈmɒrðɒryxta/ *(noun m.)* murderer
mōste /ˈmɔːstɛ/ could (see mōtan)
(ġe)mōt /ˈmɔːt/ *(noun n.)* meeting, assembly
mōtan /ˈmɔːtan/ *(verb (pret-pres))* may, be allowed, have opportunity [INDIC: Present - iċ mōt, þū mōst, hē/hit/hēo mōt, wē/ġē/hīe mōton; Past - iċ

138

mōste, þū mōstest, hē/hit/hēo mōste, wē/ġē/hīe mōston. SUBJ: Present - mōte (sing.), mōten (pl.); Past - mōste (sing.), mōsten (pl.). pres. partic. mōtende, past partic. mōten, imper. mōte (sing.)/mōtaþ (pl.). Infinitives - mōtan, tō mōtenne. ne mōt = must not. 'mōste ić' = 'would that I might!']

moþþe /'mʊθɛ/ *(noun f.)* moth

ġemun /'jɛ'mʊn/ *(adj.)* mindful, remembering [+ gen]

ġemunan /jɛ'mʊnan/ *(verb (pret-pres))* remember [INDIC: Present - iċ ġeman, þū ġemanst, hē/hit/hēo ġeman, wē/ġē/hīe ġemunon; Past - iċ ġemunde, þū ġemundest, hē/hit/hēo ġemunde, wē/ġē/hīe ġemundon. SUBJ: Present - ġemune/ġemyne (sing.), ġemunen (pl.); Past - ġemunde (sing.), ġemunden (pl.). pres. partic. ġemunende, past partic. munen, imper. ġemune (sing.)/ġemunaþ (pl.). Infinitives - ġemunan, tō ġemunenne.]

mund /mʊnd/ *(noun f.)* protection

mundbora /'mʊndbɒra/ *(noun m.)* protector

mundbyrd /'mʊndbyrd/ *(noun f.)* protection

ġemundbyrdan /jɛ'mʊndbyrdan/ *(verb weak)* protect

munt /mʊnt/ *(noun m.)* mountain, hill

munuc /'mʊnʊk/ *(noun m.)* monk

munuchād /'mʊnʊkhaːd/ *(noun m.)* monastic orders, monkhood

munucliċ /'mʊnʊklitʃ/ *(adj.)* monastic

munuclīċe /'mʊnʊkliːtʃɛ/ *(adv.)* monastically

murcnian /'mʊrknian/ *(verb weak)* grumble, complain

murnan /'mʊrnan/ *(verb strong 3)* care [past sing. mearn, past pl. murnon]

mūs /muːs/ *(noun f.)* mouse [i-mutation noun: pl mȳs]

mūþ /muːθ/ *(noun m.)* mouth

mūþa /'muːða/ *(noun m.)* mouth (of a river) [from mūþ]

ġemynd /jɛ mynd/ *(noun f./n.)* memory, mind [from ġemunan]

(ġe)myndgian /'myndgian/ *(verb weak)* remember; remind, mention (also (ġe)myngian, (ġe)mynegian)

(ġe)myndiġ /'myndij/ *(adj.)* mindful [+ gen]

mynet /'mynɛt/ *(noun f.)* coin, money

mynetere /'mynɛtɛrɛ/ *(noun m.)* money-changer

mynster /'mynstɛr/ *(noun n.)* monastery; cathedral [e disappears in inflected forms]

mynsterhata /'mynstɛrhata/ *(noun m.)* persecutor (hater) of monasteries

mynsterliċ /'mynstɛrlitʃ/ *(adj.)* monastic

mynstermann /'mynstɛrmann/ *(noun m.)* monk

(ġe)myntan /'myntan/ *(verb weak 1b)* intend, mean [past tense: iċ mynte]

myrgþ */'myrgθ/ (noun f.)* mirth, joy [also miergþ]

myrre */'myrrɛ/ (noun f.)* myrrh

N

nā */na:/ (adv.)* not, no; 'no' (interjection) [= ne ā. 'nā þæt ān ... ac ēac swilċe' = 'not only ... but also ...'. Also nō, nese.]

nabban */'nabban/* = ne habban

naca */'naka/ (noun m.)* boat

nacod */'nakɒd/ (adj.)* naked

næbbe */'næbbɛ/* = ne hæbbe

nædre */'næ:drɛ/ (noun f.)* snake, adder [also næddre]

nædl */'næ:dl/ (noun f.)* needle

næfde */'nævdɛ/* = ne hæfde

næfst */'næfst/* = ne hæfst

næfre */'næ:vrɛ/ (adv.)* never [= ne æfre]

nǣgan */'næ:gan/ (verb weak)* assail; address, speak to

næġel */'næjɛl/ (noun m.)* nail (on body, or of metal/wood) [e disappears in all inflected forms]

(ġe)næġlian */'nʌɪlıan/ (verb weak)* nail, fasten with nails

nǣniġ */'næ:nıj/ (pron./adj.)* no, none, no-one, not any (at all) [can be used as a noun + gen. Also nāniġ.]

nǣp */'næ:p/ (noun m.)* turnip

nǣpsǣd */'næ:psæ:d/ (noun n.)* rapeseed

nǣre, nǣron */'næ:rɛ/, /'næ:rɒn/* = ne wǣre/ne wǣron [see wesan]

næs */næs/ (adv.)* not

næs */næs/* = ne wæs: '[I] was not' [see wesan]

ġenæs, ġenǣson */jɛ'næs/, /jɛ'næ:zɒn/* recovered/survived (see ġenesan)

næss */næs/ (noun m.)* headland, promontory

næsþȳrel */'næsðy:rɛl/ (noun n.)* nostril

nāge */na:gɛ/* = ne āge

nāht */na:xt/ (adv.)* (adv.) not, not at all; (n.) naught, nothing, zero [= nān wiht. Can be used as noun + gen. Also nāwiht, nānwiht, nānwuht, nāuht, nōht, nōwiht, nōnwiht]

nāht */na:xt/ (pron.)* nothing [nom/acc nāht, gen nāhtes, dat nāhte. Also nāwiht.]

nāhte */'na:xtɛ/* = ne āhte

nāhtliċ */'na:xtlɪtʃ/ (adj.)* worthless

nāhtnes */'na:xtnɛs/ (noun f.)* worthlessness, cowardice

nāhwǣr */na:hwæ:r/ (adv.)* nowhere, on no occasion

nāhwæþer */'na:hwæðɛr/ (conj.)* neither [Declines like hwæþer. Also nōhwæþer, nāwþer, nāþer: 'nāwþer ne ... ne ...' = 'neither ... nor ...']

nālǣs */'na:læ:s/ (adv.)* not at all, not [also nales; = nealles]

nam */nam/* took/seized (see niman)

namcūþ /'namku:θ/ (adj.) famous, 'known by name'

nama /'nama/ (noun m. weak) name [acc/gen/dat sing naman, nom/acc pl naman, gen pl namena, dat pl namum]

(ġe)namian /'namıan/ (verb weak) name; appoint

namnian /'namnıan/ (verb weak) name

nāmon /'na:mɒn/ took/seized (see niman)

nān /na:n/ (pron./adj.) none, no, no-one, not (even) one [= ne ān. Acc sing nænne/nānne. Can be used as noun + gen. nān mann = nobody]

nānwiht /'na:nwıxt/ nothing/not (at all) (see nāht)

nāt /na:t/ = ne wāt (see witan)

nāteshwōn /'na:tɛshwɔ:n/ (adv.) not

nāthwilċ /'na:thwıltʃ/ (pron.) someone I know not [declines like hwilċ]

nāwiht /'na:wıxt/ nothing/not (at all) (see nāht)

nāwþer /'na:wðɛr/ (pron.) neither [= ne āhwæþer [either]; first e disappears in inflection]

ne /nɛ/ (adv.) not [As conj: 'ne ... ne ...'/'nāþor ... ne ...' = 'neither ... nor ...']

nēad /næ:ad/ need (see nīed)

(ġe)nēadian /'næ:adıan/ (verb weak) compel

nēah /næ:ax/ (adv./prep.) near (of place or time); nearly [+dat when prep. comparative adv. nēar, superlative nīehst/nēhst/nēst; 'æt nīehstan' = next, immediately, afterwards. Also nēh.]

nēahbūend /'næ:axbu:ɛnd/ (noun m.) neighbour

(ġe)neahhe /'næaxxɛ/ (adv.) often

nēahstōw /'næ:axstɔ:w/ (noun f.) neighbourhood

nēahþēod /'ræ:axðɛːɒd/ (noun f.) neighbouring nation

(ġe)nēalǣċan /'næ:alæ:tʃan/ (verb weak 1b) approach [+ dat. INDIC: 3rd pers. pres. sing. nēalǣċþ, 1st/3rd pers. past sing. nēalǣhte/nēalǣċte; past partic. nēalǣht. Conjugated similarly to hīeran.]

nēalǣċung /næ:alæ:tʃʊŋg/ (noun f.) approach

nealles /'næallɛs/ (adv.) not (at all)

nearolīċe /'næarɒli:tʃɛ/ (adv.) narrowly, accurately [also nearulīċe]

neart /'næart/ = ne eart: '[you] are not' [see wesan]

nearu /'næarʊ/ (adj.) narrow [AS STRONG ADJ: (masc sing) nom nearu, acc nearone, gen nearwes, dat nearwum, instr nearwe; (masc pl) nom/acc nearwe/nearowe, gen nearora, dat/instr nearwum; (fem sing) nom nearu, acc nearwe, gen/dat/instr nearore; (fem pl) nom/acc nearwe, gen nearora, dat/instr nearwum; (neu sing) nom/acc nearu, gen nearwes, dat nearwum, instr nearwe; (neu pl) nom/acc nearu, gen nearora, dat/instr nearwum]

nearunes /'nærʊnɛs/ *(noun f.)* distress, misfortune

nearwe /'nærwɛ/ *(adv.)* closely

nearwian /'nærwɪan/ *(verb weak)* afflict, press hard

nēat /næ:at/ *(noun n.)* cattle, beast, animal

ġenēat /jɛ'næ:at/ *(noun m.)* companion

nēawist /'næ:awɪst/ *(noun f./m.)* neighbourhood, presence [from wesan. Also nēawest.]

nebb /nɛbb/ *(noun n.)* nose; face

nebwlite /'nɛbwlɪtɛ/ *(noun m.)* face

nēhsta /'nɛ:xsta/ *(noun m.)* neighbour [from nēah]

nellan /'nɛllan/ *(verb)* will not, be unwilling [INDIC: 1st/3rd pers. pres. sing. nele/nelle, 2nd pers. pres. sing. nelt. Variation of nyllan.]

(ġe)nemnan /'nɛmnan/ *(verb weak 1b)* name [3rd pers. pres. nemneþ, 1st/3rd pers. past nemnde/nemde, past partic. ġenemned; from nama. Conjugated similarly to hīeran. Also (ġe)nemnian.]

nemne /'nɛmnɛ/ *(conj.)* unless [also nefne]

nemþe /'nɛmðɛ/ unless (see nymþe)

nēod /ne:od/ need (see nīed)

nēod /ne:od/ *(noun f.)* desire, zeal

neom /neom/ = ne eom: 'am not' [see wesan]

nēosan /'ne:ozan/ *(verb weak)* visit, go to [+acc or gen; also nēosian]

nēosung /'ne:ozʊŋg/ *(noun f.)* visitation

nēotan /'ne:otan/ *(verb strong 2)* enjoy, use [+ gen]

neoþan /'neoθan/ *(adv.)* from below; beneath, down [also neoþane, neoþone. From niþer.]

neoþanweard /'neoθanwæard/ *(adj.)* lower part of

neoþor /'neoθɒr/ *(adj.)* lower

neowol /'neowɒl/ *(adj.)* low, deep down

neowolnes /'neowɒlnɛs/ *(noun f.)* abyss, depth(s) [also nēolnes]

nergend /'nɛrgɛnd/ *(noun m.)* saviour [nom/acc sing nergend, gen sing nergendes, dat sing nergende, nom/acc pl nergend, gen pl nergendra, dat nergendum]

(ġe)nerian /'nɛrɪan/ *(verb weak 1a)* save, preserve; protect [INDIC: 1st pers. pres. nerige/nerie, 2nd pers. pres. nerest, 3rd pers. pres. nereþ, pres. pl. neriaþ/nerigaþ, 1st/3rd pers. past sing. nerede, 2nd pers. past sing neredest, past pl. neredon. SUBJ: pres. sing nerige, pres. pl. nerien/nerion, past sing nerede (or neredest for 2nd pers. only), past pl. nereden/neredon. Imper. sing. nere, pl. neriaþ. Pres. partic. nerigende/neriende, past partic. ġenered. ġenerian (+acc) wiþ

(+dat) = to protect someone against something]

-nes /nɛs/ *(suffix)* -ness [(forms nouns from adjdectives, e.g. beorhtnes 'brightness' from beorht 'bright') Noun is always fem.]

ġenesan /jɛ'nɛzan/ *(verb strong 5)* recover, survive; escape from [ġe usually included: 3rd pers. pres. ġenist, past sing. ġenæs, past pl. ġenæson, past partic. ġenesen]

nese /'nɛzɛ/ *(adv.)* no

nest /nɛst/ *(noun n.)* nest

nest /nɛst/ *(noun n.)* provisions, food

nett /nɛtt/ *(noun n.)* net; web

netele /'nɛtɛlɛ/ *(noun f.)* nettle

(ġe)nēþan /'nɛːθan/ *(verb weak)* venture on, dare

nicor /'nɪkɒr/ *(noun m.)* sea-monster

nīed /niːd/ *(noun f.)* need, necessity; force, violence [Instr. = nīede 'of need, necessarily'. Also nēad, nēod.]

nīedan /'niːdan/ *(verb weak)* compel

nīedbād /'niːdbaːd/ *(noun f.)* toll

nīedbeþearf /'niːdbɛðæarf/ *(adj.)* necessary

nīedġild /'niːdjɪld/ *(noun n.)* forced payment, tribute

nīedþearf /'niːððæarf/ *(noun f.)* need, necessity

nīedunga /'niːduŋga/ *(adv.)* needs, by necessity

nīehst /'niːxst/ nearest (see nēah)

nierwan /'nɪrwan/ *(verb weak)* narrow, curtail [from nearu]

nīeten /'niːtɛn/ *(noun n.)* animal; cattle, beast [from nēat]

nigon /'nɪgɛn/ *(number)* 9 [indeclinable before a noun; used alone, declined as nigone (nom/acc), nigona (gen), nigonum (dat)]

nigontīene /'nɪgɒnti:nɛ/ *(number)* 19 [Indeclinable. 19th = nigontēoþa]

nigoþa /'nɪgɒða/ *(number)* ninth [always weak]

niht /nɪxt/ *(noun f.)* night [nom/acc sing niht, gen/dat sing niht/nihte, nom/acc pl niht, gen pl nihta, dat pl nihtum. Can be used instead of 'day' when counting days. 'nihtes' (adv.) = 'by night']

nihtliċ /'nɪxtlɪtʃ/ *(adj.)* nightly

nihtwacu /'nɪxtwaku/ *(noun f.)* night-watch [also nihtwaco]

(ġe)niman /'nɪman/ *(verb strong 4)* take, seize on, capture; take in marriage, marry [3rd pers. pres. nimþ, past sing. nam, past pl. nāmon/nēmon, past partic. numen; imper. sing. nim]

ġenip /jɛ'nɪp/ *(noun n.)* mist

(ġe)nīpan /'niːpan/ *(verb strong 1)* grow dark [past sing. nāp]

ġenipful /jɛ'nɪpfʊl/ *(adj.)* dark, gloomy

nis /nɪs/ = he is: 'is not' [see wesan]

nīþ /niːθ/ *(noun m.)* hatred, indignation, envy

niþer /'nɪðɛr/ *(adv.)* down

(ġe)niþerian /'nɪðɛrian/ *(verb weak)* condemn

143

Niþerlendisċ /ˈnɪðɛrlɛndɪʃ/ *(adj.)* Dutch

niþerweard /ˈnɪðɛrwæard/ *(adv.)* forward

nīþing /ˈniːðɪŋg/ *(noun m.)* villain, coward

nīwe /ˈniːwɛ/ *(adj.)* new; recent

Nīwenglisc /ˈniːwɛŋglɪʃ/ *(noun n.)* Modern English [also 'Nīwenglisce sprǣc', 'Nīwe Englisċ']

nīwian /ˈniːwɪan/ *(verb weak)* renew, restore

nīwinga /ˈniːwɪŋga/ *(adv.)* recently [also nīowinga]

nō /nɔː/ not/no (see nā)

ġenōg /jɛˈnɒg/ *(adj.)* enough; much, many; (as adv.) 'enough' [also ġenōh]

nōht /nɔːxt/ nothing/not (at all) (see nāht)

nolde /ˈnɒldɛ/ = ne wolde

nōn /nɔːn/ *(noun)* 3pm, 'the ninth hour' [Note that 2:00 is 'nigoþa tīd']

nonġietan /nɒnˈgjɪtan/ *(verb strong 5)* fail to understand [1st pers. pres. nonġiete, 3rd pers. pres. nonġiett, past sing. nonġeat, past pl. nonġēaton, past partic. nonġieten. 'Iċ nonġiete' = 'I don't understand']

nōnmete /ˈnɔːnmɛtɛ/ *(noun m.)* afternoon meal

norþ /nɒrθ/ *(adv.)* north, northwards [comparative adv. norþor, superlative norþmest]

norþan /ˈnɒrðan/ *(adv.)* from the north ['be ... norþan' (prep., + dat) = 'north of']

norþanwind /ˈnɒrðanwɪnd/ *(noun m.)* north wind

norþdǣl /ˈnɒrðdæːl/ *(noun m.)* north quarter, north

norþēast /ˈnɒrðæːast/ *(adv.)* northeast

norþende /ˈnɒrðɛndɛ/ *(noun m.)* north end, north quarter

norþern /ˈnɒrðɛrn/ *(adj.)* northern

norþeweard /ˈnɒrðɛwæard/ *(adj. (adv.))* northward [also norþweard, norþanweard]

norþhealf /ˈnɒrðhæalf/ *(noun f.)* north side

Norþhymbre /nɒrðˈhymbrɛ/ *(noun m pl.)* Northumbrians ['iċ eom of Norþymbrum' = 'I am from Northumbria']

Norþhymbre /nɒrðˈhymbrɛ/ *(adj.)* Northumbria

Norþhymbrisċ /nɒrðˈhymbrɪʃ/ *(adj.)* Northumbrian

Norþibernie /nɒrðˈɪbɛrnɪ/ *(noun)* North of Ireland

Norþmann /ˈnɒrðmɛnn/ *(noun m.)* Norwegian [plural Norþmenn]

norþmest /ˈnɒrðmɛst/ *(adj.)* northernmost

norþryhte /ˈnɒrðryxtɛ/ *(adv.)* due north [also norþrihte]

Norþsǣ /ˈnɒrðzæː/ *(noun f.)* North Sea

Norþwēalas /ˈnɒrðwæːalas/ *(noun m pl.)* the Welsh; Wales [Westwēalas = Cornwall]

Norþwealcynn /ˈnɒrðwæalkynn/ *(noun n.)* inhabitants of North Wales [also Norþwealhcynn]

norþweardes /'nɒrðwæardɛs/ (adv.) northwards

Norþweġ /'nɒrðwɛː/ Norway

norþwest /'nɒrðwɛst/ (adv.) northwest

nosu /'nɒzʊ/ (noun f.) nose

(ġe)notian /'nɒtɪan/ (verb weak) use, enjoy, consume

notu /'nɒtʊ/ (noun f.) enjoyment, use; employment [from nēotan]

nū /nu:/ (adv./conj.) now, just now; (as causal conj.) now that, since ['nū ġiet' = 'still'; 'nū ... nū' - correlative; 'nū hwīle' = 'just now']

ġenugan /jɛ'nʊgan/ (verb (pret-pres)) suffice, not lack [INDIC: Present - iċ ġenēah, þū ġenēah, hē/hit/hēo ġenēah, wē/ġe/hīe ġenugon; Past - iċ ġenohte, þū ġenohtest, hē/hit/hēo ġenohte, wē/ġe/hīe ġenohton. SUBJ: Present - ġenuge (sing.), ġenugen (pl.); Past - ġenohten (sing.), ġenohten (pl.). pres. partic. ġenugende, past partic. nugen, imper. ġenuge (sing.)/ġenugaþ (pl.). Infinitives - ġenugan, tō ġenugenne.]

nūġiet /'nu:jɪt/ (adv.) still

numen /'nʊmɛn/ taken/captured (see niman)

ġenyht /jɛ'nyxt/ (noun f.) abundance

(ġe)nyhtsum /'nyxtsʊm/ (adj.) abundant, sufficient

ġenyhtsumian /jɛ'nyxtsʊmian/ (verb weak) suffice [+ dat]

nyhtsumlīċe /'nyxtsʊmliːtʃɛ/ (adv.) sufficiently

ġenyhtsumnes /jɛ'nyxtsʊmnɛs/ (noun f.) sufficience, abundance [also ġenyhtsumnis]

nyllan /'nyllan/ (verb) will not, be unwilling [= ne willan: 1st pers. pres. nyle/nile, 2nd pers. pres. nylt, 3rd pers. pres. nyle, plural nyllaþ; subj sing. nyle, plural nylen; past nolde. Imper sing. nyle, pl. nyllaþ.]

nymþe /'nymθɛ/ (conj.) unless [also nemþe]

nyste /'nystɛ/ = ne wiste

nytan /'nytan/ = ne witan

nyten /'nytɛn/ (adj.) ignorant

nytennes /'nytɛnnɛs/ (noun f.) ignorance

nyton /'nytɒn/ = ne witon

nytt /nytt/ (adj./noun f.) useful, profitable; (as noun) use, utility, employment [from nēotan]

nyttwirþe /'nytwɪrθɛ/ (adj.) useful [also nytwierþe]

O

œxen /'øksɛn/ oxen (see oxa)

of /ɒv/ (prep.) from (of place, origin, privation, separation, release etc.), of (partitive); (cause); (material); concerning, about [+ dat (instr). 'þā menn of Lundenbyriġ' = 'the men of London'. 'of tigelan ġeworht' =

'made of tiles'. Example of partitive sense - 'sellaþ ūs of ēowrum ele' = 'give us some of your oil']

ofdrǣdan /'ɒvdræːdan/ *(verb strong 7)* dread, fear [past partic. ofdrǣdd = 'afraid']

ofdrǣdd /ɒv'dræːdd/ *(adj.)* afraid [past participle of ofdrǣdan]

ofdūne /'ɒvduːnɛ/ *(adv.)* down

ofen /'ɒvɛn/ *(noun m.)* oven, furnace

ofer /'ɒvɛr/ *(prep.)* above, over; on; (of time) during, throughout, over; (of time) after; (motion across); (superiority, rule); against, contrary to [+ dat (at rest) or acc (with motion). e.g. 'ofer land ēodon' = 'went over land']

ōfer /'ɔːvɛr/ *(noun m.)* shore, bank

ofercuman /ɒvɛr'kʊman/ *(verb strong 4)* overcome

oferdrencan /ɒvɛr'drɛŋkan/ *(verb weak)* make drunk, intoxicate

oferēaca /'ɒvɛræːaka/ *(noun m.)* surplus

oferfæreld /ɒvɛr'værɛld/ *(noun n.)* passage

oferfaran /ɒvɛr'varan/ *(verb strong 6)* traverse

oferfēran /ɒvɛr'vɛːran/ *(verb weak)* traverse

oferferung /ɒvɛr'vɛrʊŋg/ *(noun f.)* transport

oferfrēosan /ɒvɛr'vrɛːozan/ *(verb strong)* freeze over

oferfylgan /ɒvɛr'vylgan/ *(verb weak)* pursue, persecute [+ dat]

oferfyll /ɒvɛr'vyll/ *(noun f.)* gluttony, 'over-filling'

ofergān /ɒvɛr'gaːn/ *(verb strong)* traverse, overrun, overspread

ofer-ġietol /ɒvɛr'jitɒl/ *(adj.)* forgetful [also ofer-ġitol, ofer-ġittol, ofer-geotol]

ofergyld /'ɒvɛrgyld/ *(adj.)* gilded over, covered with gold [past participle]

oferhelman /ɒvɛr'hɛlman/ *(verb weak)* overshadow

oferhergian /ɒvɛr'hɛrgɪan/ *(verb weak)* ravage throughout, overrun, devastate

oferhoga /ɒvɛr'hɒga/ *(noun m.)* despiser

oferhyġd /'ɒvɛrhyd/ *(noun f./n.)* contempt, pride

oferlīċe /'ɒvɛrliːtʃɛ/ *(adv.)* excessively

ofermōd /ɒvɛr'mɔːd/ *(adj./noun n.)* proud; (as noun) pride

ofernōn /ɒvɛr'nɔːn/ *(noun f./n.)* afternoon (after 3pm)

ofersāwan /ɒvɛr'saːwan/ *(verb strong 6)* sow over

ofersēon /ɒvɛr'sɛːon/ *(verb strong 5)* see over, oversee

ofersprǣċ /'ɒvɛrspræːtʃ/ *(noun f.)* loquacity

oferstīgan /ɒvɛr'stiːgan/ *(verb strong)* rise above, excel

oferswīþan /ɒvɛr'swiːðan/ *(verb weak)* overcome

oferþēon /ɒvɛr'θɛːon/ *(verb strong 1/2)* excel

oferwadan /ɒvɛr'wadan/ *(verb strong 6)* wade across

oferweorpan /ɒvɛrˈweorpan/ (verb strong 3) throw over; stumble, fall

oferwinnan /ɒvɛrˈwɪnnan/ (verb strong 3) overcome

oferwlencan /ɒvɛrˈwlɛŋkan/ (verb weak) make overproud [past partic. oferwlenced = 'haughty']

oferwrēon /ɒvɛrˈreːon/ (verb strong 1/2) cover

oferwyrċan /ɒvɛrˈwyrtʃan/ (verb weak) work over, cover

ofet /ˈɒvɛt/ (noun n.) fruit ['ofetes sēaw' = 'fruit juice']

offaran /ɒˈfaran/ (verb strong 6) intercept

offerian /ɒˈfɛrian/ (verb weak) carry off

offrian /ˈɒfrian/ (verb weak) offer, sacrifice

offrung /ˈɒfruŋg/ (noun f.) offering, sacrifice [dat sing often ends -a]

ofġiefan /ɒvˈjivan/ (verb strong 5) relinquish

ofhrēowan /ɒvˈhreːowan/ (verb strong) pity [+ gen]

oflǣtan /ɒvˈlæːtan/ (verb strong 7) give up, relinquish

oflystan /ɒvˈlystan/ (verb weak) desire [past partic (+ gen) = oflyst 'desirous of, pleased with']

ōfost /ˈɔːvɒst/ (noun f.) haste [acc/gen/dat sing ōfste, nom/acc/gen pl ōfsta, dat pl ōfstum. Nom sing can also be ōfst.]

ōfostlīċe /ˈɔːvɒstliːtʃɛ/ (adv.) with haste [also ōfstlīċe]

ofġerād /ˈɒvjɛraːd/ (adj.) appropriate

ofsċēotan /ɒvˈʃeːotan/ (verb strong 2) shoot, hit

ofsendan /ɒvˈsɛndan/ (verb weak) summon

ofsēon /ɒvˈseːon/ (verb strong 5) see

ofsittan /ɒvˈsɪttan/ (verb strong 5) sit down, press upon

ofslēan /ɒvˈslæːan/ (verb strong 6) slay

ofsnīþan /ɒvˈsniːðan/ (verb strong 1) kill [from snīþan - cut]

ofspring /ˈɒvsprɪŋg/ (noun m.) offspring, descendants [from springan]

ofstingan /ɒvˈstɪŋgan/ (verb strong 3) stab (to death)

oft /ɒft/ (adv.) often ['to þæm swā þū oftost mǣge' = 'as often as you can']

oftēon /ˈɒfteːon/ (verb strong 2) deprive, withhold [+ dat of pers. and gen of thing]

oftorfian /ɒfˈtɒrvian/ (verb weak) stone to death

ofþynċan /ɒvˈθyntʃan/ (verb weak) give offence [impersonal verb, + dat of person & gen of thing: 'mē ofþynċþ' = 'I am displeased/weary of ...']

ofþyrst /ɒvˈθyrst/ (adj.) thirsty [past participle of ofþyrstan, from þurst]

ofweorpan /ɒvˈweorpan/ (verb strong 3) overthrow, conquer

ofwundrian /ɒvˈwʊndrian/ (verb weak) wonder [+ gen]

ōga /ˈɔːga/ (noun m.) fear, terror

-ol /ɒl/ *(suffix)* (forms adjs from verbs) [e.g. swicol 'deceitful' from swician 'to deceive']

ōl /ɔ:l/ nourished/grew (see alan)

ōlǣċung /ɔ:'læ:tʃʊŋ/ *(noun f.)* flattery [dat sing often ends -a]

ōleċċan /'ɔ:lɛtʃan/ *(verb weak)* flatter, soothe [+ dat]

ōleċċung /'ɔ:lɛtʃʊŋ/ *(noun f.)* flattery, persuasion

olfend /'ɒlvɛnd/ *(noun m.)* camel

oll /ɒll/ *(noun m./n.)* insult, contempt, contumely

ōlon /'ɔ:lɒn/ nourished/grew (see alan)

on /ɒn/ *(prep.)* in; on, onto (generally, however, expressed by ofer); (of time) in; (hostility) against; (specification, definition); (instrumental); (to form adverbs) [+ dat/instr ('in') or acc ('into'). Example of adverb: 'on riht' = 'rightly'. Also an]

on- /ɒn/ *(prefix)* (can give verb negative sense; sometimes has no meaning)

onǣlan /ɒn'æ:lan/ *(verb weak)* set fire to, inflame

onbærnan /ɒn'bærnan/ *(verb weak)* set fire to, inflame; inspire, incite

onbīdan /ɒn'bi:dan/ *(verb strong)* wait for, await

onbindan /ɒn'bindan/ *(verb strong 3)* untie [from bindan]

onbryrdan /ɒn'bryrdan/ *(verb weak)* inspire, excite [3rd pers. pres. onbryrdaþ. From bryrdan 'sharpen', from brord 'point']

onbryrdnes /ɒn'bryrdnɛs/ *(noun f.)* inspiration, ardour

onbūtan /ɒn'bu:tan/ *(prep.)* about, around [+ dat]

onbyrġan /ɒn'byrjan/ *(verb weak)* taste

oncann /ɒn'kann/ *(verb)* reproach; be indignant with

onċennan /ɒn'tʃɛnnan/ *(verb weak)* bear, bring forth

onċierran /ɒn'tʃirran/ *(verb weak)* reverse, annul

oncnāwan /ɒn'kna:wan/ *(verb strong 7)* know, recognise, acknowledge, understand [3rd pers. pres. oncnǣwþ, past sing. oncnēow, past pl. oncnēowon, past partic. oncnāwen]

oncunnan /ɒn'kʊnnan/ *(verb (pret-pres))* be indignant with, reproach

oncweþan /'ɒnkwɛðan/ *(verb strong 5)* address, answer

ondōn /ɒn'dɔ:n/ *(verb strong)* undo, open [from dōn]

ondrǣdan /ɒn'dræ:dan/ *(verb strong 7)* dread, fear [3rd pers. pres. ondrǣtt, past sing. ondrēd, past pl. ondrēdon. Also ondrādan.]

oneardian /ɒn'æardıan/ *(verb weak)* inhabit

onēġnan /ɒn'ɛ:nan/ *(verb weak)* fear

onemn /ɒn'ɛmn/ *(prep.)* alongside of [+ dat]

onettan /ɒn'ɛttan/ *(verb weak)* hasten

onfæġnian /ɒn'fæjnıan/ *(verb weak)* fawn (of a dog)

onfeng /ˈɒnvɛŋg/ *(noun m.)* receiving

onfindan /ɒnˈvɪndan/ *(verb strong 3)* find out, discover

onfōn /ɒnˈvɔːn/ *(verb strong 7)* receive; accept [+ gen, acc or instr; 3rd pers. pres. onfēhþ, past sing. onfēng, past pl. onfēngon, past partic. onfangen]

onforan /ɒnˈvɒran/ *(prep.)* before (time) [+ acc (dat)]

onġēan /ɒnˈgjæːan/ *(prep.)* towards; (hostility) against [+ dat, or acc if implying motion. Also ongēn.]

onġēan /ɒnˈgjæːan/ *(adv.)* back ['ġewende on-ġēan' or 'ġeċirde onġēan' = 'returned'. Also ongēn.]

onġieldan /ɒnˈgjɪldan/ *(verb strong 3)* atone for, pay the penalty

onġierwan /ɒnˈgjɪrwan/ *(verb weak)* strip, undress

onġietan /ɒnˈgjɪtan/ *(verb strong 5)* understand, perceive [1st pers. pres. onġiete, 3rd pers. pres. onġiett, past sing. onġeat, past pl. onġēaton, past partic. onġieten.'Iċ onġiete' = 'I understand']

onġinn /ɒnˈgjɪnn/ *(noun n.)* beginning

onġinnan /ɒnˈgjɪnnan/ *(verb strong 3)* begin; attempt [3rd pers. pres. onġinþ, past sing. ongann, past pl. ongunnon, past partic. ongunnen]

onhǣtan /ɒnˈhæːtan/ *(verb weak)* heat, inflame

onhergian /ɒnˈhɛrgɪan/ *(verb weak)* ravage

onhieldan /ɒnˈhɪldan/ *(verb weak)* incline, bow

onhlīdan /ɒnˈhliːdan/ *(verb strong 1)* open, reveal

onhrēran /ˈɒnhrɛːran/ *(verb weak)* touch

onhwierfan /ˈɒnhwɪrvan/ *(verb weak)* revolve

oninnan /ɒnˈɪnnan/ *(prep.)* within [+ dat]

onlǣtan /ɒnˈlæːtan/ *(verb strong 7)* relax, loosen

onlēon /ɒnˈleːon/ *(verb strong 2)* lend, give [+ dat of person & gen of thing]

onlīċ /ˈɒnliːtʃ/ *(adj.)* like

onlīcnes /ˈɒnliːknɛs/ *(noun f.)* likeness; image, picture [also anlīcnes]

onlīehtan /ɒnˈliːxtan/ *(verb weak)* illuminate, enlighten [also onlēohtan, onlīhtan]

onlīehtung /ɒnˈliːxtʊŋg/ *(noun f.)* illumination, light [dat sing often ends -a. Also onlēohtung, onlīhtung; -ing.]

onlīesan /ɒnˈliːzan/ *(verb weak)* redeem

onlūcan /ɒnˈluːkan/ *(verb strong 2)* unlock, open

onlūtan /ɒnˈluːtan/ *(verb strong 2)* bow, incline [attr.]

onġemang /ɒnjɛˈmaŋg/ *(prep.)* among [+ dat]

onmēdla /ɒnˈmɛːdla/ *(noun m.)* pride

onmiddan /ɒnˈmɪddan/ *(prep.)* in the midst of [+ dat]

onmunan /ɒnˈmunan/ *(verb (pretpres))* care for, 'remember' [+ gen]

onræs /ˈɒnræːs/ *(noun m.)* onrush, attack

onræsan /ɒnˈræːzan/ *(verb)* rush (on), storm [gerund tō onræsanne]

onrīdan /ɒnˈriːdan/ *(verb strong)* ride

onsægdnes /ɒnˈzʌɪdnɛs/ *(noun f.)* sacrifice [also onseġdnes, onseġednes]

onsǣġe /ˈɒnzæːjɛ/ *(adj.)* impending, assailing

onsċunian /ɒnˈʃunian/ *(verb weak)* shun, fear, detest; (reflex.) fear, be afraid [also ā-scunian.]

onsċuniġendliċ /ɒnˈʃunɪjɛndlɪtʃ/ *(adj.)* detestable, abominable

onsċyte /ˈɒnʃytɛ/ *(noun m.)* attack, calumny

onseċġan /ɒnˈzɛdʒan/ *(verb weak)* sacrifice

onsendan /ɒnˈzɛndan/ *(verb weak)* send

onsīen /ˈɒnziːn/ *(noun f.)* appearance, form; face [also onsīon]

onsīen /ˈɒnziːn/ *(noun f.)* want, lack

onslǣpan /ɒnˈzlæːpan/ *(verb strong)* sleep

onspringan /ɒnˈsprɪŋgan/ *(verb strong 3)* spring forth

onstal /ˈɒnstal/ *(noun n.)* institution, supply

onstellan /ɒnˈstɛllan/ *(verb weak)* institute, create

onstyrian /ɒnˈstyrɪan/ *(verb weak)* stir, agitate

onsund /ˈɒnzund/ *(adj.)* sound, whole, healthy [also ansund]

onsundnes /ˈɒnzundnɛs/ *(noun f.)* soundness

onsundran /ɒnˈzundran/ *(adv.)* separately

ontȳnan /ɒnˈtyːnan/ *(verb weak)* open [from tūn]

onþracian /ɒnˈθrakɪan/ *(verb weak)* dread

onþræce /ˈɒnθrækɛ/ *(adj.)* dreadful

onufan /ɒnˈuvan/ *(prep.)* upon, on [+ dat]

onuppan /ɒnˈuppan/ *(prep.)* upon [+ dat]

onūtan /ɒnˈuːtan/ *(adv.)* outside

onwacan /ɒnˈwakan/ *(verb strong 6)* awake

onwǣcan /ɒnˈwæːkan/ *(verb weak)* soften

onwæcnan /ɒnˈwæknan/ *(verb weak)* awake

onweald /ˈɒnwæald/ *(noun m.)* rule, authority, power, dominion; territory [also anweald]

onwealda /ˈɒnwæalda/ *(noun m.)* ruler; God

onweġ /ɒnˈwɛɪ/ *(adv.)* away ['Gā onweġ' = 'Go away']

onwendan /ɒnˈwɛndan/ *(verb weak)* overturn, end [can mean 'deprive' + dat and gen]

onwindan /ɒnˈwɪndan/ *(verb strong 3)* unwind, loosen

onwinnende /ˈɒnwɪnnɛndɛ/ *(adj.)* assailing, aggressive [present participle]

onwrēon /ɒnˈreːon/ (verb strong 1/2) uncover

onwrigennes /ɒnˈrɪɡɛnnɛs/ (noun f.) revelation, 'uncovering' [also onwrigennis]

onwrīþan /ɒnˈriːðan/ (verb strong 1) uncover, unbind

onwrīþung /ˈɒnriːðʊŋ/ (noun f.) bandage

open /ˈɒpɛn/ (adj.) open, evident

(ġe)openian /ˈɒpɛnɪan/ (verb weak) open, reveal, disclose [imper. sing. opena]

openlić /ˈɒpɛnlɪtʃ/ (adj.) open, public

openlīċe /ˈɒpɛnliːtʃɛ/ (adv.) openly, publicly

or- /ɒr/ (prefix) (forms privative adjs from nouns) [e.g. ordǣle 'having no part in' from dǣl 'part']

-or /ɒr/ (suffix) (used to form comparatives)

ōr /ɔːr/ (noun n.) beginning

ōra /ˈɔːra/ (noun m.) border, shore

orc /ɒrk/ (noun m.) pitcher, flagon

ord /ɒrd/ (noun m.) beginning; point, spear

ordǣle /ˈɒrdæːlɛ/ (adj.) having no part in something, not participating

oreald /ˈɒræald/ (adj.) very old

orf /ɒrf/ (noun n.) cattle

orfcwealm /ˈɒrfkwæalm/ (noun m.) cattle-plague

orgellīċe /ˈɒrɡɛllɪtʃɛ/ (adv.) proudly

orgilde /ˈɒrjɪldɛ/ (adj.) unpaid

orleġe /ˈɒrlɛjɛ/ (noun n.) battle, conflict

ormǣte /ˈɒːrmæːtɛ/ (adj.) immense, boundless, intense [from metan]

ormōd /ˈɒrmɔːd/ (adj.) despairing

ormōdnis /ˈɒrmɔːdnɪs/ (noun f.) despair

orsāwle /ˈɒːzaːwlɛ/ (adj.) lifeless

orsorg /ˈɒrzɒrɡ/ (adj.) unconcerned, careless [also orsorh]

ortġeard /ˈɒrtjæard/ (noun m.) orchard

orþanc /ˈɒrðaŋk/ (adj./noun m. & n.) cunning, ingenious; (as noun) intelligence

orþian /ˈɒrðɪan/ (verb weak) breathe

orwēna /ˈɒrwɛːna/ (adj.) hopeless, despairing of [+ gen; indeclinable]

orwēne /ˈɒrwɛːnɛ/ (adj.) hopeless, despairing of [+ gen]

-ost /ɒst/ (suffix) (used to form superlatives)

otor /ˈɒtɒr/ (noun m.) otter

oþ /ɒθ/ (prep./conj.) up to, as far as; until [+ acc (or occasionally dat); 'oþ þæt'/'oþ þe' = until]

-oþ /ɒθ/ (suffix) (forms nouns; variant of -aþ) [e.g. fiscoþ 'fishing' from fiscian 'to fish'. Noun is always masc.]

oþberan /ɒðˈbɛran/ (verb strong 4) carry away, bear off

ōþer /ˈɔːðɛr/ (pron.) second; other [always strong (all other ordinals are weak); e disappears in inflected forms. Correlative: 'ōþer ... ōþer' = 'the one ... the

151

other'. As adverb: 'ōþer oþþe ... oþþe' = 'either ... or']
oþfæstan /ɒðˈvæstan/ *(verb weak)* set to (learning/a task)
oþfeallan /ɒðˈvæallan/ *(verb strong 7)* fall off, decline
oþrōwan /ɒðˈrɔːwan/ *(verb strong 7)* row away
oþstandan /ɒθˈstandan/ *(verb strong 6)* stand still

oþþe /ˈɒθɛ/ *(conj.)* or ['oþþe ... oþþe ...' = 'either ... or ...'; 'oþþe nā' = 'or rather not at all']
oþþringan /ɒˈθrɪŋgan/ *(verb strong 3)* deprive [+ dat and acc]
oþwindan /ɒðˈwɪndan/ *(verb strong 3)* escape
ōwæstm /ˈɔːwæstm/ *(noun m.)* shoot, branch, twig
oxa /ˈɒksa/ *(noun m.)* ox [plural oxan/œxen/exen, dat pl. oxum/oxnum]

P

pād /paːd/ *(noun f.)* coat
pæll /pæll/ *(noun m.)* cloak [also pælle]
pællen /ˈpællɛn/ *(adj.)* purple
pæþ /pæθ/ *(noun m.)* path
palm /palm/ *(noun m.)* palm tree
palmæppel /ˈpalmæppɛl/ *(noun m.)* date
panne /ˈpannɛ/ *(noun f.)* pan
pāpa /ˈpaːpa/ *(noun m.)* pope
papolstān /ˈpapɒlstaːn/ *(noun m.)* pebble-stone, pebble
pening /ˈpɛnɪŋg/ *(noun m.)* penny [also peniġ]
Peohtas /ˈpeoxtas/ *(noun m pl.)* Picts
perewōs /ˈpɛrɛwɔːs/ *(noun n.)* perry
peru /ˈpɛru/ *(noun f.)* pear
petersille /ˈpɛtɛrsɪllɛ/ *(noun f.)* parsley
Philistēisc /ˈpɪlɪstɛːɪʃ/ *(adj.)* Philistine [declines like mennisc]

Pihtisc /ˈpɪxtɪʃ/ *(adj.)* Pictish [from Peohtas. Declines like mennisc]
pīpe /ˈpiːpɛ/ *(noun f.)* tube, pipe (musical instrument)
pipor /ˈpɪpɒr/ *(noun m.)* pepper
pise /ˈpɪzɛ/ *(noun f.)* pea
plante /ˈplantɛ/ *(noun f.)* plant
pleġa /ˈplɛːa/ *(noun m.)* play, drama, game, sport
pleġhūs /ˈplɛːhuːs/ *(noun n.)* playhouse, theatre
pleġian /ˈplɛːjan/ *(verb weak)* play [1st pers. pres. pleġie]
plot /ˈplɒt/ *(noun)* plot of land
plūme /ˈpluːmɛ/ *(noun f.)* plum
pocc /ˈpɒk/ *(noun m.)* blister, ulcer
pohha /ˈpɒxha/ *(noun m.)* pocket, bag, purse
port /ˈpɒrt/ *(noun m./n.)* port, harbour
(ġe)pos /ˈpɒs/ *(noun n.)* cold (in head)
posl /ˈpɒsl/ *(noun m.)* pill
post /ˈpɒst/ *(noun m.)* post

pott /pɒtt/ (noun m.) pot
prēon /pre:on/ (noun m.) brooch
prēost /pre:ost/ (noun m.) priest
prēosthād /'pre:ostha:d/ (noun m.) priesthood
prēowthwīle /'pre:otwi:lɛ/ (noun f.) moment ['bīd þū ān prēowthwīle' = 'wait a moment']
prica /'prɪka/ (noun m. weak) quarter of an hour, fifth of an hour ['prican ofer þǣre ōþerre tīde' = 'quarter past two' (prica is in dative)]
prīm /pri:m/ (noun n.?) 6am, the first hour
prōfian /'prɔ:vian/ (verb weak) assume to be, take for
prūt /pru:t/ (adj.) proud, arrogant
prȳte /'pry:tɛ/ (noun f.) pride
pund /pʊnd/ (noun n.) pound (weight or money)
pyle /'pylɛ/ (noun m.) pillow
pytt /pytt/ (noun m.) pit

R

racente /'rakɛntɛ/ (noun f pl.) chains, bonds, fetters
racu /'raku/ (noun f.) narrative
rād /ra:d/ rode (see rīdan)
rād /ra:d/ (noun f.) ride, expedition
ġerād /jɛ'ra:d/ (noun n.) reckoning, account ['on þā ġerād þæt' = 'on condition that']
ġerǣċan /jɛ'ræ:tʃan/ (verb weak) reach, obtain; take (a city)
rǣd /ræ:d/ (noun m.) advice, council; benefit, good fortune; what is advisable, plan of action, deliberation, design ['him rǣd þūhte' = 'it seemed advisable to him']
(ġe)rǣdan /'ræ:dan/ (verb strong 7) advise, decree, decide; read [3rd pers. sing. pres. rǣt, 1st/3rd pers. sing. indic. past. rēd, past indic. plural rēdon, past partic. (ġe)rǣden]
rǣdbora /'ræ:dbɒra/ (noun m.) councillor
rǣde /'ræ:dɛ/ (adj.) ready
ġerǣde /jɛ'ræ:dɛ/ (noun n.) trappings, ornaments
rǣden /'ræ:dɛn/ (noun f.) law, condition [also rǣdenn]
rǣdend /'ræ:dɛnd/ (noun m.) ruler
rǣdfæst /'ræ:dvæst/ (adj.) wise
rǣdiċ /'ræ:dɪtʃ/ (noun m.) radish
rǣding /'ræ:dɪŋg/ (noun f.) reading
rǣfnan /'ræ:vnan/ (verb weak) perform, do
rǣpan /'ræ:pan/ (verb weak) bind [from rāp]
rǣpling /'ræ:plɪŋg/ (noun m.) prisoner
rǣran /'ræ:ran/ (verb weak) commit, do
rǣs /ræ:s/ (noun m.) rush, leap, jump, running

ræsan /'ræːzan/ *(verb weak 1b)* rush [INDIC: 1st pers. pres. ræse, 3rd pers. pres. sing. ræst, 1st/3rd pers. past sing. ræsde. Conjugated similarly to hīeran.]

ræt /ræt/ *(noun m.)* rat

ramm /ramm/ *(noun m.)* ram, battering-ram

rāp /raːp/ *(noun m.)* rope, cable

rāp /raːp/ reaped (see rīpan)

rārian /'raːrɪan/ *(verb)* cry, lament

rās /raːs/ rose (see ġerīsan)

rēad /ræːad/ *(adj.)* red

rēaf /ræːaf/ *(noun n.)* robe, dress

rēafere /'ræːavɛrɛ/ *(noun m.)* robber, plunderer

rēafian /'ræːavian/ *(verb weak)* rob, plunder

rēaflāc /'ræːaflaːk/ *(noun n.)* robbery, plundering

rēc /rɛːk/ *(noun m.)* smoke

reċċan /'rɛtʃan/ *(verb weak 1b)* reck, care [+ gen; 3rd pers. pres. rēċþ, 1st/3rd pers. past rōhte, past partic. rōht]

(ġe)reċċan /'rɛtʃan/ *(verb weak 1a)* tell, relate; explain, interpret [INDIC: 1st pers. pres. reċċe, 2nd pers. pres. reċst/reċest, 3rd pers. pres. reċþ/reċeþ, pl. pres. reċċaþ; 1st/3rd pers. past sing. reahte/rehte, past partic. reaht, imper. reċe]

reċċere /'rɛtʃɛrɛ/ *(noun m.)* ruler, 'teacher'

reċed /'rɛtʃɛd/ *(noun n.)* house, chamber

(ġe)reċednes /'rɛtʃɛdnɛs/ *(noun f.)* narrative

rēcelēas /'rɛːkɛlæːas/ *(adj.)* careless, reckless

rēcels /'rɛːkɛls/ *(noun m.)* incense, frankincense

recen /'rɛkɛn/ *(adj.)* ready, prompt

recene /'rɛkɛnɛ/ *(adv.)* instantly, at once [also ricene]

rēd, rēdon /rɛːd/, /'rɛːdɒn/ advised/decided (see rædan)

ġerēfa /jɛ'rɛːva/ *(noun m.)* officer, reeve, bailiff, overseer

reġen /'rɛjɛn/ *(noun m.)* rain [also rēn, reġn]

reġenboga /'rɛjɛnbɒga/ *(noun m.)* rainbow

reġen-sċūr /'rɛjɛnʃuːr/ *(noun m.)* shower of rain [also rēn-sċūr]

reġnian /'rɛɪnɪan/ *(verb)* rain [3rd pers. pres. indic. reġnaþ]

regol /'rɛgɒl/ *(noun m.)* rule (of conduct)

regolbryce /'rɛgɒlbrykɛ/ *(noun m.)* breach of rules

regolliċ /'rɛgɒllɪtʃ/ *(adj.)* according to rules [also reogolliċ]

regollīċe /'rɛgɒllīːtʃɛ/ *(adv.)* according to rules

reliquias /'rɛlɪkwɪas/ *(noun m pl.)* relics

rēn /rɛːn/ *(noun m.)* rain [also reġen, reġn]

ġerēn /jɛ'rɛːn/ *(noun n.)* ornament

renge /'rɛŋgɛ/ *(noun f.)* spider

ġerēnian /jɛ'rɛːnian/ *(verb weak)* adorn

rēocan /'rɛːokan/ *(verb strong 2)* emit smoke/steam; stink, be putrid, reek

reodian /ˈreodıan/ *(verb weak)* arrange, order

reord /reord/ *(noun f.)* voice

(ġe)reordung /ˈreorduŋg/ *(noun f.)* meal, reflection [also (ġe)reord; 'middægre ġereordung' = 'lunch']

rēotan /ˈreːotan/ *(verb strong 2)* weep

rēow /ˈreːow/ rowed (see rōwan)

rest /rɛst/ *(noun f.)* rest, bed

restan /ˈrɛstan/ *(verb weak)* rest (absol. and reflex.)

rēþe /ˈreːðe/ *(adj.)* fierce, cruel, zealous

rēþnis /ˈreːðnıs/ *(noun f.)* fierceness, zeal

rēwþ /ˈreːwθ/ rows (see rōwan)

rib /rıb/ *(noun n.)* rib [also ribb]

rīċe /ˈriːtʃe/ *(adj.)* powerful, of high rank

rīċe /ˈriːtʃe/ *(noun n.)* kingdom, sovereignty, government, might [gen sing rīċes, dat sing rīċe, nom/acc pl rīċu, gen pl rīċa, dat pl rīċum]

rīċetere /ˈriːtʃɛtɛrɛ/ *(noun n.)* pomp, ambition [also rīċċetere]

rīċsian /ˈriːtʃıan/ *(verb weak)* rule [past pl rīċsodon. Also rīxian.]

rīdan /ˈriːdan/ *(verb strong 1)* ride [3rd pers. pres. rītt, past sing. rād, past pl. ridon, past partic. riden]

ġerīdan /jɛˈriːdan/ *(verb strong 1)* occupy a country, subject, 'ride over'

ridda /ˈrıdda/ *(noun m.)* rider

rīdere /ˈriːdɛrɛ/ *(noun m.)* rider

rīepan /ˈriːpan/ *(verb weak)* spoil, plunder

rīepere /ˈriːpɛrɛ/ *(noun m.)* plunderer, robber

rift /rıft/ *(noun n.)* veil

riftere /ˈrıftɛrɛ/ *(noun m.)* reaper

riht /rıxt/ *(adj.)* right, correct; righteous; just (fair); real, genuine [also ryht; 'hit is/nis eall riht' = 'it's [not] all right']

riht /rıxt/ *(noun n.)* right; duty ['on ryht' = 'rightly']

(ġe)rihtan /ˈrıxtan/ *(verb weak)* correct

rihte /ˈrıxtɛ/ *(adv.)* rightly; exactly; just

ġerihte /jɛˈrıxtɛ/ *(noun n.)* right, law ['on ġerihte' = 'straight on']

(ġe)rihtlǣċan /ˈrıxtlæːtʃan/ *(verb weak)* rectify, direct, guide

rihtlagu /ˈrıxtlagʊ/ *(noun f.)* just law

rihtġelēafful /ˈrıxtlæːafʊl/ *(adj.)* orthodox

rihtliċ /ˈrıxtlıtʃ/ *(adj.)* right, righteous just (fair)

rihtlīċe /ˈrıxtliːtʃɛ/ *(adv.)* rightly, correctly

rihtnorþanwind /ˈrıxtnɒrðanwınd/ *(noun m.)* direct north wind

rihtregul /ˈrıxtrɛgʊl/ *(noun m.)* right rule of conduct [also rihtregol]

rihtwīs /ˈrıxtwiːs/ *(adj.)* righteous, just

rihtwīsliċ /ˈrıxtwiːzlıtʃ/ *(adj.)* righteous

rihtwīsnes /ˈrıxtwiːznɛs/ *(noun f.)* righteousness

rīm /riːm/ *(noun m.)* number
rīman /ˈriːman/ *(verb weak)* count
ġerīmbōc /jɛˈriːmbɔːk/ *(noun f.)* calendar [cf. bōc]
rīmcræft /ˈriːmkræft/ *(noun m.)* arithmetic, mathematics
rīnan /ˈriːnan/ *(verb weak)* rain [from reġen; past sing rīnde. Also rignan.]
rīp /riːp/ *(noun n.)* harvest
rīpan /ˈriːpan/ *(verb strong 1)* reap [3rd pers. pres. rīpþ, past sing. rāp, past pl. ripon, past partic. ripen]
rīpe /ˈriːpɛ/ *(adj.)* ripe, mature
rīpere /ˈriːpɛrɛ/ *(noun m.)* reaper
rīpian /ˈriːpɪan/ *(verb weak)* ripen, become ripe, mature
rīptīma /ˈriːptiːma/ *(noun m.)* reaping-time, harvest
(ġe)rīsan /ˈriːzan/ *(verb strong 1)* rise [3rd pers. pres. rīst, past sing. rās, past pl. rison, past partic. risen]
risc /rɪʃ/ *(noun f.)* rush
ġerisenlic /jɛˈrɪzɛnlɪtʃ/ *(adj.)* proper, suitable
rīxian /ˈriːksɪan/ rule (see rīċsian)
rocc /rɒk/ *(noun m.)* coat
rōd /rɔːd/ *(noun f.)* rood, cross
rōdehengen /ˈrɔːdɛhɛŋɡɛn/ *(noun f.)* hanging, crucifixion
rōde-tācn /ˈrɔːdɛtɑːkn/ *(noun n.)* sign of the cross (gesture)
rodor /ˈrɒdɔr/ *(noun m.)* firmament, sky, heavens
rōdwæġnsteall ℕ /ˈrɔːdwʌɪnstæall/ *(noun m./n.)* train station, railway station

rōht, rōhte /rɔːxt/, /ˈrɔːxtɛ/ cared (see reċċan)
ropp /rɒpp/ *(noun m.)* intestine
Rōmāne /ˈrɔːmaːnɛ/ *(noun pl.)* Romans ['Rōmana rīċe' = 'Roman empire']
Rōmānisċ /ˈrɔːmaːnɪʃ/ *(adj.)* Roman
Rōmeburg /ˈrɔːmɛburɡ/ *(noun f.)* city of Rome [also Rōm: 'iċ eom of Rōme' = 'I am from Rome']
Rōmware /ˈrɔːmwarɛ/ *(noun m pl.)* Romans
rōse /ˈrɔːzɛ/ *(noun f.)* rose
rōt /rɔːt/ *(adj.)* glad
rotian /ˈrɒtɪan/ *(verb weak)* rot
rōtlīċe /ˈrɔːtliːtʃɛ/ *(adv.)* gladly, cheerfully
rōwan /ˈrɔːwan/ *(verb strong 7)* row [3rd pers. pres. rēwþ, past sing. rēow, past pl. rēowon, pres. partic. rōwende, past partic. rōwen]
(ġe)rūm /ruːm/ *(adj.)* roomy, spacious
rūm /ruːm/ *(noun m.)* space, room; opportunity
rūn /ruːn/ *(noun f.)* mystery, secret
ryht /ryxt/ right (see riht)
(ġe)rȳman /ˈryːman/ *(verb)* widen, extend
rȳmet /ˈryːmɛt/ *(noun n.)* room, space
rȳn /ryːn/ *(verb weak)* roar, rage
ryne /ˈrynɛ/ *(noun m.)* course, running [from irnan]
(ġe)rȳne /ˈryːnɛ/ *(noun n.)* mystery

S

sā /sa:/ (noun m.) bucket
ġesaca /jɛ'saka/ (noun m.) opponent, adversary
sacan /'sakan/ (verb strong 6) quarrel, fight [3rd pers. pres. sæcþ, past sing. sōc, past pl. sōcon, past partic. sacen]
sācerd /'sa:kɛrd/ (noun m.) priest
sacu /'saku/ (noun f.) strife, war
sadol /'sadɒl/ (noun m.) saddle
sǣ /sæ:/ (noun f.) sea [generally indeclinable]
sǣd /sæ:d/ (noun n.) seed
sǣd /sæ:d/ said (see seċġan)
sǣdēor /'sæ:de:or/ (noun n.) sea-beast, sea-monster
sǣfōr /'sæ:vɔ:r/ (noun f.) sea journey, sea voyage
sǣgan /'sæ:gan/ (verb weak) lay low
sǣġd, sǣġe, sǣġde /sʌɪd/, /'sʌɪjɛ/, /'sʌɪdɛ/ said (see seċġan) [sǣġde is also written sǣde]
sǣġon /'sæ:jɒn/ saw (see (ġe)sēon)
sæl /sæl/ (noun n.) hall [nom/acc pl salu]
sǣl /sæ:l/ (noun m.) time, occasion; opportunity; prosperity, happiness
sǣlan /'sæ:lan/ (verb weak) bind

sǣlan /'sæ:lan/ (verb weak) happen [+ dat]
sǣlida /'sæ:lıda/ (noun m.) pirate
(ġe)sǣliġ /'sæ:lıj/ (adj.) happy, blessed
(ġe)sǣliġliċ /'sæ:lılıtʃ/ (adj.) happy, blessed
(ġe)sǣliġlīċe /'sæ:lılı:tʃɛ/ (adv.) happily, blessedly
(ġe)sǣlþ /'sæ:lθ/ (noun f.) happiness [usually in plural]
sǣmann /'sæ:mann/ (noun m.) seaman, pirate
sǣne /'sæ:nɛ/ (adj.) slow [+ gen]
sǣrima /'sæ:rıma/ (noun m.) sea-border, coast
sǣstrand /'sæ:strand/ (noun m.) sea-shore
sæp /sæp/ (noun n.) juice
sæt /sæt/ sat (see sittan)
sǣtan /'sæ:tıan/ (verb weak) lie in wait for [+ gen; from sittan]
sǣte /'sæ:tɛ/ (noun m pl.) dwellers
sæterndæġ /'sætɛrndʌɪ/ (day of week (m.)) Saturday [also sæternesdæġ]
sǣton /'sæ:tɒn/ sat (see sittan)
sǣtung /'sæ:tʊŋg/ (noun f.) ambush, snare, trap
sǣwþ /'sæ:wθ/ sows (see sāwan)
sāg /sa:g/ fell/sank (see sīgan)

157

saġa /'saja/ say (see seċġan)
sagol /'sagɒl/ (noun m.) rod, staff
sāl /sa:l/ (noun m.) rope, chain
salde /'saldɛ/ gave/sold (see sellan)
salu /'salʊ/ (adj.) dusky, dark
salu /'salʊ/ halls (see sæl)
sam /'sam/ (conj.) whether, or ['sam ... sam' = 'whether ... or']
same /'samɛ/ (adv.) similarly ['swā same' = 'similarly'; 'swā same swā' = 'in the same way as']
samhwilċ /'samhwɪltʃ/ (pron.) some [declines like hwilċ]
(ġe)samnian /'samnɪan/ (verb weak) collect, assemble
(ġe)samnung /'samnʊŋg/ (noun f.) assembly, association
samod /'samɒd/ (adv.) together, with
samod /'samɒd/ (prep.) at (of time) [+ dat]
sāmworht /'samwɒrxt/ (adj.) half-wrought, unfinished [past participle]
sanct /saŋkt/ (noun m.) saint
sand /sand/ (noun f.) dish/course of food [from sendan]
sand /sand/ (noun n.) sand
sandċeosol /'sandtʃeozɒl/ (noun m.) sand [literally sand-gravel]
sandiht /'sandɪxt/ (adj.) sandy, dusty
sang /saŋg/ (noun m./n.) song, poem [also song]
sang /saŋg/ sang (see singan)
sangcræft /'saŋkræft/ (noun m.) poetry

sangere /'saŋgɛrɛ/ (noun m.) singer, poet
sāpe /'sa:pɛ/ (noun f.) soap
sār /sa:r/ (noun n.) grief, sorrow
sār /sa:r/ (adj.) grievous, sad; sore
sāre /'sa:rɛ/ (adv.) sorely, grievously
sārettan /'sa:rɛttan/ (verb weak) grieve, be vexed
sārgian /sa:gıan/ (verb weak) wound
sārian /'sa:rıan/ (verb) feel sorry, grieve ['iċ sārie' = 'I am sorry']
sāriġ /'sa:rıj/ (adj.) sorry, sad
sārliċ /'sa:lıtʃ/ (adj.) grievous, sad
sārnes /'sa:nɛs/ (noun f.) pain
sāwan /'sa:wan/ (verb strong 7) sow [3rd pers. pres. sæwþ, past sing. sēow, past pl. sēowon, past partic. sāwen]
sāwe /'sa:wɛ/ saw (see (ġe)sēon)
sāwere /'sa:wɛrɛ/ (noun m.) sower
sāwol /'sa:wɒl/ (noun f.) soul, life [o disappears in inflected forms: gen/dat/acc sing sāwle, nom/acc pl sāwla/sāwle, gen pl sāwla, dat pl sāwlum. Nom sing can also be sāwl.]
sāwollēas /'sa:wɒllæ:as/ (adj.) lifeless
sāwon /'sa:wɒn/ saw (see (ġe)sēon)
sċacan /'ʃakan/ (verb strong 6) shake [3rd pers. pres. sċæcþ, past sing. sċōc, past pl. sċōcon, past partic. sċacen. Also sċeacan.]
sċādan /'ʃadan/ (verb strong 7) divide, separate [past sing sċēd,

past partic. scāden. Also scēadan.]

(ġe)scādwīs /ˈʃadwiːs/ *(adj.)* sagacious, rational [also (ġe)scēadwīs]

(ġe)scādwīslīċe /ˈʃadwiːzliːtʃɛ/ *(adv.)* sagaciously, prudently [also (ġe)scēadwīslīċe]

(ġe)scādwīsnes /ˈʃadwiːznɛs/ *(noun f.)* sagacity, reason [also (ġe)scēadwīsnis]

scær, scǣron /ʃær/, /ˈʃæːrɒn/ cut (see sċeran)

sċafan /ˈʃavan/ *(verb strong 6)* shave, scrape [past sing. scōf]

sċamian /ˈʃamıan/ *(verb weak)* shame [impersonal verb, + acc of person & gen of thing; also sceamian]

sċamu /ˈʃamʊ/ *(noun f.)* shame; disgrace [also sċeamu]

sċān /ʃaːn/ shone (see sċīnan)

sċanca /ˈʃaŋka/ *(noun m.)* leg [also sċeanca]

sċand /ʃand/ *(noun f.)* disgrace [also sċeand]

sċandlīċ /ˈʃandlıtʃ/ *(adj.)* shameful, disgraceful [declines like fǣrlīċ. Also sċandlīċ.]

ġescapennes /jɛˈʃapɛnnɛs/ *(noun f.)* creation [also ġesċeapennes]

sċaþa /ˈʃaθa/ *(noun m.)* thief, criminal [also sċeaþa]

sċead /ˈʃæad/ *(noun n.)* shade [also sċæd]

sċeadiht /ˈʃæadıxt/ *(adj.)* shady [also sċædeht, sċædiht]

sċeadu /ˈʃæadʊ/ *(noun f.)* shadow

sċēaf /ʃæːaf/ *(noun m.)* sheaf, bundle [from sċūfan]

sċeaf /ʃæːaf/ pushed (see scūfan)

sċeafmǣlum /ˈʃæːavmæːlʊm/ *(adv.)* into sheaves/bundles

sċeaft /ʃæaft/ *(noun m.)* shaft

(ġe)sċeaft /ʃæaft/ *(noun f.)* creature, created thing

sċeal /ʃæal/ shall (see sċulan)

sċealc /ʃæalk/ *(noun m.)* servant, man

sċeap /ʃæap/ *(noun n.)* sheep; mutton [also sċēp, sċæp]

ġesċeap /jɛˈʃæap/ *(noun n.)* creation; limb

sċearp /ʃæarp/ *(adj.)* sharp [from sċeran]

sċearpian /ˈʃæarpıan/ *(verb)* score (i.e. make a mark)

sċearplīċ /ˈʃæarplıtʃ/ *(adj.)* sharp

sċearpnes /ˈʃæarpnɛs/ *(noun f.)* sharpness

sċēarra /ˈʃæːarra/ *(noun pl.)* scissors

sċearseax /ˈʃæarsæaks/ *(noun n.)* razor

sċeatt /ʃæatt/ *(noun m.)* money; tribute, payment

sċēaþ /ʃæːaθ/ *(noun f.)* sheath [also sċǣþ]

sċēawendsprǣċ /ˈʃæːawɛndˌspræːtʃ/ *(noun f.)* buffoonery, comedy

sċēawere /ˈʃæːawɛrɛ/ *(noun m.)* spy, witness

(ġe)sċēawian /ˈʃæːawıan/ *(verb weak)* see, examine, read, survey; decree, grant

sċēawspell ℕ /ˈʃæːawspɛll/ *(noun n.)* movie, film

scēawung /ˈʃæːawuŋg/ *(noun f.)* seeing, examination, surveying [dat sing often ends -a]

scendan /ˈʃɛndan/ *(verb weak)* shame, insult, injure

sceocca /ˈʃeokka/ *(noun m.)* sprite, demon [also scucca]

sceorp /ˈʃeorp/ *(noun n.)* dress, ornament

scēotan /ˈʃeːotan/ *(verb strong 2)* shoot [3rd pers. pres. sciett, past sing. scēat, past pl. scuton, past partic. scoten]

scēotend /ˈʃeːotɛnd/ *(noun m.)* shooter, archer [nom/acc sing scēotend, gen sing scēotendes, dat sing scēotende, nom/acc pl scēotend, gen pl scēotendra, dat scēotendum]

scēo-þwang /ˈʃeːoðwaŋg/ *(noun m.)* shoelace

scepen /ˈʃɛpɛn/ *(noun m.)* creator

sceran /ˈʃɛran/ *(verb strong 4)* cut [past sing. scær, past pl. scæron, past partic. scoren]

(ġe)scebban /ˈʃɛθan/ *(verb strong 6)* injure, hurt [past sing. scōd/scebede]

scebbu /ˈʃɛθu/ *(noun f.)* hurt, injury

scīdfarung /ˈʃiːdfaruŋ/ *(noun f.)* skiing [scīd = ski (noun)]

scield /ʃild/ *(noun f.)* shield

(ġe)scieldan /ˈʃildan/ *(verb weak)* protect

scīene /ʃiːnɛ/ *(adj.)* beautiful

(ġe)scieppan /ˈʃippan/ *(verb strong 6)* create; make, shape [3rd pers. pres. sciepþ, past sing. scōp/scēop, past pl. scōpon, past partic. scapen]

scieppend /ˈʃippɛnd/ *(noun m.)* creator

scieran /ˈʃiran/ *(verb strong 4)* shear [3rd pers. pres. scierþ, past sing. scear, past pl. scēaron, past partic. scoren]

scierian /ˈʃirian/ *(verb weak)* decree, appoint

scīete /ʃiːtɛ/ *(noun f.)* sheet

scildan /ˈʃildan/ *(verb weak)* protect

(ġe)scildend /ˈʃildɛnd/ *(noun m.)* protector

(ġe)scildnes /ˈʃildnɛs/ *(noun f.)* protection [also scieldnis]

scilling /ˈʃilliŋg/ *(noun m.)* shilling

scīma /ˈʃiːma/ *(noun m.)* light, brightness

scīn /ʃiːn/ *(noun m.)* shin

scīnan /ˈʃiːnan/ *(verb strong 1)* shine [3rd pers. pres. scīnþ, past sing. scān, past pl. scinon, past partic. scinen]

scinnhīw /ˈʃinnhiːw/ *(noun n.)* phantom, illusion, spectre [also scinhīw, scinhīow]

scip /ʃip/ *(noun n.)* ship [nom/acc sing scip, gen sing scipes, dat sing scipe; nom/acc pl scipu, gen pl scipa, dat pl scipum]

-scipe /ʃipɛ/ *(suffix)* -ship [forms nouns, e.g. winescipe 'friendship' from noun 'friend'. Noun is always masc.]

scipen /ˈʃipɛn/ *(noun n.)* stall, sheepfold

sciphere /ˈʃiphɛrɛ/ *(noun m.)* (hostile) fleet

sciphlæst /ˈʃiphlæst/ (noun m.) crew, 'shipload'

(ġe)scipian /ˈʃipian/ (verb weak) furnish with ships

scippan /ˈʃippan/ (verb strong 6) create [3rd pers. pres. scipþ, past sing. scōp, past partic. scapen/sceapen. Equivalent to (ġe)scieppan.]

sciprāp /ˈʃipraːp/ (noun m.) ship-rope, cable

scīr /ʃiːr/ (noun f.) shire, district

scīr /ʃiːr/ (adj.) bright

scīrmǣled /ˈʃiːrmæːlɛd/ (adj.) brightly adorned

scīrmann /ˈʃiːrmann/ (noun m.) ruler, governor of a shire, sheriff

scōc, scōcon /ʃɔːk/, /ˈʃɔːkɒn/ shook (see scacan)

scōh /ʃɔːx/ (noun m.) shoe [nom/acc sing scōh, gen sing scōs, dat sing scō, nom/acc pl scōs, gen pl scōna, dat pl scōm]

scōl /ʃɔːl/ (noun f.) school

scolde /ˈʃɒldɛ/ should (see sculan) [also sceolde]

scolu /ˈʃɒlʊ/ (noun f.) host, multitude [also sceolu]

scop /ʃɒp/ (noun m.) poet [also sċeop]

scōp, scōpon /ʃɔːp/, /ˈʃɔːpɒn/ shaped/made (see scieppan)

scopġereord /ˈʃɒpjɛrɛɒrd/ (noun n.) poetical language

scoren /ˈʃɒrɛn/ shorn (see sċeran)

scorian /ˈʃɒrian/ (verb weak) refuse [also sceorian]

scort /ʃɒrt/ (adj.) short [also sceort]

scortlīċe /ˈʃɒrtliːtʃɛ/ (adv.) shortly, briefly [also sceortlīċe]

(ġe)scot /ʃɒt/ (noun n.) shot

scoten /ˈʃɒtɛn/ shot (see scēotan)

scotian /ˈʃɒtian/ (verb weak) shoot [from scēotan]

Scotland /ˈʃɒtland/ (noun n.) Ireland (in older sense); Scotland ['iċ eom of Scotlande' = 'I am from Scotland/Ireland'. Also Scottland, Scottaland (?)]

Scottas /ˈʃɒttɑs/ (noun m pl.) the Irish; the Scots

scotung /ˈʃɒtʊŋ/ (noun f.) shot [dat sing often ends -a]

scræf /ʃræf/ (noun n.) cave

scrēadian /ˈʃræːadian/ (verb weak) peel

scrīfan /ˈʃriːvan/ (verb strong 1) care [3rd pers. pres. scrīfþ, past sing. scrāf, past pl. scrifon]

scrīn /ʃriːn/ (noun n.) shrine

scrincan /ˈʃrɪŋkan/ (verb strong 3) shrink [3rd pers. pres. scrincþ, past sing. scranc, past pl. scruncon, past partic. scruncen]

scrīþan /ˈʃriːðan/ (verb strong 1) go, wander

scrūd /ʃruːd/ (noun n.) dress, garment

scrȳdan /ˈʃryːdan/ (verb weak) clothe [from scrūd]

scua /ˈʃʊa/ (noun m.) shadow, shade [also scūwa]

scūfan /ˈʃuːvan/ (verb strong 2) push [3rd pers. pres. scȳfþ, past sing. scēaf, past pl. scufon, past partic. scofen; scūfan ūt = launch (ship)]

sċulan /ˈʃulan/ *(verb (pret-pres))* ought to, must, have to; 'is necessary'; shall; (to express future) [pres. indic: iċ sċeal, þū sċealt, hē/hit/hēo sċeal, wē/ġe/hīe sċulon; past indic. iċ sċolde/sċeolde, þū sċoldest/sċeoldest, hē/hit/hēo sċolde/sċeolde, wē/ġē/hīe sċoldon/sċeoldon; pres. subj. sċyle/sċule (sing), sċulen (pl), past subj.: sċolde/sċeolde (sing), sċolden/sċeolden (pl). pres. partic. sċulende, past partic. sċulen, imper. sċyle (sing.)/sċylaþ (pl.). Infinitives - sċulan, tō sċulenne. Sċulan + infinitive can be used to express future.]

sċuldor /ˈʃuldor/ *(noun m.)* shoulder [plural ġesċyldru]

sċulon /ˈʃulon/ should (see sċulan)

(ġe)scunian /ˈʃunɪan/ *(verb weak)* shun

sċūr /ʃuːr/ *(noun m.)* shower

sċuton /ˈʃuton/ shot (see sċēotan)

sċyld /ʃyld/ *(noun f.)* guilt, sin [from sċulon, sċeal; acc sing sċyld, gen/dat sing sċylde, nom/acc pl sċylda/sċylde, gen pl sċylda, dat pl sċyldum]

sċyldiġ /ˈʃyldɪj/ *(adj.)* guilty ['ealdres sċyldiġ' = 'having forfeited his life']

sċyldigan /ˈʃyldɪgan/ *(verb weak)* sin [also sċyldigian]

sċylen /ˈʃylen/ should (see sċulan)

sċyndan /ˈʃyndan/ *(verb)* hurry, hasten [1st pers pres.: iċ sċynde]

sċyte /ˈʃytɛ/ *(noun m.)* shooting, shot

Sċyttisċ /ˈʃyttɪʃ/ *(adj.)* Scotch, Gaelic [declines like mennisċ]

se /sɛ/ *(pron.)* the (with masc. noun); that [(masc) nom se, acc þone/þane/þæne, gen þæs, dat þǣm/þām, instr þȳ/þon; (fem) nom sēo, acc þā, gen/dat þǣre/þāre; (neu) nom/acc þæt, gen þæs, dat þǣm/þām, instr þȳ/þon; (pl) nom/acc þā, gen þāra/þǣra; dat þǣm/þām]

(ġe)seah /ˈsæax/ saw (see (ġe)sēon)

sealde /ˈsæaldɛ/ sold (see sellan)

sealm /ˈsæalm/ *(noun m.)* psalm

sealmscop /ˈsæalmʃɒp/ *(noun m.)* psalmist [alsoo sealmsceop]

sealmwyrhta /ˈsæalmwyrxta/ *(noun m.)* psalmist

sealt /sæalt/ *(noun n.)* salt

sealtere /ˈsæaltɛrɛ/ *(noun m.)* psalter

sealtian /ˈsæaltıan/ *(verb)* dance

sealting /ˈsæaltɪŋg/ *(noun f.)* dancing

sealtstrǣt /ˈsæaltstræːt/ *(noun f.)* salt-street, road to salt-works

sēamere /ˈsæːamɛrɛ/ *(noun m.)* tailor

sēarian /ˈsæːarɪan/ *(verb weak)* wither

searo /ˈsæarɒ/ *(noun n.)* armour, array; artifice, treachery [singular: acc searu, gen searwes, dat searwe; plural: nom/acc searu, gen searwa, dat searwum. Also searu.]

searocræft /ˈsæarɒkræft/ *(noun m.)* artifice, treachery; (modern usage) mechanics, engineering, technology [also searucræft]

searoþancol /ˈsæarɒðaŋkɒl/ *(adj.)* wise [also searuþancol]

searowrenc /ˈsæarɒrɛŋk/ *(noun m.)* treachery [also searuwrenc.]

searutwihwēol N /ˈsæarutwɪxweːol/ *(noun m.)* motorbike

sēaþ /sæːaθ/ *(noun m.)* pit

sēaþ /sæːaθ/ boiled (see sēoþan)

seax /sæaks/ *(noun n.)* knife, short sword

Seaxe /ˈsæaksɛ/ *(noun m pl.)* Saxons [gen. pl. Seaxna. Also Seaxan.]

(ġe)sēċan /ˈsɛːtʃan/ *(verb weak 1b)* seek; visit, go to; attack [INDIC: 1st pers. pres. sēċe, 2nd pers. pres. sēċst, 3rd pers. pres. sēċþ, pl. pres. sēċaþ, 3rd pers. past sōhte, pl past sōhton. SUBJ: pres. sing. sēċe, past sing. sōhte. Imperatives - sing sēċ, pl sēċaþ. Present partic. sēċende, past partic. ġesōht]

seċġan /ˈsɛdʒan/ *(verb weak 3)* say, tell; signify, mean [INDIC: 1st pers. pres. seċġe, 2nd pers. pres. seġst/seġest, 3rd pers. pres. seġþ/seġeþ, plural seċġaþ; past sæġde (all persons)/sæde (1st/3rd pers. sing.); SUBJ: pres. seċġe (all persons), past sæġde (all persons), pres. partic. seċġende, past partic. (ġe)sæġd/sæd, imper. seġe/sæġe/saġa (sing)/seċġaþ (pl.). 'hū seġst þū ...?' = 'how do you say ...?']

sefa /ˈsɛva/ *(noun m.)* mind, heart

sēft /sɛːft/ more softly (see sōfte)

(ġe)sēfte /ˈsɛːftɛ/ *(adj.)* gentle, pleasant

seġen /ˈsɛjɛn/ seen (see (ġe)sēon)

seġl /sɛːl/ *(noun m./n.)* sail [also seġel]

seġlġierd /ˈsɛːljɪrd/ *(noun f.)* mast [also seġelġierd, seġlġyrd]

(ġe)seġlian /ˈsɛːlɪan/ *(verb weak)* sail [past siġlde. Also siġlan.]

(ġe)seġnian /ˈsɛːnɪan/ *(verb weak)* make the sign of the cross, cross oneself [also sēnian; from seġen 'sign']

(ġe)sehþe /ˈsɛxðɛ/ *(interj.)* behold!

sēl /sɛːl/ *(adj.)* good (only in comp. & superl.) [adv. sēlost. comparative sēlra, superlative sēlest.]

seld /sɛld/ *(noun n.)* hall; seat

seldan /ˈsɛldan/ *(adv.)* seldom [also seldon]

seldcūþ /ˈsɛldkuːθ/ *(adj.)* rare

seld-sīene /sɛldziːnɛ/ *(adj.)* rare, seldom seen

sele /ˈsɛlɛ/ *(noun m.)* hall

self /sɛlf/ *(pron.)* self; *(adj.)* same [e.g. 'be him selfum' = 'about him himself'. Also silf.]

selfwille /ˈsɛlfwɪllɛ/ *(adj.)* voluntary

selfwilles /ˈsɛlfwɪllɛs/ *(adv.)* voluntarily

(ġe)sellan /sɛllan/ *(verb weak 1a)* give; sell [+ dat of pers. and acc of thing. 1st pers. pres. selle, 2nd pers. pres. selst, 3rd pers. pres. selþ/silþ, 1st/3rd pers. past sing. sealde/salde, past partic. ġeseald, imper. sele. Verb usually means 'give' unless there is an adverb involved. Also syllan.]

selliċ /ˈsɛllɪtʃ/ *(adj.)* rare, strange

sēlest /ˈsɛːlɛst/ *(superl. adv.)* best

sēman /ˈsɛːman/ *(verb weak)* reconcile

semninga /ˈsɛmnɪŋɡa/ *(adv.)* forthwith, suddenly [also samnunga]

sendan /ˈsɛndan/ *(verb weak 1b)* send, send message [3rd pers. pres. sing. sent, 1st/3rd pers. past sing. sette, past partic. sett/ġesended/ġesend; from sand. Conjugated similarly to hīeran.]

senep /ˈsɛnɛp/ *(noun m.)* mustard

senġan /ˈsɛndʒan/ *(verb)* singe

sēo /seːo/ *(pron.)* the (with fem. noun) gen þæs, dat þǣm/þām, instr þȳ/þon; (fem) nom sēo, acc þā, gen/dat þǣre; (neu) nom/acc þæt, gen þæs, dat þǣm/þām, instr þȳ/þon; (pl) nom/acc þā, gen þǣra/þǣra; dat þǣm/þām. Also sīo for sēo.]

sēo /seːo/ *(noun f.)* pupil (of eye)

sēoc /seːok/ *(adj.)* sick, ill

sēocnes /ˈseːoknɛs/ *(noun f.)* sickness, disease

seofian /ˈseovian/ *(verb weak)* sigh

seofon /ˈseovɒn/ *(number)* 7 [indeclinable before a noun; used alone, declined as seofone (nom/acc), seofona (gen), seofonum (dat)]

seofonfeald /ˈseovɒnfæald/ *(adj.)* sevenfold

seofontīene /ˈseovɒntiːnɛ/ *(number)* 17 [Indeclinable. 17th = seofontēoþa]

seofoþa /ˈseovɒða/ *(number)* seventh [always weak]

seoh /seːox/ see (see (ġe)sēon)

seolc /seolk/ *(noun m.)* silk

seolcen /ˈseolkɛn/ *(adj.)* silken, of silk [also seolocen]

seolfor /ˈseolvɒr/ *(noun n.)* silver [also silfor]

seolfren /ˈseolvrɛn/ *(adj.)* made of silver

seolh /seolx/ *(noun m.)* seal (sea creature) [pl sēolas, gen sing sēoles]

(ġe)sēon /ˈseːon/ *(verb strong 5)* see [INDIC: 1st pers pres sēo, 2nd pers pres siehst, 3rd pers. pres. sihþ/siehþ, pl pres sēoþ, past sing. seah, past pl. sāwon/sǣgon. SUBJ: pres sing sēo, past sing sāwe. Imperatives - sing seoh, pl sēoþ. Present partic. sēonde, past partic. sewen/seġen. Generally used with ġe- prefix: see ġehīeran.]

sēoþan /ˈseːoðan/ *(verb strong 2)* boil [INDIC: Present - iċ sēoþe, þū sīeþst, hē/hit/hēo sīeþþ, wē/ġē/hīe sēoþaþ; Past - iċ sēaþ, þū sude, hē/hit/hēo sēaþ, wē/ġē/hīe sudon. SUBJ: Present - sēoþe (sing.), sēoþen (pl.); Past - sude (sing.), suden (pl.). pres. partic. sēoþende, past partic.

(ġe)soden, imper. sēoþ (sing.)/sēoþaþ (pl.). Infinitives - sēoþan, tō sēoþenne.]

sēow, sēowon /ˈseːow/, /ˈseːowɒn/ sowed (see sāwan)

serce /ˈsɛrkɛ/ *(noun f.)* shirt [also sierce (f), serc (m)]

sester /ˈsɛstɛr/ *(noun m.)* pitcher

set /sɛt/ *(noun n.)* seat, entrenchment

seten /ˈsɛtɛn/ sat/settled (see sittan)

setl /ˈsɛt(ə)l/ *(noun n.)* seat, throne [gen sing setles, dat sing setle, nom/acc pl setlu, gen pl setla, dat pl setlum]

ġesetnes /jɛˈzɛtnɛs/ *(noun f.)* narrative; foundation; law [from settan. Also ġesetnis.]

settan /ˈsɛttan/ *(verb weak)* set; set down; establish, found, build; appoint, institute; compose, write; create [INDIC: 3rd pers. pres. sing. sett, 1st/3rd pers. past. sing. sette; imper. sing. sete; past partic. ġeseted/ġesett. Conjugated similarly to hīeran. 'dōm settan' (+ dat) = pass sentence on]

sette /ˈsɛttɛ/ sent (see sendan)

ġesewenliċ /jɛˈzɛwɛnlɪtʃ/ *(adj.)* visible

sibb /sɪbb/ *(noun f.)* peace; relationship

(ġe)sibb /sɪbb/ *(adj.)* related, akin

sibleġer /ˈsɪblɛjɛr/ *(noun n.)* incest [also sibbleġer]

sibbling /ˈsɪbblɪŋɡ/ *(noun m.)* relative, sibling

(ġe)sibbsum /ˈsɪbbzʊm/ *(adj.)* peaceful [Declines as sum]

sibbsumlīċe /ˈsɪbbzʊmliːtʃɛ/ *(adv.)* peacefully

sīċettung /ˈsiːtʃɛttʊŋɡ/ *(noun f.)* sighing

(ġe)sīclian /ˈsiːklɪan/ *(verb weak)* sicken [also sīeclian]

sicor /ˈsɪkɒr/ *(adj.)* sure, certain

sīd /siːd/ *(adj.)* wide

sīde /ˈsiːdɛ/ *(adv.)* widely

sīde /ˈsiːdɛ/ *(noun f.)* side

sidelīċe /ˈsɪdɛliːtʃɛ/ *(adv.)* fitly

sidu /ˈsɪdʊ/ *(noun m.)* custom, morality [nom/acc sing sidu, gen/dat sing sida, nom/acc/gen pl sida, dat pl sidum]

sīe /siː/ is/would be (see wesan)

sīeferlīċe /ˈsiːvɛrliːtʃɛ/ *(adv.)* purely

sīefre /ˈsiːvrɛ/ *(adj.)* pure

siehst, siehþ /sɪxst/, /sɪxθ/ sees (see (ġe)sēon)

sīen /siːn/ are/would be (see wesan)

ġesīene /jɛˈziːnɛ/ *(adj.)* visible

sierce /ˈsɪrkɛ/ shirt (see serce)

(ġe)sierwan /ˈsɪrwan/ *(verb weak)* machinate, plot

sierwung /ˈsɪrwʊŋɡ/ *(noun f.)* strategem, machination, artifice [dat sing often ends -a. Also syrewung.]

sīeþþ /siːθ/ boils (see sēoþan)

siex /sɪks/ *(number)* 6 [indeclinable before a noun; used alone, declined as siexe (nom/acc), siexa (gen), siexum (dat)]

siexta /ˈsɪksta/ *(number)* sixth [always weak]

siextīene /ˈsɪkstiːnɛ/ *(number)* 16 [Indeclinable. 16th = siextēoþa]

siextiġ /ˈsɪkstɪj/ *(number)* 60 [Generally undeclined in nom/acc but declined like adjectives with gen -ra, dat -um. + gen of noun. 60th = siextigoþa]

sīgan /ˈsiːgan/ *(verb strong 1)* fall, sink [3rd pers. pres. sīgþ, past sing. sāg, past pl. sigon]

siġe /ˈsɪjɛ/ *(noun m.)* victory [Also sigor. 'siġe niman' = 'gain victory']

siġefæst /ˈsɪjɛvæst/ *(adj.)* victorious

siġelēas /ˈsɪjɛlæːas/ *(adj.)* unvictorious, defeated

siġlan, siġlde /ˈsɪlan/, /ˈsɪldɛ/ sail(ed) (see seġlian)

sigor /ˈsɪgʊr/ *(noun m.)* victory

sihþ /sɪxθ/ sees (see (ġe)sēon)

ġesihþ /jɛˈzɪxθ/ *(noun f.)* sight; vision, dream [from ġesēon]

silfren /ˈsɪlvrɛn/ *(adj.)* (of) silver

silþ /sɪlθ/ gives/sells (see sellan)

simle /ˈsɪmlɛ/ *(adv.)* always [also simble, symble, symle]

sīn /siːn/ *(possessive pron.)* (reflexive possessive pron.) [Used in poetry; declines like mīn]

sind /sɪnd/ you (plural; see wesan)

sinder /ˈsɪndɛr/ *(noun n.)* cinder

sine-wealt /ˈsɪnɛwæalt/ *(adj.)* round, circular

singal /ˈsɪŋgal/ *(adj.)* continual, continuous

singallīċe /ˈsɪŋgalliːtʃɛ/ *(adj.)* continually

(ġe)singan /ˈsɪŋgan/ *(verb strong 3)* sing, compose poetry [INDIC: Present - iċ singe, þū singst, hē/hit/hēo singþ, wē/ġē/hīe singaþ; Past - iċ sang, þū sunge, hē/hit/hēo sang, wē/ġē/hīe sungon. SUBJ: Present - singe (sing.), singen (pl.); Past - sunge (sing.), sungen (pl.). pres. partic. singende, past partic. (ġe)sungen, imper. sing (sing.)/singaþ (pl.). Infinitives - singan, tō singenne.]

sinu /ˈsɪnʊ/ *(noun f.)* sinew

sirwan /ˈsɪrwan/ *(verb weak 1b)* betray [w dropped in past forms: 1st/3rd pers. past sing. sirede/sirwde/sirwode, past partic. ġesired.]

sittan /ˈsɪttan/ *(verb strong 5)* sit; settle, stay, encamp [2nd pers. pres. sitt, 3rd pers. pres. siteþ/sitteþ/sitt, past sing. sæt, past pl. sǣton, past partic. seten, pres. partic. sittende, imper. site. 'on sittan' = 'assail']

ġesittan /jɛˈzɪttan/ *(verb strong 5)* take possession of, occupy; sit out, finish

sīþ /siːθ/ *(noun m.)* journey, expedition, motion; time (once, etc)

sīþ /siːθ/ *(adv.)* late

sīþfæt /ˈsiːðvæt/ *(noun m.)* journey

sīþian /ˈsiːðian/ *(verb weak)* journey, go [pres indic: iċ sīþie, þū sīþast, hē/hit/hēo sīþaþ, wē/ġē/hīe sīþiaþ; past indic: iċ sīþode, þū sīþodest, hē/hit/hēo sīþode, wē/ġē/hīe sīþodon; pres subj sīþie (sing)/sīþien (pl); past subj sīþode (sing)/sīþoden (pl); imper sīþa (sing)/sīþiaþ (pl); pres partic. sīþiende; past partic. sīþod]

siþþan /ˈsɪθan/ (adv./conj.) since, afterwards; (as conj.) when [also sioþþan]

slæd /slæd/ (noun n.) valley

slǣp /slæːp/ (noun m.) sleep

slǣpan /ˈslæːpan/ (verb strong 7) sleep [1st pers. pres. slǣpe, 3rd pers. pres. slǣpþ, past sing slǣpte/slēp, past pl. slēpon]

slǣplēast /ˈslæːplæːast/ (noun f.) sleeplessness

slǣpor /ˈslæːpɒr/ (adj.) sleepy, tired, weary

slaga /ˈslaja/ (noun m.) slayer [[slēan, past. partic. ġeslæġen]]

slāw /slaːw/ (adj.) slow, slothful, dull

slēan /ˈslæːan/ (verb strong 6) strike; slay, kill [INDIC: 1st pers. pres. slēa, 2nd pers. pres. sliehst, 3rd pers. pres. sliehþ, pres. pl. slēaþ, past sing. slōg/slōh, past pl. slōgon. SUBJ: pres sing slēa, past sing slōge. Imperatives - sing sleah, pl slēaþ. Present partic. slēande, past partic. slæġen/slagen]

ġeslēan /jeˈslæːan/ (verb strong 6) strike down; obtain by slaughter ['wæl ġeslēan' = 'make a slaughter']

sleċġ /slɛdʒ/ (noun m.) hammer [from slaga, slēan]

sleġe /ˈsleje/ (noun m.) killing, slaughter, murder; defeat [from slaga, slēan]

slēp /sleːp/ slept (see slǣpan)

slieht /slɪxt/ (noun m.) slaying

slītan /ˈsliːtan/ (verb strong 1) tear, slit [past sing. slāt, past pl. sliton, past partic. sliten]

slite /ˈsliːtɛ/ (noun m.) slit, tear

slīþen /ˈsliːðɛn/ (adj.) cruel, dire

slīþheard /ˈsliːðhæard/ (adj.) severe

slōg /sloːg/ slayed (see slēan)

slūpan /ˈsluːpan/ (verb strong 2) push [past partic. slopen]

smæl /smæl/ (adj.) narrow

smǣr /smæːr/ (noun m.) lip

smǣte /ˈsmæːtɛ/ (adj.) refined, purified

(ġe)smēaġan /ˈsmæːan/ (verb weak 1b) consider; think; consult [Contraction in conjugated forms: 3rd pers. pres. sing. smēaþ, 1st/3rd pers. past sing. smēade, past partic. smēad. Also smēan.]

(ġe)smēaung /ˈsmæːauŋg/ (noun f.) contemplation [also smēagung]

smēaliċ /ˈsmæːalɪtʃ/ (adj.) careful

smēalīċe /ˈsmæːaliːtʃɛ/ (adv.) carefully

smearcian /ˈsmæarkıan/ (verb weak) smile

smēocan /ˈsmeːokan/ (verb strong 2) smoke [3rd pers. pres. smīecþ, past sing. smēac, past pl. smucon,

pres. partic. smēocende, past partic. smocen]
smeoru /ˈsmeorʊ/ *(noun n.)* fat, tallow
smēþe /ˈsmɛːðɛ/ *(adj.)* smooth
smierenes /ˈsmɪrɛnɛs/ *(noun f.)* ointment
smierwan /ˈsmɪrwan/ *(verb weak)* anoint
smītan /ˈsmiːtan/ *(verb strong 1)* defile [Also besmītan]
(ġe)smittian /ˈsmɪttɪan/ *(verb)* pollute
smiþ /smɪθ/ *(noun m.)* smith, blacksmith
smiþþe /ˈsmɪθɛ/ *(noun f.)* smithy
smylte /ˈsmyltɛ/ *(adj.)* gentle, mild
snæd /snæːd/ *(noun f.)* morsel of food
snǣdan /ˈsnæːdan/ *(verb weak)* eat, take a meal
snāw /snaːw/ *(noun m.)* snow [dat sing snāwe, gen sing snāwes, nom pl snāwas, dat pl snāwum, gen pl snāwa]
snāwiġ /ˈsnaːwɪj/ *(adj.)* snowy
snell /snɛll/ *(adj.)* quick; bold
snīcan /ˈsniːkan/ *(verb strong 1)* creep
snide /ˈsnɪdɛ/ *(noun m.)* cut, incision
snīþan /ˈsniːðan/ *(verb strong 1)* cut [3rd pers. pres. snīþþ, past sing. snāþ, past pl. snidon, past partic. sniden]
snīwan /ˈsniːwan/ *(verb weak)* snow
snōd /snɔːd/ *(noun f.)* hairnet
snoffa /ˈsnɒfan/ *(noun m.)* nausea

snotor /ˈsnɒtɒr/ *(adj.)* wise, prudent [also snottor]
snotornes /ˈsnɒtɒrnɛs/ *(noun f.)* prudence, wisdom
snotorwyrde /ˈsnɒtɒrwyrdɛ/ *(adj.)* wise of speech, plausible
snūde /ˈsnuːdɛ/ *(adv.)* quickly
snytru /ˈsnytrʊ/ *(noun f.)* wisdom
socc /ˈsɒkk/ *(noun m.)* sock
(ġe)soden /ˈsɒdɛn/ boiled (see sēoþan)
sōfte /ˈsɔːftɛ/ *(adj./adv.)* soft; softly, easily [comparative adv. sēft, superlative adv. sōftost]
ġesōht, sōhte, -on /jɛˈsɔːxt/, /ˈsɔːxtɛ/ sought/visited (see sēċan)
sol /sɒl/ *(noun n.)* mud, wallowing-place
sole /ˈsɒlɛ/ *(noun f.)* shoe, sandal
solmōnaþ /ˈsɒlmɔːnaθ/ *(month (m.))* February
sōn /sɔːn/ *(noun n.)* sound
sōna /ˈsɔːna/ *(adv.)* soon; then, forthwith ['sōna swā' = 'as soon as']
sōncræft /ˈsɔːnkræft/ *(noun m.)* music
sorg /sɒrg/ *(noun f.)* sorrow [acc/gen/dat sing sorge, nom/gen pl sorga, acc pl sorga/sorge, dat pl sorgum. Also sorh.]
sorgfull /ˈsɒrgvʊl/ *(adj.)* sorrowful
sōþ /sɔːθ/ *(adj.)* true; just; real, genuine [AS STRONG ADJ: (masc sing) nom sōþ, acc sōþne, gen sōþes, dat sōþum, instr sōþe; (masc pl) nom/acc sōþe, gen sōþra, dat/instr sōþum; (fem

sing) nom sōþ, acc sōþe, gen/dat/instr sōþre; (fem pl) nom/acc sōþe/sōþa, gen sōþra, dat/instr sōþum; (neu sing) nom/acc sōþ, gen sōþes, dat sōþum, instr sōþe; (neu pl) nom/acc sōþe, gen sōþra, dat/instr sōþum. 'tō sōþe'/'tō sōþum' = 'in truth']

sōþ /'sɔːθ/ *(noun n.)* truth

sōþfæst /'sɔːθvæst/ *(adj.)* truthful, true, honest

sōþfæstlīċe /'sɔːθvæstliːtʃɛ/ *(adv.)* truthfully, faithfully

sōþfæstnes /'sɔːθvæstnɛs/ *(noun f.)* truth

sōþlīċe /'sɔːðliːtʃɛ/ *(adv.)* truly, indeed

spade /'spadɛ/ *(noun weak f.)* spade

spanan /'spanan/ *(verb strong 6)* entice [3rd pers. pres. spænþ]

sparian /'sparian/ *(verb weak)* spare [+ acc]

spearca /'spæarka/ *(noun m.)* spark

spearclecræft N /'spæarklɛkræft/ *(noun m.)* electricity

spēd /spɛːd/ *(noun f.)* riches, success [from spōwan]

spēdan /'spɛːdan/ *(verb weak)* prosper, succeed

spēdiġ /'spɛːdi/ *(adj.)* rich

spell /spɛll/ *(noun n.)* narrative, story

spendan /'spɛndan/ *(verb weak)* spend

speorcærende N /'spɛːrkæːrɛndɛ/ *(noun n.)* email

speorcærendnama N /'spɛːrkæːrɛndnama/ *(noun m. weak)* email address

spere /'spɛrɛ/ *(noun n.)* spear [gen sing speres, dat sing spere, nom/acc pl speru, gen pl spera, dat pl sperum]

spiċ /spɪtʃ/ *(noun n.)* bacon

spillan /'spɪllan/ *(verb weak)* destroy

spor /spɒr/ *(noun n.)* track, footprint

sporettan /'spɒrɛttan/ *(verb weak)* kick

(ġe)spōwan /'spɔːwan/ *(verb strong 7)* succeed [+ dat; impers. Past sing spēow, past pl spēowon]

sprǣċ /sprÆːtʃ/ *(noun f.)* speech, language; conversation; agreement, transaction [from sprecan; 'fremda sprǣca' = 'foreign languages']

sprǣċcræft N /'sprÆːtʃkræft/ *(noun m.)* linguistics

(ġe)sprecan /'sprɛkan/ *(verb strong 5)* speak [INDIC: iċ sprece, þū spricest/spreċest, hē/hēo/hit spricþ, past sing. spræc/spæc, past pl. sprǣcon, imper. sing. sprec, past partic. sprecen. Also specan. 'Spriċest þū Englisċ?' = 'Do you speak English?']

sprenġan /'sprɛndʒan/ *(verb weak)* sow, scatter [from springan. 2nd pers pres indic sprenġdest]

springan /'sprɪŋgan/ *(verb strong 3)* spring [3rd pers. pres. springþ, past sing. sprang, past pl. sprungon, past partic. sprungen]

spyrian /'spyrıan/ *(verb weak)* go, 'make a track' [from spor]

staca /'staka/ *(noun m.)* stake

stæf /stæf/ *(noun m.)* staff, stick, rod; letter [nom/acc sing stæf, gen sing stæfes, dat sing stæfe; plural: stafas (nom/acc), stæfum (dat), stæfa (gen). Plural 'stafas' can also mean 'letters, learning']

stæfcræft /'stæfkræft/ *(noun m.)* grammar [declines as cræft]

stæfliþere /'stæflıðɛrɛ/ *(noun f.)* sling

stæl /stæl/ *(noun n.)* place, stead ['on stale' = 'in place of, instead of']

stæl /stæl/ stole (see stelan)

stæl-here /'stælhɛrɛ/ *(noun m.)* predatory army

stælhrān /'stælhra:n/ *(noun m.)* decoy reindeer

stælwierþe /'stælwɪrθɛ/ *(adj.)* serviceable

stǣnen /'stæ:nɛn/ *(adj.)* (of) stone [from stān]

stǣniht /'stæ:nɪxt/ *(noun n.)* stony ground [originally adj. 'stony' from stān]

stǣr /stæ:r/ *(noun n.)* history, narrative [also stēr]

stæþ /stæθ/ *(noun n.)* shore

stāg /sta:g/ ascended (see (ġe)stīgan)

stalian /'stalıan/ *(verb weak)* steal

stalu /'stalu/ *(noun f.)* robbery, theft

stān /sta:n/ *(noun m.)* stone, rock; brick [dat sing stāne, gen sing stānes, nom pl stānas, dat pl stānum, gen pl stāna]

stānbryċġ /'sta:nbrydʒ/ *(noun f.)* stone bridge

stān-clif /'sta:nklıf/ *(noun n.)* cliff

standan /'standan/ *(verb strong 6)* stand; arise, come; stop [3rd pers. pres. stent, past sing. stōd, past pl. stōdon, past partic. standen, imper. sing. stand. 'lēoht stōd' = 'a light shone']

stang /stang/ stang (see stingan)

stānweall /'sta:nwæall/ *(noun m.)* stone wall

starian /'starıan/ *(verb weak)* gaze, stare

staþol /'staθɒl/ *(noun m.)* security; base, foundation

staþolfæst /'staθɒlvæst/ *(adj.)* firm

staþolian /'staθɒlıan/ *(verb weak)* fix, establish, confirm, strengthen

steall /stæall/ *(noun m./n.)* stall, stable, place

stēam /stæ:am/ *(noun m.)* steam, vapour, exhalation

stēap /stæ:ap/ *(adj.)* steep

stede /'stɛdɛ/ *(noun m.)* place [nom/acc sing stede, gen sing stedes, dat sing stede; nom/acc pl stedas, gen pl steda, dat pl stedum. From standan.]

stedefæst /'stɛdɛvæst/ *(adj.)* steadfast, firm in one's place

stefn /stɛvn/ *(noun f.)* voice [also stemn]

stefn /stɛvn/ *(noun m.)* term of (military) service [also stemn]

stefnian /ˈstɛvnɪan/ *(verb weak)* summon [+ dat]

stēl N /stɛːl/ *(noun n.)* steel

stelan /ˈstɛlan/ *(verb strong 4)* steal [pres indic: iċ stele, þū stilst, hē/hit/hēo stilþ, wē/ġē/hīe stelaþ; past indic: iċ stæl, þū stǣle, hē/hit/hēo stæl, wē/ġē/hīe stǣlon; pres subj stele (sing)/stelen (pl); past subj stǣle (sing)/stǣlen (pl); imper stel (sing)/stelaþ (pl); pres partic. stelende; past partic. (ġe)stolen]

stellan /ˈstɛllan/ *(verb weak 1a)* place [1st/3rd pers. past sing. stealde, past partic. ġesteald]

stemnettan /ˈstɛmnɛttan/ *(verb weak)* stand firm

stenċ /stɛntʃ/ *(noun m.)* odour, stench

steng /stɛŋɡ/ *(noun m.)* stake

stent /stɛnt/ stands (see standan)

stēor /stɛːor/ *(noun f.)* steering, rudder; government

stēorbord /ˈstɛːorbɒrd/ *(noun n.)* starboard, 'steering-board'

steorfa /ˈstɛorva/ *(noun m.)* pestilence

steorfan /ˈstɛorvan/ *(verb strong)* die

steorra /ˈstɛorra/ *(noun m. weak)* star [gen/dat/acc sing steorran, nom/acc pl steorran, gen pl steorrena, dat pl steorrum]

steort /stɛort/ *(noun m.)* tail

steorwiġlung /ˈstɛorwɪlʊŋɡ/ *(noun f.)* astrology

steppan /ˈstɛppan/ *(verb strong 6)* step, march, go [past sing. stōp, past pl. stōpon]

stēr /stɛːr/ history (see stǣr)

sticca /ˈstɪkkɛ/ *(noun m.)* fork

stician /ˈstɪkaan/ *(verb)* stick [pres. partic. siticende]

sticol /ˈstɪkɒl/ *(adj.)* rough

stīele /ˈstiːlɛ/ *(noun n.)* steel

stīepel /ˈstiːpɛl/ *(noun m.)* steeple, tower [from stēap]

(ġe)stīeran /ˈstiːran/ *(verb weak)* restrain, deprive of [+ dat of person and gen of thing; from stēor]

stīg /stiːɡ/ *(noun f.)* narrow path, track

(ġe)stīgan /ˈstiːɡan/ *(verb strong 1)* ascend, rise [3rd pers. pres. stīġþ, past sing. stāg, past pl. stigon, past partic. stiġen; 'ofdūne stīgan' = 'descend']

stihtan /ˈstɪxtan/ *(verb weak)* incite

(ġe)stillan /ˈstɪllan/ *(verb weak)* stop, prevent

stille /ˈstɪllɛ/ *(adj.)* still, quiet

stilnes /ˈstɪlnɛs/ *(noun f.)* stillness, quiet [also stillnes, stillnis]

stilst, stilþ /stɪlst/, /stɪlθ/ steal(s) (see stelan)

stincan /ˈstɪŋkan/ *(verb strong 3)* stink

ġestincan /jɛˈstɪŋkan/ *(verb strong 3)* smell, have the sense of smell

stingan /ˈstɪŋɡan/ *(verb strong 3)* sting, pierce [past sing stang, past pl stungon, past partic stungen]

stīþ /ˈstiːθ/ *(adj.)* stiff, strong, rigid; severe, fierce

stīþlīċe /ˈstiːθliːtʃɛ/ *(adv.)* severely, fiercely

stocc /stɒk/ *(noun m.)* stock, stake

stōd, stōdon /stɔːd/, /ˈstɔːdɒn/ stood (see standan)

stōl /stɔːl/ *(noun m.)* seat, stool

(ġe)stolen /ˈstɒlɛn/ stolen (see stelan)

stōp, stōpon /stɔːp/, /ˈstɔːpɒn/ stepped (see steppan)

stōr /stɔːr/ *(noun m.)* incense

storm /stɒrm/ *(noun m.)* storm

stōw /stɔːw/ *(noun f.)* place

stræclīċe /ˈstrækliːtʃɛ/ *(adv.)* severely

stræl /stræːl/ *(noun m.)* arrow

strǣt /stræːt/ *(noun f.)* street, road [nom sing strǣt, acc/dat/gen sing strǣte, nom/acc pl strǣta/strǣte, gen pl strǣta, dat pl strǣtum]

strand /strand/ *(noun m.)* shore, beach ['sæ strand' = 'seashore']

strang /straŋg/ *(adj.)* strong, severe [comparative strengra, superlative strengest (i-mutation)]

stranghynde /ˈstraŋhyndɛ/ *(adj.)* strong of hand [also stranghiende]

strangliċ /ˈstraŋlɪtʃ/ *(adj.)* strong

stranglīċe /ˈstraŋliːtʃɛ/ *(adv.)* strongly, vigorously

strēam /ˈstræːam/ *(noun m.)* stream

strēaw /stræːaw/ *(noun n.)* straw

strēawberiġe /ˈstræːawbɛrijɛ/ *(noun f.)* strawberry

streċċan /ˈstrɛtʃan/ *(verb weak 1a)* stretch [1st pers. pres. sing. strecce, 2nd pers. pres. sing. strecest, 3rd pers. pres. sing. streceþ, pl. pres. streccaþ; 1st/3rd pers. past sing. streahte/strehte]

strēdan /ˈstræːdan/ *(verb weak)* sow, scatter [1st pers. pres. indic strēdde]

strēgan /ˈstræːgan/ *(verb weak)* strew, spread

strēgdan /ˈstræːgdan/ *(verb strong 3)* scatter, sprinkle

streng /strɛŋg/ *(noun m.)* string

strengliċ /ˈstrɛŋglɪtʃ/ *(adj.)* strong

strengþo /ˈstrɛndʒɒ/ *(noun f.)* strength [from strang]

strengu /ˈstrɛŋgu/ *(noun f.)* strength [indeclinable]

(ġe)strēon /ˈstrɛːon/ *(noun n.)* possessions

(ġe)strīenan /ˈstriːnan/ *(verb weak)* gain, acquire; beget [from ġestrēon. past sing ġestrīende]

strīþ /ˈstriːθ/ *(noun m.)* strife

strūdung /ˈstruːdʊŋg/ *(noun f.)* spoilation, robbery

strūtian /ˈstruːtian/ *(verb weak)* strut [pres. partic. strūtiende]

strynd /strynd/ *(noun f.)* lineage, stock

stund /stʊnd/ *(noun f.)* period, time ['stundum' = 'from time to time']

stungen, stungon /ˈstʊŋgɛn/, /ˈstʊŋgɒn/ stung (see stingan)

styċċe /ˈstytʃɛ/ *(noun n.)* piece

styċċemǣlum /ˈstytʃɛmæːlʊm/ *(adv.)* here and there, piecemeal

styrian /ˈstyrɪan/ (verb weak) stir, move

styrman /ˈstyrman/ (verb weak) storm, shout [from storm]

styrne /ˈstyrnɛ/ (adj.) stern [also stierne]

sūcan /ˈsuːkan/ (verb strong 2) suck

sude, suden /ˈsʊdɛ/, /ˈsʊdɛn/ boiled (see sēoþan)

sufel /ˈsʊvɛl/ (noun n.) relish eaten with bread [also sufl, sufol]

sulung /ˈsʊlʊŋg/ (noun f.) Kentish measure of land

sum /sʊm/ (pron.) some, a certain (one), one, someone; a [AS STRONG ADJ: SING: MASC - nom sum, acc sume, gen sumes, dat sumum, instr sume, FEM - nom sumu/sum, acc sume, gen/dat sumre, NEU - nom/acc sum, gen sumes, dat sumum, instr sume. PLURAL - masc nom/acc sume, fem nom/acc sume/suma, neu nom/acc sumu/sume, gen pl sumra, dat pl sumum. e.g. 'sume þā menn' = 'some of the men' (NB gen. not used); 'sume þā tēþ' = 'some of these tusks'; 'sixa sum' = 'one of six'; 'sum hund scipa' = 'about 100 ships'.]

-sum /sʊm/ (suffix) -some (forms adjs from nouns) [e.g. wynnsum 'pleasant' from wynn 'joy']

sumor /ˈsʊmɒr/ (noun m.) Summer [gen sing sumores, dat sing sumera]

Sumorsǣtan /ˈsʊmɒrzæːtan/ men of Somerset

sund /sʊnd/ (noun n.) swimming

ġesund /jɛˈzʊnd/ (adj.) sound, healthy, unhurt ['Iċ eom ġesund' = 'I am fine']

sunderstōw /ˈsʊndɛrstɔːw/ (noun f.) special place

ġesundfull /jɛˈzʊndfʊll/ (adj.) safe and sound, whole

ġesundfulnes /jɛˈzʊndfʊlnɛs/ (noun f.) health [also ġesundfullnis]

sundor /ˈsʊndɒr/ (adv.) apart

sundorsprǣċ /ˈsʊndɒrspræːtʃ/ (noun f.) private conversation

sunge, sungon /ˈsʊŋgɛ/, /ˈsʊŋgɒn/ sung (see singan)

sunnanǣfen /ˈsʊnnanæːvɛn/ (noun m.) Saturday evening

sunnandæġ /ˈsʊnnandʌɪ/ (day of week (m.)) Sunday

sunnanūhte /ˈsʊnnanuːxtɛ/ (noun f.) Sunday morning

sunnbēam /ˈsʊnnbæːam/ (noun m.) sunbeam [also sunbēam]

sunne /ˈsʊnnɛ/ (noun f. weak) sun [acc/gen/dat sing sunnan, nom/acc pl sunnan, gen pl sunnena, dat pl sunnum]

sunu /ˈsʊnʊ/ (noun m.) son [nom/acc sing sunu, gen/dat sing suna, nom/acc/gen pl suna, dat pl sunum]

sunwlitiġ /ˈsʊnwlɪtɪj/ (adj.) sunny [also sunnwlitiġ]

sūpan /ˈsuːpan/ (verb strong 2) sup, drink

sūr /suːr/ (adj.) sour

susl /ˈsʊzl/ (noun n.) torment, torture

sūþ /suːθ/ (adv.) south, southwards

sūþan /'su:ðan/ (adv.) from the south ['be ... sūþan' (+ dat)/'wiþ sūþan' (+ acc) = 'south of']

sūþanwind /'su:ðanwɪnd/ (noun m.) south wind

sūþdǣl /'su:ðdæ:l/ (noun m.) the South, south part

sūþēast /'su:ðæ:ast/ (adv.) southeast

sūþerne /'su:ðɛrnɛ/ (adj.) southern

sūþeweard /'su:ðɛwæard/ (adj.) southward [also sūþanweard, sūþweard]

sūþhealf /'su:ðhæalf/ (noun f.) south side

sūþmest /'su:ðmɛst/ (adj.) southernmost

sūþrihte /'su:ðrɪxtɛ/ (adv.) direct southwards

Sūþsǣ /'su:ðzæ:/ (noun f.) English Channel

Sūþseaxe /'su:ðzæaksɛ/ (noun m pl.) South Saxons ['iċ eom of Sūþ Seaxum' = 'I am from Sussex'. Also Sūþ-seaxan]

sūþstæþ /'su:ðstæθ/ (noun n.) south bank, south coast

sūþweardes /'su:ðwæardɛs/ (adv.) southwards

sūþwest /'su:ðwɛst/ (adv.) southwest

swā /swa:/ (adv.) so; as; just as ['swā swā' = 'as, like'/'so that'; 'swā ... swā'/'swā ... swā swā' = 'so ... as'; 'swā hwā swā' or 'swā hwilċ swā' = 'whoever'; 'swā hwæt swā' = 'whatever'; 'swā ... swā ...' (with comparatives) = 'the ... the ...'; 'ēac swā' = 'also'; 'swā same' = 'in the same way'; 'swā ilce' = 'in the same way, likewise'; 'swā þæt' = 'so that'; 'swā miċel swā' = 'quite as much as'. Also swǣ.]

swāc /swa:k/ deceived/failed (see swīcan)

swæc /swæk/ (noun m.) taste; smell

ġeswæċċan /jɛ'swætʃan/ (verb weak) smell

(ġe)swǣs /swæ:s/ (adj.) gentle; beloved

swǣsende /'swæ:zɛndɛ/ (noun n.) food, lunch [mostly used in pl: swǣsendu]

swæþ /swæθ/ (noun n.) track, footprint

swæþer /'swæðɛr/ (pron.) whichever, whosoever (of two) [declines like hwæþer]

swamm /swamm/ (noun m.) mushroom

swamm /swamm/ swam (see swimman)

swan /swan/ (noun m.) swan

swān /swa:n/ (noun m.) herdsman

swanc /swaŋk/ laboured (see swincan)

swāpan /'swa:pan/ (verb strong 7) sweep [3rd pers pres swǣpþ, past sing swēop, past pl swēopon, past partic. swāpen]

swār /swa:r/ (adj.) heavy, grievous

swāþēah /swa:'ðæ:ax/ (adv.) however

swaþu /'swaθʊ/ (noun f.) track, footprint ['on swaþe' = 'behind']

swealwe /'swæalwɛ/ (noun f.) swallow

sweart /swæart/ (adj.) black, dark, swarthy

swebban /'swɛbban/ (verb weak 1a) put to sleep [past partic. swefed]

swefan /'swɛvan/ (verb strong 5) sleep [past sing. swæf, past pl. swǣfon]

swefn /swɛvn/ (noun n.) sleep; dream, vision [also swefen]

swefl /'swɛvəl/ (noun m.) sulphur

sweflen /'swɛvlɛn/ (adj.) sulphurous

swēg /swɛ:g/ (noun m.) sound, melody

swelċ /swɛltʃ/ (pron.) such; such a one [see swilċ]

swelgan /'swɛlgan/ (verb strong 3) swallow [past sing. swealg, past pl. swulgon]

swellan /'swɛllan/ (verb strong 3) swell [past partic. swollen]

sweltan /'swɛltan/ (verb strong 3) die [3rd pers. pres. swilt, past sing. swealt, past pl. swulton, past partic. swolten]

(ġe)swenċan /'swɛntʃan/ (verb weak) vex, afflict, molest, distress [from swincan]

swenġ /swɛndʒ/ (noun m.) stroke, blow [from swingan]

sweofot /'swɛovɒt/ (noun m.) sleep

Swēoland /'swe:oland/ (noun n.) Sweden

Swēon /'swe:on/ (noun m.) the Swedes

swēor /swe:or/ (noun m.) pillar

swēora /'swe:ora/ (noun n.) neck

swēorbān /'swe:orba:n/ (noun n.) neckbone [also swīrban]

(ġe)sweorcan /'sweorkan/ (verb strong 3) darken, become clouded

sweord /sweord/ (noun n.) sword [gen sing sweordes, dat sing sweorde; nom/acc plural sweord, gen pl sweorda, dat pl sweordum. Also swurd, swyrd.]

sweordbora /'sweordbɒra/ (noun m.) sword-bearer [from beran]

sweostor /'sweostor/ (noun f.) sister [all sing forms sweostor; nom/acc pl sweostor, gen pl sweostra, dat pl sweostrum. Also swustor.]

ġesweostor /jɛ'sweostɒr/ (noun f pl.) sisters

sweostorsunu /'sweostɒrsʊnʊ/ (noun m.) nephew (sister's son)

sweotol /'sweotɒl/ (adj.) clear, evident [Last vowel never contracts in inflection. Comparative sweotolra, superlative sweotolost. Also swutol.]

(ġe)sweotolian /'sweotɒlıan/ (verb weak) display, show, indicate [3rd pers pres indic ġesweotolaþ; imper. sing. sweotola]

sweotollīċe /'sweotɒlli:tʃɛ/ (adv.) clearly

sweotolung /'sweotɒlʊŋ/ (noun f.) manifestation, sign [dat sing often ends -a]

swerian /'swɛrıan/ (verb strong 6) swear [1st pers. pres. swerige,

2nd pers. pres. swerest, 3rd pers. pres. swereþ, past sing. swōr, past pl. swōron, past partic. sworen, imper. sing. swere.]

swēte /'swɛːtɛ/ *(adj.)* sweet, pleasant [AS STRONG ADJ: (masc sing) nom swēte, acc swētne, gen swētes, dat swētum, instr swēte; (masc pl) nom/acc swēte, gen swētra, dat/instr swētum; (fem sing) nom swētu, acc swēte, gen/dat/instr swētre; (fem pl) nom/acc swēte/swēta, gen swētra, dat/instr swētum; (neu sing) nom/acc swēte, gen swētes, dat swētum, inst swēte; (neu pl) nom/acc swētu, gen swētra, dat/inst swētum.]

swētmete /'swɛːtmɛtɛ/ *(noun m.)* sweetmeat, dainty, delicacy [plural swētmettas; also swōtmete]

swētnes /'swɛːtnɛs/ *(noun f.)* sweetness

swētung N /'swɛːtuŋ/ *(noun f.)* sugar

swīc /swiːk/ *(noun m.)* deceit

(ġe)swīcan /'swiːkan/ *(verb strong 1)* cease from (+ gen); deceive; fail, fall short (+ dat of person) [3rd pers. pres. swīcþ, past sing. swāc, past pl. swicon, past partic. swicen]

swīcdōm /'swiːkdɔːm/ *(noun m.)* deceit, betrayal [from swīcan]

swician /'swɪkɪan/ *(verb weak)* be treacherous, deceive

swicol /'swɪkɒl/ *(adj.)* deceitful, treacherous

swicon /'swɪkɒn/ deceived/failed (see swīcan)

swierman /'swɪrmɒn/ *(verb weak)* swarm

swift /swɪft/ *(adj.)* swift [Superlative swiftust]

swīge /'swiːgɛ/ *(adj.)* silent, quiet

(ġe)swīgian /'swiːgɪan/ *(verb weak)* be silent [+ gen. Also swugian.]

swilċ /swɪltʃ/ *(pron.)* such; such a one, he [declines like hwilċ; always strong. 'swilċ … hwilċ' = 'such … as'. Also swelċ.]

swilċe /'swɪltʃɛ/ *(adv./conj.)* as if, as it were, as, like, just as; also [also swelċe]

swilt /swɪlt/ died (see sweltan)

swīma /'swiːma/ *(noun m.)* swoon

swimman /'swɪmman/ *(verb strong 3)* swim [3rd pers. pres. swimþ, past sing. swamm, past pl. swummon]

swīn /swiːn/ *(noun n.)* hog, wild boar

ġeswinc /jɛ'swɪŋk/ *(noun n.)* labour, hardship, misery

swincan /'swɪŋkan/ *(verb strong 3)* labour, toil [3rd pers. pres. swincþ, past sing. swanc, past pl. swuncon, past partic. swuncen]

swingan /'swɪŋgan/ *(verb strong 3)* beat [past pl. swungon, past partic. swungen]

swingle /'swɪŋglɛ/ *(noun f.)* stroke [from swingan]

swīnnes /'swiːnnɛs/ *(noun n.)* pork (food)

swinsian /'swɪnsɪan/ *(verb weak)* make melody, sing

swinsung /ˈswɪnzʊŋg/ (noun f.) melody, harmony

swipe /ˈswɪpɛ/ (noun m.) whip

swīþ /swiːθ/ (adj.) strong, severe [comparative swīþre 'right' (hand, side)]

swīþe /ˈswiːðɛ/ (adv.) very, much, greatly, violently, severely [comparative swīþor 'rather, more'; superlative swīþost 'most'. 'swīþost ealle' = 'nearly all']

swīþliċ /ˈswiːðlɪtʃ/ (adj.) excessive, great, severe [declines like fǣrliċ]

swīþlīċe /ˈswiːðliːtʃɛ/ (adv.) severely, excessively

swīþmōd /ˈswiːðmɔːd/ (adj.) stout-hearted

swīþre /ˈswiːðrɛ/ (adj./noun f.) right hand [comparative of swīþe with 'hand' understood; 'ġeċir tō swiþrum' = 'turn right']

swiþrian /ˈswɪðrɪan/ (verb weak) weaken, destroy

swōgan /ˈswɔːgan/ (verb strong 7) sound, resound

ġeswōġen /jɛˈswɔjɛn/ (adj.) in a swoon, dead [Always used with ġe- prefix. From ġeswōgan 'choke']

swollen /ˈswɒllɛn/ swollen (see swellan)

swolten /ˈswɒltɛn/ dead (see sweltan)

swōr /swɔːr/ swore (see swerian)

sworen /ˈswɒrɛn/ sworn (see swerian)

swulton /ˈswʊltɒn/ died (see sweltan)

swummon /ˈswʊmmɒn/ swum (see swimman)

swuncen, swuncon /ˈswʊŋkɛn/, /ˈswʊŋkɒn/ laboured (see swincan)

swungon /ˈswʊŋgɒn/ beat (see swingan)

swustor /ˈswʊstɒr/ sister (see sweostor)

swutol /ˈswʊtɒl/ evident (see sweotol)

swyftlēras /ˈswyftlɛːras/ (noun m.) slippers

swyrd /swyrd/ sword (see sweord)

(ġe)sȳcan /syːkan/ (verb weak) suckle

syfliġe /ˈsyflɪjɛ/ (noun f.) relish

syllan /ˈsyllar/ give/sell (see sellan)

symbel /ˈsymbɛl/ (noun n.) banquet

symle /ˈsymlɛ/ always (see simle)

synderliċ /ˈsyndɛrlɪtʃ/ (adj.) special

synderlīċe /ˈsyndɛrliːtʃɛ/ (adv.) specially

syndriġ /ˈsyndrɪj/ (adj.) separate, various [from sundor]

(ġe)syngian /ˈsyŋgɪan/ (verb weak) sin [past plural indic. syngodon]

synn /synn/ (noun f.) sin, crime [nom sing synn, acc/dat/gen sing synne, nom/acc pl synna/synne, gen pl synna, dat pl synnum]

synndǣd /ˈsynndæːd/ (noun f.) sinful deed [also syndǣd.]

synnfull /'synnvʊll/ (adj.) sinful [also synfull]

synn-lēaf /'synnlæ:af/ (noun f.) permission to sin, impunity in sin

(ġe)synto /'syntʊ/ (noun f.) salvation

T

tā /ta:/ (noun f.) toe

tabule /'tabʊlɛ/ (noun f.) table, tablet

tācen /'ta:kɛn/ (noun n.) sign, token; miracle [also tācn]

(ġe)tācnian /'ta:knıan/ (verb weak) signify, represent [pl. pres. indic. tācnaþ, past partic. ġetācnod]

(ġe)tācnung /'ta:knʊŋg/ (noun f.) signification, type [dat sing often ends -a]

tǣċan /'tæ:tʃan/ (verb weak 1b) show, direct; teach [+ dat; INDIC: 3rd pers. pres. sing. tǣċþ, 1st/3rd pers. past sing. tǣhte; past partic. tǣht. Conjugated similarly to hīeran.]

tæfl /'tæfəl/ (noun f./n.) cube, die (dice)

ġetæl /jɛ'tæl/ (noun n.) number [Always used with ġe- prefix]

tǣlan /'tæ:lan/ (verb weak) blame

tǣlmearc /'tælmæark/ (noun f.) date

tǣsan /'tæ:zan/ (verb weak) tease (wool); pluck to pieces

(ġe)tǣse /'tæ:zɛ/ (adj.) pleasant

talu /'talʊ/ (noun f.) number [from getel]

tam /tam/ (adj.) tame

tāwian /'ta:wıan/ (verb weak) ill-treat

tēaġ /'tæa:j/ (noun f.) cord

tealt /tæalt/ (adj.) unstable, precarious

tēam /tæ:am/ (noun m.) progeny, race [from tēon]

tēar /tæ:ar/ (noun m.) tear (teardrop)

tēfrung /'tɛ:frʊŋg/ picture (see tīfrung)

ġetel /jɛ'tɛl/ (noun n.) order, narrative, 'number'

tela /'tɛla/ (adv.) well

(ġe)teld /tɛld/ (noun n.) tent, pavilion

telg /tɛlg/ (noun m.) dye, colour

telga /'tɛlga/ (noun m.) branch

(ġe)tellan /'tɛllan/ (verb weak) count, account, tell, reckon [3rd pers. pres. telleþ; 'tellan tō nāhte' = 'count as naught'; from talu. 3rd pers. past tealde]

tempel /'tɛmpɛl/ (noun n.) temple

(ġe)tenġan /'tɛŋgan/ (verb weak) hasten [ġetenġan wiþ (+gen) = to hasten towards ...]

ġetenġe /jɛ'tɛŋgɛ/ (adj.) resting on

ġeter /jɛ'tɛr/ (noun n.) tear, tearing, laceration

teohhian /ˈteoxxɪan/ *(verb weak)* purpose, determine

(ġe)tēon /ˈte:on/ *(verb strong 2)* pull, drag, draw; go [3rd pers. pres. tīehþ, past sing. tēah, past pl. tugon, past partic. togen]

(ġe)tēon /te:on/ *(verb weak)* adorn; create

tēona /ˈte:ona/ *(noun m.)* injury, insult

tēonrǣden /ˈte:onræ:dɛn/ *(noun f.)* humiliation; injury; wickedness

(ġe)tēorian /ˈte:orɪan/ *(verb weak)* tire, become weary, fail

tēoþa /ˈte:oðа/ *(number)* tenth [always weak]

teran /ˈtɛran/ *(verb strong 4)* tear, lacerate [past sing. tær, past pl. tǣron, past partic. toren]

tēþ /tɛ:θ/ teeth (see tōþ)

ticċen /ˈtɪtʃɛn/ *(noun n.)* kid

tīd /ti:d/ *(noun f.)* time; hour [acc sing tīd, gen/dat sing tīde, nom/acc pl tīda/tīde, gen pl tīda, dat pl tīdum. 'Hwæt is sēo tīd?'/'Hwelċ tīd is hit nū?' = 'What time is it?']

tīder /ˈti:dɛr/ *(adj.)* weak, frail

tīdernes /ˈti:dɛrnɛs/ *(noun f.)* frailty [also tydernis]

tīdum /ˈti:dʊm/ *(adv.)* from time to time

tīeġan /ˈti:jan/ *(verb weak)* tie

tīehþ /ti:xθ/ pulls/draws (see (ġe)tēon)

tīeman /ˈti:man/ *(verb weak)* teem, bring forth [from tēam]

tīen /ti:n/ *(number)* 10 [indeclinable before a noun; used alone, declined as tīene (nom/acc), tīena (gen), tīenum (dat)]

tīenwintre /ˈti:nwɪntrɛ/ *(adj.)* ten-year-old

tierwe /ˈti:rwɛ/ *(noun f.)* tar

tīfrung /ˈti:vrʊŋg/ *(noun f.)* picture [Also tēfrung]

tiġele /ˈtɪjɛlɛ/ *(noun weak f.)* tile; brick

til /tɪl/ *(adj.)* good [Used in poetry. AS STRONG ADJ: SING: MASC - nom til, acc tilne, gen tiles, dat tilum, FEM - nom tilu/til, acc tile, gen/dat tilre, NEU - nom/acc til, gen tiles, dat tilum, instr tile. PLURAL - masc nom/acc tile, fem nom/acc tile/tila, neu nom/acc tilu/tile, gen pl tilra, dat pl tilum]

til /tɪl/ *(prep.)* to, for [+ dat]

tilian /ˈtɪlɪan/ *(verb weak)* gain, provide [+ gen and dat]

tilung /ˈtɪlʊŋg/ *(noun f.)* tillage, husbandry [also teolung]

tīma /ˈti:ma/ *(noun m.)* time

(ġe)timbrian /ˈtɪmbrɪan/ *(verb weak)* build [past timbrede. Also timbran.]

ġetimbrung /jɛˈtɪmbrʊŋg/ *(noun f.)* building [dat sing often ends -a]

ġetīmian /jɛˈti:mɪan/ *(verb weak)* happen

tīmlīċe /ˈti:mli:tʃɛ/ *(adv.)* quickly

tin /tɪn/ *(noun n.)* tin

tinen /ˈtɪnɛn/ *(adj.)* made of tin

tintreġ /ˈtɪntrɛː/ *(noun n.)* torture, torment

tintregian /ˈtɪntrɛgɪan/ *(verb weak)* torture, torment [also tintrian]

tintregliċ /ˈtɪntrɛglɪtʃ/ *(adj.)* full of torment

tītelian /ˈtiːtɛlɪan/ *(verb weak)* entitle, ascribe [+ dat]

tīþ /tiːθ/ *(noun f.)* giving ['tīþe fremian' = 'grant']

(ġe)tīþian /ˈtiːðɪan/ *(verb weak)* grant [+ gen of thing and dat of person (or sometimes dat of thing)]

tīwesdæġ /ˈtiːwɛsdʌɪ/ *(day of week (m.))* Tuesday

tō /tɔː/ *(prep.)* (motion) to; (rest; time) at; adverbial particle (can be used + gerund in similar way to 'to + infinitive' in Modern English to express purpose, necessity etc.) [+ dat (or can be + gen to mean 'at'): 'tō abbode ġesett' = 'made abbot'; 'tō langum fierste' = 'for a long time'; (adverbial) 'tō scande' = 'ignominiously'; (fitness, purpose, for) - 'þǣm folce [dat.] tō dēaþe' = 'to the death of the people, so that the people were killed'; 'tō þǣm þæt'/'tō þon þæt'/'tō þȳ þæt' (conj.) = 'in order that'; 'tō þæs þe' = 'when'; 'tō þǣm (swīþe) ... þæt' = 'so (greatly) ... that'; 'tō āhte' = 'at all'. tō + dat can mean 'as'.]

tō /tɔː/ *(adv.)* too ['tō forþ' = 'too much']

tō- /tɔː/ *(prefix)* (gives verb sense of separation) [e.g. tōfaran 'to disperse' from faran 'to go']

tōberstan /tɔːˈbɛrstan/ *(verb strong 3)* burst, break asunder

tōblāwennes /tɔːˈblaːwɛnnɛs/ *(noun f.)* inflation [also tōblāwennis]

tōbrecan /tɔːˈbrɛkan/ *(verb strong 4)* break into pieces, break up, break through; violate

tōbreġdan /tɔːˈbrɛːdan/ *(verb strong 3)* tear to pieces; cast off, shake off

tōclēofan /tɔːˈkleːovan/ *(verb strong 2)* cleave asunder

tōcnāwan /tɔːˈknaːwan/ *(verb strong 7)* know

tōcuman /tɔːˈkuman/ *(verb strong 4)* arrive

tōcwȳsan /tɔːˈkwiːzan/ *(verb weak)* crush, bruise [past partic. tōcwȳsed. Also tōcwīesan.]

tōcwȳsednes /tɔːˈkwyːzɛdnɛs/ *(noun f.)* crushed condition [also tōcwīesednis]

tōcyme /ˈtɔːkymɛ/ *(noun m.)* coming, arrival, advent [from cuman]

tōdæġ /tɔːˈdʌɪ/ *(adv.)* today

tōdǣlan /tɔːˈdæːlan/ *(verb weak)* disperse; separate, divide

tōdōn /tɔːˈdɔːn/ *(verb strong)* separate, divide [from dōn]

tōdrīfan /tɔːˈdriːvan/ *(verb strong 1)* disperse, scatter

tōēacan /tɔːˈæːakan/ *(prep. (adv.))* besides

tōemnes /tɔːˈɛmnɛs/ *(prep.)* alongside [+ dat]

tōfaran /tɔːˈvaran/ *(verb strong 6)* disperse [intransitive]

tōfēran /tɔːˈvɛːran/ *(verb weak)* disperse [intransitive]

tōflōwan /tɔːˈvlɔːwan/ *(verb strong 7)* flow away, melt

tōfōn /tɔːˈvoːn/ *(verb strong 7)* take to, accept [+ gen, acc or instr; 3rd pers. pres. tōfēhþ, past sing. tōfēng, past pl. tōfēngon, past partic. tōfangen]

tōforan /tɔːˈvɒran/ *(prep.)* before (time); above (superiority) [+ dat]

tōgædre /tɔːˈgædrɛ/ *(adv.)* together [from gadrian]

tōġēanes /tɔːˈgæːanɛs/ *(prep. (adv.))* towards; against (hostility) [+ dat (or acc); 'him tōġēanes' = 'to meet him']

togen /ˈtɒgɛn/ pulled/drawn (see (ġe)tēon)

tōglīdan /tɔːˈgliːdan/ *(verb strong 1)* glide away

tōh /tɔːx/ *(adj.)* tough

tōhopa /ˈtɔːhɒpa/ *(noun m.)* hope

tōl /tɔːl/ *(noun n.)* tool

tōliċġan /tɔːˈlɪdʒan/ *(verb strong 5)* lie between, separate

tōlīesan /tɔːˈliːzan/ *(verb weak)* dissolve, destroy

tōlȳsan /tɔːˈliːzan/ *(verb weak)* loosen [from lēas. imper. pl. tōlȳsaþ. Also tōlīesan.]

tōmiddes /tɔːˈmɪddɛs/ *(prep.)* in the midst of, among [+ dat]

tōmorgen /tɔːˈmɒrgɛn/ *(adv.)* tomorrow

tōnēalǣċan /tɔːˈnæːalæːtʃan/ *(verb weak)* approach

tōniman /tɔːˈnɪman/ *(verb strong 4)* divide

top /tɒp/ *(noun m.)* top

toren /ˈtɒrɛn/ torn (see teran)

torht /tɒrxt/ *(adj.)* bright, radiant, beautiful, noble

torhte /ˈtɒrxtɛ/ *(adv.)* clearly

torhtliċ /ˈtɒrxtlɪtʃ/ *(adj.)* glorious

torn /tɒrn/ *(noun m.)* anger

torne /ˈtɒrnɛ/ *(adv.)* angrily

torr /tɒrr/ *(noun m.)* tower

tōsendan /tɔːˈzɛndan/ *(verb weak)* disperse [transitive]

tōslītan /tɔːˈzliːtan/ *(verb strong 1)* tear up, open

tōslūpan /tɔːˈzluːpan/ *(verb strong 1)* slip asunder, relax

tōstandan /tɔːˈstandan/ *(verb strong 6)* be put off, not occur

tōstregdan /tɔːˈstrɛgdan/ *(verb strong 3)* disperse, scatter

tōswellan /tɔːˈswɛllan/ *(verb strong 3)* swell

tōteran /tɔːˈtɛran/ *(verb strong 4)* tear to pieces

tōtwǣman /tɔːˈtwæːman/ *(verb weak)* separate

tōþ /tɔːθ/ *(noun m.)* tooth, tusk [i-mutation noun: acc same as nom; nom pl tēþ, dat sing tēþ, gen sing tōþes, dat pl tōþum, gen pl tōþa]

tōþwærc /ˈtɔːθwærk/ *(noun m.)* toothache

tōweard /ˈtɔːwæard/ *(adj.)* future [tōweardlīce - in the future]

tōweard /ˈtɔːwæard/ *(prep.)* towards [+ dat. Can be seen separated: 'tō ... weard']

tōweorpan /tɔːˈweorpan/ *(verb strong 3)* overthrow, destroy

tōwyrd /'tɔ:wyrd/ *(noun f.)* occasion, opportunity

træf /træf/ *(noun n.)* pavilion

tredan /'trɛdan/ *(verb strong 5)* tread [3rd pers. pres. tritt, past sing. træd, past pl. trædon, past partic. treden]

trēow /'tre:ow/ *(noun n.)* tree, wood [nom/acc pl trēow or trēowu]

trēow /tre:ow/ *(noun f.)* faith, agreement

(ġe)trēowe /'tre:owɛ/ *(adj.)* true, faithful [also trȳwe]

trēowfæst /'tre:owvæst/ *(adj.)* faithful

trēowlīċe /'tre:owli:tʃɛ/ *(adv.)* faithfully, honestly

(ġe)trēowþ /tre:owθ/ *(noun f.)* truth, fidelity, faith [also trȳwþ]

treppe /'trɛppɛ/ *(noun f.)* trap, snare

(ġe)trīewan /'tri:ɛwan/ *(verb weak)* trust, be confident [also trēowian, trūwian]

trīewe /'tri:ɛwɛ/ *(adj.)* honest

trum /trʊm/ *(adj.)* strong, firm

ġetrum /jɛ'trʊm/ *(noun n.)* legion, army, host

(ġe)truma /'trʊma/ *(noun m.)* troop, legion

trym /trym/ *(noun n.)* step, pace

trymian /'trymıan/ *(verb weak)* strengthen, encourage; prepare, array, arm; build; establish, create [from trum. Also trymman.]

trymmung /'trymmʊŋg/ *(noun f.)* strengthening, encouragement [dat sing often ends -a]

tūcian /'tu:kıan/ *(verb weak)* ill-treat

tugon /'tʊgɒn/ pulled/drawn (see tēon)

tūn /tu:n/ *(noun m.)* garden; farm; village, town

tunece /'tʊnɛkɛ/ *(noun f.)* tunic, coat

tunge /'tʊŋgɛ/ *(noun f. weak)* tongue [acc/gen/dat sing tungan, nom/acc pl tungan, gen pl tungena, dat pl tungum]

tungol /'tʊŋgɒl/ *(noun n.)* luminary, star, planet [gen sing tungles, dat sing tungle, nom/acc pl tunglu, gen pl tungla, dat pl tunglum]

tungolcræft /'tʊŋgɒlkræft/ *(noun m.)* astronomy [declines as cræft]

tungolwītega /'tʊŋgɒlwi:tɛga/ *(noun m.)* astrologer, star-prophet

tūnġerēfa /'tu:njɛrɛ:va/ *(noun m.)* bailiff, town-reeve

tunne /'tʊnnɛ/ *(noun f.)* cask, tun, barrel

turf /tʊrf/ *(noun f.)* turf, soil [gen tyrf]

tusc /tʊsk/ *(noun f.)* tusk

tuwa /'tʊwa/ *(adv.)* twice

twā /twa:/ *(number)* 2 [nom/acc: twēġen (m), twā (f/n); dat twǣm/twām; gen twēġra/twēġa. Use twā when counting ("ān, twā, þrēo..."). 'on twā' = 'into two (parts)'. 'twā' can also mean 'twice'. Nom/acc neuter form can also be tū.]

twǣfan /ˈtwæːvan/ *(verb weak)* separate from [+ gen]

twǣm /twæːm/ see twā

twēġen /ˈtwɛːjɛn/ *(number)* 2 (masc. noun; see twā)

twelf /twɛlf/ *(number)* 12 [indeclinable before a noun; used alone, declined as twelfe (nom/acc), twelfa (gen), twelfum (dat)]

twelfta /ˈtwɛlfta/ *(number)* twelfth [always weak]

twentiġ /ˈtwɛntij/ *(number)* 20 [Generally undeclined in nom/acc but declined like adjectives with gen -ra, dat -um. + gen of noun. 20th = twēntigoþa; 21 = ān and twentiġ]

twēo /twɛːo/ *(noun m. weak)* doubt [gen/dat/acc sing twēon, nom/acc pl twēon, gen pl twēona, dat pl twēom]

twēoliċ /ˈtwɛːolitʃ/ *(adj.)* doubtful

twēolīċe /ˈtwɛːoliːtʃɛ/ *(adv.)* doubtfully

twēon /twɛːon/ *(verb weak 1b)* doubt [Contraction in conjugated forms: 3rd pers. pres. sing. twēoþ, 1st/3rd pers. past sing. twēode. Also twēogan.]

twēonian /ˈtwɛːonɪan/ *(verb weak)* doubt [impersonal]

twēonung /ˈtwɛːonʊŋg/ *(noun f.)* doubt

twig /twɪg/ *(noun n.)* twig [nom/acc sing twig, gen sing twiges, dat sing twige; nom/acc pl twigu, gen pl twiga, dat pl twigum]

ġetwisa /jɛˈtwɪza/ *(noun m.)* twin

twihwēol N /ˈtwɪhwɛːol/ *(noun n.)* bicycle

twī-wintre /ˈtwiːwɪntrɛ/ *(adj.)* two-year-old

tȳdran /ˈtyːdran/ *(verb weak)* bring forth, produce

tyhtan /ˈtyxtan/ *(verb weak)* persuade, entice

ġetyngnes /ɡɛˈtyŋgnɛs/ *(noun f.)* eloquence

Þ

þā /θaː/ *(adv./conj.)* then; when ['þā þā' = when, while; (correlative) 'þā ... þā ...' = 'when ... (then) ...'; 'þā hwīle þe' (conj.) = 'while']

þā /θaː/ the (plural noun)/these (see se)

þæc /θæk/ *(noun n.)* roof

þǣgon /ˈθæːgɒn/ took/received (see (ġe)þiċġan)

þǣm /θæːm/ see se

þǣr /θæːr/ *(adv./conj.)* there; where; to there; to where; (pleonastic); (of time) then, when ['þǣr þǣr' (correlative) = where; 'þǣr is...' = 'there is (exists)...', 'þǣr wæs...' = 'there was...']

þǣræt /ˈθæːræt/ *(adv.)* thereat; for it (as a price)

þǣrbinnan /ˈθæːrbɪnnan/ *(adv.)* therein

þǣre /'θæːrɛ/ see se

þǣrinne /'θæːrɪnnɛ/ *(adv.)* therein

þǣron /'θæːrɒn/ *(adv.)* therein, thereon, on it/him [equivalent to 'on hit', i.e. 'in/on it' in Modern English]

þǣrrihte /'θæːrrɪxtɛ/ *(adv.)* immediately, forthwith, instantly

þǣrtō /'θæːrtɔː/ *(adv.)* thereto, to it/him [equivalent to 'tō hit', i.e. 'to it' in Modern English]

þǣrūtan /'θæːruːtan/ *(adv.)* outside [also þǣrūt]

þǣrymbūtan /'θæːrymbuːtan/ *(adv.)* thereabouts

þæs /θæs/ *(adv.)* therefore; wherefore; afterwards ['þæs þe' *(conj.)* = after, since, afterwards; because, that; (to express proportion) the. 'Tō þæs þe' = 'inasmuch as']

þæs /θæs/ see se

þæt /θæt/ *(pron.)* the (with neu. noun) [(masc) nom se, acc þone, gen þæs, dat þǣm/þām, instr þȳ/þon; (fem) nom sēo, acc þā, gen/dat þǣre; (neu) nom/acc þæt, gen þæs, dat þǣm/þām, instr þȳ/þon; (pl) nom/acc þā, gen þāra/þǣra; dat þǣm/þām. Þǣm is Early West Saxon.]

þæt /θæt/ *(conj.)* that; the; he; who [þæt is = that is (i.e.); þæt hīe = who]

þætte /'θættɛ/ *(conj.)* that [as in "he said that ..." or "I desired that ..."]

ġeþafa /jɛ'θava/ *(noun m.)* consenter, supporter

(ġe)þafian /'θavian/ *(verb weak)* allow, permit, consent to, suffer [also þeafian]

(ġe)þafung /'θavʊŋg/ *(noun f.)* permission

þāg /θaːg/ took/received (see (ġe)þicgan) [also þāh]

þāġiet /θaːˈjɪt/ *(adv.)* still, yet

þanc /θaŋk/ *(noun m.)* thought; thanks; grace, mercy

ġeþanc /jɛ'θaŋk/ *(noun m./n.)* thought, mind

(ġe)þancian /'θaŋkian/ *(verb weak)* thank [+ gen of thing and dat of person; 1st pers. pres. indic. þancie, pres. partic. þanciende. 'Iċ þancie þē' = 'thank you']

þancol /'θaŋkɒl/ *(adj.)* thoughtful

þancolmōd /'θaŋkɒlmɔːd/ *(adj.)* thoughtful

þancung /'θaŋkʊŋ/ *(noun f.)* thanking, thanks

þancweorþ /'θaŋkweorθ/ *(adj.)* memorable [also þancwierþe]

þanon /'θanɒn/ *(adv.)* thence (place, time, origin), away [also þanone]

þanonweard /'θanɒnwæard/ *(adj.)* departing thence

þāra /'θaːra/ see se

þās /θaːs/ these/this (see þis)

þe /θɛ/ *(rel. pron./adv./conj.)* who (nom and acc); with which; *(adv.)* when; *(conj.)* when [indeclinable; 'sē þe' = 'who' (sē is declined - 'sēo þe' for fem etc); 'þe hē' = 'who'; 'þe ... his' = 'whose'; 'þe him' = 'to whom'; 'þe ... þe ...' = 'whether ... or ...'. þe can be added to adverbs to make them conjunctions.]

þē /θɛː/ you (see þū)

þeah /θæax/ took/received (see (ġe)þiċġan)

þēah /θæːax/ flourished (see þēon)

þēah /θæːax/ *(adv./conj.)* though, yet, however; (conj.) although; if; nevertheless ['þēah þe/eall' = 'although'. 'þēah þe ... þēah' = correlative. Þeah can mean 'if'. Also þēh. Generally used with subjunctive.]

þēahhwæþere /'θæːaxhwæðɛrɛ/ *(adv.)* yet, however

þeaht /θæaxt/ *(noun n.)* design; council, advice [from þencan]

þearf /θærf/ *(verb (pret-pres))* need (see þurfan)

þearf /θærf/ *(noun f.)* need; benefit; trouble, hardship, danger ['tō þearfe' = 'as is needed']

þearfa /'θærva/ *(noun m.)* poor man

þearfende /'θærvɛndɛ/ *(adj.)* in want, needy

þearflēas /'θærvlæːas/ *(adj./adv.)* (adj.) useless; (adv.) in vain

þearl /θærl/ *(adj.)* strong, severe

þearle /'θærlɛ/ *(adv.)* very, greatly, cruelly, severely

þearllīċe /'θærlliːtʃɛ/ *(adv.)* severely

þēaw /θæːaw/ *(noun m.)* custom, habit; (in plural) morality

þēawas /'θæːawas/ *(noun m pl.)* virtues, morality

þeċċan /'θɛtʃan/ *(verb weak 1a)* cover [1st pers. pres. sing. þecce, 2nd pers. pres. sing. þecest, 3rd pers. pres. sing. þeceþ, pl. pres. þeccaþ; 1st/3rd pers. past sing. þeahte/þehte. From þæc.]

þeġen /'θɛjɛn/ *(noun m.)* thane; servant; officer; freeman, master (as opposed to slave) [second e disappears in all inflected forms. Also þeġn, þēn, þeng.]

þeġen /'θɛjɛn/ taken/received (see (ġe)þiċġan)

þeġnian /'θɛːnian/ *(verb weak)* serve [+ dat; 2nd pers. pres. indic. þeġnast, pres. partic. þeġnienne. Also þēnian.]

þeġnliċ /'θɛːnlitʃ/ *(adj.)* brave [also þeġenlic]

þeġnsċipe /'θɛːnʃipɛ/ *(noun m.)* service [also þeġenscipe]

þeġnung /'θɛːnuŋg/ *(noun f.)* service, retinue, ministration; mass, mass-book [dat sing often ends -a. Also þēnung.]

(ġe)þencan /'θɛntʃan/ *(verb weak 1b)* think, expect, think of, consider [INDIC: 1st pers pres þence, 2nd pers pres þencst, 3rd pers. pres. þencþ, pl. pres. þencaþ, 1st/3rd pers. past þōhte. SUBJ: pres sing þence, past sing þōhte. Imperatives - sing þenċ, pl þencaþ. Present partic. þencende, past partic. ġeþōht. From þanc]

þenden /'θɛndɛn/ *(adv./conj.)* while

þenian /'θɛnian/ *(verb weak 2)* stretch [INDIC: 1st pers. pres.

þeniġe, 2nd pers. pres. þenest, 3rd pers. pres. þeneþ, pres. pl. þeniaþ, 1st/3rd pers. past þenede, 2nd pers. past þenedest, past pl. þenedon. SUBJ: pres. sing. þeniġe, pres. pl. þenien/þenion, past sing. þenede (also þenedest for 2nd pers. only), past pl. þeneden/þenedon. Imper. sing þene, pl. þeniaþ. Pres. partic. þenigende, past partic. ġeþened.]

þēningmann /'θɛɪnɪŋmann/ *(noun m.)* serving-man, 'waiter' [Also þeġnungmann]

þēod /θeːod/ *(noun f.)* people, nation [nom sing þēod, acc/dat/gen sing þēode, nom/acc pl þēoda/þēode, gen pl þēoda, dat pl þēodum]

(ġe)þēodan /'θeːodan/ *(verb weak)* join, associate

ġeþēode /jɛ'θeːodɛ/ *(noun n.)* language [can be used to identify nationality]

þēoden /'θeːodɛn/ *(noun m.)* king, prince (only in poetry) [second e disappears in all inflected forms: gen sing þēodnes, dat sing þēodne, nom/acc pl þēodnas, gen pl þēodna, dat pl þēodnum]

ġeþēodnes /jɛ'θeːodnɛs/ *(noun f.)* association; translation [also ġeþēodnis]

þēodsċipe /'θeːodʃipɛ/ *(noun m.)* nation; discipline; (modern usage) religion

þēodwita /'θeːodwɪta/ *(noun m.)* philosopher, historian; 'world-wise man'

þēof /θeːof/ *(noun m.)* thief

þēoh /'θeːox/ *(noun n.)* thigh

(ġe)þēon /'θeːon/ *(verb strong 2)* flourish [past sing þēah. Later form of þīhan]

þēos /θeːos/ this (fem. noun) (see þes)

þēosterfull /'θeːostɛrvʊll/ *(adj.)* dark

þēostor /'θeːostɒr/ *(adj.)* dark [also þēostre, þīestre]

þēostru /'θeːostru/ *(noun f.)* darkness [Often in plural. dat pl þēostrum]

þēotan /'θeːotan/ *(verb strong 2)* howl

þēow /θeːow/ *(noun m.)* servant, slave

þēowa /'θeːowa/ *(noun m.)* servant, slave

þēowan /'θeːowan/ *(verb weak)* serve [+ dat]

þēowdōm /'θeːowdɔːm/ *(noun m.)* service, servitude

(ġe)þēowian /'θeːowɪan/ *(verb weak)* serve; reduce to servitude, enslave [+ dat. past þēowde. Also þēowan.]

þēow-mann /'θeːowmann/ *(noun m.)* serf, slave

þēowot /'θeːowɒt/ *(noun n.)* servitude [dat sing þēowte]

þēowotdōm /'θeːowɒtdɔːm/ *(noun m.)* service

þēow-wealh /'θeːowæalx/ *(noun m.)* foreign (Welsh) serf

þerscan /'θɛrʃan/ *(verb strong 3)* thrash, beat [3rd pers. pres. þirscþ]

þes /θɛs/ *(pron./adj.)* this [(masc) nom þes, acc þisne, gen þisses, dat þissum, instr þȳs; (fem) nom þēos, acc þās, gen/dat þisse/þisre; (neu) nom/acc þis, gen þisses, dat þissum, instr þȳs; (pl) nom/acc þās, gen þisra; dat þissum. 'Ǣr þissum' = 'before this, formerly']

þiċċe /ˈθɪtʃɛ/ *(adj.)* thick

(ġe)þiċġan /ˈθɪdʒan/ *(verb strong 5)* take, receive; eat, drink [3rd pers. pres. þiġeþ, past sing. þeah/þāg/þāh, past pl. þǣgon, past partic. þeġen/þiġen, imper. þiġe]

þider /ˈθɪdɛr/ *(adv.)* thither

þiderweard /ˈθɪdɛrwæard/ *(adv.)* thither-ward, thither

þiderweardes /ˈθɪdɛrwæardɛs/ *(adv.)* thither

þiefþ /θi:fθ/ *(noun f.)* theft

þiestre /ˈθi:strɛ/ dark (see þēostor)

þilc /θɪltʃ/ *(pron.)* such [also þillic]

þīn /θi:n/ *(possessive pron.)* your, thine [declines like other adjs (always strong): þīnes, þīnne etc.]

þindan /ˈθɪndan/ *(verb strong 3)* swell [3rd pers. pres. þint, past partic. þunden]

þīnen /ˈθi:nɛn/ *(noun f.)* maidservant, 'waitress'

þing /θɪŋg/ *(noun n.)* thing [nom/acc sing þing, gen sing þinges, dat sing þinge, nom/acc pl þing, gen pl þinga, dat pl þingum. 'mid nānum þingum' = 'not at all'; 'for his þingum' = 'for his sake']

þingian /ˈθɪŋgian/ *(verb weak)* (+ dat) intercede; (+acc and dat) mediate; (refl., + wiþ) reconcile oneself (with)

þingung /ˈθɪŋgʊŋg/ *(noun f.)* intercession, mediation

þis /θɪs/ this (neu. noun) (see þes) [(masc) nom þes, acc þisne, gen þisses, dat þissum, instr þȳs; (fem) nom þēos, acc þās, gen/dat þisse/þisre/þissere; (neu) nom/acc þis, gen þisses, dat þissum, instr þȳs; (pl) nom/acc þās, gen þisra/þissa/þissera; dat þissum]

þissum /ˈθɪsʊm/ see þes

þīwian /ˈθi:wian/ *(verb weak)* serve [+ dat]

(ġe)þōht /ˈθɔ:xt/ *(noun m.)* thought; thanks

þōhte /ˈθɔ:xtɛ/ thought (see þenċan)

(ġe)þolian /ˈθɒlian/ *(verb weak)* suffer, endure

þon /θɒn/ *(adv.)* the (with comparative) [e.g. 'þon mā' = 'the more'; 'tō þon' = 'to that (time)', 'tō þon þæt' = 'with the prospect that']

þone /ˈθɒnnɛ/ see se

þonne /ˈθɒnnɛ/ *(adv./conj.)* then; when; because; (pleonastic, but not at beginning of sentence); that (with comparatives) [þonne . . . þonne' = 'when . . . then']

þonne /ˈθɒnnɛ/ *(adv.)* than

þorfte /ˈθɒrftɛ/ needed (see þurfan)

þorn /θɒrn/ *(noun m.)* thorn, thorn-bush

þorniht /'θɒrnɪxt/ *(adj.)* thorny [also þorneht]

þoterung /'θɒtɛrʊŋg/ *(noun f.)* groaning, wailing

þōþer /'θɔːðɛr/ *(noun m.)* ball

ġeþræc /jɛ'θræk/ *(noun n.)* violence, force

þrǣd /θræːd/ *(noun m.)* thread

þrǣl /θræːl/ *(noun m.)* serf [from Norse]

þrǣlriht /'θræːlrɪxt/ *(noun n.)* serf's right

þrāfian /'θraːvɪan/ *(verb weak)* reprove, correct

þrāg /θraːg/ *(noun f.)* time

þrāgum /'θraːgʊm/ *(adv.)* sometimes

(ġe)þrang /'θraːŋg/ *(noun n.)* throng, crowd

þrēa /'θræːa/ *(noun f.)* misery, calamity

þrēagan /'θræːagan/ *(verb weak 1b)* blame, rebuke, punish [Contraction in conjugated forms: 1st/3rd pers. past sing. þrēade. Also þrēan.]

þrēagung /'θræːagʊŋg/ *(noun f.)* threatening, reproval [also þrēaung]

þrēam /'θræːam/ *(adv.)* miserably

þrēat /'θræːat/ *(noun m.)* troop

þrēatian /'θræːatɪan/ *(verb weak)* reprove, threaten

þrēatung /'θræːatʊŋg/ *(noun f.)* reproval, threatening

þrēo /θreːo/ *(number)* 3 [nom/acc: þrīe (m), þrēo (f/n); dat/inst þrim; gen þrēora/þrīora. Use þrēo when counting ("ān, twā, þrēo..."). Also þrī, þrīe, þrīo.]

þreodian /'θreodɪan/ *(verb weak)* deliberate, ponder

þrēotēoþa /'θreːoteːoða/ *(number)* thirteenth [always weak]

þrēotīene /'θreːotiːnɛ/ *(number)* 13 [Indeclinable]

þridda /'θrɪdda/ *(adj.)* third [always weak]

þrīe, þrim /θriː/, /θrɪm/ *(number)* 3 (see þrēo)

þrifeald /'θrɪvæald/ *(adj.)* threefold

þrimilċe /'θrɪmɪltʃɛ/ *(month)* May

Þrīnes /'θriːnɛs/ *(noun f.)* the Trinity

þringan /'θrɪŋgan/ *(verb strong 3)* press; advance; throng [past sing. þrang, past pl. þrungon, past partic. þrungen]

þritiġ /'θrɪtɪj/ *(number)* 30 [Generally undeclined in nom/acc but declined like adjectives with gen -ra, dat -um. + gen of noun. 30th = þritigoþa. Also þrittiġ.]

þritiġfeald /'θrɪtɪvæald/ *(adj.)* thirtyfold

þrīst /'θriːst/ *(adj.)* shameless, presumptuous

þrīwa /'θriːwa/ *(adv.)* thrice

þrosm /'θrɒzam/ *(noun m.)* smoke

(ġe)þrōwian /'θrɔːwɪan/ *(verb weak)* suffer

þrōwung /'θrɔːwʊŋg/ *(noun f.)* suffering

þryccan /'θrykkan/ *(verb weak)* afflict, press

þrymliċ /'θrymlɪtʃ/ *(adj.)* glorious [also þrymmliċ]

þrymlīċe /'θrymli:tʃɛ/ *(adv.)* gloriously [also þrymmlīċe]

þrymm /θrymm/ *(noun m.)* glory; strength, courage; torrent; crowd

þrymsetl /'θrymmzɛtl/ *(noun n.)* throne, 'seat of glory' [also þrymmsetl]

þrȳþliċ /'θry:ðlɪtʃ/ *(adj.)* strong, noble

þrȳþu /'θry:ðu/ *(noun f.)* strength, glory

ġeþryscan /jɛ'θryʃan/ *(verb weak)* afflict, oppress

þū /θu:/ *(pron.)* thou, you [nom þū, acc þē, gen þīn, dat þē. Used for all singular 'you' - both formal (French vous) and familiar (French tu)]

þūf /θu:f/ *(noun m.)* banner

ġeþūht, þūhte /jɛ'θu:xt/, /'θu:xtɛ/ thought (see þynċan)

þunden /'θundɛn/ swollen (see þindan)

ġeþungen /jɛ'θuŋgɛn/ *(adj.)* excellent, distinguished [past partic. of lost verb þingan]

þunor /'θunɒr/ *(noun m.)* thunder

þunresdæġ /'θunrɛzdʌɪ/ *(day of week (m.))* Thursday

ġeþuren /jɛ'θurɛn/ beaten/churned/forged (see þweran)

þurfan /'θurvan/ *(verb (pret-pres))* need [INDIC: Present - iċ þearf, þū þearft, hē/hit/hēo þearf, wē/ġe/hīe þurfon; Past - iċ þorfte, þū þorftest, hē/hit/hēo þorfte, wē/ġē/hīe þorfton. SUBJ: Present - þurfe/þyrfe (sing.), þurfen (pl.); Past - þorfte (sing.), þorften (pl.). pres. partic. þurfende, past partic. þurfen, imper. þurf (sing.)/þurfaþ (pl.). Infinitives - þurfan, tō þurfenne.]

þurh /θurx/ *(prep. (adv.))* through; (causal) through, by [+ acc (or sometimes dat or gen). 'þurh swefn' = 'in sleep'; 'þurh þæt þe' = 'because']

þurhdrīfan /θurx'dri:van/ *(verb strong 1)* pierce

þurhdūfan /θurx'du:van/ *(verb strong 2)* dive through

þurhfaran /θurx'varan/ *(verb strong 6)* traverse

þurhfōn /θurx'vɔ:n/ *(verb strong 7)* penetrate

þurhiernan /θurx'ɪrnan/ *(verb strong 3)* run through, traverse [past pense þurharn]

þurhsċēotan /ˌθurx'ʃɛotan/ *(verb strong 2)* shoot through

þurhtēon /θurx'tɛ:on/ *(verb strong 2)* finish, accomplish, carry out

þurhþyrel /θurx'θyrɛl/ *(adj.)* perforated

þurhþyrelian /θurx'θyrɛlian/ *(verb weak)* pierce, penetrate

þurhwacol /θurx'wakɒl/ *(adj.)* watchful (throughout), sleepless

þurhwadan /θurx'wadan/ *(verb strong 6)* penetrate

þurhwunian /θurx'wunian/ *(verb weak)* continue

þurst /θʊrst/ *(noun m.)* thirst
þurstiġ /'θʊrstɪj/ *(adj.)* thirsty
þus /θʊs/ *(adv.)* thus
þūsend /'θu:zɛnd/ *(number (n.))* 1000 [undeclined, or declined like neuter noun. + gen]
(ġe)þwǣnan /'θwæ:nan/ *(verb weak)* moisten
ġeþwǣre /jɛ'θwæ:rɛ/ *(adj.)* gentle; agreeable
(ġe)þwǣrian /'θwæ:rɪan/ *(verb weak)* agree to, allow [+ dat of thing]
(ġe)þwǣrlǣċan /'θwæ:rlæ:tʃan/ *(verb weak)* agree to
þwēan /'θwæ:an/ *(verb strong 6)* wash [3rd pers. pres. þwihþ, past sing. þwōg, past pl. þwōgon, past partic. þwagen/þwægen]
þweorh /θweorx/ *(adj.)* perverse, depraved
þwēornes /'θwe:ornɛs/ *(noun f.)* perversity, obstinacy [also þweorhnes, þweorhnis, þwyrnis]
þweran /'θwɛran/ *(verb strong 4)* beat, churn; forge [past partic. ġeþuren]
þȳ /θy:/ *(adv.)* because; therefore; the (with comparative); also instr. of se [þȳ ... þȳ ...] = 'the ... the ...' (e.g. 'the more the merrier'); 'þȳ þæt' = 'because'. Sometimes þon used instead of þȳ, especially in 'þon þe' = 'because']
þȳdan /'θy:dan/ *(verb weak)* stab, press
þȳfel /'θy:vɛl/ *(noun m.)* bush [nom pl þȳflas]

þȳlǣs /θy:læ:s/ *(conj.)* lest
þyhtiġ /'θyxtɪj/ *(adj.)* strong
ġeþyld /jɛ'θyld/ *(noun f.)* patience [acc sing ġeþyld, gen/dat sing ġeþylde, nom/acc pl ġeþylda/ġeþylde, gen pl ġeþylda, dat pl ġeþyldum. Usually seen with ġe- prefix.]
ġeþyldiġ /jɛ'θyldɪj/ *(adj.)* patient
þyle /'θylɛ/ *(noun m.)* orator
ġeþyll /jɛ'θyll/ *(noun n.)* breeze
þȳmel /'θy:mɛl/ *(noun m.)* thimble
(ġe)þȳn /'θy:n/ *(verb)* stab
(ġe)þynċan /'θyntʃan/ *(verb weak 1b)* think (impersonal); appear, seem [+ dat: 3rd pers. pres. þynċþ, 3rd pers. past þūhte, past partic. ġeþūht; 'mē þynċþ' = 'methinks', 'I think'; 'him þynċþ' = 'it appears to him'; from þenċan]
ġeþyncþo /jɛ'θyŋkθo/ *(noun f.)* dignity, rank [also ġeþyngþo, ġeþynċþ, ġeþinċþo. From ġeþungen.]
þynne /'θynnɛ/ *(adj.)* thin
(ġe)þynnian /'θynnɪan/ *(verb weak)* thin, make thin
þyrel /'θyrɛl/ *(noun n.)* hole [from þurh]
þyrel /'θyrɛl/ *(adj.)* pierced
þyrelung /'θyrɛlʊŋg/ *(noun f.)* piercing
þyrfe /'θyrvɛ/ need (see þurfan)
þyrs /θyrs/ *(noun m.)* giant
þyrstan /'θyrstan/ *(verb weak)* thirst [+ gen; from þurst]
þȳs /θy:s/ (with) this (see þes)

U

ufan /'ʊvan/ *(adv.)* from above; above [comparative ufera, superlative yfemest/ymest; 'ufen an (= on) þæt' = 'besides']

ufenan /'ʊvɛnan/ *(prep.)* besides

ufeweard /'ʊvɛwæːrd/ *(adj.)* upward, at the top of; higher up

ufor /'ʊvɒr/ *(adv.)* further away, 'higher'

(ġe)uforian /'ʊvɒrian/ *(verb weak)* delay

ūht /uːxt/ *(noun f.)* early morning, dawn [also ūhta]

ūhtsang /'uːxtsaŋg/ *(noun m.)* morning chant, matins

ultor /'ʊltɒr/ *(noun m.)* vulture

un- /ʊn/ *(prefix)* un- (gives negative sense to noun) [e.g. unfriþ 'hostility' from friþ 'peace']

unāberendlic̄ /'ʊnaːbɛrɛndlɪtʃ/ *(adj.)* intolerable

unāġiefen /'ʊna:jɪvɛn/ *(adj.)* unpaid

unālȳfed /'ʊna:lyːvɛd/ *(adj.)* disallowed, unlawful [also unālīefed]

unārīmedlic̄ /'ʊna:riːmɛdlɪtʃ/ *(adj.)* innumerable [declines like fǣrlic̄; also unārīmed]

unāsecgendlic̄ /'ʊna:zɛdʒɛndlɪtʃ/ *(adj.)* indescribable

unāwendedlic̄ /'ʊna:wɛndɛdlɪtʃ/ *(adj.)* unchangeable

unbeboht /ʊnbɛbɒxt/ *(adj.)* unsold [past participle; from bebyċġan]

unbefliten /'ʊnbɛvlɪtɛn/ *(adj.)* undisputed

unbefohten /'ʊnbɛvɒxtɛn/ *(adj.)* unopposed

unġeboren /'ʊnjɛbɒrɛn/ *(adj.)* unborn

unbieldo /'ʊnbɪldɒ/ *(noun f.)* want of boldness, diffidence

unc /ʊŋk/ we (referring to two people) (see iċ) ['unc Adāme' = 'Adam and I']

uncer /'ʊŋkɛr/ *(possessive pron.)* our (referring to two people) [declines like other adjs: uncres, uncerne etc.]

(ġe)unclǣnsian /'ʊŋklæːnzian/ *(verb weak)* pollute

(ġe)unclǣnsung /'ʊŋklæːnzʊŋg/ *(noun f.)* pollution

uncoþu /'ʊnkɒθʊ/ *(noun f.)* disease

uncræft /'ʊrkræft/ *(noun f.)* weakness; malpractice

uncūþ /'ʊnkuːθ/ *(adj.)* unknown; uncertain

ungecynde /'ʊnjɛkyndɛ/ *(adj.)* strange, of alien family [also ungecynd]

uncyst /'ʊnkyst/ *(noun f.)* vice

undǣd /'ʊndæ:d/ *(noun f.)* wicked deed, crime

undēadlicnes /'ʊndæ:adlɪknɛs/ *(noun f.)* immortality

undēop /'ʊndɛ:op/ *(adj.)* shallow

undēore /'ʊndɛ:orɛ/ *(adj.)* cheap

under /'ʊndɛr/ *(prep.)* under; time during [+ dat (at rest) or acc (in motion)]

under-cyning /'ʊndɛrkynɪŋg/ *(noun m.)* under-king

underdelfan /ʊndɛr'dɛlvan/ *(verb strong 3)* dig under

underfōn /ʊndɛr'vɔ:n/ *(verb strong 7)* receive, take [INDIC: 1st pers pres underfō, 2nd pers pres underfēhst, 3rd pers. pres. underfēhþ, pl. pres. underfōþ, past sing. underfēng, past pl. underfēngon. SUBJ: pres sing underfō, past sing underfēnge. Imperatives - sing underfō,h pl underfōþ. Present partic. underfōnde, past partic. underfangen.]

underġietan /ʊndɛr'jɪtan/ *(verb strong 5)* understand [3rd pers. pres. underġiett, past sing. underġeat, past pl. underġēaton, past partic. underġieten]

undern /'ʊndɛrn/ *(noun m.)* 9am, the third hour; morning

undernmǣl /'ʊndɛrnmæ:l/ *(noun n.)* morning-time

underntīd /'ʊndɛrnti:d/ *(noun f.)* morning-time

understandan /ʊndɛr'standan/ *(verb strong 6)* understand

underþēodan /ʊndɛr'θe:odan/ *(verb weak)* subject, subjugate [also underþīedan]

underġeþēoded /ʊndɛrjɛ'θe:odɛd/ *(adj.)* subject, submissive

underþēodnes /ʊndɛr'θe:odnɛs/ *(noun f.)* subjection, submission [also underþēodnis]

undierne /'ʊndɪrnɛ/ *(adj.)* unhidden, manifest

unearg /'ʊnæarg/ *(adj.)* brave

unēaþe /'ʊnæ:aθɛ/ *(adv.)* not easily, with difficulty [also unīeþe]

unēaþelīċe /'ʊnæ:aθɛli:tʃɛ/ *(adv.)* uneasily, with difficulty [also unīeþelīċe]

unġeendod /'ʊnjɛɛndɒd/ *(adj.)* endless [past participle]

unfæstlīċe /'ʊnvæstli:tʃɛ/ *(adv.)* not firmly, vaguely

unġefōge /'ʊnjɛvɔ:gɛ/ *(adv.)* excessively

unġefōgliċ /'ʊnjɛvɔ:glɪtʃ/ *(adj.)* fierce, strong

unforbærned /'ʊnvɒrbærnɛd/ *(adj.)* unburnt [past participle]

unforcūþ /'ʊnvɒrku:θ/ *(adj.)* noble, excellent

unforht /'ʊnvɒrxt/ *(adj.)* dauntless, not afraid

unforhtmōd /'ʊnvɒrxtmɔ:d/ *(adj.)* fearless

unformolsnod /'ʊnvɒrmɒlsnɒd/ *(adj.)* undecayed [past participle]

unforworht /'ʊnvɒrwɒrxt/ *(adj.)* innocent, not having transgressed [past participle]

unġefræġlīċe /'ʊnjɛfrʌiliːtʃɛ/ *(adv.)* incredibly, 'in an unheard-of manner'

unfriþ /'ʊnvrɪθ/ *(noun m.)* war, hostility, 'unpeace'

unġefullod /'ʊnjɛvʊllɒd/ *(adj.)* unbaptised [past participle]

-ung /ʊŋg/ *(suffix)* -ing (forms nouns from verbs) [e.g. cēapung 'business, trade' from cēapian 'to buy/trade'. Noun is always fem.]

-unga /ʊŋga/ *(suffix)* -ly

unġearu /'ʊnjɛaru/ *(adj.)* unready ['on unġearwe' = 'unawares']

unġield /'ʊnjɪld/ *(noun n.)* unjust/excessive tax [also unġild]

unġehælendliċ /'ʊnjɛhæːlɛndlɪtʃ/ *(adj.)* incurable [also unġehæledliċ]

unhælo /'ʊnhæːlɒ/ *(noun f. indecl.)* health problem, bad health

unhēanlīċe /'ʊnhæːanliːtʃɛ/ *(adv.)* nobly, valiantly

unġehīersum /'ʊnjɛhiːrzʊm/ *(adj.)* disobedient [+ dat. Declines as sum.]

unhlīsa /'ʊnhliːza/ *(noun m.)* ill-fame, discredit

unhold /'ʊnhɒld/ *(adj.)* hostile, unfriendly

unlǣd /'ʊnlæːd/ *(adj.)* poor; wretched

unlagu /'ʊnlagʊ/ *(noun f.)* bad law

unġelēafful /'ʊnjɛlæːaˌfʊll/ *(adj.)* unbelieving

unġelēaffulnes /'ʊnjɛlæːaˌfʊlnɛs/ *(noun f.)* unbelief [also unġelēaffullnis]

unġelīċ /'ʊnjɛliːtʃ/ *(adj.)* unlike [+ dat]

unġelīefedliċ /'ʊnjɛliːvɛdlɪtʃ/ *(adj.)* incredible [also unġelīefendliċ]

unlifigende /'ʊnlɪvɪgɛndɛ/ *(adj.)* dead

unġelimp /'ʊnjɛlɪmp/ *(noun n.)* mishap, misfortune

unlybba /'ʊnɫybba/ *(noun m.)* poison [from lybb 'drug']

unlȳtel /'ʊnlyːtɛl/ *(adj.)* much, 'unlittle'

unġemet /'ʊnjɛmɛt/ *(noun n.)* excess [also as adv.: 'excessively']

unġemetgod /'ʊnjɛmɛtgɒd/ *(adj.)* excessive [past participle]

unġemetliċ /'ʊnjɛmɛtlɪtʃ/ *(adj.)* immense [declines like fǣrliċ]

unġemetlīċe /'ʊnjɛmɛtliːtʃɛ/ *(adv.)* excessively

unmihtiġ /'ʊrmɪxtɪj/ *(adj.)* weak, 'unpowerful'

unmōdiġ /'ʊnmɔːdɪj/ *(adj.)* cowardly

unġemyndiġ /'ʊnjɛmyndɪj/ *(adj.)* unmindful

(ġe)unnan /'ɒnnan/ *(verb (pret-pres))* grant, allow, wish [+ dat of person & gen of thing. INDIC: Present - iċ ann, þū anst, hē/hit/hēo ann, wē/ġe/hīe unnon, Past - iċ uþe, þū uþest, hē/hit/hēo uþe, wē/ġe/hīe uþon. SUBJ: Present - unne (sing.), unnen (pl.); Past - ūþe (sing.), ūþen (pl.). pres. partic. unnende, past partic. unnen, imper. unne (sing.)/unnaþ (pl.). Infinitives - unnan, tō unnenne. 'unnendre handa' = 'voluntarily']

unne /ˈʊnnɛ/ *(noun f.)* consent

unnytt /ˈʊnnytt/ *(adj.)* useless

unoferswīþendlic̄ /ˈʊnɒvɛrswiːðɛndlɪtʃ/ *(adj.)* invincible

unrǣd /ˈʊnræːd/ *(noun m.)* folly, bad counsel, foolish plan; mischief, injury

unriht /ˈʊnrɪxt/ *(adj.)* wrong

unriht /ˈʊnrɪxt/ *(noun n.)* wrong, injustice

unrihtlic̄ /ˈʊnrɪxtlɪtʃ/ *(adj.)* wrong

unrihtlīce /ˈʊnrɪxtliːtʃɛ/ *(adv.)* wrongly

unrihtwīs /ˈʊnrɪxtwiːs/ *(adj.)* unrighteous

unrihtwīsnes /ˈʊnrɪxtwiːs/ *(noun f.)* unrighteousness [also unrihtwīsnis]

unġerīm /ˈʊnjɛriːm/ *(adj./noun n.)* countless; (as noun) countless number

unġerisenlic̄ /ˈʊnjɛrɪzɛnlɪtʃ/ *(adj.)* improper

unġerisenlīce /ˈʊnjɛrɪzɛnliːtʃɛ/ *(adj.)* improperly

unrōt /ˈʊnrɔːt/ *(adj.)* sad

unrōtnes /ˈʊnrɔːtnɛs/ *(noun f.)* sadness [also unrōtnis]

unġesǣliġ /ˈʊnjɛzæːlɪj/ *(adj.)* unhappy, accursed

unġesǣlþ /ˈʊnjɛsæːlθ/ *(noun f.)* unhappiness, misfortune

unscæþþiġ /ˈʊnʃæθɪj/ *(adj.)* innocent, 'not hurtful' [from scaþa]

unscyldiġ /ˈʊnfyldɪj/ *(adj.)* innocent

unġesewenlic̄ /ˈʊnjɛzɛwɛnlɪtʃ/ *(adj.)* invisible

unsidu /ˈʊnzɪdʊ/ *(noun m.)* bad custom, vice

unsmēþe /ˈʊnzmɛːðɛ/ *(adj.)* rough

unsnotornes /ˈʊnznɒtɒrnɛs/ *(noun f.)* folly, want of prudence [also unsnotornis]

unsnyttro /ˈʊnsnyttrɒ/ *(adj.)* folly

unsōfte /ˈʊnzɔːftɛ/ *(adv.)* severely

unspēdiġ /ˈʊnspɛdɪj/ *(adj.)* poor

unstille /ˈʊnstɪllɛ/ *(adj.)* unstill, restless

unstillnes /ˈʊnstɪllnɛs/ *(noun f.)* disturbance [also unstillnis]

unswǣslic̄ /ˈʊnzwæːzlɪtʃ/ *(adj.)* cruel

unsweotol /ˈʊnzweotɒl/ *(adj.)* not discernible or apparent

unswicen /ˈʊnzwɪkɛn/ *(adj.)* unbetrayed [past participle]

unsȳfre /ˈʊnzyːfrɛ/ *(adj.)* impure

untīemende /ˈʊntiːmɛndɛ/ *(adj.)* barren [from present participle of tīeman]

untīma /ˈʊntiːma/ *(noun m.)* wrong time

unġetrēowþ /ˈʊnjɛtrɛːowθ/ *(noun f.)* want of fidelity, treachery

unġetrīewe /ˈʊnjɛtriːwɛ/ *(adj.)* deceptive, treacherous

untrum /ˈʊntrʊm/ *(adj.)* infirm, weak, ill

untrumian /ˈʊntrʊmɪan/ *(verb weak)* weaken, make ill

untrumnes /ˈʊntrʊm/ *(noun f.)* weakness, illness [also untrumnis, untrymnis]

untwēogendlīċe
/ˈʊntweːogɛndliːtʃɛ/ (adv.)
indubitably, without doubt

untwēolīċe /ˈʊntweːoliːtʃɛ/ (adv.)
certainly [also untwīlīċe]

unþanc /ˈʊnθaŋk/ (noun m.)
dislike, 'ingratitude' ['his unþances' = 'against his will']

unþēaw /ˈʊnðɛːaw/ (noun m.) bad custom, immorality, vice

unþeġenlīċe /ˈʊnðɛːenliːtʃɛ/ (adv.) basely

unþinged /ˈʊnðɪŋɡɛd/ (adj.) unexpected

unwāclīċe /ˈʊnwaːkliːtʃɛ/ (adv.) vigorously

unġeþwærnes /ˈʊnjɛðwæːrnɛs/ (noun f.) discord

unwærliċ /ˈʊnwæːrlɪtʃ/ (adj.) unwary

unwærlīċe /ˈʊnwæːrliːtʃɛ/ (adv.) unwarily, carelessly

unwærsċipe /ˈʊnwæːrʃipɛ/ (noun m.) carelessness, folly

unwæstm /ˈʊnwæːstm/ (noun m.) barrenness, sterility; failure of crops

unġewealdes /ˈʊnjɛwæːaldɛs/ (adv.) involuntarily, by chance

unwealt /ˈʊnwæːalt/ (adj.) steady

unweder /ˈʊnwɛdɛr/ (noun n.) bad weather, storm

unġewemmed /ˈʊnjɛwɛmmɛd/ (adj.) undefiled, pure; immaculate

unwillende /ˈʊnwɪllɛndɛ/ (adj.) unwilling, involuntary

unwindan /ˈʊnwɪndan/ (verb strong 3) unwind, uncover

unwīs /ˈʊnwiːs/ (adj.) foolish

unwīsdōm /ˈʊnwiːzdɔːm/ (noun m.) imprudence, folly

unġewisses /ˈʊnjɛwɪsɛs/ (adv.) unconsciously

unġewittiġ /ˈʊnjɛwɪttɪj/ (adj.) foolish, unreasoning

unwiþmetenliċ /ˈʊnwɪθmɛtɛnlɪtʃ/ (adj.) incomparable

unwiþmetenlīċe /ˈʊnwɪθmɛtɛnliːtʃɛ/ (adv.) incomparably

ūp /uːp/ (adv.) up, upwards [also upp]

ūpāhafennes /ˈuːpaːxavɛnnɛs/ (noun f.) conceit, arrogance

ūpāspringan /ˈuːpaːsprɪŋɡan/ (verb strong 3) spring up

ūpāstigenes /ˈuːpaːstiɡɛnɛs/ (noun f.) ascension [also ūpāstigennes]

ūpāwend /ˈuːpaːwɛnd/ (adj.) upturned, raised [past participle]

ūpflōr /ˈuːpfloːr/ (noun f.) upper floor, upper storey [dat sing: -a]

ūpgang /ˈuːpɡaŋɡ/ (noun m.) rising (of the sun); going up, approach

ūpliċ /ˈuːplɪtʃ/ (adj.) lofty

uppan /ˈʊppan/ (prep.) on, upon [+ dat]

uppe /ˈʊppɛ/ (adv.) up, above ['uppe on' = 'up on, above on']

uppon /ˈʊppɒn/ (prep. (adv.)) upon, on [+ dat and acc; 'wiþ uppon' = 'above']

ūpstiġe /ˈuːpstijɛ/ (noun m.) ascent

ūre /uːrɛ/ (possessive pron.) our [declines like other adjs (always strong): ūres, ūrne, gen pl ūrra (LWS ūra)]

urnon /'ʊrnɒn/ ran (see iernan/irnan)

ūs /u:s/ us (see ić and wē)

ūt /u:t/ (adv.) out (motion); outside, abroad [comparative ȳterra, superlative ȳtemest; 'ūt of' = 'out of']

ūtan /'u:tan/ (adv.) outside ['ūtan besittan/begān' = 'surround, besiege']

ūtanbordes /'u:tanbɒrdɛs/ (adv.) abroad

ūtane /'u:tanɛ/ (adv.) outside, externally

ūtanweard /'u:tanwæard/ (adj.) external, outside

ūte /'u:tɛ/ (adv.) out (motion); outside, abroad

ūtera /'u:tɛra/ (comp. adj.) outer [superlative ȳtemest 'uttermost, extreme, last'. Also ūttera.]

ūteweard /'u:tɛwæard/ (adj.) external, outside

ūtfær /'u:tfær/ (noun n.) exit

ūtgan /'u:tgan/ (verb) go out, exit

ūtgang /'u:tgaŋg/ (noun m.) going out, departure, exit

ūtlaga /'u:tlag/ (noun m.) outlaw [also ūtlah, ūtlag. From lagu.]

ūtmeldian N /'u:tmɛldıan/ (verb) log out (computing) ['Þū eart nū ūtmeldod' = 'You are now logged out']

uton /'ʊtɒn/ (verb) let us (defective verb) [+ infin: 'uton gān' = 'let us go'. Also wuton.]

ūtor-mere /'u:tɒrmɛrɛ/ (noun m.) open sea, outer sea

ūtsiht /'u:tsɪxt/ (noun f.) diarrhœa

ūtweorp N /'u:tweorp/ (noun n.) radio

uþe, uþest, uþon /'ʊðɛ/, /'ʊðɛst/, /'ʊðɒn/ granted (see unnan)

ūþwita /'u:θwɪta/ (noun m.) philosopher, scholar

W

wā /wa:/ (noun m.) woe, misery [wā! = woe!; 'wā lā wā' = 'alas']

wāc /wa:k/ (adj.) weak, slender, frail; insignificant, mean

wacan /'wakan/ (verb strong 6) awake, arise, be born (in poetry) [past sing. wōc]

wacian /'wakıan/ (verb weak) be awake, watch

wācian /'wa:kıan/ (verb) become weak [1st pers. pres. wācie]

wāclić /'wa:klɪtʃ/ (adj.) mean, weak

wācmōdnes /'wa:kmɔ:dnɛs/ (noun f.) weakness of mind [also wācmōdnis]

wācnes /'wa:knɛs/ (noun f.) weakness, insignificance [also wācnis]

wacol /'wakɒl/ (adj.) awake

wadan /'wadan/ (verb strong 6) go, advance; wade [past sing. wōd, past pl. wōdon, imper. pl. wadaþ]

wæććan /'wætʃan/ (verb weak) watch out, be watchful [imper.

sing. wæċċe; pres. partic. wæċċende 'watching, watchful'. From wacian. 'Wæċċe!' = 'Look out!']
wæcnan /'wæknan/ *(verb weak)* awake, originate, come forth
wǣd /wæːd/ *(noun f.)* clothing, robe, dress
wǣdl /wæːdl/ *(noun f.)* poverty
wǣdla /'wæːdla/ *(noun m.)* poor man
wǣdlian /'wæːdlian/ *(verb weak)* be poor
wǣfels /'wæːvɛls/ *(noun m.)* dress, covering
wæfernes /'wævɛrnɛs/ *(noun f.)* theatre
wæfersīen /'wævɛrziːn/ *(noun f.)* spectacle, display
wǣfre /'wæːvrɛ/ *(adj.)* wandering, restless
wǣġ /wæːj/ *(noun m.)* wave
(ġe)wǣgan /'wæːgan/ *(verb weak)* afflict
wǣġe /'wæːgɛ/ *(noun n.)* wey (a weight of cheese, wool etc.)
wæġn /wʌin/ *(noun m.)* wagon; (in modern world) car
wæl /wæl/ *(noun n.)* slaughter [wæl ġeslēan' = 'make a slaughter']
wǣl /wæːl/ *(noun n.)* whirlpool, pool
wǣlan /'wæːlan/ *(verb weak)* afflict, torment
wælcyriġe /'wælkyrijɛ/ *(noun f.)* witch, sorceress
wælhrēow /'wælhreːow/ *(adj.)* (murderously) cruel, savage
wælhrēowlīċe /'wælhreːowliːtʃɛ/ *(adv.)* cruelly, savagely
wælhrēownes /'wælhreːownɛs/ *(noun f.)* cruelty
wælsleaht /'wælslæaxt/ *(noun m.)* slaughter [also wælsliht]
wælstōw /'wælstɔːw/ *(noun f.)* battlefield, place of slaughter
wǣpen /'wæːpɛn/ *(noun n.)* weapon [e disappears in inflected forms]
wǣpenbora /'wæːpɛnbɒra/ *(noun m.)* armed warrior
wǣpenwiga /'wæːpɛnwiga/ *(noun m.)* armed warrior
wǣpenġewrixl /'wæːpɛnjɛriksl/ *(noun n.)* hostile encounter, 'weapon-exchange'
wǣpnedhād /'wæːpnɛdhaːd/ *(noun n.)* male sex
wǣpnedmann /'wæːpnɛdmann/ *(noun m.)* male, man
wǣpnian /'wæːpnian/ *(verb weak)* arm [also wæpenian]
wær /wær/ *(adj.)* wary
wǣr /wæːr/ *(noun f.)* treaty, agreement
wærcan /'wærkan/ *(verb)* be in pain [2nd pers. pres. wærcest]
wǣre /'wæːrɛ/ were (singular; see wesan)
wærlīċe /'wærliːtʃɛ/ *(adv.)* warily, carefully
wǣrloga /'wæːrlɒga/ *(noun m.)* traitor, breaker of treaty [from lēogan]
wǣron /'wæːrɒn/ were (plural; see wesan)
wæs /wæs/ was (see wesan)

197

wæstling /ˈwæstlɪŋg/ *(noun m.)* sheet, blanket

wæstm /ˈwæstm/ *(noun m./n.)* fruit; growth, stature, form [also wæstem]

wæstmbærnes /ˈwæstəmbæːrnɛs/ *(noun f.)* fertility

wæt /wæːt/ *(adj.)* wet [also neuter noun: 'liquid, drink']

wǣta /wæːta/ *(noun m.)* moisture, liquid

wǣtan /wæːtan/ *(verb weak)* wet

wæter /ˈwætɛr/ *(noun n.)* water [gen sing wætres, dat sing wætre, nom/acc pl wætru, gen pl wætra, dat pl wætrum]

wæterclāþ /ˈwætɛrklaːθ/ *(noun m.)* towel

wæterfæsten /ˈwætɛrvæstɛn/ *(noun n.)* water-protection

wæterlīþ ℕ /ˈwætɛrliːθ/ *(noun n.)* vodka

wæterscēat /ˈwætɛrʃæːat/ *(noun m.)* towel

wæterscipe /ˈwætɛrʃɪpɛ/ *(noun m.)* water, conduit

wætersēocnes /ˈwætɛrseːoknɛs/ *(noun f.)* dropsy, 'water-sickness' [also wæter-sēocnis]

wǣþan /ˈwæːðan/ *(verb weak)* wander, rove

wāfung /ˈwaːvʊŋg/ *(noun f.)* spectacle, display [dat sing often ends -a]

wāg /waːg/ *(noun m.)* wall [also wāh]

wagian /ˈwagɪan/ *(verb weak)* move, shake [intransitive]

wālā /ˈwaːlaː/ *(interj.)* alas!; woe!; 'sorry' [+ gen; also wālāwā]

wamb /wamb/ *(noun f.)* stomach

wamm /wamm/ *(noun m.)* defilement, impurity

wand /wand/ wound (see windan)

wandian /ˈwandɪan/ *(verb weak)* care, hesitate

wang /waŋg/ *(noun m.)* plain, field

wange /ˈwaŋgɛ/ *(noun n.)* jaw

wanhāl /ˈwanhaːl/ *(adj.)* unhealthy, weak, sick

(ġe)wanian /ˈwanɪan/ *(verb weak)* diminish, curtail, injure; decline, fade

wann /wann/ *(adj.)* dark

wann /wann/ won (see winnan)

wanspēdiġ /ˈwanspɛːdɪj/ *(adj.)* poor

wapuldrinca ℕ /ˈwapʊldrɪnka/ *(noun m.)* fizzy drink

-ware /-warɛ/ *(pl.)* dwellers, inhabitants (only in compound words) [originally defenders, op. werian. Also -waru, -waras]

warian /ˈwarɪan/ *(verb weak)* guard, inhibit

(ġe)warnian /ˈwarnɪan/ *(verb weak)* warn; (reflex.) take warning [also (ġe)warenian, (ġe)wearnian]

waroþ /ˈwarʊθ/ *(noun n.)* shore

waru /ˈwarʊ/ *(noun f.)* defence

wāst, wāt /waːst/, /waːt/ knew (see witan)

ġewāt /jɛˈwaːt/ departed (see ġewītan)

waþum /ˈwaðʊm/ *(noun m.)* wave

wāwan /ˈwaːwan/ *(verb strong 7)* blow [past partic. wāwen]

wē /wɛː/ (pron.) we (three or more) [nom wē, acc ūs, gen ūre, dat ūs]

wēa /wɛːa/ (noun m. weak) woe, grief, trouble [gen/dat/acc sing wēan, nom/acc pl wēan, gen pl wēana, dat pl wēam]

weaht, weahte /wæaxt/, /'wæaxtɛ/ woke(n) (see weċċan)

Wēalas /'wɛːalas/ (noun pl.) Wales [also Norþwēalas; pl. of Wealh]

ġewealc /jɛˈwɛalk/ (noun n.) rolling, tossing

wealcan /'wæalkan/ (verb strong 7) roll, toss, fluctuate; walk

weald /wæald/ (noun m.) forest [dat sing wealda: declines in same way as 'hand']

ġeweald /jɛˈwæald/ (noun n.) power, command

(ġe)wealdan /'wæaldan/ (verb strong 7) rule, govern, possess; wield; cause, bring about [+ gen (instr.) and acc; 3rd pers. pres. wielt/wilt, past sing. wēold, past pl. wēoldon, past partic. wealden]

ġewealden /jɛˈwæaldɛn/ (adj.) inconsiderable

wealdend /'wæaldɛnd/ (noun m.) ruler, king

wealdswaþu /'wæaldzwaðʊ/ (noun f.) forest track

Wealh /wæalx/ (noun m.) Welshman, Briton; (w-) foreigner [h is dropped in all inflected forms and ea lengthened, e.g. plural Wēalas; word originally meant 'foreigner'. 'iċ eom of Wēalum' = 'I come from Wales']

wealhstōd /'wælxstɔːd/ (noun m.) translator, interpreter

Wēalisċ /'wɛːalɪʃ/ (adj.) Welsh

weall /wæall/ (noun m.) wall, rampart

weallan /'wæallan/ (verb strong 7) boil; swarm; toss [INDIC: past sing wēoll, past pl wēollon; past partic weallen]

weallīm /'wæallːm/ (noun m.) cement, mortar, 'wall-lime'

weallsteall /'wæallstæall/ (noun m.) foundation

wealt /wæalt/ (adj.) shaky

wealwian /'wæalwian/ (verb weak) wallow, roll

weard /wæard/ (noun m.) guardian, possessor

weard /wæard/ (noun f./m.) guardianship, watch

weard /wæard/ (adv.) towards ['wiþ hire weard' = 'towards her']

weardmann /'wæardmann/ (noun m.) watchman

wearg /wæarg/ (noun m.) felon, criminal [originally meant 'wolf', then 'proscribed man, outlaw']

wearm /wæarm/ (adj.) warm

wearn /wæarn/ (noun f.) reluctance

(ġe)wearnian /'wæarnian/ warn (see (ġe)warnian)

wearnung /'wæarnʊng/ (noun f.) warning

wearþ /wæarθ/ happened/was (see weorþan)

wēas /'wæːɑz/ *(adv.)* by chance

wēasġelimp /'wæːɑzjɛlɪmp/ *(noun n.)* a chance occurrence, luck

weax /wæɑks/ *(noun n.)* wax

weaxan /'wæɑksɑn/ *(verb strong 7)* grow, increase [3rd pers. pres. wixt/wiexþ, past sing. wēox, past pl. wēoxon, past partic. weaxen]

web /wɛb/ *(noun n.)* web

weċċan /'wɛtʃɑn/ *(verb weak 1a)* wake, arouse [1st pers. pres. weċċe, 2nd pers. pres. weċst/weċest, 3rd pers. pres. weċþ/weċeþ, pl. pres. weċċaþ; 1st/3rd pers. past sing. weahte/wehte, past partic. weaht, imper. weċe. Also wreċċan.]

weċġ /wɛdʒ/ *(noun m.)* wedge

wēdan /'wɛːdɑn/ *(verb weak)* rage

wedd /wɛdd/ *(noun n.)* pledge, agreement

wedbryce /'wɛddbrykɛ/ *(noun m.)* breach of agreement, treachery [also weddbryce]

weder /'wɛdɛr/ *(noun n.)* weather

wedloga /'wɛddlɒɡɑ/ *(noun m.)* violator of agreement, traitor [also weddloga]

wefan /'wɛvɑn/ *(verb strong 5)* weave

weġ /wɛː/ *(noun m.)* way, road [dat sing weġe, gen sing weġes, nom pl weġas, dat pl weġum, gen pl weġa; 'ealne weġ' = 'always'; 'on weġ'/'aweġ' = 'away'. From wegan.]

wegan /'wɛɡɑn/ *(verb strong 5)* carry; kill [past sing. wæg, past pl. wǣgon, past partic. wegen]

weġfarende /'wɛːvɑrɛndɛ/ *(adj.)* way-faring [present participle]

weġnest /'wɛːnɛst/ *(noun n.)* food for a journey, viaticum

wel /wɛl/ *(adv.)* well; nearly [comparative bet/sēl, superlative betst/sēlest; 'eāc wel' = 'eāc'; 'wel, wel' = 'well, well']

wela /'wɛlɑ/ *(noun m.)* wealth, riches [often in plural]

wēlan /'wɛːlɑn/ *(verb weak)* bind

weleġ /'wɛlɛː/ *(noun m.)* willow

weler /'wɛlɛr/ *(noun m.)* lip [also weoler, welor]

(ġe)welhwǣr /'wɛlhwæːr/ *(adv.)* nearly everywhere

(ġe)welhwilċ /'wɛlhwɪltʃ/ *(pron.)* nearly every

weliġ /'wɛlɪj/ *(adj.)* wealthy, rich

wellīcian /'wɛlliːkɪɑn/ *(verb weak)* please well

welwillende /'wɛlwɪllɛndɛ/ *(adj.)* well-willing, benevolent [past participle]

welwillendnes /'wɛlwɪllɛndnɛs/ *(noun f.)* benevolence

(ġe)wēman /'wɛːmɑn/ *(verb weak)* entice, bring over, persuade

(ġe)wemman /'wɛmmɑn/ *(verb weak)* defile

ġewemmednes /jɛ'wɛmmɛdnɛs/ *(noun f.)* defilement [also ġewemmednis]

wēn /wɛːn/ *(noun f.)* hope [acc sing wēn, gen/dat sing wēne, nom/acc pl wēna/wēne, gen pl wēna, dat pl wēnum]

wēnan /ˈwɛːnan/ *(verb weak 1b)* expect, think; hope [+ gen. INDIC: 3rd pers. pres. sing. wēnþ, 1st/3rd pers. past sing. wēnde, pl. past wēndon; SUBJ: pres. sing. wēne. Conjugated similarly to hīeran.]

(ġe)wendan /ˈwɛndan/ *(verb weak 1b)* turn; (trans.) translate; (reflex.) go [3rd pers. pres. sing. went, 1st/3rd pers. past sing. wende, past pl. wendon, past partic. ġewend/ġewended, imper. sing. wend; from windan. Conjugated similarly to hīeran.]

Wendelsǣ /ˈwɛndɛlzæː/ *(noun m.)* Mediterranean

wenian /ˈwɛnian/ *(verb weak 2)* accustom, treat, wean [INDIC: 1st pers. pres. weniġe, 2nd pers. pres. wenest, 3rd pers. pres. weneþ, pres. pl. weniaþ, 1st/3rd pers. past wenede, 2nd pers. past wenedest, past pl. wenedon. SUBJ: pres. sing. weniġe, pres. pl. wenien/wenion, past sing. wenede (also wenedest for 2nd pers. only), past pl. weneden/wenedon. Imper. sing wene, pl. weniaþ. Pres. partic. wenigende, past partic. ġewened. From ġewuna. 'wenian mid wynnum' = 'treat kindly'; 'wenian tō wiste' = 'feast, entertain']

wēodmōnaþ /ˈweːodmɔːnaθ/ *(month (m.))* August

wēofod /ˈweovɒd/ *(noun n.)* altar [also wībed, wīġbed]

wēold, wēoldon /weːold/, /ˈweːoldn̩/ ruled (see (ġe)wealdan)

wēoll, wēollon /weːoll/, /ˈweːolln̩/ boiled (see weallan)

weorc /weork/ *(noun n.)* work, action ['weoːcum' = 'with difficulty']

ġeweorc /jɛˈweork/ *(noun n.)* work, fortification

weorce /ˈweorkɛ/ *(adv.)* greviously

weorpan /ˈweɔrpan/ *(verb strong 3)* throw, cast [3rd pers. pres. wierpþ, past sing. wearp, past pl. wurpon, past partic. worpen. Also wurpan]

weorþ /weorθ/ *(noun n.)* worth, price [also wurþ]

weorþ /weorθ/ *(adj.)* worthy; fit, capable [+ gen. Superlative weorþust. Also weorþe, wierþe, wyrþe.]

weorþan /ˈweorθan/ *(verb strong 3)* happen; become; be [3rd pers. pres. wierþ/wirþ, past sing. wearþ, past pl. wurdon, past partic. worden; 'weorþan æt sprǣċe' = 'enter into conversation'; 'weorþan tō' = 'change into'; 'hū hine hæfde ġeworden' = 'how he had fared'; 'þæs maniġe ġewearþ...' = 'it appeared to many that...'. Weorþan + past participle (or wesan) can be used to form passive voice Also wurþan.]

(ġe)weorþan /ˈweorθan/ *(verb strong 3)* agree (impers.) [+ dat:

'him ġewearþ' = 'they agreed on']

weorþfull /ˈweorfʊll/ *(adj.)* worthy, honourable, honoured [also wurþfull]

weorþfullnes /ˈweorfʊllnɛs/ *(noun f.)* dignity, honour [also weorþfullnis]

(ġe)weorþian /ˈweorθɪan/ *(verb weak 2)* honour, worship; make honoured, exalt [1st pers. pres. weorþiġe, 2nd pers. pres. weorþast, 3rd pers. pres. weorþaþ, past weorþode, past partic. weorþod, imper. weorþa. Also wurþian.]

weorþliċ /ˈweorθlɪtʃ/ *(adj.)* noble, excellent, splendid

weorþlīċe /ˈweorθliːtʃɛ/ *(adv.)* honourably, nobly [also wurþlīċe]

weorþmynd /ˈweorθmynd/ *(noun f./m./n.)* honour, glory [also wurþmynt]

weorþsċipe /ˈweorθʃɪpɛ/ *(noun m.)* honour [also wurþsċipe]

weorþung /ˈweorθʊŋg/ *(noun f.)* honouring, worship [also wurþung]

wēox, wēoxon /weːoks/, /ˈweːoksɒn/ waxed (see weaxan)

wēpan /ˈwɛːpan/ *(verb strong 7)* weep [3rd pers. pres. wēpþ, past sing. wēop, past pl. wēopon, past partic. wōpen]

wer /wɛr/ *(noun m.)* man, husband

wer /wɛr/ *(noun m.)* weir, dam

wer /wɛr/ *(noun m.)* capitis æstimatio, the legal money-equivalent of a person's life

werian /ˈwɛrɪan/ *(verb weak 1a)* defend, protect (often reflex.); wear (clothing) [1st pers. pres. weriġe, 2nd pers. pres. werest, 3rd pers. pres. wereþ, past werede, past partic. wered, imper. were; from wær]

weriend /ˈwɛrɪnd/ *(noun m.)* defender

wēriġ /ˈwɛrɪj/ *(adj.)* weary

werod /ˈwɛrɒd/ *(noun n.)* troop, army, legion [nom pl can be werod]

wesan /ˈwɛzan/ *(verb strong)* be; happen [INDIC: 1st pers. pres. eom (eam)/bēo, 2nd pers. pres. eart/bist, 3rd pers. pres. is/biþ, plural sind/bēoþ; 1st pers. past wæs, 2nd pers. past wǣre, 3rd pers. past wæs, past plural wǣron. SUBJ: pres. sing. sīe/bēo, plural sīen/bēon; past sing. wǣre, past plural wǣren; imper. sing. wes/bēo, plural wesaþ/bēoþ; pres. partic. wesende. Infinitive can also be bēon or sindon. Contracted negative forms - neom, neart, nis; næs, nǣre, nǣron; nǣre, nǣren. The forms bēo/bist/biþ/bēoþ were used for reference to the future or to eternal/permanent truths. Wesan + past participle (or weorþan) can be used to form passive voice. 'Wes hāl' = 'goodbye' (also 'hello'). 'Wes þū' (imperative = 'be you...') can also be 'westu'.]

west /wɛst/ *(adv.)* west, westwards

westan /'wɛstan/ *(adv.)* from the west ['beˈwiþ westan' (prep., + dat) west of]

wēstan /'wɛːstan/ *(verb weak)* ravage

westanwind /'wɛstanwɪnd/ *(noun m.)* west wind

westdǣl /'wɛstdæːl/ *(noun m.)* west quarter, western part

west-Dene /'wɛstdɛnɛ/ *(noun m pl.)* West-Danes

wēste /'wɛːstɛ/ *(adj.)* waste, desolate

wēsten /'wɛːstɛn/ *(noun n.)* wilderness, desert

westende /'wɛstɛndɛ/ *(noun m.)* west end

westerne /'wɛstɛrnɛ/ *(adj.)* western

westhealf /'wɛsthæalf/ *(noun f.)* west side

westlang /'wɛstlaŋg/ *(adv.)* westwards

westmest /'wɛstmɛst/ *(adj.)* westernmost

westrihte /'wɛstrɪxtɛ/ *(adv.)* due west

Westsǣ /'wɛstzæː/ *(noun f.)* west sea, Atlantic

West-seaxe /'wɛstsæaksɛ/ *(noun m pl.)* West Saxons, Wessex ['ic̀ eom of West Seaxum' = 'I am from Wessex'. Also West-seaxan.]

westu /'wɛstʊ/ = wes þū (see wesan)

westweard /'wɛstwæard/ *(adv.)* westwards [also westeweard]

wīc̀ /wiːtʃ/ *(noun n.)* dwelling; camp

wic̀c̀e /'wɪtʃɛ/ *(noun f.)* witch [wic̀c̀a = male witch (m.)]

(ġe)wīc̀ian /'wiːtʃian/ *(verb weak)* dwell; encamp; anchor

wīc̀ing /'wiːtʃiŋg/ *(noun m.)* pirate, Viking [from wīg]

wīc̀ġerēfa /'wiːtʃɛrɛːva/ *(noun m.)* bailiff [also wīc̀ġefēra]

wīc̀stōw /'wiːtʃstɔːw/ *(noun f.)* camp

wicu /'wɪkʊ/ week (see wucu)

wīd /wiːd/ *(adj.)* wide ['tō wīdan fēore' = 'for ever']

wīdbrād /'wiːdbraːd/ *(adj.)* widespread, ample

wīdcūþ /'wiːdkuːθ/ *(adj.)* widely-known

wīde /'wiːdɛ/ *(adv.)* widely, far and wide

ġewider /jɛ'wɪdɛr/ *(noun n.)* tempest, storm

widewe /'wɪdɛwɛ/ *(noun f.)* widow

wīdġil /'wiːdjɪl/ *(adj.)* extensive [also wīdġille]

wīdsǣ /'wiːdsæː/ *(noun f.)* open sea

widuwe /'wɪdʊwɛ/ widow (see wuduwe)

(ġe)wieldan /'wɪldan/ *(verb weak)* overpower, conquer [from wealdan]

wīelisc /'wiːlɪʃ/ *(adj.)* foreign; Welsh [from wealh]

wiella /'wɪlla/ *(noun m.)* well, fountain, spring [also wiell (m.), wielle (f.)]

wiellan /'wɪllan/ *(verb weak)* boil [transitive]

wielm /wɪlm/ *(noun m.)* boiling, surging, fervour

wielt /wɪlt/ rules (see (ġe)wealdan)

wierdan /'wɪrdan/ *(verb weak)* injure

wiergan /'wɪrgan/ *(verb)* curse

wiernan /'wɪrnan/ *(verb weak)* withhold [+ gen and dat of person. From wearn.]

(ġe)wierpan /'wɪrpan/ *(verb weak)* recover (from disease)

wierpe /'wɪrpɛ/ *(noun m.)* change

wierrest /'wɪrrest/ *(superl. adj.)* worst [also wirrest, wirst, wierst]

wiers /wɪrs/ *(adv.)* worse [also wirs]

wiersa /'wɪrsa/ *(comp. adj.)* worse [also wirsa]

wiersian /'wɪrsian/ *(verb weak)* become worse, deteriorate

wierþ /wɪrθ/ happens/is (see weorþan)

wierþe /'wɪrðɛ/ *(adj.)* worthy [+ gen; from weorþ]

wiexþ /wɪksθ/ waxes (see weaxan)

wīf /wi:f/ *(noun n.)* woman; wife [gen sing wīfes, dat sing wīfe; nom/acc plural wīf, gen pl wīfa, dat pl wīfum]

wīfcȳþþu /'wi:fky:θʊ/ *(noun f.)* company of a woman

wīfhealf /'wi:fhæalf/ *(noun f.)* female side, woman's (i.e. mother's) side

(ġe)wīfian /'wi:vian/ *(verb weak)* marry (of a man)

wīfmann /'wi:fmann/ *(noun m.)* woman

wīg /wi:g/ *(noun n.)* war

wiga /'wɪga/ *(noun m.)* warrior

wīgbill /'wi:gbɪll/ *(noun n.)* sword

wīghūs /'wi:ghu:s/ *(noun n.)* battlement, 'war-house'

wiht /wɪxt/ *(noun f.)* wight, creature, thing, being [also wuht.]

Wihtware /'wɪxtwarɛ/ *(pl.)* Isle of Wight-dwellers [also Wihtsǣtan (m pl.)]

wilde /'wɪldɛ/ *(adj.)* wild, uncultivated, desert

wildēor /'wɪldeːor/ *(noun n.)* wild beast; deer, reindeer [dat pl wildrum. also wilddēor.]

ġewill /jɛ'wɪll/ *(noun n.)* will ['on heora āgen ġewill' = 'at their own will']

willa /'wɪlla/ *(noun m.)* will, desire ['willum' = 'willingly'; 'hiere willum' = 'of their own accord'; 'him tō willan' = 'to please him']

willan /'wɪllan/ *(verb)* will, wish, desire; 'tried to...'; (of repetition) be used to; (to express future) [pres. indic.: iċ wille, þū wilt, hē/hit/hēo wile, wē/ġē/hīe willaþ; past indic. iċ/hē/hit/hēo wolde, þū woldest, wē/ġē/hīe woldon; pres. subj. sing. wile/wille, plural wilen; past subj. wolde (sing), wolden (pl);

pres. partic. willende. Willan + infinitive can be used to express future. Wolde in subordinate clauses instead of past subj. = 'would'. 'Ġif þū wilt' = 'please'; 'What do you want?' = 'Hwæt wilt þū?']

(ġe)willian /ˈwɪllɪan/ *(verb weak)* desire, wish

(ġe)wilnian /ˈwɪlnɪan/ *(verb weak)* desire [+ gen or acc]

(ġe)wilnung /ˈwɪlnʊŋg/ *(noun f.)* desire

Wilsǣtan /ˈwɪlzæːtan/ *(noun m pl.)* men of Wiltshire

wilsumnes /ˈwɪlzʊmnɛs/ *(noun f.)* willingness [also willsumnes, willsumnis]

wilt /wɪlt/ see (ġe)wealdan and willan

wīn /wiːn/ *(noun n.)* wine

wīn-beriġe /ˈwiːnbɛrɪjɛ/ *(noun f.)* grape [also wīn-berge, wīn-berie]

wincel /ˈwɪŋkɛl/ *(noun m.)* corner

wind /wɪnd/ *(noun m.)* wind

windan /ˈwɪndan/ *(verb strong 3)* (trans.) wind; (intrans.) turn, slip, fly (of birds, spears etc.), roll [3rd pers. pres. wint, past sing. wand, past pl. wundon, past partic. wunden]

windel /ˈwɪndɛl/ *(noun m.)* basket

windiġ /ˈwɪndɪj/ *(adj.)* windy

wine /ˈwɪnɛ/ *(noun m.)* friend [nom/acc sing wine, gen sing wines, dat sing wine; nom/acc pl winas, gen pl wina, dat pl winum]

winesċipe /ˈwɪnɛʃɪpɛ/ *(noun m.)* friendship

wīnġeard /ˈwiːnjæard/ *(noun m.)* vineyard

(ġe)winn /wɪnn/ *(noun n.)* toil, labour, war, battle; trouble, affliction

(ġe)winna /ˈwɪnna/ *(noun m.)* adversary, enemy

winnan /ˈwɪnnan/ *(verb strong 3)* fight [3rd pers. pres. winþ, past sing. wann, past pl. wunnon, past partic. wunnen. 'on winnan' = 'attack']

ġewinnan /jɛˈwɪnnan/ *(verb strong 3)* win, gain, acquire, achieve victory over [3rd pers. pres. ġewinþ, past sing. ġewann, past pl. ġewunnon, past partic. ġewunnen]

wīnsæd /ˈwiːnzæd/ *(adj.)* satiated with wine

wīnsæl /ˈwiːnzæl/ *(noun n.)* wine-hall

winstre /ˈwɪnstrɛ/ *(adj./noun f.)* left hand ['ġeċir tō winstrum' = 'turn left']

winter /ˈwɪntɛr/ *(noun m.)* winter; (in reckoning) year [second e disappears in all inflected forms: gen sing wintres, dat sing wintra, nom/acc pl winter (NB), gen pl wintra, dat pl wintrum.]

winterfylleþ /ˈwɪntɛrvyllɛθ/ *(month)* October

wintersetl /ˈwɪntɛrzɛtl/ *(noun n.)* winter-quarters

winterġeworp /ˈwɪntɛrjɛweorp/ *(noun n.)* snowstorm [also winterġeworp]

wintre /'wɪntrɛ/ *(suffix)* -year-old [e.g. 'ānwintre' = 'one-year-old']

wīntrēow /'wi:ntrɛːow/ *(noun n.)* vine

wintriġ /'wɪntrɪj/ *(adj.)* wintry

wīr /wiːr/ *(noun m.)* wire

wirrest /'wɪrrɛst/ worst (see wierrest)

wirs, wirsa /wɪrs/, /'wɪrza/ worse (see wiersa)

wirst /wɪrst/ worst (see wierrest)

wirþ /wɪrθ/ happens/is (see weorþan)

wirþe /'wɪrðɛ/ *(adj.)* worthy

wīs /wiːs/ *(adj.)* wise, learned [AS STRONG ADJ: (masc sing) nom wīs, acc wīsne, gen wīses, dat wīsum, instr wīse; (masc pl) nom/acc wīse, gen wīsra, dat/instr wīsum; (fem sing) nom wīs, acc wīse, gen/dat/instr wīsre; (fem pl) nom/acc wīse/wīsa, gen wīsra, dat/instr wīsum; (neu sing) nom/acc wīs, gen wīses, dat wīsum, instr wīse; (neu pl) nom/acc wīs, gen wīsra, dat/instr wīsum. Comp. wīsra, superl. wīsost]

wīsdōm /'wiːsdɔːm/ *(noun m.)* wisdom, learning

wīsdōmbōc N /'wiːsdɔːmbɔːk/ *(noun f.)* encyclopædia

wīse /'wiːzɛ/ *(noun f.)* way, manner, (wise); business, affair

wīse /'wiːzɛ/ *(adv.)* wisely

(ġe)wīsian /'wɪsɪan/ *(verb weak)* guide, direct [+ dat or acc; past sing ġewīsode/ġewissode; imper. sing. wīsa/wissa. Also wissian.]

ġewislīċe /jɛ'wɪzliːtʃɛ/ *(adv.)* certainly [also ġewisslīċe]

ġewiss /jɛ'wɪs/ *(adj.)* certain of [+ gen]

(ġe)wissung /'wɪsʊŋg/ *(noun f.)* guidance, direction [dat sing often ends -a]

wist /wɪst/ *(noun f.)* being, substance; food, feast [from wesan]

wiste /'wɪstɛ/ knew (see witan)

wistfullian /'wɪstvʊllɪan/ *(verb weak)* feast

wit /wɪt/ *(pron.)* we two [nom icc, acc unc, gen uncer, dat unc]

(ġe)wita /'wɪta/ *(noun m.)* councillor, sage, wise man; witness; accomplice [Also wiota. From witan.]

(ġe)witan /'wɪtan/ *(verb (pret-pres))* know, be aware of [INDIC: 1st pers. pres. wāt, 2nd pers. pres. wāst, 3rd pers. pres. wāt, pres. pl. witon. 1st/3rd pers. past wisse/wiste, 2nd pers. past. wissest/wistest, pl. past wisson/wiston. SUBJ: pres. sing. wite (all persons), pres. pl. witen, past sing. wisse/wiste, past pl wisten. Imper. sing. wite, pl. witaþ. Pres. partic. witende, past partic. (ġe)witen, gerund tō witanne/witenne. 'andan/incan/ege witan' = 'to dislike/fear/have a grudge']

ġewītan /jɛ'wiːtan/ *(verb strong 1)* depart; die; blame [Ġe always included: 3rd pers. pres. ġewītt, past sing. ġewāt, past pl.

ġewiton, past partic. ġewiten; 'ūp ġewītan' = 'ascend, rise']

wīte /'wiːtɛ/ (noun n.) punishment, torment; fine [gen sing wītes, dat sing wīte, nom/acc pl wītu, gen pl wīta, dat pl wītum]

wītega /'wiːtɛga/ (noun m. weak) prophet; wise man [gen/dat/acc sing wītegan, nom/acc pl wītegan, gen pl wītegena, dat pl wītegum. Also wītga.]

wītegestre /'wiːtɛgɛstrɛ/ (noun f.) prophetess

wītegian /'wiːtɛgɪan/ (verb weak) predict, prophesy

wītegung /'wiːtɛguŋg/ (noun f.) prophecy

witenacræft N /'wɪtɛnakræft/ (noun m.) science

ġewitennes /jɛ'wɪtɛnnɛs/ (noun f.) departure, death [also ġewitennis]

witiġ /'wɪtɪj/ (adj.) wise

(ġe)witnes /'wɪtnɛs/ (noun f.) witness, testimony; knowledge [also ġewitnis]

witnian /'wɪtnɪan/ (verb weak) torment

witodlīċ /'wɪtɒdlɪtʃ/ (adj.) certain, sure

witodlīċe /'wɪtɒdliːtʃɛ/ (adv.) truly, indeed, and [from witan]

witon /'wɪtɒn/ knows (see witan)

(ġe)witt /'wɪtt/ (noun n.) wits, intelligence, understanding [from witan]

ġewītt /jɛ'wiːtt/ departed (see ġewītan)

wiþ /wɪθ/ (prep. (adv.)) (motion) towards; (rest) opposite, facing; near, by; along; (hostility) against; (association, sharing, etc.) with; (defence) against; (exchange, price) for; (+ gen) towards [+ dat and acc (or gen): 'wiþ weġ' = 'by the road'; (hostility) 'fuhton wiþ Brettas' = 'fought with the Britons'; (exchange, price) 'wiþ þǣm/þon þe' = 'in consideration of, provided that'; 'wiþ ... weard' - see weard]

wiþ- /wɪθ/ (prefix) against [e.g. wiþstandan 'to withstand' from standan 'to sstand']

wiþbreġdan /wɪð'brɛːdan/ (verb strong 3) snatch away; (reflex.) abstain from [also wiþbrēdan]

wiþdrīfan /wɪð'driːvan/ (verb strong 1) repel [from drīfan]

wiþersaca /wɪðɛrsaka/ (noun m.) adversary

wiþersæc /'wɪðɛrsæk/ (noun n.) hostility, opposition

wiþerweard /'wɪðɛrwæard/ (adj.) rebellious, perverse, hostile

wiþiġ-wielle /'wɪðɪwɪllɛ/ (noun m.) willow-well

wiþinnan /wɪð'ɪnnan/ (prep. (adv.)) within [+ dat]

wiþlǣdan /wɪð'læːdan/ (verb) take away

wiþlǣdnes /wɪð'læːdnɛs/ (noun f.) abduction

wiþmetennes /'wɪðmɛtɛnnɛs/ (noun f.) comparison [on his wiþmetennesse' = 'in comparison with him']

wiþsacan /ˈwɪðzakan/ *(verb strong 6)* deny [+ dat. ic wiþsace, þū wiþsæcst]

wiþsettan /wɪðˈzɛttan/ *(verb weak)* resist [+ dat]

wiþsprecan /wɪðˈsprɛkan/ *(verb strong 5)* speak against, renounce [from sprecan]

wiþstandan /ˈwɪðstandan/ *(verb strong 6)* withstand, resist [+ dat]

wiþufan /ˈwɪðuːvan/ *(prep.)* above [+ dat]

wiþūtan /wɪðˈuːtan/ *(prep.)* outside (of), without [+ dat]

wixt /wɪkst/ waxes (see weaxan)

wlæc /wlæk/ *(adj.)* lukewarm

wlanc /wlaŋk/ *(adj.)* proud [+ inst]

wlenced /ˈwlɛŋkɛd/ *(adj.)* adorned [from wlanc]

wlītan /ˈwliːtan/ *(verb strong 1)* see, look

wlite /ˈwlɪtɛ/ *(noun m.)* beauty

wlitesēon /ˈwlɪtɛzeːon/ *(noun f.)* spectacle, sight

wlitiġ /wlɪtɪj/ *(adj.)* beautiful

wlitiġian /wlɪtɪjɪan/ *(verb weak)* beautify, become beautiful

wōc /wɔːk/ woke (see wacan)

wōd /wɔːd/ *(adj.)* mad

wōd /wɔːd/ waded (see wadan)

wōdlīċe /ˈwɔːdliːtʃɛ/ *(adv.)* madly

wōdnes /ˈwɔːdnɛs/ *(noun f.)* madness [also wōdnis]

wōdnesdæġ /ˈwɔːdnɛzdʌɪ/ *(day of week (m.))* Wednesday

wōdon /ˈwɔːdɒn/ waded (see wadan)

wōh /wɔːx/ *(adj.)* bent, crooked [strong adj: dat pl wōum. Also wōg, wō.]

wōhdōm /ˈwɔːxdɔːm/ *(noun m.)* unjust decision

wōhliċ /ˈwɔːxlɪtʃ/ *(adj.)* perverse, strong [also wōliċ]

wolcen /ˈwɒlkɛn/ *(noun n.)* cloud [gen sing wolcnes, dat sing wolcne, nom/acc pl wolcnu, gen pl wolcna, dat pl wolcnum]

wolde /ˈwɒldɛ/ wished/desired (see willan)

wōma /ˈwɔːma/ *(noun m.)* noise; terror

wondru /ˈwɒndru/ wonders (see wundor)

wōp /wɔːp/ *(noun m.)* weeping [from wēpan]

wōpen /ˈwɔːpɛn/ wept (see wēpan)

word /wɒrd/ *(noun n.)* word, sentence; subject of talk, question, answer, report

ġeworden /jɛˈwɒrdɛn/ happened/been (see weorþan)

wordlian /ˈwɒrdlɪan/ *(verb weak)* talk, discuss

ġeworht, worhte /jɛˈwɒrxt/, /ˈwɒrxtɛ/ worked (see wyrċan)

wōrian /ˈwɔːrɪan/ *(verb weak)* roam, wander; crumble to pieces

worn /wɒrn/ *(noun m.)* troop, multitude

woruld /ˈwɒrʊld/ *(noun f.)* world, esp. this world [acc sing woruld, gen/dat sing worulde, nom/acc pl worulda/worulde, gen pl worulda, dat pl woruldum. Also weoruld.]

woruldcearu /ˈwɒruldkæaru/ (noun f.) worldly care [also woruldcaru]

woruldcund /ˈwɒruldkʊnd/ (adj.) worldly, secular

woruldġielp /ˈwɒruldjɪlp/ (noun m.) worldly boast, pride

woruldhād /ˈwɒruldhaːd/ (noun m.) secular life

woruldlıċ /ˈwɒruldlɪtʃ/ (adj.) worldly

woruldrīċe /ˈwɒruldriːtʃɛ/ (noun n.) worldly kingdom, world

woruldġesǣlıġ /ˈwɒruldsæːlɪj/ (adj.) prosperous

woruldscamu /ˈwɒruldʃamu/ (noun f.) world-shame, public disgrace

woruldþing /ˈwɒruldθɪŋg/ (noun n.) worldly thing, affair

woruldwīsdōm /ˈwɒruldwiːzdɔːm/ (noun m.) worldly wisdom, science

wracu /ˈraku/ (noun f.) revenge; punishment [nom sing wracu, gen/dat/acc sing wrace, nom/acc pl wraca/wrace, gen pl wracena/wraca, dat pl wracum. From wrecan.]

wræc /ræk/ punished (see wrecan)

wræc /ræk/ (noun n.) misery [from wrecan]

wræcfull /ˈrækvʊll/ (adj.) wretched

wræcsīþ /ˈræksiːθ/ (noun m.) exile

wrætt /ræːtt/ (noun f.) ornament

wrættlıċ /ˈræːttlɪtʃ/ (adj.) ornamental; wondrous

wrættlīċe /ˈræːttliːtʃɛ/ (adv.) splendidly

wrāþ /raːθ/ (adj.) angry, hostile; grievous, cruel

wrāþe /ˈraːðɛ/ (adv.) wickedly

wrāþlıċ /ˈraːðlɪtʃ/ (adj.) grievous, severe

wrāþum /ˈraːðʊm/ (adv.) fiercely

(ġe)wrecan /ˈrɛkan/ (verb strong 5) avenge; punish [3rd pers. pres. wricþ, past sing. wræc, past pl. wrǣcon, past partic. wrecen]

wreċċa /ˈrɛtʃa/ (noun m.) exile, miserable man

wreċċan /ˈrɛtʃan/ (verb weak) wake (see weċċan)

wrecend /ˈrɛkɛnd/ (noun m.) avenger

(ġe)wrēġan /ˈrɛːan/ (verb weak) accuse

wrenc /rɛŋk/ (noun m.) trick

wrēon /ˈreːon/ (verb strong 2) cover [Later form of wrīhan. Past sing. wrēah, imper. sing. wreoh]

wrīdan /ˈriːdan/ (verb strong 1) grow [past partic. wriden]

wrīhan /ˈriːxan/ (verb strong 1) cover [3rd pers. pres. wrīhþ, past sing. wrāh, past pl. wrigon, past partic. wrigen]

wrist /rɪst/ (noun f.) wrist

(ġe)writ /ˈrɪt/ (noun n.) writing, sculpture [from wrītan]

wrītan /ˈriːtan/ (verb strong 1) write, draw [3rd pers. pres. wrītt, past sing. wrāt, past pl. writon, past partic. writen; imper. sing. wrīt; 'bī wrītan' = 'copy']

wrītere /ˈriːtɛrɛ/ (noun m.) writer

wrītingfeþer /'ri:tɪŋfɛðɛr/ *(noun f.)* pen

wrīþan /'ri:ðan/ *(verb strong 1)* twist, wrap [past partic. wriden]

wrixendlīċ /'rɪksɛndli:tʃ/ *(adj.)* mutual

wrixendlīċe /'rɪksɛndli:tʃɛ/ *(adv.)* in turn

ġewrixl /jɛ'rɪksəl/ *(noun n.)* exchange, purchase [also ġewrixle]

ġewrixlian /jɛ'rɪkslɪan/ *(verb)* obtain

wrōht /rɔ:xt/ *(noun f.)* accusation, crime

wrōhtlāc /'rɔ:xtla:k/ *(noun n.)* accusation, calumny

wucu /'wʊkʊ/ *(noun f. weak)* week [nom sing wucu, gen/dat/acc sing wuce, nom/acc pl wuca/wuce, gen pl wucena/wuca, dat pl wucum. Also wicu.]

wudu /'wʊdʊ/ *(noun m.)* wood, forest [nom/acc sing wudu, gen/dat sing wuda, nom/acc/gen pl wuda (nom/acc pl also wudas), dat pl wudum]

wudufæsten /'wʊdʊvæstɛn/ *(noun n.)* wood-fastness, forest-cover

wuduholt /'wʊdʊhɒlt/ *(noun m.)* forest, wood, grove

wuduwe /'wʊdʊwɛ/ *(noun f.)* widow [also widuwe]

wuldor /'wʊldɒr/ *(noun n.)* glory

wuldor-bēag /'wʊldɒrbæ:ag/ *(noun m.)* crown of glory

wuldorbēagian /'wʊldɒrbæ:agɪan/ *(verb weak)* crown

wuldorfullīċe /'wʊldɒrvʊlli:tʃɛ/ *(adv.)* gloriously

wuldrian /'wʊldrɪan/ *(verb weak)* glorify, extol [1st pers. pres. wuldriġe]

wulf /wʊlf/ *(noun m.)* wolf

wull /wʊll/ *(noun f.)* wool [also wulle]

ġewuna /jɛ'wʊna/ *(noun m.)* habit, custom [from wunian]

wund /wʊnd/ *(noun f.)* wound

wund /wʊnd/ *(adj.)* wounded, sore

wunden /'wʊndɛn/ wound (see windan)

(ġe)wundian /'wʊndɪan/ *(verb weak)* wound [past participle ġewundod]

wundor /'wʊndɒr/ *(noun n.)* wonder, marvel; miracle [gen sing wondres, dat sing wondre, nom/acc pl wondru, gen pl wondra, dat pl wondrum]

wundorlīċ /'wʊndɒrlɪtʃ/ *(adj.)* wonderful, wondrous [declines like fǣrlīċ]

wundorlīċe /'wʊndɒrli:tʃɛ/ *(adv.)* wonderfully, wondrously

wundrian /'wʊndrɪan/ *(verb weak)* wonder (at) [+ gen. 'Iċ wundriġe ...' = 'I wonder at ...']

ġewuneliċ /jɛ'wʊnɛlɪtʃ/ *(adj.)* customary, usual [declines like fǣrlīċ]

(ġe)wunian /'wʊnɪan/ *(verb weak)* dwell, stay, continue, remain; be used to, be in the habit of [INDIC: 1st pers. pres. wuniġe, 2nd pers. pres. wunast, 3rd pers. pres. wunaþ, pres. pl.

wuniaþ, 1st/3rd pers. past
wunode, 2nd pers. past
wunodest, past pl. wunodon.
SUBJ: pres. sing. wunige, pres. pl.
wunien/wunion, past sing.
wunode, past pl.
wunoden/wunodon. Imper. sing.
wuna, pl. wuniaþ. Pres. partic.
wunigende, past partic.
ġewunod. From ġewuna]

ġewunod /jɛˈwʊnɒd/ (adj.)
accustomed

wunung /ˈwʊnʊŋg/ (noun f.)
dwelling, abode,
accommodation; address [dat
sing often ends -a]

wunnen /ˈwʊnnɛn/ fought (see
winnan)

wurdon /ˈwʊrdɒn/
happened/were (see weorþan)

wurpan /ˈwʊrpan/ throw/cast
(see weorpan)

wurþ- /wʊrθ/ see also weorp-

wurþan /ˈwʊrðan/ happen/be
(see weorþan)

wuton /ˈwʊtɒn/ let us (see uton)

wynn /wynn/ (noun f.) joy [from
wine. Also wyn.]

wynnfæst /ˈwynnvæst/ (adj.)
pleasant

wynnlēas /ˈwynnlæːas/ (adj.)
joyless

wynnliċ /ˈwynnlıtʃ/ (adj.)
pleasant, beautiful

wynnsum /ˈwynnzʊm/ (adj.)
pleasant [Also wynsum.]

wynnum /ˈwynnʊm/ (adv.)
joyfully, beautifully

wyrċan /ˈwyrtʃan/ (verb weak 1b)
work, make; build; do, perform
[3rd pers. pres. sing. wyrċþ,
1st/3rd pers. past sing. worhte,
past pl worhton, past partic.
ġeworht; from weorc]

(ġe)wyrd /ʌyrd/ (noun f.) fate,
chance [from weorþan]

ġewyrdeliċ /ˌjɛˈwyrdɛlıtʃ/ (adj.)
historical

ġewyrdelīċe /jɛˈwyrdeliːtʃɛ/ (adv.)
accurately

wyrdwrītere /ˈwyrdriːtɛrɛ/ (noun
m.) historian

ġewyrht /jɛˈwyrxt/ (noun n.)
work, service; merit [from
weorc]

wyrhta /ˈwyrxta/ (noun m.)
worker, maker, artist; 'wright'

wyrm /wyrm/ (noun m.) serpent,
dragon; worm, insect

wyrmsan /ˈwyrmsan/ (verb weak)
fester

wyrt /wyrt/ (noun f.) herb, spice;
crop; vegetable; root

wyrtbræþ /ˈwyrtbræːθ/ (noun m.)
spice-fragrance, fragrant spice

wyrtdrinc /ˈwyrtdrıŋk/ (noun m.)
herbal tea

wyrtmete /ˈwyrtmɛtɛ/ (noun m.)
pottage, dish of vegetables

wyrttūn /ˈwyrttuːn/ (noun m.)
kitchen garden, herb garden

wyrtruma /ˈwyrtruma/ (noun m.)
root

wȳsċan /ˈwyːʃan/ (verb weak)
wish [past pl wȳsċton]

Y

yfel /'yvɛl/ *(adj.)* evil, bad [comparative wiersa/wirsa (adv. wirs), superlative wierrest/wirrest/wirst/wierst]

yfel /'yvɛl/ *(noun n.)* evil, wickedness, mischief ['yfel æfter ōþrum' = 'one evil after the other']

yfele /'yvɛlɛ/ *(adv.)* badly, ill

yfelian /'yvɛlɪan/ *(verb weak)* become bad

yfelic /'yvɛlɪtʃ/ *(adj.)* evil, bad, ugly [adv. yfelīċe]

yfelnes /'yvɛlnɛs/ *(noun f.)* wickedness [also yfelnis]

yfelwillende /'yvɛlwɪllɛndɛ/ *(adj.)* ill-disposed, vicious

yfemest /'yvɛmɛst/ highest/uppermost (see ufan) [also ymest]

yferra /'yvɛrra/ *(comp. adj.)* later, after

yfle /'yvlɛ/ *(adv.)* badly, ill [comparative wiers/wirs/wierse, superlative wierrest/wierst. Also yfele.]

ymb- /'ymb/ *(prefix)* around

ymbbeorgan /ym'beorgan/ *(verb strong 3)* shield

ymbclyppan /ym'glyppan/ *(verb weak)* embrace

ymbe /'ymbɛ/ *(prep.)* around, about (place/time); (of time) at [+ acc (or sometimes dat). 'ymbe twelf mōnaþ' = 'every twelve months'; 'hū hē ymbe wolde' = 'how he would act about it (in the matter)'. Also ymb, emb, embe]

ymbe /'ymbɛ/ *(noun n.)* swarm of bees

ymbgang /'ymbgaŋg/ *(noun m.)* circuit, circumference

ymbhwierft /'ymbhwɪrft/ *(noun m.)* circuit, world [also ymbhwyrft]

ymbhyċġan /ymb'hydʒan/ *(verb weak 3)* consider

ymblǣdan /ymb'læ:dan/ *(verb weak)* lead round

ymblōcian /ymb'lɔ:kɪan/ *(verb weak)* look round

ymbryne /'ymbrynɛ/ *(noun m.)* revolution, anniversary

ymbscrȳdan /ym'ʃry:dan/ *(verb weak)* clothe, array

ymbsittan /ymb'zɪttan/ *(verb strong 5)* besiege

ymbūtan /ymb'u:tan/ *(prep./adv.)* around (outside), about [Can be split: 'ymb hīe ūtan']

ynċe /'yntʃɛ/ *(noun m.)* inch

yppe /'yppɛ/ *(adj.)* evident, known

ȳr */y:r/ (noun m.)* back of an axe
ȳtemest */'y:tɛmɛst/ (superl. adj.)* outermost, last [from ūt]
yteren */'ytɛrɛn/ (adj.)* belonging to an otter [from otor]
ȳterra */'y:tɛrrɑ/ (comp. adj.)* outer [from ūt]
ȳþ */y:θ/ (noun f.)* wave
ȳþwitcarte ℕ */'y:θwɪtkartɛ/ (noun f.)* Doctor of Philosophy

English – Ænglisċ

The list of suggested translations is separated by a comma; a stroke (/) separates words where one or the other can be used. Parts of speech (i.e. whether noun, verb etc.) are shown in parentheses ( ). Square brackets [ ] indicate the context of a word being suggested.

A

a sum (pron.), ān (adj.) [or not translated]
abandon forlǣtan (verb strong 7)
abase forbīegan (verb weak)
abbess abbudisse (noun f.)
abbot abbod (noun m.)
abduction wiþlǣdnes (noun f.), mann-sielen (noun f.)
abject hēan (adj.)
able *[be able]* magan (verb pret-pres), (ġe)cunnan (verb pret-pres)
-able -līċ (suffix)
abode wunung (noun f.)
abominable onsċuniġendliċ (adj.)
about be (prep.), ymbūtan (prep./adv.), onbūtan (prep.), hūru (adv.), forhwega (adv.); *[place/time]* ymbe (prep.); 'about 100 ships' = 'sum hund sċipa'

above ofer (prep.), ufan (adv.), bufan (prep.), wiþbufan (prep.), uppe (adv.), wiþ uppon; *[superiority]* tōforan (prep.)
above-mentioned forecweden (adj.)
abroad ūtanbordes (adv.), ūt (adv.), ūte (adv.)
abstain *[abstain from]* wiþbreġdan (verb strong 3)
abundance ġenyht (noun f.), ġenyhtsumnes (noun f.)
abundant (ġe)nyhtsum (adj.)
abuse hierwan (verb weak)
abyss nēolnes (noun f.)
accept fōn (verb strong 7), onfōn (verb strong 7), tōfōn (verb strong 7)
accessible ġefēre (adj.)
accident ġelimp (noun n.)
accommodation wunung (noun f.)

accomplish (ġe)forþian (verb weak), fulgān (verb strong), æfnan (verb weak), þurhtēon (verb strong 2)
accord 'of their own accord' = 'hiere willum'
according *[according to]* æfter (adv., prep.); *[according to rules]* regollic (adj.), regollīċe (adv.)
account ġerād (noun n.); (ġe)tellan (verb weak)
accurately nearolīċe (adv.), ġearwe (adv.), ġewyrdelīċe (adv.)
accursed āwierġed (adj.), unġesǣliġ (adj.)
accusation wrōht (noun f.), wrōhtlāc (noun n.)
accuse (ġe)wrēġan (verb weak), forwrēġan (verb weak); *[accuse of]* on leċġan (verb weak 1b)
accustom wenian (verb weak 2)
accustomed ġewunod (adj.)
ache eċe (noun m.); acan (verb strong 6)
acknowledge oncnāwan (verb strong 7)
acknowledging ġecnǣwe (adj.)
acquire (ġe)strīenan (verb weak), ġewinnan (verb strong 3)
act (ġe)dōn (verb strong)
action dǣd (noun f.), weorc (noun n.)
active fram (adj.)
actively framlīċe (adv.)
add *[add to]* īecan (verb weak 1b)
adder nǣdre (noun f.)
addition ēaca (noun m.); 'in addition to' = ēac (prep.); 'in addition to this' = hērtōēacan (adv.)
address cwide (noun m.), wunung (noun f.); hālsian (verb weak), oncweþan (verb strong 5), nǣgan (verb weak)
adhesive clibbor (adj.)
admire āwundrian (verb weak)
admonish (ġe)manian (verb weak), hālsian (verb weak)
adorn (ġe)tēon (verb strong 2), (ġe)frætwan (verb weak), (ġe)ġierwan (verb weak), ġehlǣstan (verb weak), glīwian (verb weak), (ġe)glengan (verb weak), hrēodan (verb strong 2), ġerēnian (verb weak); *[brightly adorned]* scīrmǣled (adj.)
adorned ġeatoliċ (adj.), wlenced (adj.)
adulterer ǣwbreca (noun m.), hōring (noun m.); forleġen (adj.)
adultery ǣwbryċe (noun m.), hōr (noun n.), forliġere (noun n.)
advance þringan (verb strong 3), wadan (verb strong 6); 'advanced in years' = frōd fēores (adj.)
advent tōcyme (noun m.)
adversary ġesaca (noun m.), andsaca (noun m.), (ġe)winna (noun m.), wiþersaca (noun m.)
advice rǣd (noun m.), þeaht (noun n.); *[bad advice]* unrǣd (noun m.)
advise (ġe)rǣdan (verb strong 7), (ġe)lǣran (verb weak 1b)
aeroplane flyhtsċrid (noun n.), lyftwæġn (noun m.)
affair worulcþing (noun n.)

afflect cwielman (verb weak)
afflict (ġe)brocian (noun n.), forþrǣstan (verb weak), nearwian (verb weak), (ġe)swenċan (verb weak), þryccan (verb weak), ġeþryscan (verb weak), (ġe)wǣgan (verb weak), wǣlan (verb weak), (ġe)dreċċan (verb weak 1a), (ġe)drēfan (verb weak), (ġe)hefigian (verb weak)
affliction broc (noun n.), hearm (noun n.)
afford (ġe)fremman (verb weak 1a)
aforementioned, aforesaid foresprecen (adj.), forecweden (adj.); 'the aforesaid' = 'se foresæġda'
afraid forht (adj.), ofdrǣdd (adj.); *[be afraid]* forhtian (verb weak)
after æfter (adv., prep.), yferra (comp. adj.), on lāste (+ dat)
afternoon ofernōn (noun f./n.) [after 3pm]; 'good afternoon' [greeting] = 'gōd dæġ'; *[afternoon meal]* nōnmete (noun m.)
afterwards eft (adv.), siþþan (adv., conj.), þæs (adv.), æfter (adv., prep.), nēah (adv./prep.); æfter þǣm (þe); æfter þissum; *[next]* æt nīehstan
again eft (adv.), æftersōna (adv.)
against onġēan (prep.); wiþ- (prefix); tōġēanes (prep./adv.)
age ealddōm (noun m.), ealdung (noun f.); *[old age]* ieldo (noun f.); *[of equal age]* efeneald (adj.)
aged forealdod (adj.)

aggressive ætgrǣpe (adj.), onwinnende (adj.)
agitate onstyrian (verb weak)
agitated āstyred (adj.)
agree ġecweþan (verb strong 5); *[impersonal]* (ġe)weorþan (verb strong 3); *[agree to]* (ġe)þwǣrian (verb weak), (ġe)þwǣrlǣċan (verb weak)
agreeable (ġe)cwēme (adj.), ġeþwǣre (adj.)
agreement trēow (noun n.), wǣr (noun f.), wedd (noun n.), (ġe)cwidrǣden (noun f.), sprǣċ (noun f.)
aground *[run aground; of ships]* āsittan (verb strong 5)
air lyft (noun f./m./n.)
airplane lyftwæġn (noun m.)
airport lyfthæfen (noun f.)
akin (ġe)sibb (adj.)
alas wālā (interj.), wā lā wā (interj.)
ale ealu (noun n.)
alienation āfremþung (noun f.)
alight *[from a horse]* (ġe)līhtan (verb weak)
alike ġelīċe (adv.)
alive cwic (adj.)
all eall (adj.), ġehwilċ (pron./adj.); 'not at all' = mid nānum þingum; 'all-good' = eallgōd (adj.)
allegiance mannrǣden (noun f.)
allow ālīefan (verb weak), līefan (verb weak), (ġe)þafian (verb weak), (ġe)þwǣrian (verb weak), (ġe)unnan (verb pret-pres)
allowed *[be allowed]* mōtan (verb pret-pres)

almighty ælmihtiġ (adj.), eallmihtiġ (adj.)
almost fulnēah (adv.), fornēah (adv.)
alms ælmesse (noun f.)
almsgiving ælmesgiefu (noun f.)
aloft on lyft
alone ān (adj.)
along andlang (prep.), efenlange (prep.), emnlange (prep.)
alongside tōemnes (prep.), be (prep.); *[alongside of]* onemn (prep.)
aloud hlūde (adv.)
alphabet ābēċēdē (noun f.)
also ēac (adv.)
altar altare (noun m.), wēofod (noun n.)
although þēah (adv., conj.)
always ā (adv.), simle (adv.), æfre (adv.), ġehwǣr (adv.), ealneġ (adv.), 'ealne weġ'
am eom, bēo; *[am not]* neom
ambition rīċetere (noun n.)
ambush sætung (noun f.)
amend (ġe)bētan (verb)
amiable lēofwende (adj.), lufliċ (adj.)
among onġemang (prep.), betwēonan (prep.), betwix (prep.), tōmiddes (prep.)
amount andefn (noun f.)
ample ġinnfæst (adj.), wīdbrād (adj.)
an sum (pron.), ān (adj.) [or not translated]
ancestor forþfæder (noun m.); *[plural]* ieldran (noun m pl.)
anchor (ġe)wīċian (verb weak)

and and (conj.), ġe (conj.), mid (prep./adv.), witodlīċe (adv.); 'and so on' = 'and swā forþ'
angel enġel (noun m.)
angelic enġelliċ (adj.)
anger ierre (adj./noun n.); grama (noun m.), iersung (noun f.), torn (noun m.), hātheortnes (noun f.)
Anglians Angle (noun m pl.)
angrily ierringa (adv.), torne (adv.)
angry gram (adj.), ierre (adj./noun n.), wrāþ (adj.), āstyred (adj.); *[be angry (with)]* iersian (verb weak), belgan/ābelgan (verb strong 3)
animal nīeten (noun n.), nēat (noun n.)
ankle anclēo (noun n.)
anniversary ymbryne (noun m.)
announce bodian (verb weak), ābēodan (verb strong 2)
annul āwǣgan (verb weak), āīdlian (verb weak), onċierran (verb weak); *[laws]* forniman (verb strong 4)
anoint smierwan (verb weak)
answer andswaru (noun f.), andwyrde (noun n.); andswarian (verb weak), andwyrdan (verb weak), oncweþan (verb strong 5)
Antichrist Antecrīst (noun m.)
anticipate forhradian (verb weak)
anxious *[be anxious about]* carian (verb weak)
any ǣniġ (adj.), ġehwilċ (pron./adj.), āwilċ (pron.)
anyone hwā (pron.), ġehwā (indef. pron.), hwilċ (pron.), ġehwilċ (pron./adj.), āhwæþer (pron.)

anything ġehwæt (indef. pron.), āwiht (pron.), āhwæþer (pron.)
anywhere āhwǣr (adv.), hwǣr (adv.); *[from anywhere]* āhwanon (adj.)
apart sundor (adv.)
apostate apostata (noun m.)
apostle apostol (noun m.)
appear ætēowian (verb weak), (ġe)þynċan (verb weak 1b)
appearance onsīen (noun f.)
apple æppel (noun m.); *[apple tree]* apulder (noun f.)
apply ātēon (verb strong 2); *[apply oneself to]* befēolan (verb strong)
appoint dihtan (verb weak), (ġe)namian (verb weak), (ġe)lagian (verb weak), sċierian (verb weak), foresċēawian (verb weak), betǣċan (verb weak)
approach ūpgang (noun m.), nēalǣċung (noun f.); lǣċan (verb weak 1b), (ġe)nēalǣċan (verb weak 1b), tōnēalǣċan (verb weak)
appropriate ofġerād (adj.)
April ēastermōnaþ (month, m.)
Arabic Arabisċ (adj.)
archangel hēahengel (noun m.)
archbishop arcebiscop (noun m.), ærċebiscop (noun m.)
archer sċēotend (noun m.)
ardour inbryrdnes (noun f.), onbryrdnes (noun f.)
are *[singular]* eart, bist; *[plural]* sind/bēoþ; *[are not, singular]* neart
arise ārīsan (verb strong 1), āspringan (verb strong 3), standan (verb strong 6), wacan (verb strong 6)
arithmetic rīmcræft (noun m.)
ark earc (noun m.)
arm earm (noun m.); (ġe)ġierwan (verb weak), wǣpnian (verb weak)
armour searo (noun n.), ġeatwa (noun f pl.), frætwa (noun f pl.), eorlġewǣde (noun n.)
army fierd (noun f.), werod (noun n.), here (noun m.; implies negative sense), ġetrum (noun n.), ġefylce (noun n.); *[land-army]* landhere (noun m.); *[predatory army]* stæl-here (noun m.); *[of pirates]* flothere (noun m.)
army-leader heretoga (noun m.)
around ymbe (prep.), onbūtan (prep.), ymb- (prefix); *[outside]* ymbūtan (prep./adv.)
arouse weċċan (verb weak 1a), āweċċan (verb weak)
arrange āredian (verb weak), fadian (verb weak), reodian (verb weak), (ġe)lōgian (verb); *[arrange in order]* (ġe)endebyrdan (verb weak)
array searo (noun n.); trymian (verb weak), ymbscrȳdan (verb weak)
arrival tōcyme (noun m.)
arrive tōcuman (verb strong 4)
arrogance bieldo (noun f.), ūpāhafennes (noun f.)
arrogant prūt (adj.)
arrow flā (noun f.), flān (noun m./f.), strǣl (noun m.), herestrǣl (noun m.)

art list (noun m./f.); *[art of poetry]* lēoþcræft (noun m.)
artifice searo (noun n.), sierwung (noun f.), searocræft (noun m.)
artist wyrhta (noun m.)
as swā (adv.), swilċe (adv./conj.); 'as far as' = oþ (prep./conj.); 'as if' = swilċe (adv./conj.)
ascend (ġe)stīgan (verb strong 1), āstīgan (verb strong 1), ūp ġewītan (verb strong 1)
ascension ūpāstiġenes (noun f.)
ascent ūpstiġe (noun m.)
ascribe tītelian (verb weak)
ash(es) asċe (noun f.), glēd (noun f.); *[ash tree]* æsċ (noun m.)
ashamed *[be ashamed]* forscaman (verb weak)
ash-tree æsċ (noun m.)
ask āscian (verb weak 2), biddan (verb strong 5), friċġan (verb strong 5), friġnan (verb strong 3), hātan (verb strong 7), ġiernan (verb weak); 'ask for' = ābiddan (verb strong 5); *[find out by asking]* ġeāscian (verb weak)
asking āxung (noun f.)
ass assa (noun m.), assen (noun f.)
assail nǣgan (verb weak), on feallan (verb strong 7)
assailing onwinnende (adj.), onsǣġe (adj.)
assemble (ġe)samnian (verb weak), ġegadrian (verb weak)
assembly (ġe)samnung (noun f.), (ġe)mōt (noun n.)
associate (ġe)gada (noun m.); (ġe)þēodan (verb weak)

association ġeþēodnes (noun f.), (ġe)samnung (noun f.)
assume *[assume to be]* prōfian (verb weak)
astray *[lead astray]* mislǣdan (verb weak), dwelian (verb weak 2), forspanan (verb strong 6/7)
astrologer tungolwītega (noun m.)
astrology steorwiġlung (noun f.)
astronomy tungolcræft (noun m.)
at æt (prep.), ymbe (prep.), *[of time]* tō (prep.), samod (prep.); 'at all' = 'be ǣnigum dǣle'/'tō āhte'; 'at any time' = āhwǣr (adv.); 'at home' = 'æt hām'/innar bordes (adv.); 'at once' = ǣne (adv.), recene (adv.); 'at the same time' = ætgædre (adv.); 'at the top of' = ufeweard (adj.); 'at this date' = hēr (adv.)
ate æt/ǣton (from etan)
Atlantic Westsǣ (noun f.)
atone *[atone for]* onġieldan (verb strong 3); *[for an evil deed]* dǣdbētan (verb weak)
attack onsċyte (noun m.), onrǣs (noun m.); ġefaran (verb strong 6), (ġe)sēċan (verb weak 1b), on feohtan (verb strong 3)
attainable ġelang (adj.)
attempt onġinnan (verb strong 3)
attend cēpan (verb weak)
attendant foregenga (noun f.); *[female]* ġingre (noun f.)
audacity dyrstiġnis (noun f.)
aught āwiht (pron.)
August wēodmōnaþ (month, m.)
aunt mōdriġe (noun f.)
authority onweald (noun m.)

219

Autumn hærfest (noun m.)
avail dugan (verb pret-pres), forstandan (verb strong 6)
avarice ġītsung (noun f.)
avenge (ġe)wrecan (verb strong 5), āwrecan (verb strong)
avenger wrecend (noun m.)
avoid forċierran (verb weak), forbūgan (verb strong 2), forflēon (verb strong 2), ġedǣlan wiþ (verb weak)
await ābīdan (verb strong 1), onbīdan (verb strong), (ġe)bāsnian (verb)
awake wacol (adj.); wacan (verb strong 6), wæcnan (verb weak), āwacan (verb strong 6), āweċċan (verb weak), onwacan (verb strong 6), onwæcnan (verb weak); *[be awake]* wacian (verb weak)
aware *[be aware of]* (ġe)witan (verb pret-pres)
away āweġ (adv.), þanon (adv.), onweġ/on weġ (adv.); 'Go away' = 'Gā onweġ'
awful eġesliċ (adj.)
axe æcs (noun f.), eax (noun f.); *[back of an axe]* ȳr (noun m.)

B

bachelor hagostealdmann (noun m.)
Bachelor's degree hagostealdcarte (noun f.)
back bæc (noun n.), hryċġ (noun m.); eft (adv.), ongēan (adv.)
backwards ofer/under bæc (adv.)
bacon spiċ (noun n.)
bad yfel (adj.), yfeliċ (adj.), fracoþ (adj.), earglic (adj.); *[become bad]* yfelian (verb weak)
badly yfele (adv.), yfle (adv.)
bag pohha (noun m.)
bail *[one who gives bail]* byrgea (noun m.)
bailiff ġerēfa (noun m.), tūnġerēfa (noun m.), wīċġerēfa (noun m.)
bake bacan (verb strong 6)
baker bæcere (noun m.), bæcestre (noun f./m.)
bakery bæcern (noun n.)
ball þōþer (noun m.), æppel (noun m.)
Baltic sea Ēastsǣ (noun f.)
band hlōþ (noun f.), dryht (noun f.)
bandage onwrīþung (noun f.)
banish āflīeman (verb weak)
bank *[of river etc.]* ēastæþ (noun n.), ōfer (noun m.)
banner fana (noun m.), þūf (noun m.), cumbol (noun n.)
banquet (ġe)bēorsċipe (noun m.), feorm (noun f.), symbel (noun n.)
baptise fullian (verb weak)
baptism fulwiht (noun m.)
bar *[of metal etc.]* grindel (noun m.)
bare bær (adj.)
barley bere (noun m.)
barn bern (noun n.)
barrel tunne (noun f.)

barren untīemende (adj.)
barrenness unwæstm (noun m.)
barrier clūstor (noun n.)
base *[pedestal]* fōtstān (noun m.), ċimbstān (noun m.), staþol (noun m.); *[immoral]* fracoþlić (adj.), ārlēas (adj.)
basely *[immorally]* unþeġenlīċe (adv.)
basket lēap (noun m.), windel (noun m.)
bath bæþ (noun n.), beþung (noun f.)
bathe (ġe)baþian (verb weak), (ġe)beþian (verb weak)
bathing beþung (noun f.)
battering-ram ramm (noun m.)
battle (ġe)feoht (noun n.), (ġe)winn (noun n.), orleġe (noun n.), gārræs (noun m.); *[pitched battle]* folcġefeoht (noun n.)
battlefield wælstōw (noun f.)
battlement wīghūs (noun n.)
bay laur (noun m.)
be bēon (verb), wesan (verb strong), weorþan (verb strong 3)
beach strand (noun m.)
beacon bēacen (noun n.)
bean bēan (noun f.)
bear bera (noun m.); *[adj]* beren (adj.); *[tolerate/carry]* beran (verb strong 4), āberan (verb strong 4), onċennan (verb weak), āberan (verb strong); *[bear a child]* āċennan/ċennan (verb weak); *[bear off]* oþberan (verb strong 4); *[bear oneself]* ġebæran (verb weak)
beard beard (noun m.)

bearer *[pall-bearer]* līċmann (noun m.)
bearing ġelǣte (noun n.)
beast nēat (noun n.), nīeten (noun n.); *[wild beast]* dēor (noun n.), wildēor (noun n.)
beat bēatan (verb strong 7), þerscan (verb strong 3), cnyssan (verb weak), swingan (verb strong 3), þweran (verb strong 4)
beautiful wlitiġ (adj), frēoliċ (adj.), fæġer (adj.), sċīene (adj.), wynnliċ (adj.), torht (adj.), lēoht (adj.); *[become beautiful]* wlitiġian (verb weak), fæġrian (verb weak)
beautifully fæġre (adv.), wynnum (adv.)
beautify wlitiġian (verb weak)
beauty wlite (noun m.), fæġernes (noun f.)
beaver beofor (noun m.)
because þȳ (adv.), þonne (adv., conj.), be þǣm þe (adv.), þurh þæt þe (adv.); *[because of]* for (prep.)
become weorþan (verb strong 3)
bed bedd (noun n.), rest (noun f.)
bee bēo (noun f.); *[swarm of bees]* ymbe (noun n.)
beef hrīþer (noun n.)
been *[past participle of 'be']* ġeworden (from weorþan)
beer bēor (noun n.); *['beer-companion/mate']* ġebēor (noun m.)
beer-hall bēorsele (noun m.)
befit ġedafenian (verb weak), (ġe)byrian (verb weak 1a)

before ǣr (conj./adv./prep.), ætforan (prep.), beforan (prep./adv.), for (prep.), fore (prep./adv.), foran (adv.), (ġe)fyrn (adv.), ǣr þǣm (þe) (conj.); *[time]* ǣr (prep.), tōforan (prep.), onforan (prep.)
beg biddan (verb strong 5)
beget (ġe)strīenan (verb weak)
begin ġinnan (verb strong 3), beġinnan (verb strong 3), onġinnan (verb strong 3)
beginning anġinn (noun n.), fruma (noun m.), frymþ (noun f.), onġinn (noun n.), ōr (noun n.), ord (noun m.)
behave ġebǣran (verb weak), drohtnian (verb weak)
behead behēafdian (verb weak)
behind beæftan (prep./adv.), hindan (adv.), behindan (adv.), on lāste (prep., + dat), under bæc (adv.)
behold behealdan (verb strong 7); *["behold!"]* lā (interj.), hwæt (interj.), (ġe)sehþe (interj.); efne (adv.)
being wiht (noun f.), wist (noun f.)
belief (ġe)lēafa (noun m. weak)
believe (ġe)līefan (verb weak 1b), belīefan (verb weak 1b)
believing (ġe)lēaffull (adj.)
belong belimpan (verb strong 3), ġehīeran (verb weak 1b), (ġe)byrian (verb weak 1a)
beloved dīere (adj.), lēof (adj.), (ġe)swǣs (adj.)
belt belt (noun m.), fetel (noun m.)
bench benċ (noun f.)

bend (ġe)būgan (verb strong 2), ābūgan (verb strong 2), lūtan (verb strong 2), bīegan (verb weak)
beneath beneoþan (prep.), neoþan (adv.)
beneficial fremsum (adj.)
benefit fremsumnes (noun f.), þearf (noun f.), rǣd (noun m.), fremu (noun f.); (ġe)fremman (verb weak 1a), (ġe)fremian (verb weak 2, + dat)
benevolence welwillendnes (noun f.)
benevolent welwillende (adj.)
bent wōh (adj.)
bequeath becweþan (verb strong 5)
bereft *[bereft of]* gǣsne (+ prep.)
berry beriġe (noun f.)
besides ēac (prep.), ġiet (adv.), tōēacan (prep./adv.), ufenan (prep.) ufan on þæt (adv.); hērtōēacan (adv.)
besiege besittan (verb strong 5), ymbsittan (verb strong 5), ūtan besittan/beġān (verb)
besprinkle ġeondsprenġan (verb weak)
best betst (superl. adj.), sēlest (superl. adv.); *[best of anything]* cyst (noun f.)
bestow āmetan (verb weak)
betray beċierran (verb weak), beswīcan (verb strong 1), belǣwan (verb weak), forrǣdan (verb weak), sirwan (verb weak 1b)

betrayal swīcdōm (noun m.); *[betrayal of men]* mann-sielen (noun f.)
betrayer melda (noun m.); *[betrayer of one's lord]* hlāfordswica (noun m.)
better bet (adv.), betera (comp. adj.)
between betwēonan (prep.), betwix (prep.)
bewail cwīþan (verb weak)
beyond beġeondan (prep.)
bicycle twihwēol (noun n.)
bid bebēodan (verb strong 2)
bier bǣr (noun f.); līcrest (noun f.)
big miċel (adj.); *[biggest of all]* mǣst (superl. adj.)
bin binn (noun f.)
bind bindan (verb strong 3), (ġe)bendan (verb weak), āsǣlan (verb weak), cnyttan (verb weak), rǣpan (verb weak), sǣlan (verb weak), wēlan (verb weak)
binding ġebind (noun n.)
birch beorc (noun f.)
bird fugol (noun m.); *[young bird]* bridd (noun m.)
birth āċennednes (noun f.); ġebyrd (noun f.)
birthday ġebyrddæġ (noun m.); 'Happy birthday' (interj.) = 'Ēadiġ ġebyrddæġ'
birth-place cennungstōw (noun f.)
bishop bisċop (noun m.)
bishopric bisċopstōl (noun m.)
bite bite (noun m.); bītan (verb strong 1)
bitter biter (adj.)

bitterness biternes (noun f.)
bitumen eorþ-tierwe (noun f.)
black blæc (adj.), sweart (adj.)
blackberry brēmelæppel (noun m.), brēmelberie (noun f.)
blacksmith smiþ (noun m.)
blain bleġen (noun f.)
blame lēan (verb strong 6), ġewītan (verb strong 1), tǣlan (verb weak), þrēagan (verb weak 1b)
blanket hwītel (noun m.)
blast blǣst (noun m.)
bleed blēdan (verb)
blemish lēw (noun f.); lēwian (verb weak)
bless blētsian (verb weak 2)
blessed ēadiġ (adj.), (ġe)sǣliġ (adj.), (ġe)sǣliġliċ (adj.)
blessedly (ġe)sǣliġlīce (adv.)
blessing bletsung (noun f.)
blind blind (adj.); āblendan (verb weak)
blindly blinċlīċe (adv.)
bliss bliss (noun f.)
blister pocc (noun m.), bleġen (noun f.)
blithe blīþe (adj.)
blood blōd (noun n.), drēor (noun m.), heolfor (noun n.); *[shedding of blood]* gyte (noun m.)
bloodshed blōdgyte (noun m.)
bloody blōdiġ (adj.)
bloom (ġe)blōwan (verb strong 7)
blossom blōstma (noun m.)
blow drepe (noun m.), swenġ (noun m.); blāwan (verb strong 7), wāwan (verb strong 7)
blowing blǣst (noun m.), fnǣst (noun m.)

blue hæwen (adj.)
boar *[wild boar]* eofor (noun m.), swīn (noun n.)
boast (ġe)bēotian (verb weak)
boastful bēotlic (adj.)
boasting ġielp (noun m.), bēot (noun n.)
boat bāt (noun m.), naca (noun m.)
bodily līchamlīċe (adv.), līchamlic (adj.)
body līchama (noun m.), bodiġ (noun m.), līċ (noun n.), innoþ (noun m.), feorhbold (noun n.); *[body of retainers/followers]* dryht (noun f.), folgoþ (noun m.), duguþ (noun f.)
boil bleġen (noun f.); sēoþan (verb strong 2), weallan (verb strong 7), wiellan (verb weak)
boiling wielm (noun m.)
bold beald (adj.), ārod (adj.), hwæt (adj.), cāf (adj.), dyrstiġ (adj.), cēne (adj.), fram (adj.), snell (adj.)
boldly bealde (adv.), arodlīċe (adv.), cāflīċe (adv.), cēnlīċe (adv.), framlīċe (adv.)
boldness bieldo (noun f.), dyrstiġnis (noun f.), hwætsċipe (noun m.); *[lack of boldness]* unbieldo (noun f.)
bolster bolster (noun m.)
bond bend (noun m./f./n.), clamm (noun m.); *[plural]* racente (noun f pl.)
bone bān (noun n.)
book bōc (noun f.)
bookmark æstel (noun m.)

booty hūþ (noun f.), hererēaf (noun n.)
border ġemǣre (noun n.), brerd (noun m.), lǣriġ (noun m.), ōra (noun m.); *[of a forest]* efes (noun f.)
born *[be born]* forþcuman (verb strong 4)
borrow āborgian (verb weak)
bosom bōsm (noun m.), bearm (noun m.)
both bēġen (pron.), ġehwæþer (pron./adj.), ǣġhwæþer (pron.); *[both ... and ...]* = ġe ... ġe ..., ǣġþer (ġe) ... ġe ....
bottom botm (noun m.); grund (noun m.)
bottomless grundlēas (adj.)
bought bohte (from byċgan)
boundary ġemǣre (noun n.), mearc (noun f.); *[of land]* landġemǣre (noun n.)
boundless ormǣte (adj.)
bow *[weapon]* boga (noun m.); *[bend, stoop]* lūtan (verb strong 2), (ġe)būgan (verb strong 2), onlūtan (verb strong 2), hieldan (verb weak), hnīgan (verb strong 1), onhieldan (verb weak)
bowed heald (adj.)
bower būr (noun m.)
bowl bolla (noun m.), bledu (noun f.)
box box (noun m.)
boy cnapa (noun m.), cniht (noun m.)
bramble brēmel (noun m.)
branch telga (noun m.), ōwæstm (noun m.)

brand *[brand new]* eallnīwe (adj.); *[mark]* mearcian (verb weak)
brandish bewindan (verb strong 3)
brass bræs (noun n.), ær (noun n.)
brave cēne (adj.), hwæt (adj.), heardmōd (adj.), gōd (adj.), hrōr (adj.), mōdiġ (adj.), þeġnliċ (adj.), unearg (adj.)
bravely heardlīċe (adv.), fæstlīċe (adv.)
bravery hwætsċipe (noun m.)
breach bryce (noun m.); *[of agreement]* wedbryce (noun m.); *[of fasting]* fæstenbryce (noun m.); *[of law]* lahbryce (noun m.); *[of oath]* āþbryce (noun m.); *[of rules]* regolbryce (noun m.); *[of surety]* borgbryce (noun m.)
bread hlāf (noun m.), brēad (noun n.)
break brecan (verb strong 4), brēotan (verb strong 2), forbrēotan (verb strong 2); *[break asunder]* tōberstan (verb strong 3); *[break into pieces, break up]* tōbrecan (verb strong 4); *[break into]* ābrecan (verb strong 4); *[break out]* ūt āberstan (verb strong); *[break through]* tōbrecan (verb strong 4)
breakage bryce (noun m.)
breakfast morgenmete (noun m.)
breast brēost (noun n.), bearm (noun m.)
breath fnæst (noun m.)
breathe orþian (verb weak)
breeze ġeþyll (noun n.)
brew brēowan (verb strong 2)

brick tiġele (noun weak f.), stān (noun n.)
bride brȳd (noun f.)
bridegroom brȳdguma (noun m.)
bridge bryċġ (noun f.); *[stone bridge]* stānbryċġ (noun f.)
briefly sċortlīċe (adv.)
bright beorht (adj.), glæd (adj.), sċīr (adj.), torht (adj.), lēoht (adj.), hwīt (adj.), blāc (adj.)
brightly beorhte (adv.), hādre (adv.)
brightness beorhtnes (noun f.), bierhtu (noun f.), sċīma (noun m.)
bring (ġe)bringan (verb weak 1b), lædan (verb weak 1b), ætberan (verb strong 4); *[bring forth]* āċennan (verb weak), ātȳdran (verb weak), ċennan (verb weak), tȳdran (verb weak), onċennan (verb weak), tīeman (verb weak) *[bring forth child]* (ġe)beran (verb strong 4); *[bring over]* (ġe)wēman (verb weak); *[bring up]* fēdan (verb weak)
bristle byrst (noun f.)
Britain Breten (noun f.)
British Brettisċ (adj.); *[the British]* Brettas (noun m pl.)
broad brād (adj.)
brooch prēon (noun m.)
brook brōc (noun m.), burn (noun f.)
broom brōm (noun m.)
broth broþ (noun n.)
brother brōþor (noun m.) [also in sense of 'monk']
brotherhood *[of monks]* hīred (noun m./n.)

225

brought brōhte (from bringan)
brown brūn (adj.), dunn (adj.)
bruise lǣl (noun f.); tōcwȳsan (verb weak)
bucket sā (noun m.)
Buddhism Buddendōm (noun m.)
Buddhist Budden (adj.)
buffet cnyssan (verb weak)
buffoonery scēawendsprǣċ (noun f.)
build (ġe)timbrian (verb weak), ātimbran (verb weak), ārǣran (verb weak), wyrċan (verb weak 1b), bytlan (verb weak)
building ġetimbrung (noun f.), ġebytle (noun n.), bold (noun n.)
bull fearr (noun m.)
bum ears (noun m.)
bundle scēaf (noun m.); *[into sheaves/bundles]* scēafmǣlum (adv.)
burden byrþen (noun f.); ġehlǣstan (verb weak)
burial bebyriġnes (noun f.)
burial-place leġerstōw (noun f.)
burn bærnan (verb weak), beornan (verb strong 3), biernan (verb strong 3), forbærnan (verb weak), ǣlan (verb weak), forswǣlan (verb weak); *[burn away]* fortendan (verb weak); *[destroy by burning]* forbeornan (verb strong 3), forbærnan (verb weak)
burning bryne (noun m.), bærnett (noun n.)
burst berstan (verb strong 3), āberstan (verb strong 3), tōberstan (verb strong 3); *[burst forth]* ætberstan (verb strong 3)
bury byrgan (verb weak), bebyrġan (verb weak), bedelfan (verb strong 3)
bus stop folcwæġnsteall (noun m./n.)
bush þȳfel (noun m.)
business ċēapung (noun f.), mangung (noun f.), wīse (noun f.)
busy bisiġ (adj.)
but ac (conj.), būtan (conj.), and (conj.)
butter butere (noun f.)
butterfly buter-flēoge (noun f.)
buttocks ears (noun m.)
buy byċġan (verb weak 1b)
by be (prep.), æfter (adv., prep.), þurh (prep./adv.); *[in instrumental sense]* æt (prep.); *[by means of]* mid (prep./adv.)
bye wes hāl (interj.)

C

cabbage cawel (noun m.)
cable līne (noun f.), rāp (noun m.), sċiprāp (noun m.)
café deorcdrenchūs (noun n.)
cake cēċil (noun m.), cȳċel (noun m.), foca (noun m.), bannuc (noun m.)
calamity þrēa (noun f.), ġelimp (noun n.)

226

calendar ġerīmbōc (noun f.)
calf *[young cow]* ċealf (noun n.); *[of leg]* līra (noun m.)
call ċeallian (verb weak), cweþan (verb strong 5), hātan (verb strong 7), (ġe)ċīegan (verb weak), clipian (verb weak), ċierman (verb weak), hrīeman (verb weak)
calling clipung (noun f.)
calumniate forwrēgan (verb weak)
calumny hōl (noun n.), onsċyte (noun m.), wrōhtlāc (noun n.)
came cōm/cōmon (from cuman)
camel camel (noun m.), olfend (noun m.)
camp wīċstōw (noun f.), wīċ (noun n.)
campaign fierd (noun f.); fierdian (verb weak)
can *[be able]* magan (verb pret-pres); *[be allowed]* mōtan (verb pret-pres)
can *[container]* canne (noun f.)
cancer cancer (noun f.)
candle candel (noun f.)
canon canōn (noun m.)
capable weorþ (adj.)
capacity mæġen (noun n.)
capital *[capital city/town]* hēahburg (noun f.)
capitis æstimatio *[legal money equivalent of a person's life]* wer (noun m.)
captivity hæftnīed (noun m.)
capture (ġe)niman (verb strong 4), fōn (verb strong 7)
car wæġn (noun m.)

care caru (noun f.), heord (noun f.); carian (verb weak), reċċan (verb weak 1b), hogian (verb weak), murnan (verb strong 3), sċrīfan (verb strong 1), wandian (verb weak); *[care for]* ġīeman (verb weak), onmunan (verb pret-pres); *[worldly care]* woruldcearu (noun f.)
careful carfull (adj.), smēaliċ (adj.)
carefully smēalīċe (adv.), wærlīċe (adv.)
careless rēċelēas (adj.), ġīemelēas (adj.), orsorg (adj.)
carelessly unwærlīċe (adv.)
carelessness ġīemelēast (noun f.), unwærsċipe (noun m.)
carnal flæsċliċ (adj.)
carousing (ġe)drinc (noun n.)
carrion æs (noun n.)
carrot more (noun f.)
carry ferian (verb weak 1a), beran (verb strong 4), āberan (verb strong), lǣdan (verb weak 1b), wegan (verb strong 5); *[carry away]* āwegan (verb strong), oþberan (verb strong 4); *[carry off]* offerian (verb weak), ālǣdan (verb weak), hergian (verb weak); *[carry out]* fulgān (verb strong), (ġe)lǣstan (verb weak), þurhtēon (verb strong 2), ūt āwegan (verb strong)
cart cræt (noun n.)
carve ċeorfan (verb strong 3); *[carved object]* græft (noun m./f./n.)
cask tunne (noun f.)

cast weorpan (verb strong 3); *[cast off]* tōbreġdan (verb strong 3)
castle castel (noun m.), ċeaster (noun f.)
cat catt (noun m.)
cathedral mynster (noun n.)
cattle feoh (noun n.), nēat (noun n.), nīeten (noun n.), ċēap (noun n.), hrȳþer (noun n.), orf (noun n.); *[cattle plague]* orfcwealm (noun m.)
cause intinga (noun m.)
cauterise fortendan (verb weak)
cave sċræf (noun n.), hlǣw (noun m.)
cease (ġe)blinnan (verb strong 3), āswāmian (verb weak), āblinnan (verb strong 3); *[cease from]* (ġe)swīcan (verb strong 1, + gen), linnan (verb strong 3)
ceiling hrōf (noun n.)
celebrate mǣrsian (verb weak)
cell cleofa (noun m.)
cement līm (noun m.), weallīm (noun m.)
certain cūþliċ (adj.), sicor (adj.), witodliċ (adj.); *[certain of]* ġewiss (adj.); *[a certain]* ān (adj.)
certainly cūþlīċe (adv.), untwēolīċe (adv.), ġeorne (adv.), ġewislīċe (adv.), hraþe (adv.)
chain bend (noun m./f./n.), clamm (noun m.), sāl (noun m.); *[chain mail]* hringnett (noun n.)
chains racente (noun f pl.)
chamber cōfa (noun m.), būr (noun m.), cleofa (noun m.), reċed (noun n.)
champaign filde (adj.)

champion ċempa (noun m. weak)
chance hlīet (noun m.), (ġe)wyrd (noun f.); *[by chance]* wēas (adv.), ungewealdes (adv.)
change wierpe (noun m.), ġebreġd (noun n.); behwierfan (verb weak), edwenden (verb weak), āwendan (verb weak); *[change into]* weorþan tō (verb strong 3)
channel flōde (noun f.)
chant *[morning chant]* ūhtsang (noun m.)
chapel (ġe)bedhūs (noun n.)
character bōcstæf (noun m.)
charge *[have charge of]* bewitan (verb pret-pres)
chariot cræt (noun n.)
charitable ælmesgeorn (adj.), cystiġ (adj.)
charity ælmesgiefu (noun f.), ælmesse (noun f.)
cheap undēore (adj.)
cheek ċēace (noun n.), hlēor (noun n.)
cheer ārētan (verb weak), (ġe)frēfran (verb weak)
cheerful glædmōd (adj.)
cheerfully rōtlīċe (adv.)
cheese ċȳse (noun m.)
chest ċist (noun f.)
chick bridd (noun m.)
chicken ċicen (noun n.)
chief ealdor (noun m.), ealdormann (noun m.), healdend (noun m.), hēafodmann (noun m.), heretoga (noun m.), ieldesta (noun m.), fyrst (superl. adj.); *[chief bishop]* ealdorbiscop (noun m.); *[chief officer]* hēahġerēfa (noun m.)

child ċild (noun n.), bearn (noun n.); *[female]* mæġden-ċild (noun n.), *[in the cradle]* cradolċild (noun n.)
childhood ċildhād (noun m.)
children ċildru (noun n pl.)
chill ċiele (noun m.)
chin ċinn (noun m.)
chocolate *[hot chocolate drink]* ārbēandrenċ (noun m.)
choice *[option]* cost (noun m.), cyre (noun m.), cyst (noun f.); *[best of something]* cyst (noun f.)
choke forþrysman (verb weak)
choose (ġe)ċēosan (verb strong 2)
Christ Crīst (noun m.), hǣlend (noun m.)
Christian Crīsten (adj.)
Christianity Crīstendōm (noun m.)
Christmas crīstmæsse (noun f.)
church ċiriċe (noun f. weak); *[persecutor of the church]* ċiriċhata (noun m.)
churn þweran (verb strong 4)
cider æppelwīn (noun n.)
cinder sinder (noun n.)
circuit ymbgang (noun m.), begang (noun m.), ymbhwierft (noun m.)
circular sine-wealt (adj.)
circumference ymbgang (noun m.)
circumvent beswīcan (verb strong 1)
citizen burgmann (noun m.); *[plural]* burglēode (noun m pl.), burgwaras (noun m pl.)

city burg (noun f.), burgsċīr (noun f.), burgtūn (noun m.), ċeaster (noun f.)
city-gate burggeat (noun n.)
clamour hrēam (noun m.)
claw clawu (noun f.)
clean clǣne (adj.)
cleanse (ġe)clǣnsian (verb weak)
clear sweotol (adj.), hlūtor (adj.); *[clear of blame]* (ġe)lādian (verb weak)
clearly sweotollīċe (adv.), torhte (adv.), hādre (adv.)
cleave clēofan (verb strong 2), tōclēofan (verb strong 2)
clerical ġehādod (adj.)
cliff clif (noun n.), stān-clif (noun n.)
clinging clibbor (adj.)
clip clyppan (verb weak), efsian (verb weak)
cloak pæll (noun m.), hwītel (noun m.)
clock dæġmǣl (noun n.)
close *[shut]* lūcan (verb strong 2), belūcan (verb strong 2); *[near]* nēah (adv./prep.)
closely nearwe (adv.)
cloth clāþ (noun m.)
clothe sċrȳdan (verb weak), ymbscrȳdan (verb weak), (ġe)ġierwan (verb weak)
clothing wǣc (noun f.), hræġl (noun n.)
cloud wolcen (noun n.); *[become clouded]* (ġe)sweorcan (verb strong 3)
clutch grāp (noun f.)
coal col (noun n.)
coast sǣrima (noun m.)

coat cyrtel (noun m.), tunece (noun f.), pād (noun f.), rocc (noun m.); *[coat, covering]* -hām (suffix)
cock hana (noun m.)
cock-crow hancred (noun m.)
coffee deorcdrenc (noun m.)
coffee shop deorcdrenchūs (noun n.)
coin mynet (noun f.)
cold *[chill]* ċiele (noun m.); ċeald (adj.); *[illness]* (ġe)pos (noun n.); *[grow cold]* cōlian (verb weak)
collect (ġe)samnian (verb weak), ġegadrian (verb weak), lesan (verb strong 5)
collide hnītan (verb strong 1)
colour hīw (noun n.), bleoh (noun n.), dēaġ (noun f.), telg (noun m.); *[various colours]* fāgnes (noun f.)
comb camb (noun m.)
combat *[single combat]* ānwīg (noun m.)
come cuman (verb strong 4), becuman (verb strong 4), standan (verb strong 6); *[come forth]* forþcuman (verb strong 4), wæcnan (verb weak); *[come from afar]* feorrancumen (adj.); *[come to/recover]* cuman (verb strong 4); 'come on!' = 'cum lā!'; 'come here/in' = 'cum þū hēr/in'
comedy sċēawendspræċ (noun f.)
coming cyme (noun m.), tōcyme (noun m.)
command (ġe)bod (noun n.), bebod (noun n.), diht (noun n.), ġeweald (noun n.), hǣs (noun f.); biddan (verb strong 5), bēodan (verb strong 2), bebēodan (verb strong 2), hātan (verb strong 7)
commit betǣċan (verb weak), befæstan (verb weak), bebēodan (verb strong 2), rǣran (verb weak)
common ġemǣne (adj.), ġemǣneliċ (adj.); 'in common' = ġemǣneliċe (adv.)
community ġemāna (noun m.)
companion (ġe)fēra (noun m. weak), (ġe)gada (noun m.), ġemaca (noun m./f.), ġenēat (noun m.)
company (ġe)fērsċipe (noun m.), dryht (noun f.)
compare (ġe)metan (verb strong 5), bemetan (verb strong 5)
comparison wiþmetennes (noun f.)
compel nīedan (verb weak), fornīedan (verb weak), (ġe)nēadian (verb weak)
complain mǣnan (verb weak), murcnian (verb weak); *[complain of]* bespreċan (verb strong 5)
complete fulwyrċan (verb weak), fulfremman (verb weak)
completely grundlunga (adv.), eallunga (adv.)
compose ādihtan (verb), āwrītan (verb strong 1), dihtan (verb weak); *[compose poetry]* (ġe)singan (verb strong 3)
computer ċircolwyrde (noun m.)
concave hwealf (adj.)
conceal bedīeġlian (verb weak), helan (verb strong 4), behelian

conceit ūpāhafennes (noun f.)
conceive (ġe)ēacnian (verb weak), āsmēagan (verb weak)
concerning be (prep.)
condemn fordēman (verb weak), (ġe)hīenan (verb weak), (ġe)niþerian (verb weak)
condition rǣden (noun f.), hād (noun m.); 'on condition that' = 'on þā ġerād þæt'
conduct drohtnung (noun f.); *[rule of conduct]* regol (noun m.)
conduit wætersċipe (noun m.)
confess andettan (verb weak)
confession andetnes (noun f.)
confident beald (adj.); *[be confident]* (ġe)trīewan (verb weak)
confine heaþorian (verb weak), beclȳsan (verb weak)
confirm fæstnian (verb weak), staþolian (verb weak)
conflagration bryne (noun m.)
conflict orleġe (noun n.)
congregation (ġe)laþung (noun f.)
connection hǣmed (noun n.)
conquer ġegān (verb strong), (ġe)gān (verb strong), (ġe)wieldan (verb weak), ālecġan (verb weak), ofweorpan (verb strong 3)
conscious *[conscious of]* ġecnǣwe (adj.)
consecrate (ġe)hālġian (verb weak)
consent unne (noun f.); *[consent to]* (ġe)þafian (verb weak)
consenter ġeþafa (noun m.)

consider āsmēagan (verb weak), (ġe)þencan (verb weak 1b), beþencan (verb weak), ġeondscēawian (verb weak), hogian (verb weak), (ġe)smēagan (verb weak 1b), ymbhyċġan (verb weak 3)
consolation frōfor (noun f.), ġeoc (noun f.)
console (ġe)frēfran (verb weak)
constancy anrǣdnes (noun f.)
constant ānrǣd (adj.)
consul consul (noun m.)
consult (ġe)smēagan (verb weak 1b)
consume (ġe)notian (verb weak)
contemplation (ġe)smēaung (noun f.)
contempt forhohnes (noun f.), forsewennes (noun f.), oferhyġd (noun f./n.), oll (noun m./n.)
continence forhæfednes (noun f.)
continual singal (adj.)
continually singallīċe (adj.); forþ (adv.)
continue þurhwunian (verb weak), drohtnian (verb weak), (ġe)wunian (verb weak)
continuous singal (adj.)
continuously on ān (adv.)
contrite ġehnyst (adj.)
contrive āþencan (verb weak)
contumely hosp (noun m.), edwīt (noun n.), oll (noun m./n.)
conversation sprǣċ (noun f.); *[private conversation]* sundorsprǣċ (noun f.); *[enter into conversation]* weorþan æt sprǣċe (verb strong 3)

conversion ġehwierfednes (noun f.); *[to Christianity]* ġeċierrednes (noun f.)
convert bīeġan (verb weak), (ġe)hwierfan (verb weak), behwierfan (verb weak), forhwierfan (verb weak)
cook cōc (noun m.); cōcsian (verb)
cool cōl (adj.)
copper copor (noun n.)
copy bī wrītan (verb strong 1)
cord tēaġ (noun f.)
corn corn (noun n.)
corn-cockle coccel (noun m.)
corner hyrne (noun f.), wincel (noun m.)
corporeal līchamliċ (adj.)
corpse hrǣw (noun n.), līċ (noun n.)
correct riht (adj); (ġe)rihtan (verb weak), þrāfian (verb weak)
correctly rihtlīċe (adv.)
corslet byrne (noun f.)
costly dīere (adj.)
cottage cot (noun n.), cȳte (noun f.)
cough brǣc (noun n.), hwōsta (noun m.); hwōstan (verb strong 7)
could meahe/meahtest/ meahte/meahton (past tense of 'can'); *[asking permission]* mōt/mōst/mōton (from mōtan)
council rǣd (noun m.), þeaht (noun n.), mæþel (noun n.)
councillor (ġe)wita (noun m.), rǣdbora (noun m.)
count (ġe)tellan (verb weak), rīman (verb weak)
countenance andwlita (noun m.)

countless unġerīm (adj./noun n.)
country eard (noun m.), land (noun n.), ēþel (noun m.)
courage ellen (noun n./m.), þrymm (noun m.); *[lacking courage]* ellenlēas (adj.)
course *[running, flow]* ryne (noun m.)
court *[enclosure]* hof (noun n.), ġeard (noun m.); *[tribunal]* hūsting (noun n.)
cover beleċġan (verb weak 1b), wrēon (verb strong 2), wrīhan (verb strong 1), helan (verb strong 4), þeċċan (verb weak 1a), besettan (verb weak), beþeċċan (verb weak 1a), beþenian (verb weak), bewrēon (verb strong 1), bewyrċan (verb weak), hlīdan (verb strong 1), oferwrēon (verb strong 1/2), oferwyrċan (verb weak); *[cover over]* behelian (verb weak); *[cover with]* behrēosan (verb strong 2)
covering wǣfels (noun m.); -hām (suffix)
covet ġītsian (verb weak)
covetousness ġītsung (noun f.)
cow cū (noun f.)
coward nīþing (noun m.)
cowardice iergþu (noun f.), nāhtnes (noun f.)
cowardly earg (adj.), ellenlēas (adj.), unmōdiġ (adj.)
crab crabba (noun m.)
cradle cradol (noun m.), ċildcradol (noun m.)
craft cræft (noun m.)

create (ġe)sċieppan (verb strong 6), sċippan (verb strong 6), onstellan (verb weak), (ġe)tēon (verb strong 2)
creation (ġe)sċeaft (noun f.), frumsċeaft (noun f.), ġesċeap (noun n.), ġescapennes (noun f.)
creator sċepen (noun m.), sċieppend (noun m.)
creature (ġe)sċeaft (noun f.), wiht (noun f.)
creep crēopan (verb strong 2), snīcan (verb strong 1)
crew sċiphlæst (noun m.)
crime synn (noun f.), undǣd (noun f.), wrōht (noun f.), gylt (noun m.), iermþu (noun f.), fācen (noun n.), mān (noun n.), morþ (noun n.), bealu-nīþ (noun m.), firen (noun f.), leahtor (noun m.)
criminal sċaþa (noun m.), wearg (noun m.)
croak crācettan (verb)
crooked wōh (adj.)
crop wyrt (noun f.); *[failure of crops]* unwæstm (noun m.)
crops ierþ (noun f.)
cross rōd (noun f.), ġealga (noun m.); *[cross oneself]* (ġe)seġnian (verb weak)
crowd hwearf (noun m.), mang (noun n.), (ġe)þrang (noun n.)
crown cynehelm (noun m.); wuldorbēagian (verb weak); *[crown of glory]* wuldor-bēag (noun m.)
crucifixion rōdehengen (noun f.)
cruel wælhrēow (adj.), rēþe (adj.), slīþen (adj.), grimm (adj.), gram (adj.), grimmlic (adj.), wrāþ (adj.), unswǣslic (adj.)
cruelly wælhrēowlīċe (adv.), hrēowlīce (adv.), þearle (adv.)
cruelty wælhrēownes (noun f.)
crumb brēad (noun n.)
crumble formolsnian (verb weak), wōrian (verb weak)
crush tōcwȳsan (verb weak)
cry ċierm (noun m.), ġebǣre (noun n.); ċierman (verb weak), hrīeman (verb weak), rārian (verb)
cube tæfl (noun f./n.)
cuckoo ġēac (noun m.)
cucumber hwerhwette (noun f.)
cultivate būan (verb weak)
cultivated bȳne (adj.)
cunning orþanc (adj./noun m. & n.), cræft (noun m.)
cunningly ġēaplīċe (adv.), listum (adv.)
cup cuppe (noun f.), būne (noun f.), canne (noun f.)
cure lācnung (noun f.); lācnian (verb weak), (ġe)bētan (verb)
curse āwierġan (verb weak), wierġan (verb)
cursed āwierġed (adj.)
curtail nierwan (verb weak), (ġe)wanian (verb weak)
curtain flēohnet (noun n.)
cushion bolster (noun m.)
custody heord (noun f.)
custom þēaw (noun m.), sidu (noun m.), ġewuna (noun m.); *[bad custom]* unþēaw (noun m.), unsidu (noun m.)
customary ġewunelic (adj.)

cut snide (noun m.); ċeorfan (verb strong 3), āċeorfan (verb strong 3), hēawan (verb strong 7), sċeran (verb strong 4), snīþan (verb strong 1), brecan (verb strong 4); *[cut away]* on weg āċeorfan (verb strong 3); *[cut down]* forhēawan (verb strong 7); *[cut down tree]* āċeorfan (verb strong 3); *[cut hair]* besċieran (verb strong 4); *[cut off]* beċeorfan (verb strong 3), forċeorfan (verb strong 3), of āċeorfan (verb strong 3); *[cut through]* forslēan (verb strong 6)

D

daily dæġhwāmlīċe (adv.)
dainty swētmete (noun m.)
dais hūsting (noun n.)
dam hwerf (noun m), wer (noun m.); *[dam a river]* forwyrċan (verb weak)
damage hearm (noun m.)
damp fūht (adj.)
dance sealtian (verb)
dancing sealting (noun f.)
Danes Dene (noun m pl.)
danger fǣr (noun f.), frēcednes (noun f.), brōga (noun m.)
dangerous frēcenlīċ (adj.), fǣrlīċ (adj.)
Danish Denisċ (adj.)
dare durran (verb pret-pres), (ġe)nēþan (verb weak)
daring dǣdċēne (adj.)
dark deorc (adj.), dimm (adj.), heolstor (adj./noun n.), ġenipful (adj.), þēostor (adj.), þēosterfull (adj.), salu (adj.), sweart (adj.), wann (adj.); *[grow dark]* (ġe)nīpan (verb strong 1)
darken (ġe)sweorcan (verb strong 3)

darkness þēostru (noun f.); heolstor (noun n.)
darling dēorling (noun m.)
date *[fruit]* palmæppel (noun m.); *[calendar]* tælmearc (noun f.)
daughter dohtor (noun f.)
dauntless unforht (adj.)
dawn dæġ-rēd (noun n.), ūht (noun f.)
day dæġ (noun m.); dæġþerliċ (adj.); *[by day]* dæġes (adv.); 'good day' [greeting] = 'gōd dæġ'; 'on this very day' = 'on þissum dæġþerlican dæġe'; 'days of yore' = ġēardagas (noun m pl.)
daybreak dæġ-rēd (noun n.)
deacon diacon (noun m.)
dead dēad (adj.), forþgewiten (adj.), unlifigende (adj.), swolten (adj.), ġeswoġen (adj.); *[dead body]* līċ (noun n.); *[lie dead]* (ġe)liċġan (verb strong 5)
deadly dēadbǣre (adj.), dēaþbǣre (adj.), cwealmbǣre (adj.)
dear dēore (adj.), dīere (adj.), lēof (adj.)
death dēaþ (noun m.), fiell (noun m.), cwield (noun f.), forþfōr

(noun f.), forþsīþ (noun m.), ġewitennes (noun f.), cwealm (noun m.); *[day of death]* dēaþdæġ (noun m.); *[violent death]* cwalu (noun f.); *[death-doomed]* fǣġe (adj.)

decay brosnung (noun f.); brosnian (verb weak), formolsnian (verb weak), āfeallan (verb strong 7), fūlian (verb weak), forrotian (verb weak)

deceit swīc (noun m.), swīcdōm (noun m.)

deceitful swicol (adj.)

deceive (ġe)swīcan (verb strong 1, + gen), swician (verb weak), āwǣġan (verb weak), beswīcan (verb strong 1), bepǣċan (verb weak)

December ǣrra ġeola (month), ġeolmōnaþ (month, m.)

deceptive unġetrīewe (adj.)

decide (ġe)rǣdan (verb strong 7)

decision ġecor (noun n.); *[unjust decision]* wōhdōm (noun m.)

declare *[declare forfeited]* ætreċċan (verb weak)

decline oþfeallan (verb strong 7), (ġe)wanian (verb weak)

decree dōm (noun m.); sċierian (verb weak), foresċēawian (verb weak), ġedēman (verb weak), (ġe)rǣdan (verb strong 7)

deed dǣd (noun f.), bōc (noun f.); *[good deed]* gōddǣd (noun f.); *[glorious deed]* mǣrþ (noun f.); *[wicked deed]* māndǣd (noun f.), undǣd (noun f.)

deem ġedēman (verb weak)

deep dēop (adj.), innweard (adj.), ġēap (adj.); *[deep down]* neowol (adj.)

deeply dēope (adv.), innweardlīċe (adv.), ġēaplīċe (adv.)

deer wildēor (noun n.)

defeat sleġe (noun m.); forslēan (verb strong 6)

defeated siġelēas (adj.)

defence waru (noun f.)

defend werian (verb weak 1a), bewerian (verb weak), (ġe)ealgian (verb weak), (ġe)beorgan (verb strong 3); *[defend a charge]* betellan (verb weak)

defender weriend (noun m.)

defile āfȳlan (verb weak), besmītan (verb strong 1), besylian (verb weak), smītan (verb strong 1), (ġe)wemman (verb weak)

defilement besmitenes (noun f.), wamm (noun m.), ġewemmednes (noun f.)

deformed atolliċ (adj.)

degenerate ābrēoþan (verb strong 2)

degree *[measure, rate]* mǣþ (noun f.); *[education]* lārcarte (noun f.)

delay ieldung (noun f.); ieldan (verb weak), latian (verb weak), (ġe)uforian (verb weak)

deliberate þreodian (verb weak); *[deliberate on]* berǣdan (verb weak)

deliberation eaht (noun f.)

delicacy swētmete (noun m.)

deliver befrēon (verb weak)

demand ābiddan (verb strong 5), ġiernan (verb weak)
demon sċeocca (noun m.)
den denn (noun n.), cot (noun n.)
Denmark Denemearc (noun f.)
deny forsacan (verb strong 6), wiþsacan (verb strong 6), ætsacan (verb strong 6), ālēogan (verb strong 2)
depart ġewītan (verb strong 1), forþfaran (verb strong 6), āfaran (verb strong 6), forþfēran (verb weak), fram gān (verb), hweorfan (verb strong 3)
departure forþfōr (noun f.), ūtgang (noun m.), forþsīþ (noun m.), ġewitennes (noun f.)
deplore bewēpan (verb strong)
depose *[depose king]* āweorpan (verb strong 3)
deposit (ġe)lōġian upp (verb)
depraved þweorh (adj.)
deprive bedrēosan (verb strong 2), behlīeþan (verb weak), belīþan (verb weak), berēafian (verb weak), besċierian (verb weak), oftēon (verb strong 2), oþþringan (verb strong 3); *[deprive of]* bedǣlan (verb weak), benǣman (verb weak), beniman (verb strong 4), ætbreġdan (verb strong 3), ætreċċan (verb weak), (ġe)stīeran (verb weak)
depth dīepe (noun f.), neowolnes (noun f.)
derision hōcor (noun n.)
derisive hōcorwyrde (adj.)
descend āstīgan (verb strong 1), ofdūne stīgan (verb strong 1)

descendants ofspring (noun m.)
desert ǣmenn (adj.), wēsten (noun n.), wilde (adj.)
deserve (ġe)earnian (verb weak)
design þeaht (noun n.)
desire nēod (noun f.), (ġe)wilnung (noun f.), willa (noun m.), lust (noun m.); ġiernan (verb weak), willan (verb), (ġe)lystan (verb weak), oflystan (verb weak), (ġe)willian (verb weak), (ġe)wilnian (verb weak), ġītsian (verb weak)
desirous ġeorn (adj.)
desolate wēste (adj.)
despair ormōdnis (noun f.)
despairing ormōd (adj.); *[despairing of]* orwēna (adj.), orwēne (adj.)
despicable earm (adj.)
despise forhogian (verb weak), forhyċgan (verb weak 3), forsēon (verb strong 5)
despiser oferhoga (noun m.)
despoil *[despoil of]* berīepan (verb weak)
destroy ābrēotan (verb strong 1), ādilgian (verb weak), forcuman (verb strong 4), fordilgian (verb weak), fordōn (verb strong), forspillan (verb weak), spillan (verb weak), āleċgan (verb weak), forfaran (verb strong 6), forþrǣstan (verb weak), swiþrian (verb weak), tōlīesan (verb weak), tōweorpan (verb strong 3), āmierran (verb weak), forwyrċan (verb weak)
destruction cwield (noun f.), forwyrd (noun f./m.)

deteriorate wiersian (verb weak)
determine teohhian (verb weak)
detest onsċunian (verb weak)
detestable onsċuniġendliċ (adj.)
devastate oferhergian (verb weak)
devastation hergaþ (noun m.), forhergung (noun f.), here (noun m.)
devil dēofol (noun m./n.), fēond (noun m.); *[possessed by a devil]* dēofolsēoc (adj.)
devilish dēofolcund (adj.), dēofolliċ (adj.)
devise ācræftan (verb weak), āþenċan (verb weak)
devour ābītan (verb strong 1), forswelgan (verb strong 3), fretan (verb strong 5)
dew dēaw (noun m.)
diarrhœa ūtsiht (noun f.)
dice tæfl (noun f./n.)
did dyde/dydest/dydon (from dōn)
die ācwelan (verb strong 4), cwelan (verb strong 4), steorfan (verb strong), sweltan (verb strong 3), forþfaran (verb strong 6), forþfēran (verb weak), ġewītan (verb strong 1), (ġe)endian (verb weak), ġefaran (verb strong 6)
difficult earfoþe (adj.); *[with difficulty]* weorcum (adv.), unēaþe (adv.), unēaþelīċe (adv.), earfoþlīċe (adv.)
diffidence unbieldo (noun f.)
dig delfan (verb strong 3), grafan (verb strong 6); *[dig under]* underdelfan (verb strong 3)

digging ġedelf (noun n.)
dignity ġeþyncþo (noun f.), weorþfullnes (noun f.)
dilate brǣdan (verb weak)
diligent ġecneord (adj.)
diligently cneordlīċe (adv.)
diminish (ġe)wanian (verb weak)
din dyne (noun m.); hlȳdan (verb weak)
dinner ǣfenġereord (noun f.)
dip dyppan (verb weak 1a), dȳfan (verb weak)
diploma lēafcarte (noun f.)
dire atol (adj.), slīþen (adj.)
direct āwendan (verb weak), dihtan (verb weak), ġeġnum (adv.), (ġe)rihtlǣċan (verb weak), tǣċan (verb weak 1b), (ġe)wīsian (verb weak)
direction (ġe)wissung (noun f.), diht (noun n), ende (noun m.); 'in all directions' = ǣġhwider (adv.)
dirt meox (noun n.)
disallowed unālȳfed (adj.)
disappear āswindan (verb strong 3)
disciple ġeongra (noun m.), leornungcniht (noun m.), leornere (noun m.)
discipline þēodsċipe (noun m.)
disclose (ġe)openian (verb weak)
discord unġeþwǣrnes (noun f.)
discourse cwide (noun m.), lārspell (noun n.)
discover āfindan (verb strong), onfindan (verb strong 3)
discredit unhlīsa (noun m.)
discuss cwiddian (verb weak), wordlian (verb weak)

disease ādl (noun f.), sēocnes (noun f.), coþu (noun f.), uncoþu (noun f.)
diseased ādliġ (adj.), ādlian (verb weak)
disengage ǣmetigian (verb weak)
disgrace sċand (noun f.), sċamu (noun f.); *[public disgrace]* woruldscamu (noun f.)
disgraceful ġemǣliċ (adj.), sċandliċ (adj.)
dish disċ (noun m.), bledu (noun f.); *[dish of food]* sand (noun f.)
dishearten iergan (verb weak)
dishonourable ārlēas (adj.)
dislike unþanc (noun m.); andan/incan/ege witan (verb pret-pres)
disobedient unġehīersum (adj.)
disperse tōdǣlan (verb weak), tōdrīfan (verb strong 1), tōfaran (verb strong 6), tōfēran (verb weak), tōsendan (verb weak), tōstregdan (verb strong 3)
display wāfung (noun f.), wæfersīen (noun f.); (ġe)sweotolian (verb weak), ēowan (verb weak)
displease mislīcian (verb weak)
dispute flītan (verb strong 1)
dissimulate līċettan (verb weak)
dissolve tōlīesan (verb weak)
distance fyrlen (noun n.)
distant fyrlen (adj.)
distinguish (ġe)mǣþegian (verb weak)
distinguished ġeþungen (adj.), hēaliċ (adj.)

distress nearunes (noun f.), earfoþ (noun n.); (ġe)swenċan (verb weak)
distribute brytnian (verb weak), (ġe)dǣlan (verb weak)
district sċīr (noun f.)
disturbance unstillnes (noun f.)
ditch dīċ (noun m./f.)
dive dūfan (verb strong 2); *[dive through]* þurhdūfan (verb strong 2)
divide (ġe)dǣlan (verb weak), tōdōn (verb strong), tōdǣlan (verb weak), sċādan (verb strong 7), tōniman (verb strong 4)
divine godcund (adj.), godcundliċ (adj.), dryhtenliċ (adj.)
divinely godcundlīċe (adv.)
divinity godcundnes (noun f.)
division dǣl (noun m.), ġefylce (noun n.); *[division of city]* burgsċīr (noun f.)
do (ġe)dōn (verb strong), (ġe)fremman (verb weak 1a), (ġe)fremian (verb weak 2, + acc) wyrċan (verb weak 1b), begān (verb strong), ræfnan (verb weak), rǣran (verb weak); 'What do you do [for a living]?' = 'Hwæt dēst þū?'
doctine lārspell (noun n.)
doctor lǣċe (noun m.)
Doctor of Philosophy ȳþwitcarte (noun f.)
doctrine lār (noun f.)
document bōc (noun f.)
does dēþ (from dōn)
dog hund (noun m.)
-dom [forms nouns] -dōm (noun m.)

dominion hlāforddōm (noun m.), onweald (noun m.)
done ġedōn (from dōn)
donkey assa (noun m.), assen (noun f.)
doom dōm (noun m.)
door duru (noun f.)
doubt twēo (noun m. weak), twēonung (noun f.); twēon (verb weak 1b), twēonian (verb weak); *[without doubt]* = untwēogendlīċe (adv.)
doubtful twēoliċ (adj.)
doubtfully twēolīċe (adv.)
dove culfre (noun f.)
down *[hill]* dūn (noun f.); *[adverb]* ādūn (adv.), neoþan (adv.), niþer (adv.), ofdūne (adv.)
doze hnappian (verb weak)
drag (ġe)tēon (verb strong 2)
dragon draca (noun m.), wyrm (noun m.)
drama pleġa (noun m.)
draw (ġe)tēon (verb strong 2), ātēon (verb strong 2), ātīefran (verb weak), wrītan (verb strong 1), āwrītan (verb strong 1), breġdan (verb strong 3), āmētan (verb weak); *[draw out]* ātēon (verb strong 2)
dread ofdrǣdan (verb strong 7), ondrǣdan (verb strong 7), anþrācian (verb weak), onþracian (verb weak)
dreadful anþrǣce (adj.), onþrǣce (adj.)
dream swefn (noun n.), ġesihþ (noun f.)
dress ġierla (noun m.), hræġl (noun n.), sċeorp (noun n.), sċrūd (noun n.), wǣfels (noun m.), rēaf (noun n.), wǣd (noun f.); (ġe)ġierwan (verb weak)
drink drenċ (noun m.), drinca (noun m.), drync (noun m.); *[strong drink]* bēor (noun n.); *[alcoholic/fermented]* līþ (noun n.); *[verb]* drincan (verb strong 3), ġedrincan (verb strong 3), sūpan (verb strong 2), (ġe)þicġan (verb strong 5); *[give to drink]* drencan (verb weak)
drinking (ġe)drinc (noun m.)
drive drīfan (verb strong 1), drǣfan (verb weak), fordrīfan (verb strong 1), fȳsan (verb weak); *[drive away]* ādrǣfan (verb weak), āfȳsan (verb weak); *[drive off]* ādrīfan (verb strong 1)
driveway hūsweġ (noun m.)
dropsy wætersēocnes (noun f.)
drove drāf (noun f.)
drown ādrenċan (verb weak)
drunk druncen (adj.); *[make drunk]* oferdrencan (verb weak)
drunkenness druncenhād (noun m.)
dry drȳġe (adj.); drūgian (verb weak); ādrūgian (verb weak)
duck dūċe (noun f.)
due *[be due]* (ġe)byrian (verb weak 1a)
dull ġenipful (adj.); *[dull-coloured]* fealu (adj.)
during betwix (prep.), ofer (prep.)
dusk forannniht (noun f.)
dusky salu (adj.)
dust dūst (noun n.), grēot (noun n.)

dusty sandiht (adj.)
duty riht (noun n.)
dwell (ġe)wunian (verb weak), eardian (verb weak), (ġe)wīċian (verb weak), būan (verb weak), bōgian (verb weak)
dweller būend (noun m.), eardiend (noun m.); *[plural]* sǣte (noun m pl.); *[as suffix]* -ware (pl.)

dwelling eard (noun m.), ġeard (noun m.), wunung (noun f.), bū (noun n.), byht (noun n.), inn (noun n.), wīċ (noun n.), edor (noun m.), hām (noun m.), hof (noun n.)
dwelling-place eardġeard (noun m.), eardungstōw (noun f.)
dye telg (noun m.), dēaġ (noun f.)

E

each ǣlċ (adj.), ǣġþer (pron.), ġehwæþer (pron./adj.), ǣġhwā (pron.), ǣġhwæþer (pron.), ġehwilċ (pron./adj.); *[each one]* ǣġhwilċ (pron.), ġehwā (indef. pron.)
eager ġeorn (adj.), ġeornfull (adj.)
eagerly ġeorne (adv.), ġeornlīċe (adv.)
eagerness ġeornfulnes (noun f.)
eagle earn (noun m.)
ear ēare (noun n. weak)
earl eorl (noun m.)
early ǣr (adj.); *[early awake]* ǣrwacol (adj.); *[early morning]* ǣrne-mergen (noun m.), ūht (noun f.)
earn (ġe)earnian (verb weak)
earnest eornost (noun f.)
earnestly eornoste (adj.), ġeorne (adv.)
earring ēarhring (noun m.)
earth eorþe (noun f.), folde (noun f.), hrūse (noun f.), eardġeard (noun m.), middanġeard (noun m.), molde (noun f.), grēot (noun n.); 'on earth' = 'under lyfte'
earth-dweller eorþ-būend (noun m.)
earthly eorþliċ (adj.)
ease īeþnes (noun f.). See also easy.
easily īeþelīċe (adv.), ēaþe (adj./adv.), sōfte (adj./adv.); *[more easily]* ēþ (comp. adv.)
east ēast (adv.); *[east bank]* ēaststæþ (noun n.); *[east end]* ēastende (noun m.); *[east of here]* hēr-be-ēastan (adv.); *[east part/quarter]* ēastdǣl (noun m.); *[east side]* ēasthealf (noun f.); *[east wind]* ēastanwind (noun m.); *[due east]* ēastrihte (adv.); *[from the east]* ēastan (adv.). See also eastern.
East *[the East]* ēastdǣl (noun m.), ēastrīċe (noun n.)
East Anglia Ēastenġle (noun m pl.)
Easter Ēastron (noun f. pl. weak)
Easter day Ēasterdæġ (noun m.)

eastern ēasterne (adj.); *[eastern kingdom]* ēastrīċe (noun n.); *[eastern quarter]* ēastdǣl (noun m.)

easternmost ēastmest (adj.)

eastward ēasteweard (adj.)

eastwards ēastweardes (adv.), ēastlang (adv.), ēast (adv.)

easy ēaþe (adj./adv.). See also ease, easily.

eat etan (verb strong 5), fretan (verb strong 5), (ġe)þicġan (verb strong 5), snǣdan (verb weak)

eatery æthūs (noun n.)

eaves efes (noun f.)

ebb ebba (noun m.); ǣbbian (verb weak)

ecclesiastical ċirċliċ (adj.)

edge ecġ (noun f.)

edit ādihtan (verb)

education leornung (noun f.)

egg ǣg (noun n.)

eight eahta (number)

eighteen eahtatīene (number)

eighteenth eahtatēoþa (number)

eighth eahtoþa (number)

eightieth hundeahtatigoþa (number)

eighty hundeahtatiġ (number)

either ǣġþer (pron.), ǣġhwæþer (pron.), āhwæþer (adv./conj.), ġehwæþer (pron./adj.); 'either ... or ...' = 'oþþe ... oþþe ...'

elbow elnboga (noun m.)

elder *[comp. of old]* ieldra (comp. adj.)

eldest *[the eldest person]* ieldesta (noun m.)

electricity spearclecræft (noun m.)

eleven endlufon (number)

eleventh endlyfta (number)

elf ælf (noun m.)

ell eln (noun f.)

eloquence ġetyngnes (noun f.)

else elles (adv.)

email e-ǣrende (noun n.), speorcǣrende (noun n.); *[email address]* specrcræendnama (noun m. weak)

embrace fæþm (noun m.), feng (noun m.); clyppan (verb weak), beclyppan (verb weak), ymbclyppan (verb weak), befōn (verb strong 7)

emergency ġelimp (noun n.)

emit *[smoke/steam]* rēocan (verb strong 2)

emnity fēoung (noun f.)

emperor cāsere (noun m.)

empire ēastrīċe (noun n.)

employment notu (noun f.), nytt (noun f.)

empty ǣmtiġ (adj.), īdel (adj.)

encamp ġedōn (verb strong), (ġe)wīcian (verb weak), sittan (verb strong 5)

enclose betȳnan (verb weak)

enclosure edor (noun m.), haga (noun m.), ġeard (noun m.), loca (noun m.), haġa (noun m.), loc (noun n.)

encompass beclyppan (verb weak), befōn (verb strong 7), bewindan (verb strong 3), forþylman (ve-b weak)

encourage bieldan (verb weak), trymian (verb weak)

encouragement trymmung (noun f.)

encyclopædia wīsdōmbōc (noun f.)
end ende (noun m.), (ġe)endung (noun f.); betȳnan (verb weak), (ġe)endian (verb weak), onwendan (verb weak)
ending (ġe)endung (noun f.)
endless unġeendod (adj.)
endure drēogan (verb strong 2), ādrēogan (verb strong 2), (ġe)þolian (verb weak)
enemy fā (noun m.), (ġe)fāh (noun m.), fēond (noun m.), (ġe)winna (noun m.)
energetic dǣdfrom (adj.)
energetically ġebyrdelīċe (adv.)
engineering searocræft (noun m.)
England Enġlaland (noun n.), Angelcynn (noun n.)
English *[people]* Enġlisc (adj./noun n.), Angle (noun m pl.), Enġle (noun m pl.), Angelcynn (noun n.), Angelþēod (noun f.); *[language]* Enġliscġereord (noun n.), Enġlisċ/Ænġlisċ (adj./noun n.); *[Modern English]* Nīwenglisc (noun n.); 'Do you speak English?' = 'Spricest þū Englisċ?'
English Channel Sūþsǣ (noun f.)
enjoy brūcan (verb strong 2), (ġe)notian (verb weak), nēotan (verb strong 2)
enjoyment notu (noun f.)
enlighten onlīehtan (verb weak)
enough ġenōg (adj.)
enrage (ġe)gremian (verb weak)
enslave (ġe)þēowian (verb weak)
ensnare besierwan (verb weak)

enter in-gān (verb weak), fēolan (verb strong 3)
enterprise anġinn (noun n.)
entertain wenian tō wiste (verb weak 2)
entice (ġe)wēman (verb weak), spanan (verb strong 6), tyhtan (verb weak)
entirely eall (adv.), eallunga (adv.), ǣġhwæs (adv.), mid ealle (adv.), clǣne (adv.)
entitle tītelian (verb weak)
entrails innoþ (noun m.)
entrance infær (noun n.), ingang (noun m.), innfaru (noun f.), instæpe (noun m.)
entreat healsian (verb weak)
entrenchment set (noun n.)
entrust betǣċan (verb weak), bebēodan (verb strong 2); *[entrust to]* befæstan (verb weak)
envelop forþylman (verb weak)
envy nīþ (noun m.)
equal efen (adj.), ġeliċ (adj.)
equally ġelīċe (adv.)
equinox efen-niht (noun f.), emniht (noun f.)
-er *[forms agent nouns]* -ere (suffix)
err misfēran (verb weak)
errand ǣrende (noun n.); 'bound on an errand' = ǣrendfæst (adj.)
erring miswende (adj.)
error (ġe)dwild (noun n.)
escape ætberstan (verb strong 3), forbūgan (verb strong 2), oþwindan (verb strong 3); *[escape from]* ætwindan (verb

242

strong 3), ġenesan (verb strong 5)
especially hūru (adv.), ealles swīþost (adv.)
Essex Ēast-seaxe (noun m pl.)
establish staþolian (verb weak), settan (verb weak)
estate landseten (noun f.)
esteem dīeran (verb weak)
eternal ēċe (adj.)
eternally ēċelīċe (adv.)
eternity ēċnes (noun f.)
eucharist hūsl (noun n.)
evangelical godspellić (adj.)
evangelist godspellere (noun m.)
even efen (adj.), furþum (adv.), efne (adv.)
evening ǣfen (noun m.), ǣfentīd (noun f.), fōranniht (noun f.); 'good evening' [greeting] = 'gōd ǣfen'
evenly efne (adv.)
ever ǣfre (adv.), ā (adv.), āhwǣr (adv.); 'for ever' = 'tō wīdan fēore'
every ǣlċ (adj.), eall (adj.); ǣġhwilc (pron.)
everyone ġehwā (indef. pron.)
everything ġehwæt (indef. pron.)
everywhere ǣġhwǣr (adv.), ġehwǣr (adv.); 'nearly everywhere' = (ġe)welhwǣr (adv.)
evident yppe (adj.), cūþlić (adj.), open (adj.), sweotol (adj.)
evil bealu (noun n.); yfel (adj.), yfelić (adj.), fǣcne (adj.), bealufull (adj.); *[evil deed]* misweorc (noun n.)
exactly rihte (adv.), efne (adv.)

exaggerate (ġe)hefigian (verb weak)
exalt āhebban (verb strong 6), (ġe)weorþian (verb weak 2)
examination sċēawung (noun f.)
examine (ġe)sċēawian (verb weak)
example bisen (noun f.), bysnung (noun f.), bīgspell (noun n.); *[give example (of)]* (ġe)bisenian (verb weak), bysnian (verb weak); 'to set an example' = 'tō bysene āsteald'
excel oferþēon (verb strong 1/2), oferstīgan (verb strong)
excellence duguþ (noun f.)
excellent æþele (adj.), ǣnlić (adj.), unforcūþ (adj.), weorþlić (adj.), ġeþungen (adj.)
except būtan (conj.), būtan (adv., prep.)
excess unġemet (noun n.)
excessive swīþlić (adj.), unġemetgod (adj.)
excessively swīþlīċe (adv.), oferlīċe (adv.), unġefōge (adv.), unġemetlīċe (adv.), firnum (adv.), forþearle (adv.)
exchange ġewrixl (noun n.)
excite onbryrdan (verb weak)
exclaim clipian (verb weak)
exculpate *[exculpate oneself]* betellan (verb weak)
excuse (ġe)lādian (verb weak); 'excuse me' = 'forġief mē'
executioner cwellere (noun m.)
exhalation stēam (noun m.)
exhausted *[become exhausted]* āteorian (verb weak)
exhort (ġe)manian (verb weak)

exile wræcsīþ (noun m.), wrecċa (noun m.)
exit ūtfær (noun n.), ūtgang (noun m.); ūtgān (verb)
exorcise hālsian (verb weak)
expect wēnan (verb weak 1b), (ġe)bāsnian (verb), (ġe)þenċan (verb weak 1b), andbīdian (verb weak)
expedition fierd (noun f.), rād (noun f.), sīþ (noun m.)
expel ādrǣfan (verb weak), āflīegan (verb weak)
expend āspendan (verb weak)
experience āfandian (verb weak)
explain (ġe)reċċan (verb weak 1a)
explore (ġe)cunnian (verb weak)
expound āreċċan (verb weak)

extend āþenian (verb weak), (ġe)rȳman (verb), brǣdan (verb weak); *[also of time]* āstreċċan (verb weak)
extension āþenenes (noun f.)
extensive wīdġil (adj.)
extent *[of land]* ġelagu (noun n pl.)
external ūtanweard (adj.), ūteweard (adj.)
externally ūtane (adv.)
extinguish ācwenċan (verb weak), ādwǣscan (verb weak)
extol mǣrsian (verb weak), wuldrian (verb weak)
eye ēage (noun n. weak)
eyebrow brū (noun f.)
eyot īġeoþ (noun m.), īeġoþ (noun n.)

F

face nebwlite (noun m.), nebb (noun n.), onsīen (noun f.)
facing wiþ (prep./adv.)
fail ālicġan (verb strong 5), brēoþan (verb strong 2), ābrēoþan (verb strong 2), (ġe)swīcan (verb strong 1), ātēorian (verb weak), āþrēotan (verb strong 2); *[failure of crops]* unwæstm (noun m.)
fair *[beautiful]* fæġer (adj.); *[just]* riht (adj.), rihtlic (adj.), rihtwīs (adj.), sōþ (adj.), efen (adj.)
fairness *[beauty]* fæġernes (noun f.)
fairy ælf (noun m.)

faith trēow (noun f.), (ġe)lēafa (noun m. weak), (ġe)trēowþ (noun f.)
faithful (ġe)trēowe (adj.), fǣle (adj.), trēowfæst (adj.)
faithfully trēowlīċe (adv.), sōþfæstlīċe (adv.)
faithless ġelēaflēast (noun f.)
fall hryre (noun m.), dryre (noun m.); feallan (verb strong 7), befeallan (verb strong 7), (ġe)hrēosan (verb strong 2), āhrēosan (verb strong 2), (ġe)cringan (verb strong 3), (ġe)drēosan (verb strong 2), sīgan (verb strong 1), oferweorpan (verb strong 3);

[including in battle] āfeallan (verb strong 7), oþfeallan (verb strong 7), āfeallan (verb strong 7); *[fall short]* (ġe)swīcan (verb strong 1, + dat of person)

false lēas (adj.); *[false god]* ġedwolgod (noun n.)

falsehood lēasung (noun f.)

fame hlīsa (noun m.)

familiar hāmcūþ (adj.), hīwcūþ (adj.)

familiarly cūþlīċe (adv.)

family hīred (noun m./n.), mǣġþ (noun f.), mǣġburg (noun f.)

famine hungor (noun m.)

famous mǣre (adj.), mǣrlić (adj.), namcūþ (adj.), ġefrǣġe (adj.), brēme (adj.); *[make famous]* mǣran (verb weak)

far feorr (adv.), 'far and wide' = wīde (adv.); 'how far is it?' = 'hwæt is þæt fyrlen?'

fare fēran (verb weak), fēran (verb weak)

farm feormehām (noun m.), tūn (noun m.)

fast *[period of fasting]* fæsten (noun n.); *[secure]* fæst (adj.), fæste (adv.); *[make fast]* fæstan (verb weak), befæstan (verb weak)

fasten fæstnian (verb weak), āfæstnian (verb weak)

fasting fæsten (noun n.)

fat fǣtt (adj.); smeoru (noun n.); *[grow fat]* fǣttian (verb weak)

fate wyrd (noun f.)

father fæder (noun m.)

fathom *[unit of measure]* fæþm (noun m.), fæþmrīm (noun n.)

fault læst (noun f.), gylt (noun m.)

favour ēst (noun f.), hyld (noun f.), liss (noun f.), īeþnes (noun f.)

favourable hold (adj.)

favourite dēorling (noun m.)

fawn *[of a dog]* onfæġnian (verb weak)

fear eġe (noun m.), eġesa (noun m. weak), fyrhto (noun f.), forhtung (noun f.), ōga (noun m.); ofdrǣdan (verb strong 7), ondrǣdan (verb strong 7), eargian (verb weak), onsċunian (verb weak), fyrhtan (verb weak), onēġnan (verb weak), eargian (verb weak), andan/incan ˈeġe witan (verb pret-pres)

fearful eġeslić (adj.)

fearfully eġeslīċe (adv.), forhtlīċe (adv.)

fearless unforhtmōd (adj.)

feast (ġe)bēorsċipe (noun m.), feorm (noun f.), fyllo (noun f.), wist (noun f.) wistfullian (verb weak), wenian tō wiste (verb weak 2)

feast-hall bēorsele (noun m.)

feather feþer (noun f.)

February solmōnaþ (month, m.)

feed fēdan (verb weak), āfēdan (verb weak)

feeding metsung (noun f.)

feel fēlan (verb weak), ġefrēdan (verb weak)

feet *[part of body/unit of measure]* fēt (noun m pl.)

245

fell fiellan (verb weak), āfiellan (verb weak)
felon wearg (noun m.)
female *[woman]* wīfmann (noun m.), wīf (noun n.); *[girl]* mægden (noun n.); *[female side]* wīfhealf (noun f.)
fen fenn (noun n./m.)
fenland fenland (noun n.)
fertility wæstmbǣrnes (noun f.)
fervour ellenwōdnes (noun f.), wielm (noun m.)
fester wyrmsan (verb weak)
festival frēolstīd (noun f.)
fetch (ġe)feċċan (verb weak), (ġe)fetian (verb weak)
fetter fetor (noun f.), cosp (noun m.), *[plural]* racente (noun f pl.); āsǣlan (verb weak), (ġe)hæftan (verb weak)
fetters racente (noun f pl.)
feud fǣhþ (noun f.)
fever fēfer (noun m./n.); *[be feverish]* hriþian (verb weak)
few fēa (adj. pl.), lȳt (adv.)
fidelity (ġe)trēowþ (noun f.); *[lack of fidelity]* unġetrēowþ (noun f.)
field feld (noun m.), æcer (noun m.), wang (noun m.); *[field of battle]* feld (noun m.); *[as adj.]* filde (adj.)
fiend fēond (noun m.)
fierce gram (adj.), grimm (adj.), grimmlīċ (adj.), āfor (adj.), biter (adj.), stīþ (adj.), rēþe (adj.), unġefōgliċ (adj.), hrēoh (adj.), ierre (adj.)
fiercely wrāþum (adv.), eornoste (adj.), hǣste (adv.), hearde (adv.), ierringa (adv.), stīþlīċe (adv.)
fierceness rēþnis (noun f.)
fifteen fīftīene (number)
fifteenth fīftēoþa (number)
fifth fīfta (number); *[fifth of an hour]* prica (noun m. weak)
fiftieth fīftigoþa (number)
fifty fīftiġ (number)
fig fīc (noun m.)
fig tree fīctrēow (noun n.)
fight (ġe)feoht (noun n.), feohte (noun f.), camp (noun n.); (ġe)feohtan (verb strong 3), winnan (verb strong 3), sacan (verb strong 6); *[fight with]* (ġe)campian (verb)
fighter feohtend (noun m.), ċempa (noun m. weak); *[in poetry]* hæleþ (noun m.)
file fēol (noun f.), fēole (noun f.); fēolian (verb weak)
fill fyllo (noun f.); (ġe)fyllan (verb weak 1a), āfyllan (verb weak); *[overfilling]* oferfyll (noun f.)
film *[movie]* sċēawspell (noun n.)
filth meox (noun n.)
filthy horiġ (adj.)
find findan (verb strong 3), (ġe)mētan (verb weak 1b), beġietan (verb strong 5); *[find out]* āfindan (verb strong), āfandian (verb weak), onfindan (verb strong 3)
fine *[penalty]* wīte (noun n.); 'I am fine' = 'Iċ eom ġesund'/'hit gǣþ gōd'
finger finger (noun m.)
finish þurhtēon (verb strong 2), betȳnan (verb weak), ġesittan

(verb strong 5); *[transitive]* (ġe)endian (verb weak)
Finns Finnas (noun m pl.)
fire fȳr (noun n.), brand (noun m.), līeg (noun m.), ǣled (noun m.), glēd (noun f.); *[set fire to]* onbærnan (verb weak), onǣlan (verb weak)
firm fæst (adj.), trum (adj.), staþolfæst (adj.), ānrǣd (adj.); *[firm in the earth]* eorþfæst (adj.); *[firm in one's place]* stedefæst (adj.)
firmament rodor (noun m.)
firmly fæstlīċe (adv.), fæste (adv.); *[antonym]* unfæstlīċe (adv.)
firmness fæstnes (noun f.)
first forma (adj.), ǣr (adj., adv.), fyrst (superl. adj.); *[first hour]* prīm (noun n?)
fish fisċ (noun m.); fisċian (verb); *[fish as a species]* fisċcynn (noun n.)
fisher fisċere (noun m.)
fishing fisċaþ (noun m.)
fit *[capable]* weorþ (adj.); *[suitable]* ġemet (adj), ġefædliċ (adj.)
fitly sidelīċe (adv.)
fitting ġedēfe (adj.), dēfliċ (adj.), ġelimpliċ (adj.)
fittingly ġecōplīċe (adv.)
five fīf (number)
fix *[fasten, secure]* fæstnian (verb weak), staþolian (verb weak), befæstan (verb weak)
fizzy drink wapuldrinca (noun m.)
flagon orc (noun m.)

flame glēd (noun f.), brand (noun m.), blǣst (noun m.), līeg (noun m.)
flatter ōleċċan (verb weak)
flattery ōlæċung (noun f.), ōleċċung (noun f.)
flax fleax (noun n.)
flee (ġe)flēon (verb strong 2); *[flee from]* forflēon (verb strong 2)
fleece flēos (noun n.)
fleet flota (noun m.), sċiphere (noun m.)
flesh flǣsċ (noun n.), ǣt (noun n.)
fleshly flǣsċliċ (adj.)
flight flyht (noun m.), flēam (noun m.); *[put to flight]* (ġe)flīeman (verb weak), āflīegan (verb weak), āflīeman (verb weak), fȳsan (verb weak)
float flēotan (verb strong 2)
flood flōd (noun m.); beġēotan (verb strong 2)
flooded flēde (adj.)
floor flōr (noun f.), flett (noun n.); *[upper floor/storey]* ūpflōr (noun f.)
flourish (ġe)þēon (verb strong 2)
flow gang (noun m.); flōwan (verb strong 7); *[of a river]* iernan (verb strong 3), (ġe)liċġan (verb strong 5) feallan (verb strong 7); *[flow away]* tōflōwan (verb strong 7); *[flow over]* ġeondlācan (verb weak); *[of tide, as opposed to ebb]* flōd
fluctuate wealcan (verb strong 7)
fly *[insect]* flēoge (noun f.); *[to fly]* flēogan (verb strong 2); *[of birds]* windan (verb strong 3)
fly-net flēohnet (noun n.)

fodder fōdor (noun n.)
fold (ġe)fealdan (verb strong), befealdan (verb strong 7)
-fold *[adjs. based on quanitity, e.g. fivefold]* -feald (suffix)
follow folgian (verb weak)
follower ġeongra (noun m.), hīredman (noun m.)
following folgoþ (noun m.); æfterra (adv.)
folly hyġelēast (noun f.), unwīsdōm (noun m.), unsnotornes (noun f.), unrǣd (noun m.), unwærsċipe (noun m.); dysiġ (adj.), unsnyttro (adj.)
food fōda (noun m.), mete (noun m.), ǣs (noun n.), ǣt (noun n.), andlifen (noun f.), feorm (noun f.), bīgleofa (noun m.), swǣsende (noun n.), andlifen (noun f.), metsung (noun f.), nest (noun n.), wist (noun f.); *[for a journey]* weġnest (noun n.); *[lack/want of food]* metelīest (noun f.)
foolish dol (adj.), dwǣs (adj.), dysiġ (adj.), dysiġliċ (adj.), unwīs (adj.), unġewittiġ (adj.), hyġelēas (adj.); *[foolish plan]* unrǣd (noun m.)
foolishly dollīċe (adj.)
foot *[part of body/unit of measure]* fōt (noun m.), *[part of body]* fōtswæþ (noun n.); *[unit of measure]* fōtmǣl (noun n.)
football gyldfōtþōþer (noun m.)
footprint fōtswæþ (noun n.), swæþ (noun n.), swaþu (noun f.), lāst (noun m.), gang (noun m.), spor (noun n.)

for for (prep.), til (prep.); 'for it' [as a price] þǣræt (adv.); 'for a long time' = lange (adv.), langlīċe (adv.), 'tō langum fierste'
forbid forbēodan (verb strong 2)
force *[violence]* ġeþræc (noun n.), nīed (noun f.)
forces fultum (noun m.)
ford ford (noun m.)
forefather forþfæder (noun m.)
forehead forhēafod (noun n.)
foreign fremde (adj.), ǣl-fremede (adj.), elfremede (adj.), wīelisc (adj.); *[foreign nation]* elþēod (noun f.); *[foreign land]* elþēodiġnes (noun f.)
foreigner wealh (noun m.) [can also mean 'Welsh']
forest wudu (noun m.), weald (noun m.), holt (noun n.), wuduholt (noun m.); *[cover provided by forest]* wudufæsten (noun n.)
forge āsmiþian (verb weak), þweran (verb strong 4)
forget forġietan (verb strong 5)
forgetful ofer-ġietol (adj.)
forgetfulness ǣ-mynde (noun n.)
forgive *[sins]* forġiefan (verb strong 5)
forgiveness *[of sins]* forġiefnis (noun f.)
fork sticca (noun m.)
form onsīen (noun f.), hīw (noun n.), wæstm (noun m./n.)
former ærra (comp. adj.); *[former days]* fyrn-dagas (noun m pl.); 'in former days' = 'in/on ġēardagum'; *[former years]* fyrn-

ġēar (noun n pl.); *[former work]* fyrn-ġeweorc (noun n.)
formerly (ġe)fyrn (adv.), ġēara (adv.), ġēo (adv.), ǣr (adv.); ǣr þissum (adv.)
fornication forliġere (noun n.)
fornicator hōring (noun m.); forleġen (adj.)
forth forþ (adv.)
forthwith ǣdre (adv.), þǣrrihte (adv.), sōna (adv.), āninga (adv.), lungre (adv.), semninga (adv.)
fortieth fēowertigoþa (number)
fortification ġeweorc (noun n.)
fortress fæsten (noun n.), burg (noun f.)
fortune *[good fortune]* rǣd (noun m.)
forty fēowertiġ (number)
forward niþerweard (adv.)
forwards ġeġnum (adv.), forþ (adv.)
foster fēdan (verb weak)
foster-father fōstorfæder (noun m.)
fostering fōstor (noun n.)
foul fūl (adj.), horiġ (adj.)
foully fūle (adv.)
found settan (verb weak)
foundation staþol (noun m.), weallsteall (noun m.), ġesetnes (noun f.)
fountain ǣwielm (noun m.), wiella (noun m.)
four fēower (number)
four-cornered fēowersċīete (adj.)
four-footed fiþer-fēte (adj.)
fourteen fēowertīene (number)
fourteenth fēowertēoþa (number)

fourth fēorþa (number)
fowler fuglere (noun m.)
fox fox (noun m.); *[female]* fyxen (noun f.)
fracture bryce (noun m.); *[of bone]* bānbryce (noun m.)
fragment bryce (noun m.)
frail tīder (adj.), wāc (adj.)
frailty tīdernes (noun f.), hnesċnes (noun f.)
France Francland (noun n.)
frankincense rēcels (noun m.)
free frēo (adj.); elfremede (adj.); (ġe)frēoġan (verb weak), ǣmetigian (verb weak); *[free from]* ǣl-fremede (adj.), lēas (adj.); *[free will]* cyre (noun m.), cyst (noun f.)
freedom frēodōm (noun m.), frēols (noun m.)
freeholder *[peasant]* ġebūr (noun m.)
freeman þeġer (noun m.)
freeze frēosan (verb strong 2); *[freeze over]* oferfrēosan (verb strong)
French Frenċisċ (adj.)
frequent ġelōm (adj.)
fresh fersċ (adj.)
Friday frīġedæġ (day of week, m.)
friend frēond (noun m.), wine (noun m.)
friendless frēondlēas (adj.)
friendly frēondliċ (adj.), blīþe (adj.), blīþemōd (adj.), hold (adj.)
friendship frēondsċipe (noun m.), winesċipe (noun m.)
Friesian Frēsisċ (adj.), Frisa (noun m.)

frightened āfyrht (adj.), forhtmōd (adj.)
fringe borda (noun m.)
Frisia Friesland (noun n.)
frivolity īdelnis (noun f.)
from fram (prep.); *[of place]* of (prep.); *[deprivation]* æt (prep.); *[from above]* ufan (adv.); *[from afar]* feorrcund (adj.), feorran (adv.); *[from behind]* hindan (adv.), æftan (adv.); *[from below]* neoþan (adv.); *[from within]* innan (prep.)
front *[in front]* foran (adv.), beforan (prep./adv.)
frost forst (noun m.); *[hoar-frost]* hrīm (noun m.)
frosty hrīmiġ (adj.)
frozen froren (adj.)
fruit ofet (noun n.), wæstm (noun m./n.), blōstma (noun m.), blēd (noun f.); 'fruit juice' = 'ofetes sēaw'
frustrate forhradian (verb weak)

fry (ġe)hierstan (verb weak)
frying hierstung (noun f.); *[frying pan]* hierste (noun f.), hierstepanne (noun f.)
-ful -full (suffix)
fulfil fullian (verb weak), (ġe)fyllan (verb weak 1a)
full full (adj.), ful (adv.); *[full river]* flēde (adj.)
fullness *[with food]* fyllo (noun f.)
fully fullīċe (adv.)
funeral līċþēnung (noun f.); *[funeral pile]* ād (noun m.)
furious hātheort (adj.)
furlong furlang (noun n.)
furnace ofen (noun m.)
furnish (ġe)lōgian (verb)
furrow furh (noun f.)
further fierr (comp. adj.); furþor (adv.), ġiet (adv.); *[further away]* ufor (adv.)
future tōweard (adj.), forþġesċeaft (noun f.)

G

Gaelic Sċyttisċ (adj.); *[Irish Gaelic]* Īrisċ (adj.)
gain ġegān (verb strong), (ġe)gān (verb strong), ġewinnan (verb strong 3), (ġe)strīenan (verb weak), tilian (verb weak); *[gain by fighting]* ġefeohtan (verb strong)
gallop ærnan (verb weak)
gallows ġealga (noun m.)
game *[sport]* gamen (noun n.), pleġa (noun m.)

gannet ganot (noun m.)
garden tūn (noun m.); *[kitchen or herb garden]* lēactūn (noun m.), wyrttūn (noun m.)
garlic gārlēac (noun n.)
garment sċrūd (noun n.)
gate ġeat (noun n.)
gatekeeper ġeatweard (noun m.)
gather (ġe)gadrian (verb weak), ġegadrian (verb weak), lesan (verb strong 5)
gave ġeaf/ġeafon (from ġiefan)

gaze starian (verb weak); *[gaze on]* behealdan (verb strong 7)

gem ġimm (noun m.), ġimstān (noun m.); *[worker with gems; 'gem-wright']* ġimwyrhta (noun m.)

general *[army leader]* heretoga (noun m.); *[common/usual]* ġemǣneliċ (adj.)

generation cnēoris (noun n.), mǣġþ (noun f.)

gentle līþe (adj.), hēore (adj.), (ġe)sēfte (adj.), smylte (adj.), (ġe)swǣs (adj.), ġeþwǣre (adj.); *[gentle towards men]* manþwǣre (adj.)

gently līþelīċe (adv.), hnesċlīċe (adv.)

genuine riht (adj.), sōþ (adj.)

geography eardlandlār (noun f.)

geology landcræft (noun m.)

geometry eorþġemet (noun n.)

gesture ġebǣre (noun n.)

get beġietan (verb strong 5); *[get in, enter]* fēolan (verb strong 3)

ghost *[Holy Ghost]* gāst (noun m.)

giant ent (noun m.), ġīgant (noun m.), eoten (noun m.), þyrs (noun m.); *[adj.]* eotenisċ (adj.)

gift ġiefu (noun f.), lāc (noun n.), lēan (noun n.)

gild gyldan (verb weak); *[gilded over]* ofergyld (adj.)

girdle gyrdel (noun m.)

girl mæġden (noun n.)

give ġiefan (verb strong 5), ġifan (verb strong 5), āġiefan (verb strong 5), (ġe)sellan (verb weak 1a), forġiefan (verb strong 5), onlēon (verb strong 2); *[give up]* ālǣtan (verb strong 7), oflǣtan (verb strong 7), betǣċan (verb weak)

given ġifeþe (adj.)

giving tīþ (noun f.); *[giving back]* edġift (noun n.)

glad glæd (adj.), blīþe (adj.), (ġe)fæġen (adj.), rōt (adj.); *[very glad]* fullblīþe (adj.); 'I am glad' = 'iċ blisse'

gladden (ġe)gladian (verb weak), ārētan (verb weak)

gladly glædlīċe (adv.), blīþelīċe (adv.), rōtlīċe (adv.)

gladness glædnes (noun f.)

glass glæs (noun n.); *[made of glass]* glæsen (adj.); *[vessel]* glæsfæt (noun n.)

glide (ġe)glīdan (verb strong); *[glide away]* tōglīdan (verb strong 1)

glitter blīcan (verb strong 1)

gloomy ġenpful (adj.), deorc (adj.)

glorify wulcrian (verb weak)

glorious blǣdfæst (adj.), torhtliċ (adj.), þrymliċ (adj.), mǣre (adj.), mǣrliċ (adj.)

gloriously dōmlīċe (adv.), hlīsfullīċe (adv.), mǣrlīċe (adv.), þrymlīċe (adv.), wuldorfullīċe (adv.)

glory wuldor (noun n.), blǣd (noun m.), mæġenþrymnes (noun f.), mǣrþ (noun f.), þrymm (noun m.), hlīsa (noun m.), lof (noun n.), mæġenþrymm (noun m.), þrȳþu (noun f.), weorþmynd (noun f./m./n.); *['seat of glory']* þrymsetl (noun n.)

glove glōf (noun f.)
gluten līmtimber (noun n.)
gluttony oferfyll (noun f.)
gnashing grīstbitung (noun f.)
go gān (verb strong), (ġe)gān (verb strong), (ġe)faran (verb strong 6), āgān (verb strong), (ġe)wendan (verb weak 1b), ċierran (verb weak), (ġe)tēon (verb strong 2); fēran (verb weak), līþan (verb strong 1), sċrīþan (verb strong 1), spyrian (verb weak), wadan (verb strong 6), hweorfan (verb strong 3), sīþian (verb weak), steppan (verb strong 6); *[go around]* befaran (verb strong 6); *[go away]* āfaran (verb strong 6); *[go in]* in-gān (verb weak); *[go out]* ūtgan (verb); *[go over]* ġefēran (verb weak); *[go to]* nēosan (verb weak), (ġe)sēċan (verb weak 1b); *[go without]* forþolian (verb weak); 'Go forward/back' = 'Gā forþ/bæc'
goat gāt (noun f.)
God God (noun m.), Dryhten (noun m.), fæder (noun m.), hēahfæder (noun m.), onwealda (noun m.)
god *[heathen god]* god (noun n.); *[plural]* ēse (noun pl.)
godchild godbearn (noun n.)
goddess gyden (noun f.)
godfather godfæder (noun m.), cumpæder (noun m.)
godson godsunu (noun m.)
going *[going out]* ūtgang (noun m.); *[going up]* ūpgang (noun m.)

gold gold (noun n.); *[covered with gold]* ofergyld (adj.)
golden gylden (adj.)
goldsmith goldsmiþ (noun m.)
good gōd (adj.), til (adj.), ārfæst (adj.), fǣle (adj.); *[only in comp./superl.]* sēl (adj.); *[very good]* ǣr-gōd (adj.); 'good morning/day/evening/night' [greeting] = 'gōd morgen/dæġ/ǣfen/niht'
goodbye wes [þū] hāl (interj.)
goodness gōdnes (noun f.), gōd (noun n.)
goods gōd (noun n.)
goose gōs (noun f.)
gore heolfor (noun n.)
gorging fyllo (noun f.)
gory heolfriġ (adj.)
gospel godspel (noun n.)
got beġeat/beġēaton (from beġietan)
Goth Gota (noun m.)
Gothic Gotisċ (adj.)
govern (ġe)wealdan (verb strong 7)
government cynedōm (noun m.), rīċe (noun n.), stēor (noun f.)
governor *[of a shire]* sċīrmann (noun m.)
grace ēst (noun f.), þanc (noun m.); *[of God]* ġiefu (noun f.)
gracious hold (adj.)
grain corn (noun n.)
grammar stæfcræft (noun m.)
grandfather ealdefæder (noun m.), eald fæder (noun m.)
grandmother ealdemōdor (noun f.)

grant (ġe)unnan (verb pret-pres), (ġe)tīþian (verb weak), forġiefan (verb strong 5), lēon (verb strong 2), tīþe fremian (verb weak 2)

granted *[by fate]* ġifeþe (adj.)

grape wīn-beriġe (noun f.); *[bunch of grapes]* ġeclystre (noun n.)

grasp grāp (noun f.), gripe (noun m.), feng (noun m.); (ġe)grīpan (verb strong 1), grāpian (verb weak), (ġe)grīpan (verb strong 1), hafenian (verb weak)

grass græs (noun n.), gærs (noun n.), grǣd (noun m.), hēġ (noun n.)

gratify cwēman (verb weak)

grave græf (noun n.)

gravel grēot (noun n.)

graze frettan (verb weak), ettan (verb weak)

great miċel (adj.), swīþliċ (adj.); *[metaphorically]* mǣre (adj./noun n.); *[moderately great]* medmiċel (adj.)

greater māra (comp. adj.)

greatly miċle (adv.), þearle (adv.), forþearle (adv.), swīþe (adv.), miċlum (adv.)

greatness miċelnes (noun f.)

greedily grǣdiġlīċe (adv.)

greediness ġīfernes (noun f.)

greedy grǣdiġ (adj.), ġīfre (adj.)

Greek Crēcisċ (adj.); *[Classical Greek]* Eald Crēcisċ (adj.)

Greeks Crēcas (noun m pl.)

green grēne (adj.)

greet (ġe)grētan (verb weak), hālettan (verb weak)

greviously weorce (adv.)

grey grǣġ (adj.), fealu (adj.), hār (adj.)

grey-haired blanden-feax (adj.)

grief sār (noun n.), gnornung (noun f.), wēa (noun m. weak)

grieve sārettan (verb weak), sārian (verb)

grievous sār (adj.), sārliċ (adj.), swār (adj.), wrāþ (adj.), wrāþliċ (adj.)

grievously sāre (adv.)

grind (ġe)grindan (verb strong 3)

groan grānian (verb weak)

groaning grānung (noun f.), þoterung (noun f.)

groats *[coarse meal]* grūt (noun f.)

groin lēsca (noun m.)

ground grund (noun m.), flett (noun n.), flōr (noun f.), folde (noun f.)

grove grāf (noun m.), bearu (noun m.), wuduholt (noun m.)

grow grōwan (verb strong 7), weaxan (verb strong 7), wrīdan (verb strong 1), alan (verb strong 6); *[grow up]* āweaxan (verb strong 7), āstīþian (verb weak)

growth wæstm (noun m./n.)

grudge æf-þarca (noun m.), inca (noun m.); *[have a grudge]* andan/incan/ege witan (verb pret-pres)

grumble murcnian (verb weak)

grunt grymetian (verb weak)

guard warian (verb weak), ġebeorg (noun n.), (ġe)healdan (verb strong 7)

guardian weard (noun m.)

253

guardianship hierdræden (noun f.), weard (noun m.)
guest ġiest (noun m.)
guest-house ġiesthūs (noun n.)
guidance (ġe)wissung (noun f.)

guide (ġe)wīsian (verb weak), (ġe)rihtlǣċan (verb weak)
guilt gylt (noun m.), sċyld (noun f.)
guilty forsċyldigod (adj.), sċyldiġ (adj.)

H

habit þēaw (noun m.), ġewuna (noun m.)
had *[past tense of 'have']* hæfde; *[forming past tense]* wæs/wǣre/wǣron (+ past participle)
hail hæġl (noun m.), hagol (noun m.)
hailstorm hæġlfaru (noun f.)
hair hǣr (noun n.); *[head of hair]* feax (noun n.); *[lock of hair]* locc (noun m.)
hairnet snōd (noun f.)
half healf (adj.); 'by half' = 'be healfum dǣle'
hall heall (noun f.), sæl (noun n.), seld (noun n.), sele (noun m.), flett (noun n.)
hallow (ġe)hālgian (verb weak)
hamlet cotlīf (noun n.)
hammer hamor (noun m.), sleċġ (noun m.)
hand hand (noun f.), ārǣċan (verb weak); *[hand over]* tō handa lǣtan (verb strong 7); *[strong of hand]* stranghynde (adj.)
handiwork handġeweorc (noun n.)
handle helf (noun m.)

handmaid ġinġre (noun f.), menen (noun n.)
hang hōn (verb strong 7), hangian (verb weak), āhōn (verb strong 7)
hanging rōdehengen (noun f.)
happen (ġe)limpan (verb strong 3), weorþan (verb strong 3), āgān (verb str.), wesan (verb strong), sǣlan (verb weak), ġetīmian (verb weak); *[impersonal]* (ġe)gān (verb strong)
happily (ġe)sǣliġlīċe (adv.)
happiness (ġe)sǣlþ (noun f.)
happy (ġe)sǣliġ (adj.), (ġe)sǣliġlīċ (adj.), ēadiġ (adj.)
harangue maþelian (verb weak)
harbour port (noun m./n.)
hard heard (adj.); *[very hard]* forheard (adj.)
harden āhierdan (verb weak)
hardness heardnis (noun f.)
hardship earfoþ (noun n.), bealusīþ (noun m.), ġeswinc (noun n.), þearf (noun f.)
hare hara (noun m.)
harlot miltestre (noun f.)
harm hearm (noun m.)

harmony swinsung (noun f.), hlēoþor (noun n.)
harp hearpe (noun f.); *[play the harp]* hearpian (verb weak)
harper hearpere (noun m.)
harping hearpung (noun f.)
harrow ettan (verb weak)
harrying hergaþ (noun m.)
hart heorot (noun m.)
harvest rīp (noun n.), rīptīma (noun m.)
has *[he/she/it has]* hæfþ; *[forming past tense]* is/sind (+ past participle)
hasp hæspe (noun f.)
haste ōfost (noun f.), hrǣding (noun f.)
hasten efstan (verb weak), sċyndan (verb), fundian (verb weak), onettan (verb weak), (ġe)tengan (verb weak)
hastening fūs (adj.)
hastily ōfostlīċe (adv.)
hat hæt (noun m.)
hate hatung (noun f.), hete (noun m.); hatian (verb weak), fēogan (verb), fēon (verb weak), lāþettan (verb weak), lāþian (verb weak)
hated (ġe)lāþ (adj.)
hateful hatol (adj.), lāþ (adj.), lāþlic (adj.), inwidd (adj.)
hater hata (noun m.); *[church-hater]* ċiriċhata (noun m.)
hatred nīþ (noun m.)
haughty oferwlenced (adj.)
have habban (verb weak 3); *[have to, must]* sċulan (verb pret-pres)
hawk hafoc (noun m.)
hay hēġ (noun n.)

hazel-thicket hæsl-wrid (noun n.)
he hē (pron.), swilċ (pron.), þæt (pron.)
head hēafod (noun n.); *[head man]* hēafodmann (noun m.)
headache hēafodeċe (noun m.)
headland næss (noun m.)
headless hēafodlēas (adj.)
heal (ġe)hǣlan (verb weak)
health ġesundfulnes (noun f.), hǣlo (noun f.); *[bad health]* unhǣlo (noun f. indecl.)
healthy ġesund (adj.), onsund (adj.), hǣlwende (adj.)
hear ġehīeran (verb weak 1b), ġeāscian (verb weak)
hearing ġehīernes (noun f.)
hearken heorcnian (verb)
hearse līċrest (noun f.)
heart heorte (noun f. weak), mōd (noun n.), hyge (noun m.), hygesċeaft (noun f.), sefa (noun m.); *[hard-hearted]* heardheort (adj.); *[hard-heartedness]* heardheortnes (noun f.)
hearth heorþ (noun m.)
heat hǣte (noun f.), onhǣtan (verb weak)
heath hǣþ (noun f.)
heathen hǣþen (adj.); *[plural]* hǣþennes (noun f.)
heathendom hǣþensċipe (noun m.), hǣþennes (noun f.)
heaven heofon (noun m.); *[plural]* rodor (noun m.)
heavenly heofonliċ (adj.)
heavy hefiġ (adj.), swār (adj.); *[make heavy]* (ġe)hefigian (verb weak)

Hebrew Ebrēisċ (adj.); *[people, plural]* Ebrēas (noun m pl.)
hedge heċġe (noun f.), heġe (noun m.), haga (noun m.)
hedgehog īl (noun m.)
heed hēdan (verb weak)
heel hela (noun m.)
height hēanes (noun f.), hīehþu (noun f.)
heir ierfe-weard (noun m.)
hell hell (noun f.), hellewīte (noun n.)
hell-dwellers hellwaran (noun m pl.)
hello ēalā (interj.); wes hāl (interj.)
helmet helm (noun m.)
help help (noun m./f.), fultum (noun m.), ġēoc (noun f.); helpan (verb strong 3), (ġe)fultumian (verb weak), fylstan (verb weak)
helper helpend (noun m.)
hen henn (noun f.), hennfugol (noun m.)
hence heonan (adv.)
henceforth heonan forþ (adv.)
her hiere (pron./possessive pron.)
herb wyrt (noun f.); 'herbal tea' = wyrtdrinc (noun m.)
herd heord (noun f.)
herdsman swān (noun m.)
here hēr (adv.), *[to this place]* hider on land (adv.); 'here and there' = styċċemǣlum (adv.)
hereafter hēræfter (adv.)
herein hērinne (adv.)
heretic (ġe)dwolman (noun m.)
heritage ierfe (noun n.), ierfe-weardnis (noun f.)
hero hæleþ (noun m.)

hesitate ieldan (verb weak), wandian (verb weak)
hew hēawan (verb strong 7), ċeorfan (verb strong 3)
hidden dīeġol (adj.), dierne (adj.)
hide *[skin, leather]* hȳd (noun f.), fell (noun n.); *[to hide]* (ġe)hȳdan (verb weak), mīþan (verb strong 1), behȳdan (verb weak), helan (verb strong 4); *[hide by digging]* bedelfan (verb strong 3)
high hēah (adj.), ġēap (adj.), hēaliċ (adj.); *[rise high]* hlīfian (verb weak)
higher hierra (comp. adj.); ufor (adv.); *[higher up]* ufeweard (adj.)
highest hīehst (superl. adj.); *[highest in rank]* ieldesta (noun m.)
hill beorg (noun m.), dūn (noun f.), hyll (noun m./f.), munt (noun m.), hlǣw (noun m.)
hilt hilt (noun n.), fetel (noun m.)
him him (pron.)
hind hind (noun f.)
hinder hremman (verb weak), (ġe)lettan (verb weak 1a)
hip hype (noun m.)
hire hȳran (verb weak), āhȳran (verb weak)
his his (possessive pron.)
historian wyrdwrītere (noun m.), þēodwita (noun m.)
historical ġewyrdeliċ (adj.)
history stær (noun n.)
hit ofsċēotan (verb strong 2); *[hit upon]* cnossian (verb)
hither *[to here]* hider (adv.)
hoard hordian (verb weak)

hoary hār (adj.)
hog swīn (noun n.)
hold hafenian (verb weak), habban (verb weak 3), beclyppan (verb weak), (ġe)healdan (verb strong 7), (ġe)hæftan (verb weak); *[hold fast]* (ġe)hæftan (verb weak)
hole þyrel (noun n.)
holiness hāliġdōm (noun m.)
hollow hol (adj.), hwealf (adj.)
holy hāliġ (adj.), gāstliċ (adj.); *[holy object]* hāliġdōm (noun m.)
home hām (noun m./adv.), cȳþþ (noun f.), eard (noun m.)
homecoming hāmcyme (noun m.)
homewards hāmweardes (adv.), hāmweard (adj.); *[with verbs of motion]* hām (noun m./adv.)
homicide morþ (noun n.)
homily lārspell (noun n.)
honest sōþfæst (adj.), trīewe (adj.), ārfæst (adj.)
honestly trēowlīċe (adv.)
honey huniġ (noun n.); *[with the comb]* bēobrēad (noun n.)
honour ār (noun f.), mæþ (noun f.), weorþmynd (noun f./m./n.), weorþsċipe (noun m.), ārweorþnis (noun f.), weorþfullnes (noun f.); ārian (verb weak), ārweorþian (verb weak), (ġe)mæþeġian (verb weak), (ġe)weorþian (verb weak 2)
honourable weorþfull (adj.), ārfæst (adj.), ārweorþfull (adj.)
honourableness ārfæstnis (noun f.)

honourably weorþlīċe (adv.), ārweorþlīċe (adv.)
honoured weorþfull (adj.); *[make honoured]* (ġe)weorþian (verb weak 2)
honouring weorþung (noun f.)
-hood -hād (suffix)
hook hōc (noun m.)
hope tōhopa (noun m.), hyht (noun f.), wēn (noun f.); hopian (verb weak), (ġe)hyhtan (verb weak), wēnan (verb weak 1b)
hopeless orwēna (adj.), orwēne (adj.)
horn *[in various senses]* horn (noun m.)
horse hors (noun n.), mearh (noun m.)
horse-attendant hors-þeġn (noun m.)
hospital lǣċehūs (noun n.)
host sċolu (noun f.), ġetrum (noun n.)
hostage ġīsel (noun m.)
hostile fēondliċ (adj.), hetol (adj.), fāh (adj.), wrāþ (adj.), lāþ (noun n.), (ġe)lāþ (adj.), unhold (adj.), wiþerweard (adj.)
hostility unfriþ (noun m.), wiþersæc (noun n.), fǣhþ (noun f.)
hot hāt (adj.)
hotel gæsthūs (noun n.)
hotly hāte (adv.)
hour tīd (noun f.)
house hūs (noun n.), bold (noun n.), botl (noun n.), reċed (noun n.), ærn (noun n.), inn (noun n.)
house-dweller hūsbonda (noun m.)

household hīred (noun m./n.)
householder bōnda (noun m.)
housel hūsl (noun n.)
house-owner hūsbonda (noun m.)
how hū (adv.), hūmeta (adv.); 'How are you?' = 'Hū gǣþ hit?'/'Hū færst þū?'
however þēah (adv., conj.), hwæþre (adv.), swāþēah (adv.), þēahhwæþere (adv.)
howl þēotan (verb strong 2)
hue hīw (noun n.), bleoh (noun n.)
human mennisċ (adj.)
humble ēaþmōd (adj.); (ġe)ēaþmēdan (verb weak), (ġe)hīenan (verb weak)
humbly ēaþmōdlīċe (adv.)
humiliate forbīegan (verb weak)
humiliation tēonrǣden (noun f.)
hump-backed ġehoferod (adj.)
hundred hund (number, n.), hundtēontiġ (number)
hundred and ten hundendlufontiġ (number)
hundred and tenth hundendleofantigoþa (number)
hundred and twentieth hundtwelftigoþa (number)
hundred and twenty hundtwelftiġ (number)
hundredfold hundfeald (adj.)
hundredth hundteontigoþa (number)
Hunduism Indiaþēodsċipe (noun m.)
hunger hungor (noun m.)
hungry hungriġ (adj.); *[be hungry]* hyngran (verb weak)
hunt huntung (noun f.)
hunter hunta (noun m.)
hunting huntaþ (noun m.), huntung (noun f.)
hurriedly on hrædinge (adv.)
hurry hrǣding (noun f.); sċyndan (verb)
hurt sċeþþu (noun f.); sċeþþan (verb strong 6)
hurtful hearm-ful (adj.)
husband wer (noun m.), hūsbonda (noun m.)
husbandry tilung (noun f.)
hustings hūsting (noun n.)
hut bȳre (noun n.), cȳte (noun f.)
hymn lofsang (noun m.)

I

I iċ (pron.)
ice īs (noun n.)
icicle hrīmġiecel (noun m.)
idle īdel (adj.)
idleness īdelnis (noun f.)
idol dēofolġield (noun n.), hearg (noun m./f.)
idolater hǣþenġielda (noun m.), dēofolġileda (noun m.)
idolatry hǣþenġield (noun n.)
if ġif (conj.); 'if ... then ...' = 'ġif ... þonne ...'
ignominious bismerful (adj.), hēanliċ (adj.), huxliċ (adj.)

ignominiously bismerlīċe (adv.), huxlīċe (adv.)
ignominy bismer (noun m./n.), hīenþu (noun f.)
ignorance nytennes (noun f.)
ignorant nyten (adj.)
ill sēoc (adj.), untrum (adj.), mettrum (adj.), yfele (adv.), yfle (adv.); *[be ill]* ādlian (verb weak); *[make ill]* untrumian (verb weak)
ill-behaving miswende (adj.)
ill-disposed yfelwillende (adj.)
ill-fame unhlīsa (noun m.)
illness mettrumnes (noun f.), untrumnes (noun f.)
ill-treat (ġe)bismerian (verb weak), misbēodan (verb strong), tāwian (verb weak), tūcian (verb weak), (ġe)grētan (verb weak)
illuminate inlīehtan (verb weak), onlīehtan (verb weak)
illumination onlīehtung (noun f.)
ill-use (ġe)hīenan (verb weak)
illusion sċinnhīw (noun n.)
illustrate (ġe)bisenian (verb weak), bysnian (verb weak)
image onlīcnes (noun f.), anlīcnes (noun f.)
imitate (ġe)efenlǣċan (verb weak)
immaculate unġewemmed (adj.)
immediately þǣrrihte (adv.), æt nīehstan (adv.)
immense ormǣte (adj.), unġemetlīċ (adj.)
immorality unþēaw (noun m.)
immortality undēadlicnes (noun f.), forliġer (noun n.)
impel fȳsan (verb weak)

impending onsǣġe (adj.)
implore healsian (verb weak)
important hefiġ (adj.)
imprison (ġe)hæftan (verb weak)
improper unġerisenliċ (adj.)
improperly unġerisenlīċe (adv.)
improve gōdian (verb weak)
imprudence unwīsdōm (noun m.)
impunity synn-lēaf (noun f.)
impure unsȳfre (adj.), fūl (adj.)
impurity wamm (noun m.)
in in (prep./adv.), on (prep.), innan (prep.); *[motion]* inn (adv.); *[also of time]* binnan (adv., prep.); *[in the midst of]* onmiddan (prep.), tōmiddes (prep.); 'in order that' = 'tō þǣm þæt'/'tō þon þæt'/'tō þȳ þæt' (conj.)
inasmuch as tō þæs þe (adv.)
incarnation mennisċnes (noun f.)
incense rēcels (noun m.), stōr (noun m.)
incest sibleġer (noun n.)
inch ynċe (noun m.)
incision snide (noun m.)
incite stihtan (verb weak), āweċċan (verb weak), onbærnan (verb weak), (ġe)hwettan (verb weak)
incline (ġe)būgan (verb strong 2), hieldan (verb weak), āhieldan (verb weak), onhieldan (verb weak), hnīgan (verb strong 1), onlūtan (verb strong 2)
inclined heald (adj.)
include (ġe)endebyrdan (verb weak), befōn (verb strong 7)
incomparable unwiþmetenlīċ (adj.)

incomparably unwiþmetenlīċe (adv.)
inconsiderable ġewealden (adj.)
incorporeal līchamlēas (adj.)
increase ēaca (noun m.); weaxan (verb strong 7), ēacian (verb weak), (ġe)ēacnian (verb weak), īecan (verb weak 1b), miċlian (verb weak)
incredible unġelīefedlīċ (adj.)
incredibly unġefræġlīċe (adv.)
incurable unġehǣlendlīċ (adj.)
indeed hūru (adv.), sōþlīċe (adv.), witodlīċe (adv.), eornostlīċe (adv.)
indescribable unāseċġendlīċ (adj.)
indicate (ġe)sweotolian (verb weak)
indignant *[be indignant with]* oncunnan (verb pret-pres), oncann (verb)
indignation anda (noun m.), nīþ (noun m.)
indistinct unsweotol (adj.)
indubitably untwēogendlīċe (adv.)
infant lȳtling (noun m.)
infanticide bearn-myrþre (noun f.)
infirm untrum (adj.)
infirmity mettrumnes (noun f.)
inflame onbærnan (verb weak), forswǣlan (verb weak), onǣlan (verb weak), onhǣtan (verb weak)
inflation tōblāwennes (noun f.)
informer melda (noun m.)
infuse beġēotan (verb strong 2)

ingenious orþanc (adj./noun m. & n.)
ingratitude unþanc (noun m.)
inhabit oneardian (verb weak)
inhabitant landbīgenga (noun m.), būend (noun m.); *[plural]* manncynn (noun n.); *[suffix]* -ware (pl.)
inhibit warian (verb weak)
injure derian (verb weak 1a), (ġe)sceþþan (verb strong 6), wierdan (verb weak), ātǣsan (verb weak), lēwian (verb weak), sċendan (verb weak), (ġe)wanian (verb weak)
injurious deriendlīċ (adj.)
injury bealu (noun n.), daru (noun f.), lǣþþu (noun f.), lāþ (noun n.), tēona (noun m.), byrst (noun f.), lēw (noun f.), tēonrǣden (noun f.), anda (noun m.), hearm (noun m.)
injustice unriht (noun n.)
ink blæc (noun n.)
inn ġiesthūs (noun n.), gæsthūs (noun n.)
inner innera (adj./comp.)
innocence bilewitnes (noun f.)
innocent unscyldiġ (adj.), bilewit (adj.), unforworht (adj.), unscæþþiġ (adj.)
innocently bilewitlīċe (adv.)
innumerable unārīmedlīċ (adj.)
insect wyrm (noun m.)
inside binnan (adv., prep.), innan (adv.), inne (adv.)
insignificance wācnes (noun f.)
insignificant ēaþeliċ (adj.), wāc (adj.)

inspiration inbryrdnes (noun f.), onbryrdnes (noun f.)
inspire onbryrdan (verb weak), onbærnan (verb weak)
instant bearhtm (adj.)
instantly bearhtme (adv.), þǣrrihte (adv.), recene (adv.)
instead *[instead of]* on stale
institute āstellan (verb weak), onstellan (verb weak)
institution onstal (noun n.)
instruction lārēowdōm (noun m.)
insult bismer (noun m./n.), tēona (noun m.), hosp (noun m.), oll (noun m./n.), hōcor (noun n.); (ġe)bismerian (verb weak), sċendan (verb weak), (ġe)hīenan (verb weak)
insulting hōcorwyrde (adj.)
intelligence (ġe)witt (noun n.), andġiet (noun n.), orþanc (adj./noun m. & n.); *[have intelligence of]* ġeāscian (verb weak)
intelligibly andġietfullīċe (adv.)
intend (ġe)myntan (verb weak 1b)
intense ormǣte (adj.)
intent ġecneord (adj.)
intercede þingian (verb weak)
intercept forfaran (verb strong 6), offaran (verb strong 6); *[intercept by riding]* forrīdan (verb strong 1)

intercession þingung (noun f.)
interest *[tax]* gafol (noun n.)
internal innweard (adj.)
interpret (ġe)reċċan (verb weak 1a)
interpreter wealhstōd (noun m.)
interval fæc (noun n.)
intestine ropp (noun m.)
into intō (prep.), in (prep./adv.), inn on (prep.)
intolerable unāberendliċ (adj.)
intoxicate indrencan (verb weak), oferdrencan (verb weak)
introduction fōresprǣċ (noun f.)
invincible unoferswīþendliċ (adj.)
invisible unġesewenliċ (adj.)
invite laþian (verb weak)
involuntarily unġewealdes (adv.)
involuntary unwillende (adj.)
inwardly innweardlīċe (adv.)
Ireland Īrland (noun n.); *[in older sense]* Sċotland (noun n.)
Irish Īrisċ; *[in older sense]* Sċottas (noun m pl.)
iron īsen (adj./noun n.)
irritate (ġe)gremian (verb weak)
is is, biþ; *[is not]* nis
island īeġ (noun f.), īeġoþ (noun n.), īeġland (noun n.), ēaland (noun n.)
it hit (pron.)
itch ġiehþa (noun m.)
its his (possessive pron.)
ivory bān (noun n.)

J

January æfterra ġēola (month)
jar fæt (noun n.)

javelin franca (noun m.)

jaw ċeafl (noun m.), wange (noun n.)
jawbone ċinbān (noun n.)
jest glīwian (verb weak)
jewel ġimm (noun m.), ġimstān (noun m.)
jeweller ġimwyrhta (noun m.)
Jewish Iūdēisc (adj.)
Jews Iūdeas (noun m pl.)
job notu (noun f.), nytt (noun f.)
John Iōhannes
join (ġe)fēgan (verb weak), (ġe)þēodan (verb weak), (ġe)mengan (verb weak), (ġe)būgan (verb strong 2)
joke glīwian (verb weak)
Jordan *[river]* Iordanes
journey fær (noun n.), fōr (noun f.), sīþ (noun m.), sīþfæt (noun m.); sīþian (verb weak)
joy bliss (noun f.), blīþnes (noun f.), drēam (noun m.), (ġe)fēa (noun m. weak), glīw (noun m.), wynn (noun f.), hyht (noun f.), myrgþ (noun f.)
joyful hyhtful (adj.)
joyfully wynnum (adv.)
joyless wynnlēas (adj.)
judge dēma (noun m.), dēmere (noun m.); ġedēman (verb weak)
judgement dōm (noun m.)
juice sæp (noun n.)
July æfterra līþa (month)
jump ræs (noun m.)
June ærra līþa (month)
jurisprudence ǣcræft (noun m.)
just *[exactly]* rihte (adv.), eallrihte (adv.); *[fair]* riht (adj.), rihtliċ (adj.), rihtwīs (adj.), sōþ (adj.), efen (adj.); *[just as]* swā (adv.), eall swā (adv.), eallswā (adv.), swilċe (adv.), efen (adv.), furþum (adv.); *[just now]* efne (adv.), nū hwīle
Jutes Īotan (noun m pl.)

K

keep (ġe)healdan (verb strong 7)
Kent Centland (noun n.); *[inhabitants of Kent]* Centingas (noun m pl.)
kettle ċitel (noun m.)
key cǣġ (noun f.)
kick sporettan (verb weak)
kid tiċċen (noun n.)
kidney lundlaga (noun m.); *[plural]* ǣþre (noun f.)
kill cwellan (verb weak 1a), cwielman (verb weak), slēan (verb strong 6), ācwellan (verb weak), ācwielman (verb weak), ādīedan (verb weak), bewegan (verb strong 5), forwegan (verb

strong 5), ofsnīþan (verb strong 1), ābrēotan (verb strong 1), āfiellan (verb weak), forhēawan (verb strong 7), forspillan (verb weak), wegan (verb strong 5)
killer cwellere (noun m.)
killing cwalu (noun f.), sleġe (noun m.)
kin cynren (noun n.)
kind *[race, sort]* cynn (noun n.); *[humane]* manþwǣre (adj.)
kindly ārlīċe (adv.); 'treat kindly' = 'wenian mid wynnum'
kindred cynren (noun n.)
king cyning (noun m.), wealdend (noun m.), ealdor (noun m.), þēoden (noun m.); *[of/like a king]* cynelīċe (adv.); *[under-king]* under-cyning (noun m.)
kingdom rīċe (noun n.), cyneriċe (noun n.), cynedōm (noun m.); *[worldly kingdom]* woruldrīċe (noun n.); *[of heaven]* heofonrīċe (noun n.)

kinsman *[blood relation]* mæġ (noun m.); *[as adj.]* mǣġliċ (adj.)
kinswoman mǣġe/māge (noun f.)
kiss (ġe)cyssan (verb weak)
kitchen cyċene (noun f.)
knee cnēow (noun n.)
knife cnīf (noun m.), seax (noun n.)
knock hnītan (verb strong 1)
know (ġe)cnāwan (verb strong 7), (ġe)witan (verb pret-pres), (ġe)cunnan (verb pret-pres), oncnāwan (verb strong 7), tōcnāwan (verb strong 7); 'I don't know' = 'Iċ ne cnāwe'
knowledge (ġe)witnes (noun f.), cræft (noun m.)
known cūþ (adj.), yppe (adj.); 'known by name' = namcūþ (adj.); *[be known]* cūþian (verb weak); *[make known]* ācȳþan (verb weak)

L

labour ġeswinc (noun n.), (ġe)winn (noun n.); swincan (verb strong 3)
lacerate teran (verb strong 4)
laceration ġeter (noun n.)
lack onsīen (noun f.)
ladder hlǣdder (noun f.)
lady hlǣfdiġe (noun f. weak)
lake lacu (noun f.), mere (noun m.)
lamb lamb (noun n.)
lament besārgian (verb weak), hēofian (verb weak), gnornian (verb weak), rārian (verb)

lamentation ġēomrung (noun f.), hēofung (noun f.)
lamp lēoht-fæt (noun n.)
lance franca (noun m.)
land land (noun n.); *[piece of land]* hamm (noun m.); *[public land]* folcland (noun n.); *[private land]* bōc-land (noun n.); *[promised land]* ġehātland (noun n.); *[to land]* lendan (verb weak), cuman ūp (verb strong 4)
land-dweller landbūend (noun m.)
land-holding landhæfen (noun m.)
landscape landsċipe (noun m.)
language ġeþēode (noun n.), sprǣċ (noun f.), Lǣden (noun n.); *[poetic language]* sċopġereord (noun n.)
lank hlanc (adj.)
lantern lēoht-fæt (noun n.)
large miċel (adj.); *[largest of all]* mǣst (superl. adj.)
last ȳtemest (superl. adj.)
late sīþ (adv.), late (adv.)
later æfterra (adv.); yferra (comp. adj.)
Latin Lǣden (noun n.), Bōclǣden (noun n.), Lǣdenġeþēode (noun n.)
laugh hliehhan (verb strong 6)
laughter hleahtor (noun m.)
launch *[launch a ship]* sċūfan ūt (verb strong 2)
law ǣ (noun f. weak), lagu (noun f.), rǣden (noun f.), ġerihte (noun n.), ġesetnes (noun f.); *[law of the people]* folclagu (noun f.); *[just law]* rihtlagu (noun f.); *[bad law]* unlagu (noun f.)
lawful lahliċ (adj.)
lawfully lahlīċe (adv.)
law-man lahmann (noun m.)
lawyer lahmann (noun m.)
lay *[layman]* lǣwed (adj.); *[to lay]* leċġan (verb weak 1b) *[lay low]* hnǣgan (verb weak), sǣgan (verb weak)
layman lǣwed (adj.)
lead lǣdan (verb weak 1b); *[lead astray]* mislǣdan (verb weak), dwelian (verb weak 2), forspanan (verb strong 6/7); *[lead away]* ālǣdan (verb weak); *[lead round]* ymblǣdan (verb weak)
leader magister (noun m.), hēafodmann (noun m.)
leaderless hlāfordlēas (adj.)
leaf *[on tree]* lēaf (noun n.)
lean hieldan (verb weak)
leap hlīepe (noun f.), rǣs (noun m.); hlēapan (verb strong 7); *[leap up]* āhlēapan (verb strong 7)
learn (ġe)leornian (verb weak), ġeāscian (verb weak)
learned ġelǣred (adj.), wīs (adj.)
learner leornere (noun m.)
learning leornung (noun f.), bōccræft (noun m.), wīsdōm (noun m.), lār (noun f.)
least lǣst (superl. adj.)
leather leþer (noun n.)
leave *[permission]* lēaf (noun f.), (ġe)lēafe (noun f.); *[abandon]* lǣfan (verb weak), forlǣtan

(verb strong 7); *[leave behind]* lǣtan (verb strong 7)
leavings lāf (noun f.)
leech lǣċe (noun m.)
leek lēac (noun n.)
left winstre (adj.); *[left side of a ship]* bæcbord (noun n.); 'turn left' = 'ġeċirr tō winstrum'
leg sċanca (noun m.)
legal lahliċ (adj.)
legally lahlīċe (adv.)
leggings hosan (noun pl.)
legion ġetrum (noun n.), (ġe)truma (noun m.), werod (noun n.)
leisure ǣmetta (noun m.)
lend lēon (verb strong 2), onlēon (verb strong 2)
length lenġu (noun f.)
lent lǣne (adj.)
less lǣs (adv.); lǣssa (comp. adj.); 'much less' = 'miċle lǣssa'
-less *[forms privative adjs.]* -lēas (suffix)
lessen (ġe)lȳtlian (verb weak)
lest þȳlǣs (conj.), þȳ lǣs (þe) (conj.)
let lǣtan (verb strong 7); 'let us' = uton (verb)
letter bōcstæf (noun m.), ǣrendġewrit (noun n.), stæf (noun m.)
lettuce lactuce (noun m.)
liar lēogere (noun m.)
liberal ġinnfæst (adj.)
library bōchūs (noun n.)
lie *[falsehood]* lēasung (noun f.); *[lay]* (ġe)liċġan (verb strong 5), *[tell a lie]* (ġe)lēogan (verb strong 2), forlēogan (verb strong 2), ālēogan (verb strong 2); *[lie between]* tōliċġan (verb strong 5); *[lie dead]* (ġe)liċġan (verb strong 5); *[lie in wait for]* sǣtan (verb weak)
life līf (noun m.), feorh (noun n./m.), sāwol (noun f.), gāst (noun m.), fær (noun n.); *[adj.]* līfliċ (adj.); *[give life to]* (ġe)līffæstan (verb weak); *[way of life]* drohtnung (noun f.)
lifeless orsāwle (adj.), sāwolleas (adj.), ealdorlēas (adj.)
lift hebban (verb strong 6); *[lift up]* āhebban (verb strong 6)
light lēoht (noun n./adj.), onlīehtung (noun f.), sċīma (noun m.); *[of weight]* lēoht (adj.); *[make lighter]* (ġe)līhtan (verb weak)
lighten (ġe)lihtan (verb weak)
lightning līeġitu (noun f.)
like ġelīċ (adj.), swilċe (adv./conj.), onlīċ (adj.); 'I like ...' = '... līcaþ mē' =
likeness (ġe)līċnes (noun f.), anlīcnes (noun f.), onlīcnes (noun f.)
limb lim (noun n.), liþ (noun n.), ġesċeap (noun n.)
lime līm (noun m.); *[wall-lime]* weallīm (noun m.)
lime-tree lind (noun f.)
line līne (noun f.)
lineage æþelu (noun f.), strynd (noun f.)
linen līn (noun n.)
linguistics sprǣċcræft (noun m.)
lion lēo (noun m./f.)

lip smær (noun m.), weler (noun m.)
liquid wæta (noun m.)
listen hlystan (verb weak), heorcnian (verb)
literature bōccræft (noun m.)
little lȳt (adv.), lȳtel (adj.), lȳthwōn (adv.); *[a little]* hwōn (adv.), hwēne (adv.); *[more little]* læssa (comp. adj.); *[only a little]* lȳthwōn (adv.); *[littlest]* læst (superl. adj.); 'little one' = lȳtling (noun m.); *[antonym]* unlȳtel (adj.)
live libban (verb weak 3), drohtnian (verb weak)
liver lifer (noun f.)
living lifiende (adj.)
lo! lā (interj.), ēalā (interj.), hwæt (interj.), efne (adv.)
load hlæst (noun m.); (ġe)hladan (verb strong 6), ġehlæstan (verb weak)
loaf hlāf (noun m.)
loan læn (noun n.)
loathe lāþettan (verb weak)
loathsome (ġe)lāþ (adj.)
lobster loppestre (noun f.)
lock loc (noun n.), clūstor (noun n.); lūcan (verb strong 2), belūcan (verb strong 2); *[lock of hair]* locc (noun m.)
lodge innian (verb weak)
loftiness hēanes (noun f.)
lofty hēaliċ (adj.), ūpliċ (adj.)
log ċipp (noun m.)
log in *[computing]* inmeldian (verb)
log out *[computing]* ūtmeldian (verb)

logic flītcræft (noun m.)
long lang (adj.), langsum (adj.), lange (adv.), langlīċe (adv.); 'for a long time' = lange (adv.), langlīċe (adv.), 'tō langum fierste'
longing langung (noun f.)
look lōcian (verb weak), besēon (verb strong 5), wlītan (verb strong 1); *[look after]* hēdan (verb weak); *[look out (for)]* (ġe)hāwian (verb weak), cēpan (verb weak); *[look round]* ymblōcian (verb weak); 'Look out!' = 'Wæċċe!'
loosen ālīesan (verb weak), onlætan (verb strong 7), līesan (verb weak), tōlȳsan (verb weak), onwindan (verb strong 3)
loquacity ofersprǣċ (noun f.)
lord hlāford (noun m.), dryhten (noun m.), frēa (noun m. weak), gumdryhten (noun m.); *[ancestral/liege lord]* cynehlāford (noun m.); *[as adj.]* dryhtenliċ (adj.)
Lord Dryhten (noun m.)
lordless hlāfordlēas (adj.)
lordship hlāforddōm (noun m.)
lose lēosan (verb strong 2), forlēosan (verb strong 2), belēosan (verb strong 2); 'I have lost my money' = 'Iċ forlēas mīn sċeatt'
loss lyre (noun m.), byrst (noun f.)
lost *[be lost]* losian (verb weak)
lot *[part, share]* hlot (noun n.)
loud hlūd (adj.)
loudly hlūde (adv.)
louse lūs (noun f.)

love lufu (noun f.), liss (noun f.), ēst (noun f.); lufian (verb weak 2)
lover lufiend (noun m.), frēond (noun m.)
loving luflic̣ (adj.)
lovingly luflīc̣e (adv.)
low neowol (adj.)
lower neoþor (adj.); *[lower part of]* neoþanweard (adj.)
Lucifer lēohtberend (noun m.)
luck wēasġelimp (noun n.)
lukewarm wlæc (adj.)
luminary tungol (noun n.)
lunch swǣsende (noun n.), middæġre ġereordung (noun f.)
lung lungen (noun f.)
lurk lūtian (verb weak)
lust lust (noun m.)
luxury firenlust (noun m.)
-ly *[forms adverbs]* -e (suffix), -lic̣ (suffix), -līc̣e (suffix), -unga (suffix)
lying leġer (noun n.)

M

mace mēc̣e (noun m.)
machinate (ġe)sierwan (verb weak)
machination sierwung (noun f.)
mad wōd (adj.); *[go mad]* āwēdan (verb weak)
madly wōdlīc̣e (adv.)
madness wōdnes (noun f.)
magic drȳcræft (noun m.)
magician drȳ (noun m.)
magistrate ealdormann (noun m.)
magnificent mic̣ellic̣ (adj.)
maid *[in poetry]* mæġþ (noun f.); *[maid-servant]* þīnen (noun f.)
maiden mæġden (noun m.)
make macian (verb weak 2), wyrċan (verb weak 1b), (ġe)sċieppan (verb strong 6); *[make known]* (ġe)cȳþan (verb weak 1b), āc̣ȳþan (verb weak)
maker wyrhta (noun m.)
male wǣpnedmann (noun m.); *[the male sex]* wǣpnedhād (noun n.); *[male child]* hyseċild (noun n.)
malicious inwidd (adj.), bealufull (adj.)
malpractice uncræft (noun f.)
malt mealt (noun n.)
man mann (noun m.), manna (noun m.), wer (noun m.), esne (noun m.), sċealc (noun m.), wǣpnedmann (noun m.), c̣eorl (noun m.); *[in poetry]* guma (noun m. weak); *[young men]* ġeoguþ (noun f.)
manager fadiend (noun m.)
manger binn (noun f.)
manifest undierne (adj.)
manifestation sweotolung (noun f.)
manifold maniġfeald (adj.)
mankind manncynn (noun n.)
manna manna (noun m.)
manner wīse (noun f.), (ġe)met (noun n.); *[plural]* ġelǣte (noun

n.); 'in like manner' = ġelīċe (adv.)
many maniġ (adj.), fela (adj. pl.), ġenōġ (adj.); *[very many]* formaniġ (adj.)
mar āmierran (verb weak)
March hrēþmōnaþ (month, m.)
march steppan (verb strong 6)
mare mere (noun f.)
mark mearc (noun f.), miercels (noun m.), mircels (noun m.), mǣl (noun n.), lǣl (noun f.); (ġe)mearcian (verb weak), *[mark out]* (ġe)mearcian (verb weak)
market ċēapstōw (noun f.)
marriage ġiefta (noun f pl.), ǣwe (noun f.), hǣmed (noun n.); *[take in marriage]* (ġe)niman (verb strong 4)
married ǣfæst (adj.)
marrow mearg (noun n.)
marry (ġe)ǣwnian (verb weak); *[of a man]* (ġe)wīfian (verb weak)
marsh mersċ (noun m.)
marten mearþ (noun m.)
martyr martyr (noun m.); ġemartyrian (verb weak)
martyrdom martyrdōm (noun m.)
marvel wundor (noun n.)
mass mæsse (noun f.), þeġnung (noun f.); *[mass of water]* flōd (noun m.)
massive grēat (adj.)
massiveness fæstnes (noun f.)
mass-priest mæsseprēost (noun m.)
mast mæst (noun m.), seġlġierd (noun f.)

master ealdor (noun m.), magister (noun m.), hlāford (noun m.)
Master's degree magistercarte (noun f.)
mate ġemaca (noun m./f.)
maternal mōdorliċ (adj.)
mathematics rīmcræft (noun m.)
matins ūhtsang (noun m.)
Matthew Mathēus
mature fulrīpod (adj.), rīpe (adj.); rīpian (verb weak)
may mōtan (verb pret-pres)
May þrimilċe (month)
me mē (pron.)
mead medu (noun m.)
meadow lēah (noun m.)
meal (ġe)reordung (noun f.); *[morning meal]* morgenmete (noun m.); *[coarse meal]* grūt (noun f.); *[take a meal]* snǣdan (verb weak)
mean *[miserly, poor, weak]* wāc (adj.), wācliċ (adj.), hēan (adj.); *[signify, intend]* (ġe)myntan (verb weak 1b), seċġan (verb weak 3)
meaning andġiet (noun n.)
means *[of living]* bīgleofa (noun m.)
meanwhile betwix þissum (adv.), þā hwīle (adv.)
measure (ġe)met (noun n.), mǣl (noun n.), andefn (noun f.), mǣþ (noun f.); (ġe)metan (verb strong 5); 'in some measure' = hwæt-hwugununges (adv.)
meat flǣscmete (noun m.), mete (noun m.)
mechanics searocræft (noun m.)
mediate þingian (verb weak)

mediation þingung (noun f.)
mediator forespreca (noun m.)
medicine lǣċecræft (noun m.), lǣċedōm (noun m.), lǣċewyrt (noun f.)
Mediterranean Wendelsǣ (noun m.)
meet (ġe)mētan (verb weak 1b)
meeting (ġe)mōt (noun n.), mæþel (noun n.)
melody swinsung (noun f.), hlēoþor (noun n.), swēġ (noun m.); *[make a melody]* swinsian (verb weak)
melt (ġe)meltan (verb strong 3), mieltan (verb weak), tōflōwan (verb strong 7)
member *[family member]* hīwa (noun m.)
memorable þancweorþ (adj.)
memory ġemynd (noun f./n.)
mention (ġe)myndgian (verb weak)
merchant mangere (noun m.), ċīepa (noun m.)
Mercia Mierċe (noun m pl.)
merciful milde (adj.), mildheort (adj.)
mercy ār (noun f.), mildheortnes (noun f.), milts (noun f.), miltsung (noun f.), þanc (noun m.); *[have mercy on]* (ġe)miltsian (verb weak), ārian (verb weak)
merit earnung (noun f.), ġewyrht (noun n.)
merriment bliss (noun f.)
merry blīþe (adj.)
message ǣrende (noun n.); *[written message]* ǣrendġewrit (noun n.)

messenger ǣrendraca (noun m.), ǣrendsecg (noun m.), boda (noun m.), bydel (noun m.)
metal blōma (noun m.)
mid midde (adj.)
midday middæġ (noun m.)
middle middel (noun m.); middeweard (adj.); *[of time]* midde (adj.)
midnight middeniht (noun f.), midniht (noun f.)
midriff midhrif (noun n.)
midst *[in the midst of]* onmiddan (prep.)
might miht (noun f.), rīċe (noun n.)
mighty mihtiġ (adj.)
mild milde (adj.), smylte (adj.); 'mild-hearted' = mildheort (adj.)
mile mīl (noun f.); *[distance of a mile]* mīlġemearc (noun n.)
milk meolc (noun f.)
mill cweorn (noun f.); *[hand-mill]* handcwyrn (noun f.)
mind mōd (noun n.), ġemynd (noun f./n.), ġeþanc (noun m./n.), hyġe (noun m.), innġehyġd (noun n.), sefa (noun m.); *[call to mind]* = beþencan (verb weak)
mindful (ġe)myndiġ (adj.), ġemun (adj.)
mingle (ġe)mengan (verb weak)
ministration þeġnung (noun f.)
mint minte (noun f.)
miracle wundor (noun n.), tācen (noun n.)
mirth myrgþ (noun f.), glīw (noun m.)

mis- *[gives negative sense to noun]* mis- (prefix)
mischevious deriendliċ (adj.)
mischief yfel (noun n.), unrǣd (noun m.), anda (noun m.)
misdeed misdǣd (noun f.)
miser ġītsere (noun m.)
miserable earmliċ (adj.); *[miserable man]* wreċċa (noun m.)
miserably earmlīċe (adv.), hrēowlīċe (adv.), þrēam (adv.)
misery wrǣc (noun n.), wā (noun m.), iermþu (noun f.), þrēa (noun f.), iermþu (noun f.), nearunes (noun f.), ġeswinc (noun n.)
misfortune lāþ (noun n.), unġelimp (noun n.), unġesǣlþ (noun f.), nearunes (noun f.)
mishap unġelimp (noun n.)
mislead mislǣdan (verb weak)
miss forþolian (verb weak)
missile gafeloc (noun m.)
mist mist (noun m.), ġenip (noun n.)
mix (ġe)mengan (verb weak), (ġe)blandan (verb strong 7)
mixture (ġe)bland (noun n.)
moat dīċ (noun m./f.)
mobile phone handsprecend (noun m.)
mobile phone number handsprecendġetæl (noun n.), feorrsprecendġetæl (noun n.)
moderate mǣte (adj.); (ġe)metgian (verb weak), (ġe)līþigian (verb weak)
moderately ġemetlīċe (adv.), hwōnlīċe (adv.); *[moderately great]* medmiċel (adj.); *[moderately strong]* mettrum (adj.)
moderation (ġe)metgung (noun f.)
moisten leċċan (verb weak), (ġe)þwǣnan (verb weak), bestīeman (verb weak)
moisture wǣta (noun m.)
molest (ġe)swenċan (verb weak)
moment prēowthwīle (noun f.); 'wait a moment' = 'bīd þū ān prēowthwīle'
monastery mynster (noun n.); *[persecutor/hater of monasteries]* mynsterhata (noun m.)
monastic munucliċ (adj.), mynsterliċ (adj.); *[monastic orders]* munuchād (noun m.)
monastically munuclīċe (adv.)
Monday mōnandæġ (day of week, m.)
money sċeatt (noun m.), mynet (noun f.), feoh (noun n.); *[without money]* feohlēas (adj.)
money-changer mynetere (noun m.)
monk munuc (noun m.), mynstermann (noun m.)
monkhood munuchād (noun m.)
monster āglǣca (noun m.)
month mōnaþ (noun m.)
moon mōna (noun m.)
moor mōr (noun m.); *[secure due to presence of moors]* mōrfæsten (noun n.)
morality þēawas (noun m pl.), sidu (noun m.)

more mā (adv.), furþor (adv.); māra (comp. adj.), swīþor (comp. adj.)

morning morgen (noun m.), morgentīd (noun f.), undern (noun m.); *[morning-time]* undernmǣl (noun n.), underntīd (noun f.); 'good morning' [greeting] = 'gōd morgen'

morsel brēad (noun n.); *[morsel of food]* snǣd (noun f.)

mortal dēadlić (adj.)

mortar līm (noun m.), weallīm (noun m.)

moss mēos (noun n.)

most mǣst (superl. adj.), swīþost (superl. adj.)

moth moþþe (noun f.)

mother mōdor (noun f.)

motion sīþ (noun m.)

motorbike searutwihwēol (noun m.)

mould molde (noun f.)

moulder brosnian (verb weak)

mound hlǣd (noun n.), hlǣw (noun m.)

mountain munt (noun m.), beorg (noun m.)

mourn gnornian (verb weak)

mourning gnornung (noun f.)

mouse mūs (noun f.)

moustache ċenep (noun m.)

mouth mūþ (noun m.); *[of a river]* mūþa (noun m.)

move styrian (verb weak), āstyrian (verb weak), wagian (verb weak), hrēran (verb weak); *[move stealthily]* bestelan (verb strong 4)

movement fēþe (noun n.)

movie sċēawspell (noun n.)

much swīþe (adv.), miċle (adv.), unlȳtel (adj.), ġenōg (adv.); *[including with comparatives]* miċel (adj.); *[very much]* forswīþe (adv.), forþearle (adv.); 'too much' = 'tō miċlum'/'tō forþ'; 'much less' = 'miċle lǣssa'; 'how much is it?' [price] = 'hwæt is þæt ċēapġyld?'

mud fenn (noun n./m.), sol (noun n.)

mulberry mōrberiġe (noun f.); 'mulberry wine' = moraþ (noun n.)

multiply maniġfieldian (verb weak)

multitude menigu (noun f.), sċolu (noun f.), cuguþ (noun f.), worn (noun m.)

mumble clumian (verb weak)

murder morþor (noun n.), mannslaga (noun m.), morþ (noun n.), cwalu (noun f.), mannsliht (noun n.), sleġe (noun m.), morþdǣd (noun f.)

murderer cwellere (noun m.), morþorwyrhta (noun m.), bana (noun m.)

murmur *[murmur at]* bemurcian (verb weak)

mushroom swamm (noun m.)

music sōncræft (noun m.), glīwcræft (noun m.), drēam (noun m.); *[play music]* glīwian (verb weak)

must sculan (verb pret-pres)

mustard senep (noun m.)

mutter clumian (verb weak)

mutton sċēap (noun n.)

mutual wrixendlīċ (adj.)
my mīn (possessive pron.)
myrrh myrre (noun f.)

mystery rūn (noun f.), (ġe)rȳne (noun n.)

N

nail *[on body, or of metal/wood]* næġel (noun m.); *[fasten with nails]* (ġe)næġlian (verb weak)
naked nacod (adj.)
name nama (noun m. weak); (ġe)namian (verb weak), namnian (verb weak), (ġe)nemnan (verb weak 1b), hātan (verb strong 7), cweþan (verb strong 5), (ġe)ċīeġan (verb weak), ; 'What is your name?' = 'Hū hātte þū?'; 'My name is ...' = 'Iċ hātte ...'
napkin bēodsċēat (noun n.)
narrate āwrītan (verb strong 1)
narrative spell (noun n.), stær (noun n.), racu (noun f.), (ġe)reċednes (noun f.), ġesetnes (noun f.), ġetel (noun n.)
narrow nearu (adj.), enġe (adj.), smæl (adj.); nierwan (verb weak)
narrowly nearolīċe (adv.)
nation folc (noun n.), þēod (noun f.), dryht (noun f.), mǣġþ (noun f.), þēodsċipe (noun m.), lēodsċipe (noun m.)
native landbūende (noun m.), landbigenga (noun m.); *[plural]* landlēode (noun m pl.); *[native land]* eard (noun m.), ēþel (noun m.), cȳþþ (noun f.)
nature ġecynd (noun f./n.)

naught nāht (adv.)
nausea snoffa (noun m.)
near *[of place or time]* nēah (adv./prep.); ġehende (adj.), wiþ (prep./adv.)
nearly nēah (adv./prep.), wel (adv.); *[very nearly]* fulnēah (adv.), fornēah (adv.); 'nearly every' = (ġe)welhwilċ (pron.); 'nearly everywhere' = (ġe)welhwǣr (adv.)
necessarily nīede (adv.)
necessary nīedbeþearf (adj.); *['is necessary']* sċulan (verb pret-pres)
necessity nīed (noun f.), nīedþearf (noun f.); *[by necessity]* nīedunga (adv.)
neck hnecca (noun m.), heals (noun m.), swēora (noun n.)
neckbone swēorbān (noun n.)
necklace healswriþa (noun m.)
need nīed (noun f.), nīedþearf (noun f.), beþearf (verb); þearf (verb pret-pres), þurfan (verb pret-pres)
needle nǣdl (noun f.)
needs nīedunga (adv.)
needy fēasċeaftiġ (adj.), þearfende (adj.)
neglect ġīemelēast (noun f.); forġīeman (verb weak), forġietan (verb strong 5), forlǣtan (verb

strong 7), ācweþan fram (verb weak)
neighbour nēahbūend (noun m.), nēhsta (noun m.); *[neighbouring nation]* nēahþēod (noun f.)
neighbourhood nēahstōw (noun f.), nēawist (noun f./m.)
neither nāwþer (pron.), nāhwæþer (conj.); 'neither ... nor ...' = 'nāhwæþer ne ... ne ...' (conj.)
nephew *[sister's son]* sweostorsunu (noun m.)
-ness -nes (suffix)
nest nest (noun n.)
net nett (noun n.)
nettle netele (noun f.)
never næfre (adv.)
nevertheless hwæþre (adv.)
new nīwe (adj.); *[brand new]* eallnīwe (adj.)
next æt nīehstan (adv.)
night niht (noun f.); 'by night' = nihtes (adv.); 'good night' [greeting] = 'gōd niht'
nightly nihtliċ (adj.)
night-watch nihtwacu (noun f.)
nine nigon (number); 9 a.m. = undern
nineteen nigontīene (number)
nineteenth nigontēoþa (number)
ninetieth hundnigontigoþa (number)
ninety hundnigontiġ (number)
ninth nigoþa (number)
no nā (interj./adv.); næniġ (pron./adj.), nān (pron./adj.), nese (adv.)
noble *[prince]* æþeling (noun m.); *[of high ideals; excellent]* æþele (adj.), ænliċ (adj.), mōdiġ (adj.), dryhtliċ (adj.), unforcūþ (adj.), weorþliċ (adj), brēme (adj.), dēorwierþe (adj.), þrȳpliċ (adj.), torht (adj.); *[of noble birth]* æþelboren (adj.)
nobly ealdorlīċe (adv.), weorþlīċe (adv.), unhēanlīċe (adv.)
nobody nān mann
noise breahtm (noun m.), wōma (noun m.); *[make a noise]* hlȳdan (verb weak)
none nān (pron./adj.), næniġ (pron./adj.)
noon middæġ (noun m.)
no-one næniġ (pron./adj.), nān (pron./adj.)
north norþ (adv.), *[north end]* norþende (noun m.); *[north part/quarter]* norþdǣl (noun m.); *[north side]* norþhealf (noun f.); *[north wind]* norþanwind (noun m.); *[direct north wind]* rihtnorþanwind (noun m.); *[due north]* norþryhte (adv.); *[from the north]* norþan (adv.); 'to the north of ...' = 'be ... norþan' (prep., + dat)
North Sea Norþsǣ (noun f.)
northeast norþēast (adv.)
northern norþern (adj.)
Northern Ireland Norþibernie (noun)
northernmost norþmest (adj.)
Northumbria Norþhymbre (noun)
Northumbrian Norþhymbrisċ (adj.); *[plural]* Norþhymbre (noun m pL)

northward norþeweard (adj./adv.)
northwards norþweardes (adv.), norþ (adv.)
northwest norþwest (adv.)
nose nosu (noun f.), nebb (noun n.)
nostril næsþýrel (noun n.)
not ne (adv.), nā (adv.), nālǣs (adv.), nāht (adv.), næs (adv.), ne (adv.), nāteshwōn (adv.); *[not at all]* nealles (adv.), nālǣs (adv.), nāht (adv.); *[not any]* nǣniġ (pron./adj.); *[not even one]* nān (pron./adj.)

nothing nāht (pron./adv.)
notice *[take notice of]* ġīeman (verb weak);
nought nāht (noun n.)
nourish alan (verb strong 6)
November blōtmōnaþ (month, m.)
now nū (adv., conj.), hēr (adv.); *[now that]* nū (conj.)
nowhere nāhwǣr (adv.)
noxious (ġe)lāþ (adj.)
number rīm (noun m.), ġetæl (noun n.), talu (noun f.)
nut hnutu (noun f.)

O

oak āc (noun f.); *[adj.]* ǣcen (adj.)
oar ār (noun f.)
oath āþ (noun m.)
oats āte (noun f.)
obedience (ġe)hīersumnes (noun f.)
obedient (ġe)hīersum (adj.)
obey (ġe)hīersumian (verb weak), folgian (verb weak), ġehīeran (verb weak 1b)
object *[object of value]* māþm (noun m.); *[carved object]* græft (noun m./f./n.)
observe behealdan (verb strong 7)
obstinacy þwēornes (noun f.)
obtain beġietan (verb strong 5), ġerǣċan (verb weak), ġewrixlian (verb); *[obtain from]* findan æt (verb strong 3);

occasion tōwyrd (noun f.), sǣl (noun m.), ċierr (noun m.); *[on every occasion]* ġehwǣr (adv.); *[on no occasion]* nāhwǣr (adv.)
occupation bysgu (noun f.)
occupy bysgian (verb weak), būan (verb weak), (ġe)lōgian (verb), ġesittan (verb strong 5), ābysgian (verb weak); *[occupy a country]* ġerīdan (verb strong 1)
occurrence ġegang (noun n.), ġelimp (noun n.); *[chance occurrence]* wēasġelimp (noun n.)
ocean brim (noun n.), gārseċġ (noun m.), holm (noun m.), lagufōd (noun m.)
October winterfylleþ (month)
odious hatol (adj.)
odour stenċ (noun m.), brǣþ (noun m.)

274

of *[normally expressed by genitive case]*
off būtan (adv., prep.)
offence *[give offence]* ofþyncan (verb weak)
offend æswīcian (verb)
offer offrian (verb weak), bēodan (verb strong 2)
offering offrung (noun f.), lāc (noun n.)
office ambiht (noun n.)
officer ġerēfa (noun m.), ealdormann (noun m.), þeġen (noun m.)
offspring ofspring (noun m.)
often oft (adv.), (ġe)lōme (adv.), ġelōmlīċe (adv.), (ġe)neahhe (adv.); *[very often]* foroft (adv.)
oh! ēa (interj.), ēalā (interj.)
oil ele (noun m.)
ointment smierenes (noun f.)
old eald (adj.), frōd (adj.), hār (adj.); *[old age]* ieldo (noun f.); *[grow old]* ealdian (verb weak); *[growing old]* ealdung (noun f.); *[very old]* oreald (adj.)
older ieldra (comp. adj.)
oldest *[the oldest person]* ieldesta (noun m.)
olive tree eletrēow (noun n.)
omit forlætan (verb strong 7)
on on (prep.), ofer (prep.), uppan (prep.), bufan (prep.), onufan (prep.), uppon (prep./adv.), bufan (prep.), forþ (adv.); *[on it/him]* þæron (adv.);
once æne (adv.); *[at once]* æne (adv.), recene (adv.)
one ān (adj.), man (indef. pron.), sum (pron.)

onion ċipe (noun f.)
only ānga (adj.), ænliċ (adj.); *[only child]* āncenned (adj.); *[only a little]* lȳthwōn (adv.)
onrush onræs (noun m.)
onto ofer (prep.), on (prep.)
open open (adj.), openliċ (adj.), æbere (adj.); onhlīdan (verb strong 1), ontȳnan (verb weak), (ġe)openian (verb weak), ondōn (verb strong), onlūcan (verb strong 2), tōslītan (verb strong 1)
openly openlīċe (adv.)
opponent ġesaca (noun m.)
opportunity byre (noun m.), tōwyrd (noun f.), rūm (noun m.), sǣl (noun m.); *[have an opportunity]* mōtan (verb pret-pres)
opposite wiþ (prep./adv.)
opposition wiþersæc (noun n.)
oppress forþryccan (verb weak), ġeþryscan (verb weak), (ġe)hefigian (verb weak)
option cost (noun m.)
or oþþe (corj.), sam (conj.)
orange ġeoluread (adj.)
orator þyle (noun m.)
oratory (ġe)bedhūs (noun n.)
orchard ortġeard (noun m.)
ordain hādian (verb)
ordained ġehādod (adj.)
order ġetel (noun n.), hād (noun m.), endebyrdnes (noun f.); fadian (verb weak), reodian (verb weak); 'in order that' = 'for þǣm þæt','for þȳ þæt'/'tō þǣm þæt'; *[in holy orders]* ġehādod (adj.)

275

originate wæcnan (verb weak)
ornament frætwung (noun f.), ġerēn (noun n.), wrǣtt (noun f.), sċeorp (noun n.)
ornamental wrǣttliċ (adj.)
ornaments frætwa (noun f pl.), ġerǣde (noun n.)
orthodox rihtġelēafful (adj.)
other ōþer (pron.)
otherwise elles (adv.)
otter otor (noun m.); *[of an otter]* yteren (adj.)
ought *[ought to]* sċulan (verb pret-pres)
our ūre (possessive pron.); *[two people]* uncer (possessive pron.)
out *[with motion]* ūt (adv.), ūte (adv.); *[out of]* ūt of
outer ūtera (comp. adj.), ȳterra (comp. adj.); *[outer sea]* ūtor-mere (noun m.)
outermost ȳtemest (superl. adj.)
outlaw ūtlaga (noun m.)
outside ūt (adv.), ūte (adv.), ūtan (adv.), ūtane (adv.), onūtan (adv.), þǣrūtan (adv.); ūtanweard (adj.), ūteweard (adj.); *[outside of]* wiþūtan (prep.), būtan (adv., prep.)
oven ofen (noun m.)
over ofer (prep.), bufan (prep.); *[grow over]* beweaxan (verb strong 7)
overcome forþēon (verb weak), ofercuman (verb strong 4), oferswīþan (verb weak), oferwinnan (verb strong 3)
overpower (ġe)wieldan (verb weak)
overrun ġefaran (verb strong 6), ofergān (verb strong), oferhergian (verb weak)
overseer ġerēfa (noun m.)
overshadow oferhelman (verb weak)
overspread ofergān (verb strong)
overthrow ofweorpan (verb strong 3), tōweorpan (verb strong 3)
overturn onwendan (verb weak)
own āgen (adj.), āgan (verb pret-pres)
ox oxa (noun m.), hrīþer (noun n.), fearr (noun m.)

P

pace trym (noun n.)
pain angsumnes (noun f.), sārnes (noun f.); *[be in pain]* wærcan (verb); *[pain in the chest]* brēostwærc (noun m.)
painfully angsumlīċe (adv.)
paint ātīefran (verb weak), āmētan (verb weak)
pale blāc (adj.); *[turn pale]* blācian (verb weak); *[turning pale]* blācung (noun f.)
pall-bearer līċmann (noun m.)
pallor blācung (noun f.)
palm *[of the hand]* handbred (noun n.); *[tree]* palm (noun m.)
pan panne (noun f.)
paper carte (noun f.)

parable bīgspell (noun n.)
parchment bōcfell (noun n.)
parents ieldran (noun m pl.)
parsley petersille (noun f.)
part dǣl (noun m.); *[having no part in something]* ordǣle (adj.)
partake *[partake of]* brūcan (verb strong 2)
partly be sumum dǣle
pass *[life, the night etc.]* ādrēogan (verb strong 2)
passage oferfæreld (noun n.)
passion hāþeortnes (noun f.)
passionate hāþeort (adj.)
path pæþ (noun m.), (ġe)lād (noun n.); *[narrow path]* stīg (noun f.)
patience ġeþyld (noun f.)
patient ġeþyldiġ (adj.)
patriarch hēahfæder (noun m.)
pavilion træf (noun n.), (ġe)teld (noun n.)
pay *[reward]* mēd (noun f.); *[to pay, pay for]* ġieldan (verb strong 3), forġieldan (verb strong 3); *[pay back]* āġiefan (verb strong 5); *[pay the penalty]* onġieldan (verb strong 3)
payment ġield (noun n.), sċeatt (noun m.); *[forced payment]* nīedġild (noun n.); *[without payment]* ǣġilde (adj.)
pea pise (noun f.)
peace friþ (noun m.), sibb (noun n.); *[oath of peace]* friþāþ (noun m.); *[make peace with]* friþian (verb weak); *[conclude/secure peace]* fæstnian (verb weak); *[lack of peace]* unfriþ (noun m.)

peaceful friþsum (adj.), (ġe)sibbsum (adj.)
peacefully sibbsumlīċe (adv.)
pear peru (noun f.)
pearl meregrot (noun n.)
pebble papolstān (noun m.) (also 'pebble-stone')
pedestal ċimbstān (noun m.)
peel sċrēadian (verb weak)
pen wrītingfeþer (noun f.)
penalty *[pay the penalty]* onġieldan (verb strong 3)
penetrate fēolan (verb strong 3), þurhfōn (verb strong 7), þurhwadan (verb strong 6), þurhþyrelian (verb weak)
penny peninġ (noun m.)
people lēode (noun f pl.), þēod (noun f.), folc (noun n.), cnēoris (noun n.), manncynn (noun n.), mennisċ (noun n.), cnēoris (noun n.); *[adj.]* folcisċ (adj.); *[people of the country]* landfolc (noun n.), landlēode (noun m pl.); *[persecutor of the people]* lēodhata (noun m.)
pepper pipor (noun m.)
perceive ġietan (verb strong 5), onġietan (verb strong 5)
perfect fulfremed (adj.); fulfremman (verb weak)
perforated þurhþyrel (adj.)
perform (ġe)fremian (verb weak 2), (ġe)fremman (verb weak 1a), æfnan (verb weak), (ġe)lǣstan (verb weak), ræfnan (verb weak)
performance (ġe)fremming (noun f.)
perhaps ēaþe mæġ, hūru (adv.)

period fierst (noun m.), first (noun m.), ieldo (noun f.), stund (noun f.); *[of time]* fæc (noun n.)

perish forfaran (verb strong 6), forweorþan (verb strong 3), āswindan (verb strong 3), losian (verb weak), forsīþian (verb weak), āswindan (verb strong 3)

perjure *[perjure oneself]* forlēogan (verb strong 2)

perjured forsworen (adj.)

perjurer mānswara (noun m.)

perjury āþbryce (noun m.)

permission (ġe)þafung (noun f.), lēaf (noun f.), (ġe)lēafe (noun f.); *[permission to sin]* synn-lēaf (noun f.)

permit (ġe)þafian (verb weak)

perry perewōs (noun n.)

persecute ēhtan (verb weak), fēogan (verb), oferfylgan (verb weak)

persecution ehtnes (noun f.), hete (noun m.)

persecutor ēhtere (noun m.); *[persecutor of the people]* lēodhata (noun m.)

person mann (noun m.)

personally līchamlīċe (adv.)

persuade tyhtan (verb weak), (ġe)wēman (verb weak)

persuasion ōleċċung (noun f.)

pervade ġeondfaran (verb strong 6)

perverse wōhlić (adj.), þweorh (adj.), forċierred (adj.), wiþerweard (adj.)

perversity þwēornes (noun f.)

pestilence steorfa (noun m.)

phantom sċinnhīw (noun n.), (ġe)dwimor (noun n.)

Philistine Philistēisc (adj.)

philosopher þēodwita (noun m.), ūþwita (noun m.)

physician lǣċe (noun m.)

Pictish Pihtisc (adj.)

Picts Peohtas (noun m pl.)

picture tīfrung (noun f.), onlīcnes (noun f.)

piece styċċe (noun n.); *[piece of land]* hamm (noun m.)

piecemeal styċċemǣlum (adv.)

pierce þurhdrīfan (verb strong 1), þurhþyrelian (verb weak), stingan (verb strong 3)

pierced þyrel (adj.)

piercing þyrelung (noun f.)

piety ǣfæstnis (noun f.)

pig fearh (noun m.)

pigeon culfre (noun f.)

pill posl (noun m.)

pillar swēor (noun m.)

pillow pyle (noun m.)

pious ǣfæst (adj.), gōdfyrht (adj.), (ġe)lēaffull (adj.)

pipe *[musical instrument]* pīpe (noun f.)

pirate flotmann (noun m.), wīcing (noun m.), sǣlida (noun m.), sǣmann (noun m.)

pit pytt (noun m.), sēaþ (noun m.)

pitcher orc (noun m.), sester (noun m.)

pity miltsung (noun f.); (ġe)miltsian (verb weak), ofhrēowan (verb strong)

place stede (noun m.), stōw (noun f.), steall (noun m./n.), stæl (noun n.); āsettan (verb weak),

stellan (verb weak 1a), āstellan (verb weak), (ġe)lōgian (verb), (ġe)dōn (verb strong); *[special place]* sunderstōw (noun f.)
plain efenehþ (adj.), filde (adj.); wang (noun m.)
planet tungol (noun n.)
plant plante (noun f.)
plausible snotorwyrde (adj.)
play pleġa (noun m.); pleġian (verb weak), lācan (verb strong 7); *[play music]* glīwian (verb weak)
playhouse pleġhūs (noun n.)
pleasant wynnfæst (adj.), wynnlīċ (adj.), wynnsum (adj.), swēte (adj.), lēof (adj.), hēore (adj.), (ġe)tǣse (adj.), (ġe)sēfte (adj.)
please cwēman (verb weak), līcian (verb weak); *[please well]* wellīcian (verb weak); 'please' = 'ġif þū wilt' (interj.); *[pleased with]* oflyst (adj., + gen.)
pleasure lustbǣrnes (noun f.), īeþnes (noun f.); *[with pleasure]* lustbǣrlīċe (adv.)
pledge wedd (noun n.), borg (noun m.)
plot *[plot of land]* plot (noun); *[to scheme]* (ġe)sierwan (verb weak)
plough erian (verb weak)
pluck *[pluck to pieces]* tǣsan (verb weak)
plum plūme (noun f.)
plunder hūþ (noun f.), here-hȳþ (noun f.), hererēaf (noun n.); rēafian (verb weak), rīepan (verb weak), berīepan (verb weak)

plunderer rīepere (noun m.), rēafere (noun m.)
plundering hergaþ (noun m.), rēaflāc (noun n.)
ply drencan (verb weak)
pocket pohha (noun m.)
poem lēoþsang (noun m.), sang (noun m./n.)
poet sċop (noun m.), sangere (noun m.); *[poetic language]* sċopġereord (noun n.)
poetry sangcræft (noun m.), lēoþsang (noun m.)
point ord (noun m.)
poison ātor (noun n.), lybb (noun n.), unlybba (noun m.)
poisoned ǣtren (adj.)
poisonous ātorbǣre (adj.), ǣtren (adj.)
police station burhweardhūs (noun n.)
polish begrindan (verb strong 3)
pollen bēobrēad (noun n.)
pollute (ġe)smittian (verb), (ġe)unclǣnsian (verb weak)
pollution unclǣnsung (noun f.)
pomp rīċetere (noun n.), faru (noun f.)
pond lacu (noun f.)
ponder þreodian (verb weak)
pool wæl (noun n.)
poor *[in poverty]* earm (adj.), unlǣd (adj.), unspēdiġ (adj.), wanspēdiġ (adj.), hēan (adj.); *[be poor]* wǣclian (verb weak); *[poor man]* þearfa (noun m.), wǣdla (noun m.), earming (noun m.)
pope pāpa (noun m.)
popular folclīċ (adj.)

pork swīnnes (noun n.)
port *[harbour]* port (noun m./n.), *[left side of ship]* bæcbord (noun n.)
porter ġeatweard (noun m.)
possess āgan (verb pret-pres), (ġe)healdan (verb strong 7), (ġe)wealdan (verb strong 7), brūcan (verb strong 2); *[take possession of]* ġefēran (verb weak), ġesittan (verb strong 5), ġefaran (verb strong 6); *[possessed by a devil]* dēofolsēoc (adj.)
possessions (ġe)strēon (noun n.); *[possessions in land]* landār (noun f.)
possessor weard (noun m.)
post post (noun m.)
postcode ǣrendġetæl (noun n.)
postpone tōstandan (verb strong 6)
pot crocc (noun f.), crūce (noun f.), pott (noun m.)
pottage wyrtmete (noun m.)
pound *[weight or money]* pund (noun n.)
pour *[pouring forth]* gyte (noun m.); *[pour]* ġēotan (verb strong); *[pour out]* āġēotan (verb strong 2); *[pour over]* beġēotan (verb strong 2)
poverty iermþu (noun f.), wǣdl (noun f.); *[reduce to poverty]* forierman (verb weak)
power ġeweald (noun n.), onweald (noun m.), miht (noun f.)
powerful rīċe (adj.), cræftiġ (adj.); *[antonym]* unmihtiġ (adj.)

practise begān (verb strong)
praise lof (noun n.), herung (noun f.), herennes (noun f.); herian (verb weak); *[song of praise]* lofsang (noun m.)
pray ġebiddan (verb strong 5)
prayer (ġe)bed (noun n.), bēn (noun f.)
preach bodian (verb weak)
preaching bodung (noun f.)
preamble fōresprǣċ (noun f.)
precarious tealt (adj.)
precede foregān (verb weak)
precious dēore (adj.), dīere (adj.), dēorwierþe (adj.); *[precious stone]* ġimstān (noun m.); *[precious vessel]* māþm-fæt (noun n.)
predict foreseċġan (verb weak), wītegian (verb weak)
prefer foreberan (verb strong 4)
pre-ordain foresċēawian (verb weak)
prepare (ġe)ġearwian (verb weak), (ġe)ġierwan (verb weak), ġearcian (verb weak), trymian (verb weak)
prepared fūsliċ (adj.)
presence nēawist (noun f./m.)
present andweard (adj.)
preserve (ġe)nerian (verb weak 1a)
press þringan (verb strong 3), þryccan (verb weak), þȳdan (verb weak); *[press hard]* nearwian (verb weak); *[press upon]* beþringan (verb strong 3), ofsittan (verb strong 5)
presumptuous þrīst (adj.)
presumptuously dolliċe (adj.)

280

pretend līcettan (verb weak)
prevent forwiernan (verb weak), (ġe)stillan (verb weak)
price ċēap (noun n.), ċēapgyld (noun n.), weorþ (noun n.)
pride mōdiġnes (noun f.), ofermōd (adj./noun n.), gāl (adj./noun n.), bælc (noun m.), gālsċipe (noun m.), onmēdla (noun m.), prȳte (noun f.), ġælsa (noun m.), ġielp (noun m.), oferhȳgd (noun f./n.), woruldġielp (noun m.)
priest prēost (noun m.), sācerd (noun m.)
priesthood prēosthād (noun m.)
prince æþeling (noun m.), ealdor (noun m.); *[in poetry]* þēoden (noun m.)
prison carcern (noun n.), clūs (noun f.), cweartern (noun n.)
prisoner ræpling (noun m.)
privy gangpytt (noun m.)
proceed fēran (verb weak), ċierran (verb weak)
proceedings fær (noun n.)
procession faru (noun f.)
proclaim bannan (verb strong 7), mærsian (verb weak)
produce *[crops]* ierþ (noun f.); *[bring forth]* forþbringan (verb weak), tȳdran (verb weak)
profit gafol (noun n.)
profitable nytt (adj./noun f.)
progeny tēam (noun m.)
progress forþgang (noun m.)
promise (ġe)hāt (noun n.), behāt (noun n.); behātan (verb strong 7), (ġe)bēotian (verb weak); *[promised land]* ġehātland (noun n.)

promontory næss (noun m.)
prompt recen (adj.), cāf (adj.)
promptly framlīċe (adv.)
pronunciation ācweþung (noun f.)
proper ġeriserlic (adj.)
properly ġecōplīċe (adv.)
property ār (noun f.), feoh (noun n.), æht (noun f.), ierfe (noun n.), āgen (noun n.), gōd (noun n.); *[landed property]* landār (noun f.)
prophecy wītegung (noun f.)
prophesy wītegian (verb weak)
prophet wītega (noun m. weak)
prophetess wītegestre (noun f.)
proposal cwide (noun m.)
prosecutor hata (noun m.)
prospect 'with the prospect that' = 'tō þon þæt'
prosper spēdan (verb weak)
prosperity ēad (noun n.), hǣlo (noun f.), sǣl (noun m.)
prosperous ēadiġ (adj.), woruldġesǣliġ (adj.)
protect forstandan (verb strong 6), (ġe)beorgan (verb strong 3), (ġe)nerian (verb weak 1a), (ġe)friþian (verb weak), griþian (verb weak), (ġe)sċieldan (verb weak), sċildan (verb weak), werian (verb weak 1a), ġemundbyrdan (verb weak)
protection griþ (noun n.), helm (noun m.), mund (noun f.), mundbyrd (noun f.), (ġe)sċildnes (noun f.); *[protection offered by body of water]* wæterfæsten (noun n.)

protector ġehola (noun m.), mundbora (noun m.), (ġe)sċildend (noun m.)
protracted langsum (adj.)
protractedly langsumlīċe (adv.)
proud mōdiġ (adj.), wlanc (adj.), hēalić (adj.), gāl (adj.), ofermōd (adj.), prūt (adj.); *[make overproud]* oferwlencan (verb weak)
proudly mōdiġlīċe (adv.), orgellīċe (adv.)
proverb bīgspell (noun n.); *[book of proverbs]* bīgspellbōc (noun f.)
provide tilian (verb weak); 'provided that ...' = 'wiþ þǣm/þon þe ...'
province folgoþ (noun m.)
provisions nest (noun n.)
prudence snotornes (noun f.)
prudent glēaw (adj.), snotor (adj.)
prudently (ġe)scādwīslīċe (adv.)
psalm sealm (noun m.)
psalmist (ġe)sealmscop (noun m.), sealmwyrhta (noun m.)
psalter sealtere (noun m.)
psychology mōdlār (noun f.)
public ǣbere (adj.), openlić (adj.); *[public disgrace]* woruldscamu (noun f.); *[public land]* folcland (noun n.)
publicly openlīċe (adv.)
pull (ġe)tēon (verb strong 2), breġdan (verb strong 3)
punish (ġe)wrecan (verb strong 5), þrēagan (verb weak 1b)
punishment wīte (noun n.), wracu (noun f.), morþor (noun n.)

pupil *[of eye]* sēo (noun f.)
purchase ċēap (noun n.), ġewrixl (noun n.)
pure clǣne (adj.), hlūtor (adj.), unġewemmed (adj.), sīefre (adj.); *[make pure]* āhlūttrian (verb weak)
purely sīeferlīċe (adv.)
purified āsoden (adj.), smǣte (adj.)
purify (ġe)clǣnsian (verb weak), āmerian (verb weak), āsċeādan (verb strong 7), (ġe)fǣlsian (verb weak), merian (verb)
purity clǣnnes (noun f.)
purple pællen (adj.); *[cloth]* godwebb (noun n.)
purpose (ġe)fremming (noun f.); teohhian (verb weak)
purse pohha (noun m.)
pursue æfterfylgan (verb weak), ēhtan (verb weak), oferfylgan (verb weak)
push sċūfan (verb strong 2), besċūfan (verb strong 2), āsċūfan (verb strong 2), slūpan (verb strong 2)
put ādōn (verb strong), (ġe)dōn (verb strong); *[be put off]* tōstandan (verb strong 6); *[put to flight]* (ġe)flīeman (verb weak), āflīegan (verb weak), āflīeman (verb weak), fȳsan (verb weak)
putrid *[be putrid]* rēocan (verb strong 2)

Q

quake cwacian (verb weak)
qualification costnungcarte (noun f.)
quantity andefn (noun f.)
quarrel inca (noun m.); (ġe)cīdan (verb weak), flītan (verb strong 1), sacan (verb strong 6)
quarter ende (noun m.); *[quarter/fifth of an hour]* prica (noun m. weak)
queen cwēn (noun f.)
question word (noun n.); befriġnan (verb strong)
questioning āxung (noun f.)

quick *[bold]* ǣrod (adj.), hwæt (adj.); *[bold or prompt]* snell (adj.), cāf (adj.); *[of time]* hrædlīc (adj.)
quickly *[boldly]* ārdlīċe (adv.), arodlīċe (adv.); *[of time]* hrædlīċe (adv.), hraþe (adv.), snūde (adv.), tīmlīċe (adv.)
quiet stilnes (noun f.); stille (adj.), swīge (adj.)
quite *[entirely]* eall (adj.), furþum (adv.)
quiver cocer (noun m.)

R

race cynn (noun n.), mennisċ (noun n.), tēam (noun m.)
radiant torht (adj.)
radio ūtweorp (noun n.)
radish rædiċ (noun m.)
rage wēdan (verb weak), rȳn (verb weak)
railway station rōdwæġnsteall (noun m./n.)
rain rēn/reġn/reġen (noun m.); reġnian (verb), rīnan (verb weak)
rainbow reġenboga (noun m.)

raise hebban (verb strong 6), āhebban (verb strong 6), ārǣran (verb weak)
raised ūpāwend (adj.)
ram ramm (noun m.)
rampart weall (noun m.)
ran arn/urnon (from iernan)
rank ġebyrd (noun f.), hād (noun m.), ġeþyncþo (noun f.); *[of high rank]* byrde (adj.), hēahþungen (adj.), rīċe (adj.)
rapeseed nǣpsǣd (noun n.)
rare seldcūþ (adj.), seld-sīene (adj.), sellic (adj.)

raspberry hindberige (noun f.)
rat ræt (noun m.)
rather 'I would rather' = 'mē wǣre lēofre', 'they would rather' = 'him lēofre wæs', etc.
rational (ġe)scādwīs (adj.)
ravage wēstan (verb weak), hergian (verb weak), āwēstan (verb weak), forhergian (verb weak), onhergian (verb weak), īeþan (verb weak); *[ravage throughout]* oferhergian (verb weak)
ravaging hergung (noun f.)
raven hræfn (noun m.)
raw hrēaw (adj.)
ray *[of light]* lēoma (noun m.)
razor sċearseax (noun n.)
re- ed- (prefix)
reach ġerǣċan (verb weak), ārǣcan (verb weak), ġeiernan (verb strong 3)
read (ġe)rǣdan (verb strong 7), ārǣdan (verb weak), (ġe)sċēawian (verb weak)
readily arodlīċe (adv.), ġearwe (adv.)
reading rǣding (noun f.)
ready fūsliċ (adj.), ġearu (adj.), ġelang (adj.), rǣde (adj.), recen (adj.); *[make ready]* ġearcian (verb weak)
real riht (adj.), sōþ (adj.)
reap rīpan (verb strong 1), (ġe)gadrian (verb weak); *[reaping time]* rīptīma (noun m.)
reaper rīpere (noun m.), riftere (noun m.)
reason (ġe)scādwīsnes (noun f.)
rebellious wiþerweard (adj.)

rebuke þrēagan (verb weak 1b)
recapture āhreddan (verb weak)
receive onfōn (verb strong 7), underfōn (verb strong 7), (ġe)þiċġan (verb strong 5)
receiving onfeng (noun m.)
recent nīwe (adj.)
recently nīwinga (adv.)
reck reċċan (verb weak 1b)
reckless rēcelēas (adj.)
reckon (ġe)tellan (verb weak)
reckoning ġerād (noun n.)
recognise oncnāwan (verb strong 7)
reconcile sēman (verb weak); [reconcile onself with] þingian (verb weak)
recover ġenesan (verb strong 5), hreddan (verb weak), cuman (verb strong 4); *[from disease]* (ġe)wierpan (verb weak)
rectify (ġe)rihtlǣċan (verb weak)
red rēad (adj.)
redeem onlīesan (verb weak), līesan (verb weak), ālīesan (verb weak)
redeemer ālīesend (noun m.)
redemption ālīesednes (noun f.)
reed hrēod (noun n.)
reek rēocan (verb strong 2)
re-establish (ġe)edstaþelian (verb weak)
reeve ġerēfa (noun m.)
refine merian (verb)
refined smǣte (adj.)
reflect *[consider, think]* beþenċan (verb weak)
reflection (ġe)reordung (noun f.)
reform bōt (noun f.)

refuse sċorian (verb weak), forsacan (verb strong 6), forwiernan (verb weak)
refute ālećġan (verb weak)
region landsċipe (noun m.)
reindeer hrān (noun m.), wildēor (noun n.)
rejoice blissian (verb weak), (ġe)fæġnian (verb weak), ġefēon (verb strong 5)
relate (ġe)reċċan (verb weak 1a)
related (ġe)sibb (adj.)
relationship sibb (noun f.)
relative sibbling (noun m.), frēond (noun m.); *[female relative]* māge (noun f.)
relax onlǣtan (verb strong 7), tōslūpan (verb strong 1)
release līesan (verb weak), ālīesan (verb weak)
relics lāf (noun f.); *[esp. of saints, plural]* reliquias (noun m pl.)
religion þēodsċipe (noun m.)
relinquish ofġiefan (verb strong 5), ālǣtan (verb strong 7), oflǣtan (verb strong 7)
relish syfliġe (noun f.); *[eaten with bread]* sufel (noun n.)
reluctance wearn (noun f.)
remain līfan (verb strong 1), belīfan (verb strong 1), ætstandan (verb strong 6), (ġe)wunian (verb weak)
remains lāf (noun f.)
remedy lācnung (noun f.), bōt (noun f.), lǣċedōm (noun m.)
remember ġemunan (verb pret-pres), (ġe)myndġian (verb weak), onmunan (verb pret-pres)
remembering ġemun (adj.)
remind (ġe)myndgian (verb weak), (ġe)manian (verb weak)
remission forlǣtennes (noun f.)
render āġiefan (verb strong 5)
renew (ġe)ednīwian (verb weak), nīwian (verb weak)
renewed ednīwe (adj.)
renounce wiþsprecan (verb strong 5)
repair (ġe)bētan (verb)
reparation bōt (noun f.)
repayment ǣġift (noun n.), edġift (noun n.)
repeated ġelōm (adj.)
repeatedly (ġe)lōme (adv.)
repel wiþdrīfan (verb strong 1)
repent hrēowan (verb strong 2), hrēowsian (verb weak), behrēowsian (verb weak), dǣdbētan (verb weak)
repentance dǣdbōt (noun f.), hrēowsung (noun f.)
repentant hrēow (adj.)
reply andswaru (noun f.); ġēanþingian (verb weak)
represent (ġe)tācnian (verb weak)
reproach edwīt (noun n.); oncann (verb), oncunnan (verb pret-pres), ætwītan (verb strong 1)
reproval þrēatung (noun f.), þrēagung (noun f.)
reprove þrāfian (verb weak), þrēatian (verb weak)
request bēn (noun f.)
require behōfian (verb weak)
requite (ġe)lēanian (verb weak)
rescue hreddan (verb weak), āhreddan (verb weak)

resemblance anlīcnes (noun f.)
resist wiþsettan (verb weak), wiþstandan (verb strong 6)
resolute ānmōd (adj.), ānrǣd (adj.)
resolve ġecweþan (verb strong 5)
resound dynian (verb weak), swōgan (verb strong 7), hlimman (verb strong 3)
respite fierst (noun m.)
resurrection ǣrist (noun f./m.)
rest rest (noun f.); restan (verb weak)
restaurant ǣthūs (noun n.); *[fast-food]* arodǣthūs (noun n.)
resting *[resting on]* ġetenge (adj.)
restless unstille (adj.), wǣfre (adj.)
restore nīwian (verb weak), (ġe)bētan (verb)
restrain (ġe)stīeran (verb weak)
retainer *[follower]* hīereman (noun m.), hīredman (noun m.), ambiht-sċealc (noun m.)
retinue faru (noun f.), þeġnung (noun f.)
return edġift (noun n.); ċierran (verb weak), āġiefan (verb strong 5), eft āġiefan (verb strong 5); *[intransitive]* (ġe)hwierfan (verb weak)
reveal onhlīdan (verb strong 1), (ġe)openian (verb weak)
revelation onwriġennes (noun f.)
reveller ġebēor (noun m.)
revelry breahtm (noun m.)
revenge wracu (noun f.)
revenue ār (noun f.)

reverence ārweorþnis (noun f.), mǣþ (noun f.); *[used in plural]* ēaþmēdu (noun f.)
reverentially ārweorþlīċe (adv.)
reverse edhwierft (noun m.); onċierran (verb weak)
revile leahtrian (verb weak)
revolution ymbryne (noun m.)
revolve onhwierfan (verb weak), hwearfian (verb weak)
reward lēan (noun n.), edlēan (noun n.), mēd (noun f.); (ġe)lēanian (verb weak)
rib rib (noun n.)
rich spēdiġ (adj.), weliġ (adj.), ēadiġ (adj.)
riches wela (noun m.), spēd (noun f.), ēad (noun n.)
ride rād (noun f.); rīdan (verb strong 1), onrīdan (verb strong), ærnan (verb weak); *[ride over]* ġerīdan (verb strong 1); *[ride round]* berīdan (verb strong 1)
rider rīdere (noun m.), ridda (noun m.)
ridge *[of land]* hryċġ (noun m.)
right *[law]* ġerihte (noun n.); *[correct, true]* riht (adj.), rihtlìċ (adj.); *[right hand]* swīþre (adj./noun f.); 'turn right' = 'ġeċir tō swiþrum'; 'it's [not] all right' = 'hit is/nis eall riht'; 'are you all right?' = 'eart þū ġehāl?'
righteous rihtwīs (adj.), rihtwīslìċ (adj.), riht (adj.), rihtlìċ (adj.)
righteousness rihtwīsnes (noun f.)
rightly rihte (adv.), rihtlīċe (adv.), on riht (adv.)
rigid stīþ (adj.)

rime hrīm (noun m.)
ring hring (noun m.); *[on finger]* bēag (noun m.)
ripe rīpe (adj.)
ripen rīpian (verb weak)
rise (ġe)rīsan (verb strong 1), (ġe)stīgan (verb strong 1), ūp ġewītan (verb strong 1); *[rise above]* oferstīgan (verb strong); *[rise high]* hlīfian (verb weak); *[rise up]* ūp āstīgan (verb strong 1)
rising *[resurrection]* ǣrist (noun f./m.); *[of the sun]* ūpgang (noun m.)
river ēa (noun f. weak)
riverbed þǣre ēa gang
road weġ (noun m.), strǣt (noun f.); *[to salt-works]* sealtstrǣt (noun f.); 'by the road' = 'wiþ weġ'
roam wōrian (verb weak)
roar rȳn (verb weak), grymetian (verb weak); *[of flames]* brastlian (verb weak)
roast (ġe)hierstan (verb weak), cōcsian (verb), brǣdan (verb weak)
rob rēafian (verb weak)
robber rēafere (noun m.), rīepere (noun m.)
robbery stalu (noun f.), rēaflāc (noun n.), strūdung (noun f.)
robe hræġl (noun n.), rēaf (noun n.), ġierla (noun m.), wǣd (noun f.)
rock clūd (noun m.), stān (noun m.), clif (noun n.)
rocky clūdiġ (adj.)

rod stæf (noun m.), ġierd (noun f.), sagol (noun m.)
roll wealcan (verb strong 7), wealwian (verb weak)
rolling ġewealc (noun n.)
Roman Rōmānisċ (adj.)
Romans Rōmāne (noun pl.), Rōmware (noun m pl.), Lǣdenware (noun m pl.)
Rome Rōmeburg (noun f.)
rood rōd (noun f.)
roof hrōf (noun n.), þæc (noun n.)
room rūm (noun m.), būr (noun m.), rȳmet (noun m.)
roomy (ġe)rūm (adj.)
root wyrtruma (noun m.); *[root out]* āwyrtwalian (verb weak)
rope rāp (noun m.), sāl (noun m.), līne (noun f)
rose rōse (noun f.)
rot rotian (verb weak), fūlian (verb weak); *[rot away]* forrotian (verb weak)
rough hrēoh (adj.), sticol (adj.), unsmēþe (adj.)
round *[in shape]* sine-wealt (adj.)
rove wǣþan (verb weak)
row rōwan (verb strong 7); *[row away]* oþrōwan (verb strong 7); *[row round]* berōwan (verb strong 7)
royal cynelīċ (adj.); *[royal family]* cynecynn (noun n.); *[royal seat]* cynesetl (noun n.)
royally cynelīċe (adv.)
rudder stēor (noun f.)
rue hrēowan (verb strong 2)
ruin fordōn (verb strong), forwyrċan (verb weak), forfaran

(verb strong 6), āmierran (verb weak)
rule onweald (noun m.); rīcsian (verb weak), (ġe)wealdan (verb strong 7); *[rule of conduct]* regol (noun m.)
ruler hēafodmann (noun m.), onwealda (noun m.), rǣdend (noun m.), reċċere (noun m.), sċīrmann (noun m.), wealdend (noun m.)
ruminate eodorcan (verb weak)
run iernan (verb strong 3), beiernan (verb strong 3), hlēapan (verb strong 7); *[run aground, of ships]* āsittan (verb strong 5); *[run away]* æthlēapan (verb strong 7); *[run forward]* foreiernan (verb strong 3); *[run short]* āþrēotan (verb strong 2); *[run through]* þurhiernan (verb strong 3); *[run up to]* ġeiernan (verb strong 3)
running ryne (noun m.), rǣs (noun m.)
rush rǣs (noun m.), risc (noun f.); rǣsan (verb weak 1b); *[rush on]* onrǣsan (verb)

S

sacrifice lāc (noun n.), offrung (noun f.), onsæġdnes (noun f.); offrian (verb weak), blōtan (verb strong 7), onseċġan (verb weak)
sad drēamlēas (adj.), drēoriġ (adj.), deorc (adj.), sār (adj.), sāriġ (adj.), sārliċ (adj.), ġealg (adj.), ġēomor (adj.), hrēow (adj.), unrōt (adj.)
saddle sadol (noun m.)
sadness drēoriġnes (noun f.), unrōtnes (noun f.)
safe *[safe and sound]* ġesundfull (adj.)
safety ġebeorg (noun n.)
saffron crog (noun m.)
sagacious (ġe)sċādwīs (adj.)
sagaciously (ġe)sċādwīslīċe (adv.)
sagacity (ġe)sċādwīsnes (noun f.)
sage (ġe)wita (noun m.)
said sæġde (from seċġan); cwæþ/cwǣdon (from cweþan)
sail seġl (noun m./n.); (ġe)seġlian (verb weak)
sailor flotmann (noun m.)
saint hālga (noun m.), sanct (noun m.)
sake intinga (noun m.)
salmon leax (noun m.)
salt sealt (noun n.); *[road to saltworks]* sealtstrǣt (noun f.)
salutary ġifre (adj.), hālwende (adj.)
salute ġehǣlan (verb), (ġe)grētan (verb weak), hālettan (verb weak)
salvation hǣlo (noun f.), (ġe)synto (noun f.)
same ilca (pron.), self (pron.); 'in the same way as' = 'swā same swā'
sanctuary friþstōw (noun f.), hāliġnes (noun f.)

sand sand (noun f.), sandċeosol (noun m.)
sandal sole (noun f.), calc (noun m.)
sandy sandiht (adj.)
satisfaction īeþnes (noun f.), bōt (noun f.); *[satiated with wine]* wīnsæd (adj.)
Saturday sæterndæġ (day of week, m.); *[Saturday evening]* sunnanæfen (noun m.)
sausage ġehæċċa (noun m.)
savage wælhrēow (adj.)
savagely wælhrēowlīċe (adv.)
save āhreddan (verb weak), (ġe)beorgan (verb strong 3), (ġe)nerian (verb weak 1a)
Saviour hǣlend (noun m.), nergend (noun m.)
saw *[past tense of 'see']* seah/sāwon/sæġon (from sēon)
Saxons Seaxe (noun m pl.)
say āseċġan (verb weak 3), cweþan (verb strong 5), seċġan (verb weak 3); *[say before]* foreseċġan (verb weak); 'how do you say ...?' = 'hū seġst þū ...?'
scarcely earfoþlīċe (adv.)
scatter sprenġan (verb weak), strēdan (verb weak), stregdan (verb strong 3), tōdrīfan (verb strong 1), tōstregdan (verb strong 3)
scepticism ġelēaflēast (noun f.)
scholar ūþwita (noun m.)
school sċōl (noun f.)
science witenacræft (noun m.), woruldwīsdōm (noun m.), lār (noun f.)
scissors sċearra (noun pl.)

scone bannuc (noun m.)
score sċearpian (verb)
Scotch Sċyttisċ (adj.)
Scotland Sċotland (noun n.)
Scots Sċottas (noun m pl.)
scrape sċafan (verb strong 6)
scream ġiellan (verb strong 3)
scribe bōcere (noun m.)
scripture bōc (noun f.)
sculpture græft (noun m./f./n.), (ġe)writ (noun n.)
sea sǣ (noun f.), mere (noun m.), holm (noun m.), grund (noun m.); *[open sea]* wīdsǣ (noun f.), ūtor-mere (noun m.); *[seashore]* sǣrima (noun m.), sǣstrand (noun m.)/sǣ strand (noun m.); *[sea journey/voyage]* sǣfōr (noun f.); *[sea-monster]* sǣdēor (noun n.), nicor (noun m.)
seagull mǣw (noun m.)
seal *[sea creature]* seolh (noun m.)
seaman sǣmann (noun m.)
seat setl (noun n.), stōl (noun m.), set (noun n.), seld (noun n.); *['seat of glory']* þrymsetl (noun n.)
seaweed flēotwyrt (noun f.)
second ōþer (pron.); æfterra (adv.)
secret dīegolnes (noun f.), rūn (noun f.); dierne (adj.), dīegol (adj.)
secretly dīeglīċe (adv.)
secular woruldcund (adj.); *[secular life]* woruldhād (noun m.)
secure fæst (adj.)

security ānwedd (noun n.), fæstnung (noun f.), borg (noun m.), staþol (noun m.)
sedition ǣ-swic (noun m.)
seduce *[lead astray]* dwelian (verb weak 2), forspanan (verb strong 6/7)
see (ġe)sēon (verb strong 5), besēon (verb strong 5), ofsēon (verb strong 5), (ġe)hāwian (verb weak), (ġe)scēawian (verb weak), wlītan (verb strong 1)
seed sǣd (noun n.)
seeing scēawung (noun f.)
seek (ġe)sēcan (verb weak 1b), (ġe)feċċan (verb weak)
seem (ġe)þynċan (verb weak 1b)
seize fōn (verb strong 7), befōn (verb strong 7), (ġe)grīpan (verb strong 1), (ġe)lǣċċan (verb weak); *[seize on]* (ġe)niman (verb strong 4)
seldom seldan (adv.); *[seldom seen]* seld-sīene (adj.)
self self (pron.)
sell (ġe)sellan (verb weak 1a), ċīepan (verb weak), bebyċġan (verb weak 1b), beċēapian (verb weak)
seller ċīepend (noun m.)
send sendan (verb weak 1b), onsendan (verb weak); *[send away]* āsendan (verb weak)
sense andġiet (noun n.)
sentence *[sequence of words]* word (noun n.); *[judgement]* dōm (noun m.); *[pass sentence on]* dōm settan (verb weak, + dat)

separate syndriġ (adj.); āsċierian (verb weak), āþēodan (verb weak), tōdōn (verb strong), tōtwǣman (verb weak), sċādan (verb strong 7), tōdǣlan (verb weak), tōliċġan (verb strong 5); *[separate from]* twǣfan (verb weak), ġedǣlan (verb weak, + acc) wiþ (+ dat)
separately onsundran (adv.)
September hāliġmōnaþ (month, m.)
sepulchre līċrest (noun f.)
serf þrǣl (noun m.), þēow-mann (noun m.); *[serf's right]* þrǣlriht (noun n.)
sermon lārspell (noun n.)
serpent wyrm (noun m.)
servant þeġen (noun m.), þēow (noun m.), þēowa (noun m.), cnapa (noun m.), ambiht-sċealc (noun m.), sċealc (noun m.)
serve þeġnian (verb weak), þēowan (verb weak), (ġe)þēowian (verb weak), þīwian (verb weak); *[serve up (meal)]* (ġe)ġierwan ūp (verb weak)
service þeġnung (noun f.), þēowdōm (noun m.), þēowotdōm (noun m.), þeġnsċipe (noun m.), ambiht (noun n.), ġewyrht (noun n.)
serviceable stælwierþe (adj.)
servile ċierlisc (adj.)
serving-man þēningmann (noun m.)
servitude þēowot (noun n.), þēowdōm (noun m.); *[reduce to*

servitude] (ġe)þēowian (verb weak)
set settan (verb weak), āsettan (verb weak); *[set about]* besettan (verb weak); *[set down]* settan (verb weak); *[set to learning/a task]* oþfæstan (verb weak)
settle āsittan (verb strong 5), sittan (verb strong 5)
seven seofon (number)
sevenfold seofonfeald (adj.)
seventeen seofontīene (number)
seventeenth seofontēoþa (number)
seventh seofoþa (number)
seventieth hundseofontigoþa (number)
seventy hundseofontiġ (number)
sever āsundrian (verb weak)
severe heard (adj.), enġe (adj.), strang (adj.), swīþ (adj.), þearl (adj.), wrāþlic (adj.), stīþ (adj.), swīþlic (adj.), hefiġtīeme (adj.), slīþheard (adj.)
severely hearde (adv.), heteliċe (adv.), þearle (adv.), stīþlīċe (adv.), stræclīċe (adv.), swīþlīċe (adv.), þearllīċe (adv.), unsōfte (adv.)
shade sċead (noun n.), sċua (noun m.)
shadow sċeadu (noun f.), sċua (noun m.)
shady sċeadiht (adj.)
shaft sċeaft (noun m.), helf (noun m.)
shake sċacan (verb strong 6), āsċacan (verb strong 6), cweċċan (verb weak 1a), ācweċċan (verb weak), wagian (verb weak);

[shake off] tōbreġdan (verb strong 3)
shaky wealt (adj.)
shallow undēop (adj.)
shame sċamu (noun f.); sċamian (verb weak), sċendan (verb weak)
shameful sċandliċ (adj.), bismerful (adj.), ġemāliċ (adj.), fracoþliċ (adj.)
shamefully bismerlīċe (adv.)
shameless þrīst (adj.)
shape (ġe)sċieppan (verb strong 6)
share hlot (noun n.); (ġe)dǣlan (verb weak)
sharp sċearp (adj.), sċearpliċ (adj.), heard (adj.), hwæt (adj.)
sharpen āsċierpan (verb weak), (ġe)hwettan (verb weak)
sharpness sċearpnes (noun f.)
shave sċafan (verb strong 6)
she hēo (pron.)
sheaf sċēaf (noun m.); *[into sheaves/bundles]* sċēafmǣlum (adv.)
shear sċieran (verb strong 4), besċieran (verb strong 4), efsian (verb weak)
sheath sċēaþ (noun f.)
shed bȳre (noun n.); *[shedding of blood, tears etc.]* āġēotan (verb strong 2)
shedding *[of blood, tears, etc.]* gyte (noun m.)
sheep sċēap (noun n.)
sheepfold sċepen (noun n.), loc (noun n.)

sheet scīete (noun f.), wæstling (noun m.); *[sheet of paper]* lēaf (noun n.)
shepherd hierde (noun m.)
sheriff scīrmann (noun m.); *[high-sheriff]* hēahġerēfa (noun m.)
shield sċield (noun m.), bord (noun n.); ymbbeorgan (verb strong 3)
shilling sċilling (noun m.)
shin sċīn (noun m.)
shine sċīnan (verb strong 1), līxan (verb weak 1b); 'a light shone' = 'lēoht stōd'
shining glæd (adj.)
ship sċip (noun n.), ċēol (noun m.); *[furnish with ships]* (ġe)sċipian (verb weak)
-ship -sċipe (suffix)
shipload sċiphlæst (noun m.)
ship-rope sċiprāp (noun m.)
shire sċīr (noun f.)
shirt serce (noun f.)
shoe sċōh (noun m.), sole (noun f.), calc (noun m.)
shoelace sċēo-þwang (noun m.)
shoot *[twig]* ōwæstm (noun m.); *[fire a shot]* sċēotan (verb strong 2), sċotian (verb weak), ofsċēotan (verb strong 2); *[shoot through]* þurhsċēotan (verb strong 2)
shooter sċēotend (noun m.)
shooting sċyte (noun m.)
shop ċēaphūs (noun n.)
shore strand (noun m.), ōfer (noun m.), stæþ (noun n.), waroþ (noun n.), ōra (noun m.), ēastæþ (noun n.)

short sċort (adj.); *[run short]* āþrēotan (verb strong 2)
shortbread healstān (noun m.)
shortly sċortlīċe (adv.)
shot (ġe)sċot (noun n.), sċotung (noun f.), sċyte (noun m.)
should *[past tense of 'shall']* sċolde/sċoldest/sċoldon (from sċulan)
shoulder sċuldor (noun m.), eaxl (noun f.)
shout hlȳdan (verb weak), ġiellan (verb strong 3), styrman (verb weak), ċeallian (verb weak), hrīeman (verb weak), cohhetan (verb weak)
shove besċūfan (verb strong 2), āsċūfan (verb strong 2)
show ēowan (verb weak), īewan (verb weak), tǣċan (verb weak 1b), ætīewan (verb weak 1b), ætēowan (verb), (ġe)sweotolian (verb weak)
shower sċūr (noun m.); *[shower of rain]* reġen-sċūr (noun m.)
shrine sċrīn (noun n.)
shrink sċrincan (verb strong 3), *[shrink up]* forsċrincan (verb strong 3)
shun (ġe)scunian (verb weak), onsċunian (verb weak), eargian (verb weak)
shut *[closed]* locen (adj.); *[close]* lūcan (verb strong 2), belūcan (verb strong 2); *[shut up]* beclȳsan (verb weak)
sibling sibbling (noun m.)
sick sēoc (adj.), ādliġ (adj.), wanhāl (adj.)
sicken (ġe)sīclian (verb weak)

sickness sēocnes (noun f.)
side healf (noun f.), sīde (noun f.); *[on any side]* āhwonon (adj.); *[from/on all sides]* ǣghwonon (adv.), gehwonon (adv.); *[on both sides]* 'on gehwæþere hand'; *[on this side of]* beheonan (prep.)
sigh seofian (verb weak)
sighing sīcettung (noun f.)
sight gesihþ (noun f.), wlitesēon (noun f.)
sign tācen (noun n.), mircels (noun m.), sweotolung (noun f.), mǣl (noun n.), bēacen (noun n.), bēhþ (noun f.); *[sign of the cross (gesture)]* rōde-tācn (noun n.)
signification (ge)tācnung (noun f.)
signify (ge)tācnian (verb weak), secgan (verb weak 3)
silent swīge (adj.); *[be silent]* (ge)swīgian (verb weak)
silk seolc (noun m.); *[made of silk]* seolcen (adj.)
silver seolfor (noun n.); *[made of silver]* seolfren (adj.), silfren (adj.)
similar *[similar to]* gelīc (adj.)
similarly gelīce (adv.), same (adv.)
simple bilewit (adj.)
simplicity bilewitnes (noun f.)
simply bilewitlīce (adv.)
simulate līcettan (verb weak)
sin synn (noun f.), gylt (noun m.), scyld (noun f.); āgyltan (verb weak), scyldigan (verb weak), (ge)syngian (verb weak), forwyrcan (verb weak); *[permission to sin]* synn-lēaf (noun f.)
since siþþan (adv., conj.), nū (adv., conj.), þæs þe (conj.)
sincere innweard (adj.)
sinew sinu (noun f.)
sinful synnfull (adj.), forsyngod (adj.); *[sinful deed]* synndǣd (noun f.); *[sinful desire]* firenlust (noun m.)
sing (ge)singan (verb strong 3), āsingan (verb strong 3), galan (verb strong 6), āgalan (verb strong 6), swinsian (verb weak)
singe sengan (verb)
singer sangere (noun m.)
single ǣnlic (adj.), ānlīepe (adj.); *[single combat]* ānwīg (noun n.)
sink āsīgan (verb strong 1), sīgan (verb strong 1)
sinner gyltend (noun m.), forsyngod (adj.)
sir lēof (adj.); 'Sir!' = "lā lēof!"
sister sweostor (noun f.)
sit sittan (verb strong 5); *[sit down]* ofsittan (verb strong 5); *[sit out]* gesittan (verb strong 5); *[sit round]* besittan (verb strong 5)
six siex (number); 6 a.m. = prīm
sixteen siextīene (number)
sixteenth siextēoþa (number)
sixth siexta (number)
sixtieth siextigoþa (number)
sixty siextig (number)
size micelnes (noun f.)
ski scīd (noun)
skiing scīdfarung (noun f.)
skilful cræftig (adj.)
skilfully listum (adv.)

skill cræft (noun m.), list (noun m./f.), hēahcræft (noun m.)
skin fell (noun n.), hȳd (noun f.)
sky rodor (noun m.)
slander hōl (noun n.); forlēogan (verb strong 2), æftan hēawan (verb strong 7)
slaughter wæl (noun n.), sleġe (noun m.), wælsleaht (noun m.); *[place of slaughter, i.e. battlefield]* wælstōw (noun f.)
slave þēow (noun m.), þēowa (noun m.), þēow-mann (noun m.); *[selling men as slaves]* mannsielen (noun f.)
slay slēan (verb strong 6), ofslēan (verb strong 6), fiellan (verb weak)
slayer slaga (noun m.), bana (noun m.); *[slayer of men]* mannslaga (noun m.)
slaying slieht (noun m.); *[slaying of men]* mannsliht (noun n.)
sleep slǣp (noun m.), swefn (noun n.), sweofot (noun m.); slǣpan (verb strong 7), swefan (verb strong 5), onslǣpan (verb strong); *[put to sleep]* swebban (verb weak 1a), āswebban (verb weak); 'in sleep' = 'þurh swefn' (adv.)
sleepless þurhwacol (adj.)
sleeplessness slǣplēast (noun f.)
sleepy slǣpor (adj.)
slender wāc (adj.)
slight ġehwǣde (adj.)
slightly hwōnlīċe (adv.)
sling liþere (noun f.), stæfliþere (noun f.)
slip āslīdan (verb strong 1), windan (verb strong 3), āwindan (verb strong 3); *[slip asunder]* tōslūpan (verb strong 1)
slippers swyftlēras (noun m.)
slit slite (noun m.); slītan (verb strong 1)
slope hliþ (noun n.); hieldan (verb weak)
sloth āsolcennes (noun f.)
slothful slāw (adj.)
slow slāw (adj.), læt (adj.), sǣne (adj.)
slowly langsumlīċe (adv.), late (adv.); 'Speak more slowly' = 'Sprec þū mā langsumlīċe'
sluggish āsolcen (adj.)
small medmiċel (adj.), ġehwǣde (adj.), mǣte (adj.)
smell swæc (noun m.); ġestincan (verb strong 3), ġeswæċċan (verb weak)
smile smearcian (verb)
smith smiþ (noun m.)
smithy smiþþe (noun f.)
smoke rēc (noun m.), þrosm (noun m.); smēocan (verb strong 2)
smooth smēþe (adj.)
snake nædre (noun f.)
snare treppe (noun f.), sætung (noun f.)
snatch (ġe)grīpan (verb strong 1); *[snatch away]* ætbreġdan (verb strong 3), wiþbreġdan (verb strong 3)
snore hrūtan (verb strong 2)
snow snāw (noun m.); snīwan (verb weak)

snowstorm winterġeweorp (noun n.)
snowy snāwiġ (adj.)
so swā (adv.); forþan (prep./conj.)
soap sāpe (noun f.)
sob ġiscian (verb weak)
sock socc (noun m.)
soft sōfte (adj.), hnesċe (adj.)
soften (ġe)hnesċian (verb weak), (ġe)līþigian (verb weak), onwǣcan (verb weak)
softly sōfte (adv.), hnesċlīċe (adv.)
softness hnesċnes (noun f.)
soil eorþe (noun f.), turf (noun f.)
some samhwilċ (pron.), sum (pron.); 'some of the men' = 'sume þā menn'
-some *[forms adjs from nouns]* -sum (suffix)
someone āhwæþer (pron.), hwā (pron.), sum (pron.); *[someone unknown]* nāthwilċ (pron.)
something hwæt-hwugu (pron.), āhwæþer (pron.), āwiht (pron.); *[indefinite]* hwæt (pron.)
sometimes þrāgum (adv.), hwīlum (adv.)
somewhat hwēne (adv.), hwæt-hwugu (pron.), hwōn (adv.), hwæt-hwugununges (adv.)
somewhere forhwega (adv.)
son sunu (noun m.)
song sang (noun m./n.), lēoþ (noun n.), ġiedd (noun n.); *[song of praise]* lofsang (noun m.)
soon sōna (adv.), hrædlīċe (adv.); hrædlīċ (adj.); 'as soon as' = 'sōna swā'/'swā hraþe swā'
soothe ōleċċan (verb weak)
sorcerer drȳ (noun m.)

sorceress wælcyriġe (noun f.)
sorcery drȳcræft (noun m.)
sore sār (adj.), wund (adj.)
sorely sāre (adv.)
sorrow sorg (noun f.), sār (noun n.)
sorrowful sorgfull (adj.), hrēow (adj.)
sorry sāriġ (adj.); 'sorry' = wālā (interj.); *[feel sorry]* sārian (verb)
soul sāwol (noun f.)
sound *[noise, melody]* sōn (noun m.), swēġ (noun m.), hlēoþor (noun n.); *[safe, healthy]* ġesund (adj.), onsund (adj.), hāl (adj.); *[make a sound]* swōgan (verb strong 7), ġiellan (verb strong 3)
soundness onsundnes (noun f.)
sour sūr (adj.)
source ǣwielm (noun m.), hēafod (noun n.)
south sūþ (adv.); *[south bank/coast]* sūþstæþ (noun n.); *[south part/quarter]* sūþdǣl (noun m.); *[south side]* sūþhealf (noun f.); *[south wind]* sūþanwind (noun m.); *[due south]* sūþrihte (adv.); *[from the south]* sūþan (adv.); 'to the south of ...' = 'be ... sūþan' (prep., + dat)
southeast sūþēast (adv.)
southern sūþerne (adj.)
southernmost sūþmest (adj.)
southward sūþeweard (adj.)
southwards sūþweardes (adv.), sūþ (adv.)
southwest sūþwest (adv.)
sovereignty ealdordōm (noun m.), rīċe (noun n.)

sow *[scatter seeds]* sāwan (verb strong 7), āsāwan (verb strong 7), sprenġan (verb weak), strēdan (verb weak); *[sow over]* ofersāwan (verb strong 6)
sower sāwere (noun m.)
space rūm (noun m.), rȳmet (noun n.)
spacious ġinn (adj.), (ġe)rūm (adj.)
spade spade (noun weak f.)
spare sparian (verb weak), ārian (verb weak)
spark spearca (noun m.)
speak (ġe)sprecan (verb strong 5), cweþan (verb strong 5), ācweþan (verb strong 5), hlēoþrian (verb weak), maþelian (verb weak); *[speak about]* besprecan (verb strong 5); *[speak against]* wiþsprecan (verb strong 5); *[speak to]* næġan (verb weak); 'Do you speak English?' = 'Spricest þū Englisċ?'
spear spere (noun n.), franca (noun m.), gafeloc (noun m.), ord (noun m.)
special synderliċ (adj.); *[special place]* sunderstōw (noun f.)
specially synderlīċe (adv.)
species dēorcynn (noun n.)
spectacle wæfersīen (noun f.), wāfung (noun f.), wlitesēon (noun f.)
spectre sċinnhīw (noun n.)
speech cwide (noun m.), sprǣċ (noun f.); *[wise in speech]* snotorwyrde (adj.)
speechless cwidelēas (adj.)

spend spendan (verb weak), forspendan (verb weak); *[spend money]* āspendan (verb weak)
spice wyrt (noun f.); *[fragrant spice]* wyrtbræþ (noun m.)
spider lobbe (noun f.), renġe (noun f.)
spirit gāst (noun m.), mōd (noun n.)
spirited mōdiġ (adj.)
spiritedly ġebyrdelīċe (adv.)
spiritual gāstliċ (adj.)
spirituality gæstedōm (noun m.)
splendid miċelliċ (adj.), ġeatoliċ (adj.), weorþliċ (adj.)
splendidly wrǣttlīċe (adv.)
split clēofan (verb strong 2)
spoil *[plunder]* rīepan (verb weak)
spoilation strūdung (noun f.)
sponsor godsibb (noun m.)
spoon cucler (noun m.)
sport gamen (noun n.), pleġa (noun m.)
spread strēgan (verb weak), āþenian (verb weak)
spring *[source of water]* wiella (noun m.); *[verb]* springan (verb strong 3); *[spring forth]* onspringan (verb strong 3); *[spring up]* āspringan (verb strong 3), ūpāspringan (verb strong 3)
Spring lencten (noun m.)
sprinkle stregdan (verb strong 3); *[sprinkle over]* ġeondsprenġan (verb weak)
sprite sċeocca (noun m.)
spy sċēawere (noun m.)
squander forspendan (verb weak)

square fēowersċīete (adj.)
squirrel ācwern (noun n.)
stab þȳdan (verb weak), (ġe)þȳn (verb); *[stab to death]* ofstingan (verb strong 3)
stable steall (noun m./n.)
staff stæf (noun m.), sagol (noun m.)
stag heorot (noun m.)
stake staca (noun m.), stocc (noun m.), steng (noun m.)
stall steall (noun m./n.), sċipen (noun f.)
stand standan (verb strong 6); *[stand firm]* stemnettan (verb weak); *[stand in front of]* forstandan (verb strong 6); *[stand still]* ætstandan (verb strong 6), oþstandan (verb strong 6); *[stand up]* āstandan (verb strong 6)
star steorra (noun m. weak), tungol (noun n.)
starboard stēorbord (noun n.)
stare starian (verb weak)
start anġinn (noun n.), fruma (noun m.), frymþ (noun f.), onġinn (noun n.), ōr (noun n.), ord (noun m.); ġinnan (verb strong 3), beġinnan (verb strong 3), onġinnan (verb strong 3)
state hād (noun m.); *[state of man]* mennisċnes (noun f.)
stature wæstm (noun m./n.)
stay (ġe)wunian (verb weak), sittan (verb strong 5)
stead stæl (noun n.)
steadfast stedefæst (adj.)
steady unwealt (adj.)

steal stelan (verb strong 4), stalian (verb weak), bestealcian (verb weak), bestelan (verb strong 4), forstelan (verb strong 4), forþēofian (verb weak)
stealthily *[go/move stealthily]* bestelan (verb strong 4), bestealcian (verb weak)
steam stēam (noun m.)
steel stēl (noun n.), stīele (noun n.)
steep stēap (adj.), ġēap (adj.)
steeple stīepel (noun m.)
steering stēor (noun f.)
stench stenċ (noun m.)
step trym (noun n.); steppan (verb strong 6)
sterility unwæstm (noun m.)
stern styrne (adj.)
stick stæf (noun m.); stician (verb)
stiff stīþ (adj.)
still stille (adj.); ġiet (adv.), nūġiet/nū ġiet (adv.), þāġiet (adv.)
stillness stilnes (noun f.)
sting stingan (verb strong 3)
stink stincan (verb strong 3), rēocan (verb strong 2)
stir styrian (verb weak), āstyrian (verb weak), onstyrian (verb weak), hrēran (verb weak)
stock *[stake, log]* stocc (noun m.); *[race, generation]* strynd (noun f.)
stomach maga (noun m.), wamb (noun f.); 'stomach ache' = 'magan wræċ'
stone stān (noun m.); stǣnen (adj.); *[stone bridge]* stānbryċġ

(noun f.); *[stone wall]* stānweall (noun m.); *[stony ground]* stæniht (noun n.); *[precious stone]* ġimstān (noun m.); *[stone to death]* oftorfian (verb weak)
stool stōl (noun m.)
stoop lūtan (verb strong 2)
stop standan (verb strong 6), (ġe)stillan (verb weak)
storehouse hordern (noun n.)
storm storm (noun m.), hrīþ (noun f.), unweder (noun n.), ġewider (noun n.); styrman (verb weak), onræsan (verb)
story spell (noun n.)
stout-hearted swīþmōd (adj.)
straight geġnum (adv.); 'straight on' (giving directions) = 'on ġerihte'
strange fremde (adj.), elfremede (adj.), unġecynde (adj.), feorrancumen (adj.), feorrcund (adj.), sellić (adj.)
stranger cuma (noun m.), ġiest (noun m.)
strategem sierwung (noun f.)
straw strēaw (noun n.)
strawberry strēawberiġe (noun f.)
stream strēam (noun m.), burn (noun f.), gang (noun m.); *[mountain stream]* fiergenstrēam (noun m.)
street strǣt (noun f.); *[market street]* ċēapstrǣt (noun f.)
strength strenġþo (noun f.), strengu (noun f.), miht (noun f.), mæġen (noun n.), þrȳþu (noun f.), þrymm (noun m.); *[mighty strength]* mæġenþrymm (noun m.)
strengthen trymian (verb weak), staþolian (verb weak)
strengthening trymmung (noun f.)
stretch streċċan (verb weak 1a), þenian (verb weak 2), āþenian (verb weak); *[stretch out]* āstreċċan (verb weak)
strew strēgan (verb weak)
strife strīþ (noun m.), sacu (noun f.)
strike drepe (noun m.); slēan (verb strong 6), āslēan (verb strong 6), cnossian (verb), drepan (verb strong); *[strike down]* ġeslēan (verb strong 6)
string streng (noun m.), cnyttels (noun m.)
strip onġierwan (verb weak); *[strip of]* bestrīepan (verb weak)
stroke swenġ (noun m.), swingle (noun f.), dynt (noun m.)
strong strang (adj.), strangliċ (adj.), strengliċ (adj.), mihtiġ (adj.), heard (adj.), dyhtiġ (adj.), hrōr (adj.), swīþ (adj.), trum (adj.), þearl (adj.), þrȳþliċ (adj.), þyhtiġ (adj.), stīþ (adj.), unġefōgliċ (adj.), wōhliċ (adj.); *[moderately strong]* mettrum (adj.); *[strong drink]* bēor (noun n.); *[strong of hand]* stranghynde (adj.); *[grow strong]* āstīþian (verb weak);
strongly strangliċe (adv.)
strut strūtian (verb weak)
student leornere (noun m.)

study (ġe)leornian (verb weak); 'I study history' = 'Iċ leornie stær'
stumble oferweorpan (verb strong 3)
subject *[follower]* hīereman (noun m.); *[subject of talk]* word (noun n.); *[submissive]* underġeþēoded (adj.); *[subjugate]* underþēodan (verb weak), ġerīdan (verb strong 1)
subjection underþēodnes (noun f.)
subjugate underþēodan (verb weak)
submission underþēodnes (noun f.)
submissive underġeþēoded (adj.)
substance wist (noun f.)
succeed (ġe)spōwan (verb strong 7), spēdan (verb weak)
success forþgang (noun m.), spēd (noun f.)
succession endebyrdnes (noun f.)
successor æfter-genga (noun m.)
such swilċ (pron.), þilċ (pron.)
suck sūcan (verb strong 2)
suckle (ġe)sȳcan (verb weak)
sudden færlić (adj.)
suddenly færinga (adv.), færlīċe (adv.), semninga (adv.)
suffer (ġe)þrōwian (verb weak), cwielmian (verb weak), forberan (verb strong), (ġe)þafian (verb weak), (ġe)þolian (verb weak)
suffering þrōwung (noun f.)
suffice ġenugan (verb pret-pres), ġenyhtsumian (verb weak)
sufficience ġenyhtsumnes (noun f.)
sufficient (ġe)nyhtsum (adj.)

sufficiently nyhtsumlīċe (adv.)
suffocate forþrysman (verb weak)
sugar swētung (noun f.)
suggest (ġe)læran (verb weak 1b)
suit ġedafenian (verb weak)
suitable ġemet (adj), ġedēfe (adj.), dēflić (adj.), cynnlić (adj.), ġelimplić (adj.), ġerisenlić (adj.), ġefædlić (adj.)
sulphur swefl (noun m.)
sulphurous sweflen (adj.)
Summer sumor (noun m.)
summit cnoll (noun m.), hrōf (noun n.)
summon ġelangian (verb weak), ofsendan (verb weak), stefnian (verb weak), bannan (verb strong 7), clipian (verb weak), laþian (verb weak)
sun sunne (noun f. weak)
sunbeam sunnbēam (noun m.)
Sunday sunnandæġ (day of week, m.); *[Sunday morning]* sunnanūhte (noun f.)
sunny sunwlitiġ (adj.)
sup sūpan (verb strong 2)
supermarket grēat ætċēaphūs (noun n.)
supper æfenmete (noun m.)
supply onstal (noun n.)
support āberan (verb strong)
supporter ġeþafa (noun m.)
sure sicor (adj.), witodlić (adj.)
surely hraþe (adv.), ġeorne (adv.)
surety byrgea (noun m.)
surface brerd (noun m.)
surplus oferēaca (noun m.)
surprise besierwan (verb weak)
surround begān (verb strong), befaran (verb strong 6),

bewindan (verb strong 3), behringan (verb weak), berīdan (verb strong 1), bestandan (verb strong 6), besettan (verb weak), ūtan besittan/begān (verb)
survey (ġe)scēawian (verb weak)
surveying scēawung (noun f.)
survive ġenesan (verb strong 5)
Sussex Sūþseaxe (noun m pl.)
sustenance andlifen (noun f.), bīgwist (noun f.), fōstor (noun n.)
swallow swealwe (noun f.); swelgan (verb strong 3)
swan swan (noun m.), ielfetu (noun f.)
swarm *[of bees]* ymbe (noun n.); swierman (verb weak), weallan (verb strong 7)
swarthy sweart (adj.)
swear swerian (verb strong 6), āswerian (verb strong 6)
Sweden Swēoland (noun n.)

Swedes Swēon (noun m.)
sweep swāpan (verb strong 7); *[sweep away]* forswāpan (verb strong 7), fordrīfan (verb strong 1)
sweet swēte (adj.), līþe (adj.)
sweetmeat swētmete (noun m.)
sweetness swētnes (noun f.)
swell swellan (verb strong 3), tōswellan (verb strong 3), þindan (verb strong 3)
swerve ābūgan (verb strong 2)
swift swift (adj.)
swim swimman (verb strong 3)
swimming sund (noun n.)
swoon swīma (noun m.); *[in a swoon]* ġeswoġen (adj.)
sword sweord (noun n.), bill (noun n.), wīġbill (noun n.); *[hipsword]* hupseax (noun n.); *[short sword]* seax (noun n.); *[swordbearer]* sweordbora (noun m.)

T

table bord (noun n.), tabule (noun f.), bēod (noun m.)
tablecloth bēodhræġl (noun n.)
tablet tabule (noun f.)
tail steort (noun m.)
tailor sēamere (noun m.)
take (ġe)niman (verb strong 4), ātēon (verb strong 2), fōn (verb strong 7), underfōn (verb strong 7), (ġe)þiċġan (verb strong 5), habban (verb weak 3), lǣdan (verb weak 1b); *[take away]* āniman (verb strong 4),

wiþlǣden (verb); *[take care of]* ġīeman (verb weak); *[take/capture a city]* ābrecan (verb strong 4), brecan (verb strong 4), ġerǣcan (verb weak); *[take in marriage]* (ġe)niman (verb strong 4); *[take a meal]* snǣdan (verb weak); *[take notice of]* ġīeman (verb weak); *[take possession of]* ġefēran (verb weak), ġesittan (verb strong 5), ġefaran (verb strong 6); *[take something for/assume to be]*

prōfian (verb weak); *[take to]* tōfōn (verb strong 7), ċierran tō
talk cwiddian (verb weak), wordlian (verb weak)
tallow smeoru (noun n.)
tame tam (adj.)
tar tierwe (noun f.)
taste ġebyrg (noun n.), swæċ (noun m.); onbyrġan (verb weak)
tax ġield (noun n.); *[unjust tax]* unġield (noun n.)
taxpayer gafolġielda (noun m.)
tea *[herbal tea]* wyrtdrinc (noun m.)
teach (ġe)lǣran (verb weak 1b), tǣċan (verb weak 1b)
teacher lārēow (noun m.), magister (noun m.), reċċere (noun m.)
teaching lār (noun f.)
tear *[teardrop]* tēar (noun m.); *[laceration]* ġeter (noun n.); *[slit, lacerate]* teran (verb strong 4), slītan (verb strong 1), (ġe)dǣlan (verb weak); *[tear to pieces]* tōteran (verb strong 4), tōbreġdan (verb strong 3); *[tear up]* tōslītan (verb strong 1); *[shedding of tears]* āġēotan (verb strong 2)
tearing ġeter (noun n.)
tease *[wool]* tǣsan (verb weak)
tedious langsum (adj.), ǣþryt (adj.)
teem tīeman (verb weak)
teeth tēþ (noun m pl.)
television feorrsīen (noun f.)
tell (ġe)tellan (verb weak), (ġe)reċċan (verb weak 1a), seċġan (verb weak 3), āseċġan (verb weak 3) (ġe)cȳþan (verb weak 1b); *[tell a lie]* (ġe)lēogan (verb strong 2)
temperance forhæfednes (noun f.)
tempest ġewider (noun n.)
temple tempel (noun n.)
tempt fandian (verb weak)
temptation fandung (noun f.), costung (noun f.)
tempting fandung (noun f.)
ten tīen (number); *[ten-year-old]* tīenwintre (adj.)
tent (ġe)teld (noun n.)
tenth tēoþa (number)
terrible atol (adj.), atolliċ (adj.), eġesliċ (adj.)
terribly eġeslīċe (adv.)
terrifying eġefull (adj.)
territory ġemǣre (noun n.), ēþel (noun m.)
terror eġesa (noun m. weak), fyrhto (noun f.), ōga (noun m.), wōma (noun m.), brōga (noun m.)
test fandung (noun f.); (ġe)cunnian (verb weak), fandian (verb weak), āfandian (verb weak)
testimony (ġe)witnes (noun f.)
than þonne (adv.)
thane þeġen (noun m.)
thank (ġe)þancian (verb weak); 'thank you' = 'iċ þanciġe þē'
thanking þancung (noun f.)
thanks þanc (noun m.), þancung (noun f.), (ġe)þōht (noun m.)
that þæt (pron./conj.), þætte (conj.), se (pron.)

the *[with masc. noun]* se (pron.); *[with fem. noun]* sēo (pron.); *[with neu. noun]* þæt (pron.); *[with comparative]* þon (adv.), þȳ (adv.); 'the ... the ...' = 'swā ... swā ...'/'þȳ ... þȳ ...'

theatre pleġhūs (noun n.), wæfernes (noun f.)

theft þīefþ (noun f.), stalu (noun f.)

their hiera (possessive pron.)

them hīe (pron.)

then þā (adv., conj.), þonne (adv., conj.), sōna (adv.), eft (adv.)

thence *[from there]* þanon (adv.)

there þǣr (adv., conj.)

thereabouts þǣrymbūtan (adv.)

thereat þǣræt (adv.)

therefore forþan (adv./conj.), þæs (adv.), þȳ (adv.), be þǣm

therein þǣrbinnan (adv.), þǣrinne (adv.), þǣron (adv.)

thereon þǣron (adv.)

thereto þǣrtō (adv.)

these þās (pron./adj.)

they hīe (pron.)

thick grēat (adj.), þicċe (adj.)

thief sċaþa (noun m.), þēof (noun m.); *[band of thieves]* here (noun m.)

thigh þēoh (noun n.)

thimble þȳmel (noun m.)

thin þynne (adj.); (ġe)þynnian (verb weak)

thine *[your]* þīn (possessive pron.)

thing þing (noun n.), wiht (noun f.); *[good thing]* gōd (noun n.); *[worldly thing]* woruldþing (noun n.)

think (ġe)þenċan (verb weak 1b), hyċġan (verb weak 3), (ġe)smēagan (verb weak 1b), wēnan (verb weak 1b); *[impersonal]* (ġe)þynċan (verb weak 1b); *[think about]* hogian (verb weak); *[think of]* (ġe)þenċan (verb weak 1b), āsmēagan (verb weak)

third þridda (adj.)

thirst þurst (noun m.); þyrstan (verb weak)

thirsty þurstiġ (adj.); ofþyrst (adj.)

thirteen þrēotīene (number)

thirteenth þrēotēoþa (number)

thirtieth þritigoþa (number)

thirty þritiġ (number); *[thirty-pence coin (⅛ of a pound)]* mancus (noun m.)

thirtyfold þritiġfeald (adj.)

this þes (pron./adj.)

thither *[to there]* þider (adv.), þiderweard (adv.), þiderweardes (adv.)

thorn þorn (noun m.) (also thorn bush)

thorny þorniht (adj.)

those þā (pron./adj.)

thou þū (pron.)

though þēah (adv., conj.)

thought þanc (noun m.), ġeþanc (noun m./n.), (ġe)þōht (noun m.), innġeþanc (noun m./n.), innġehyġd (noun n.) *['thought' of the heart]* mōdġeþanc (noun m.)

thoughtful þancol (adj.), þancolmōd (adj.)

thoughtless hygelēas (adj.)

thousand þūsend (number, n.)

thrash þerscan (verb strong 3)

thread þræd (noun m.), hefeldþræd (noun m.)

threat bēot (noun n.), bēotung (noun f.)

threaten þrēatian (verb weak)

threatening þrēagung (noun f.), þrēatung (noun f.)

three þrēo (noun f.); 3.p.m. = nōn

threefold þrifeald (adj.)

thrice þrīwa (adv.)

throne cynestōl (noun m.), þrymsetl (noun n.), cynesetl (noun n.), setl (noun n.)

throng (ġe)þrang (noun n.), þringan (verb strong 3)

through þurh (prep./adv.), ġeond (prep.)

throughout ġeond (prep.)

throw weorpan (verb strong 3), āweorpan (verb strong 3), beweorpan (verb strong 3), forweorpan (verb strong 3); *[throw away]* āweorpan (verb strong 3); *[throw down]* befiellan (verb weak); *[throw over]* oferweorpan (verb strong 3)

thrust āscūfan (verb strong 2)

thunder þunor (noun m.)

Thursday þunresdæġ (day of week, m.)

thus þus (adv.)

thyme fille (noun f.)

tie tīeġan (verb weak)

tile tiġele (noun weak f.)

tillage tilung (noun f.)

time tīd (noun f.), tīma (noun m.), sǣl (noun m.), þrāġ (noun f.), ċierr (noun m.), fierst (noun m.), first (noun m.), hwīl (noun f.), stund (noun f.), sīþ (noun m.); *[time during]* under (prep.); *[time of birth]* ġebyrd-tīd (noun f.); *[wrong time]* untīma (noun m.); 'at times' = hwīlum (adv.); 'for a long time' = lange (adv.), tō langum fierste'; 'from time to time' = tīdum (adv.), stundum (adv.); 'What time is it?' = 'Hwæt is sēo tīd?'/'Hwelċ tīd is hit nū?'

time-piece dǣġmǣl (noun n.)

tin tin (noun n.), tinen (adj.)

tire (ġe)tēorian (verb weak)

tired slǣpor (adj.); 'I feel tired' = 'Iċ ġefrēde ātēorunge'

to tō (prep.), til (prep.); *[to it/him]* þǣrtō (adv.); *[to there]* þǣr (adv., conj.); *[to what place]* hwider (adv./conj.); *[to where]* þǣr (adv., conj.)

toast (ġe)brǣdan (verb weak)

today tōdæġ (adv.)

toe tā (noun f.)

together tōgædre (adv.), ætgædre (adv.), ætsamne (adv.), endemes (adv.), samod (adv.)

toil earfoþ (noun n.), (ġe)winn (noun n.); swincan (verb strong 3)

toilet cachūs (noun n.), gangpytt (noun m.)

token tācen (noun n.)

tolerate foreberan (verb strong)

toll nīedbād (noun f.)

toll-booth ċēapsetl (noun n.)

tomb byrġels (noun m.), byrġen (noun f.), heolstor-cofa (noun m.)

tomorrow tōmorgen (adv.)

tongue tunge (noun f. weak)

too tō (adv.), for (adv.); 'too much' = 'tō miċlum'/'tō forþ'
took fēng/fēngon (from fōn), nam/nāmon (from niman)
tool tōl (noun n.)
tooth tōþ (noun m.)
toothache tōþwærc (noun m.)
top top (noun m.), hrōf (noun n.); *[summit]* cnoll (noun m.)
torch fæcele (noun f.), lēoht-fæt (noun n.)
torment wīte (noun n.), tintreġ (noun n.), susl (noun n.), morþor (noun n.); witnian (verb weak), tintreġian (verb weak), wǣlan (verb weak); *[full of torment]* tintreġliċ (adj.); *[torment in hell]* hellewīte (noun n.)
torrent þrymm (noun m.)
torture tintreġ (noun n.), susl (noun n.); tintreġian (verb weak)
toss wealcan (verb strong 7), weallan (verb strong 7)
tossing ġewealc (noun n.)
touch hrepung (noun f.); hrepian (verb weak), hrīnan (verb strong 1), onhrēran (verb weak)
tough tōh (adj.)
towards tōweard (prep.), onġēan (prep.), tōġēanes (prep./adv.), wiþ (prep./adv.), weard (adv.)
towel wæterclāþ (noun m.), handclāþ (noun n.), wæterscēat (noun m.)
tower torr (noun m.), stīepel (noun m.); hlīfian (verb weak)
town tūn (noun m.), ċeaster (noun f.)
town-reeve tūnġerēfa (noun m.)

track gang (noun m.), swæþ (noun n.), swaþu (noun f.), lāst (noun m.), spor (noun n.), stīġ (noun f.); *[forest track]* wealdswaþu (noun f.); *[marsh track]* fenġelād (noun n.); *[make a track]* spyrian (verb weak)
trade ċēapung (noun f.), mangung (noun f.); ċīepan (verb weak)
trader ċīepa (noun m.)
train station rōdwæġnsteall (noun m./n.)
traitor wǣrloga (noun m.), wedloga (noun m.), hlāfordswica (noun m.)
transform forbreġdan (verb strong 3), forsċieppan (verb strong 6)
transitory hwīlwende (adj.), hwīlwendliċ (adj.), lǣne (adj.)
translate (ġe)wendan (verb weak 1b), āwendan (verb weak), āreċċan (verb weak)
translation ġeþēodnes (noun f.)
translator wealhstōd (noun m.)
transport oferferung (noun f.)
trap treppe (noun f.), sǣtung (noun f.)
trappings frætwa (noun f pl.), ġeatwa (noun f pl.), ġerǣde (noun n.)
travel āfaran (verb strong 6)
traverse þurhfaran (verb strong 6), ġeondfaran (verb strong 6), oferfaran (verb strong 6), oferfēran (verb weak), ofergān (verb strong), ġeondlācan (verb weak), þurhhiernan (verb strong 3)

treacherous swicol (adj.), fācenfull (adj.), fǣcne (adj.), lytiġ (adj.), unġetrīewe (adj.); *[be treacherous]* swician (verb weak)
treachery fācen (noun n.), searo (noun n.), searocræft (noun m.), searowrenc (noun m.), unġetrēowþ (noun f.), wedbryce (noun m.)
tread tredan (verb strong 5)
treason hlāfordswiċe (noun m.)
treasure hord (noun n./m.), māþm (noun m.), hordfæt (noun n.), goldhord (noun m.), dēorwierþnes (noun f.); *[treasure-vessel]* hordfæt (noun n.)
treasury hordern (noun n.)
treat lācnian (verb weak), wenian (verb weak 2); *[treat ignominiously]* (ġe)bismerian (verb weak)
treaty wǣr (noun f.)
tree trēow (noun n.), bēam (noun m.); *[mountain tree]* fiergenbēam (noun m.)
tremble bifian (verb weak)
trembling cwacung (noun f.)
tribe mǣġþ (noun f.), cnēoris (noun n.)
tribulation (ġe)drēfednis (noun f.)
tribunal hūsting (noun n.)
tribute *[payment]* nīedġild (noun n.), sċeatt (noun m.), gafol (noun n.)
trick wrenc (noun m.)
Trinity Þrīnes (noun f.)

troop werod (noun n.), ġefylce (noun n.), fēþa (noun m.), flocc (noun m.), gumfēþa (noun m.), hēap (noun m.), mang (noun n.), (ġe)truma (noun m.), þrēat (noun m.), worn (noun m.), hlōþ (noun f.); *[troop incursion]* floccmǣlum (adv.); *[plural, providing help]* fultum (noun m.)
trouble þearf (noun f.), wēa (noun m. weak), bysgu (noun f.), lǣþþu (noun f.), broc (noun m.), (ġe)drēfednis (noun f.); bysgian (verb weak), (ġe)dreċċan (verb weak 1a), ābysgian (verb weak); *[trouble the mind, afflict]* (ġe)drēfan (verb weak)
trousers brēċ (noun pl.)
true sōþ (adj.), sōþfæst (adj.)
truly sōþlīċe (adv.), witodlīċe (adv.)
trust (ġe)trīewan (verb weak)
truth sōþ (adj.), sōþfæstnes (noun f.), (ġe)trēowþ (noun f.); 'in truth' = 'tō sōþe'/'tō sōþum', eornostlīċe (adv.)
truthful sōþfæst (adj.)
truthfully sōþfæstlīċe (adv.)
try (ġe)cunnian (verb weak), fandian (verb weak), āfandian (verb weak); *[try to, desire]* willan (verb)
tub cȳf (noun f.)
tube pīpe (noun f.)
Tuesday tīwesdæġ (day of week, m.)
tumult (ġe)bland (noun n.)
tun tunne (noun f.)

tunic tunece (noun f.), cyrtel (noun m.)
turf turf (noun f.)
turn (ġe)wendan (verb weak 1b), āċierran (verb weak), windan (verb strong 3), āwendan (verb weak), ċierr (noun m.), ċierran (verb weak), ābūgan (verb strong 2), beċierran (verb weak), edwenden (verb weak), hwearfian (verb weak), hweorfan (verb strong 3), (ġe)hwierfan (verb weak); *[in turn]* wrixendlīċe (adv.); *[turn away]* āhwierfan (verb weak)
turnip nǣp (noun m.)
tusk tusc (noun m.), tōþ (noun m.)

twelfth twelfta (number)
twelve twelf (number)
twentieth twēntigoþa (number)
twenty twentiġ (number); 21 = 'ān and twentiġ'
twice tuwa (adv.), twā (number)
twig twig (noun n.), lǣl (noun f.), ġierd (noun f.), ōwæstm (noun m.)
twin ġetwisa (noun m.)
twist wrīþan (verb strong 1)
two twā (number); *[of two]* ǣġhwæþer (pron.); *[two-year-old]* twī-wintre (adj.)
type (ġe)tācnung (noun f.)
tyrant lēodhata (noun m.)

U

ugly yfeliċ (adj.)
ulcer pocc (noun m.)
un- un- (prefix)
unafraid unforht (adj.)
unanimous ānmōd (adj.)
unanimously ānmōdlīċe (adv.)
unatoned ǣġilde (adj.)
unawares on unġearwe
unbaptised unġefullod (adj.)
unbelief unġelēaffulnes (noun f.), ġelēaflēast (noun f.)
unbelieving ġelēaflēas (adj.), unġelēafful (adj.)
unbetrayed unswicen (adj.)
unbind onwrīþan (verb strong 1)
unborn unġeboren (adj.)
unburnt unforbærned (adj.)
uncertain uncūþ (adj.)

unchangeable unāwendedlīċ (adj.)
uncle ēam (noun m.)
unclean fūl (adj.)
unconcerned orsorg (adj.)
unconsciously unġewisses (adv.)
uncover onwrēon (verb strong 1/2), onwrīþan (verb strong 1), unwindan (verb strong 3)
uncultivated wilde (adj.)
undecayed unformolsnod (adj.)
undefended fierdlēas (adj.)
undefiled unġewemmed (adj.)
under under (prep.)
understand understandan (verb strong 6), underġietan (verb strong 5), ġietan (verb strong 5), onġietan (verb strong 5), forstandan (verb strong 6),

(ġe)cnāwan (verb strong 7), oncnāwan (verb strong 7); *[fail to understand]* nonġietan (verb strong 5); 'I [don't] understand' = 'Iċ [n]onġiete'
understanding andġiet (noun n.), (ġe)witt (noun n.)
undisputed unbefliten (adj.)
undo ondōn (verb strong)
undress onġierwan (verb weak)
uneasily unēaþe (adv.), unēaþelīċe (adv.)
unexpected unþinged (adj.)
unfinished sāmworht (adj.)
unfriendly unhold (adj.)
unhappiness unġesǣlþ (noun f.)
unhappy unġesǣliġ (adj.)
unhealthy wanhāl (adj.)
unheard-of *[in an unheard-of manner]* unġefrǣġlīċe (adv.)
unhidden undierne (adj.)
unhurt ġesund (adj.)
uninjured (ġe)hāl (adj.)
unite (ġe)ānlǣcan (verb weak)
unity ānnis (noun f.)
universal ġemǣneliċ (adj.)
universally ġemǣnelīċe (adv.)
university eormengyld (noun n.)
unjust *[unjust decision]* wōhdōm (noun m.); *[unjust tax]* unġield (noun n.)
unknown uncūþ (adj.)
unlawful unālȳfed (adj.)
unless būtan (adv., prep.), nemne (conj.), nymþe (conj.)
unlike unġelīċ (adj.)
unlock onlūcan (verb strong 2)
unmindful unġemyndiġ (adj.)
unoccupied ǣmtiġ (adj.)
unopposed unbefohten (adj.)

unpaid orgilde (adj.), unāġiefen (adj.)
unprotected griþlēas (adj.)
unready unġearu (adj.)
unreasoning unġewittiġ (adj.)
unrighteous unrihtwīs (adj.)
unrighteousness unrihtwīsnes (noun f.)
unsold unbeboht (adj.)
unstable tealt (adj.)
unstill unstille (adj.)
untie onbindan (verb strong 3)
until oþ (prep./conj.)
unvictorious siġelēas (adj.)
unwary unwǣrlīċ (adj.)
unwarily unwǣrlīċe (adv.)
unwell mettrum (adj.)
unwilling unwillende (adj.); *[be unwilling]* nellan (verb), nyllan (verb)
unwind onwindan (verb strong 3), unwindan (verb strong 3)
up ūp (adv.), uppe (adv.); *[up to, until]* oþ (prep./conj.)
upon uppon (prep./adv.), onufan (prep.), uppan (prep.), onuppan (prep.)
upper *[upper floor/storey]* ūpflōr (noun f.)
upturned ūpāwend (adj.)
upward ufeweard (adj.)
upwards ūp (adv.)
us ūs (pron.)
use nytt (noun f.), notu (noun f.); (ġe)notian (verb weak), nēotan (verb strong 2), brūcan (verb strong 2)
useful nytt (adj.), nyttwirþe (adj.), ġifre (adj.); *[be useful]* dugan (verb pret-pres)

useless unnytt (adj.), īdel (adj.), þearflēas (adj.); *[make useless]* āīdlian (verb weak)

usual ġewuneliċ (adj.)
utility nytt (adj./noun f.)
utterly forswīþe (adv.)

V

vaguely unfæstlīċe (adv.)
vain *[useless]* īdel (adj.); *[in vain]* þearflēas (adv.)
valiantly unhēanlīċe (adv.)
valley cumb (noun m.), dæl (noun n.), denu (noun f.), slæd (noun n.)
valour dryhtsċipe (noun m.)
vapour bræþ (noun m.), stēam (noun m.)
variegated fāg (adj.)
variegation fāgnes (noun f.)
various misliċ (adj.), missenliċ (adj.), maniġfeald (adj.), syndriġ (adj.); *[various colours]* fāgnes (noun f.)
vassal mann (noun m.)
vegetable wyrt (noun f.); *[dish of vegetables]* wyrtmete (noun m.)
veil rift (noun n.)
venerable ārweorþ (adj.)
venture durran (verb pret-pres); *[venture on]* (ġe)nēþan (verb weak)
verse fers (noun n.)
very ful (adv.), for (adv.), swīþe (adv.), þearle (adv.); *[very glad]* fullblīþe (adj.); *[very good]* ǣrgōd (adj.); *[very hard]* forheard (adj.); *[very many]* formaniġ (adj.); *[very much]* forswīþe (adv.), forþearle (adv.); *[very nearly]* fulnēah (adv.), fornēah (adv.); *[very often]* foroft (adv.); *[very old]* oreald (adj.)
vessel fæt (noun n.), fǣtels (noun m.), cylle (noun m.), cȳf (noun f.); *[precious vessel]* māþm-fæt (noun n.)
vex dreċċan (verb weak 1a), swenċan (verb weak); *[be vexed]* sārettan (verb weak)
viaticum weġnest (noun n.)
vice *[sin]* leahtor (noun m.), unsidu (noun m.), uncyst (noun f.), unþēaw (noun m.)
vicious yfelwillende (adj.)
victorious siġefæst (adj.)
victory siġe (noun m.), sigor (noun m.); *[achieve victory over]* ġewinnan (verb strong 3)
vigorously unwāclīċe (adv.), stranglīċe (adv.)
Viking wīċing (noun m.)
vilify hierwan (verb weak)
village tūn (noun m.)
villain nīþing (noun m.)
vine wīntrēow (noun n.)
vineyard wīnġeard (noun m.)
violate tōbrecan (verb strong 4)
violator *[of agreement]* wedloga (noun m.)
violence ġeþræc (noun n.), nīed (noun f.)

violent hetol (adj.), heteliċ (adj.), hæst (adj.); *[violent death]* cwalu (noun f.)
violently hæste (adv.), heteliċe (adv.), swīþe (adv.)
virgin fæmne (noun f. weak), mæġden (noun n.)
virginity mæġþhād (noun m.)
virtue ārfæstnis (noun f.), mæġen (noun n.), miht (noun f.); *[plural]* þēawas (noun m pl.)
virtuous cystiġ (adj.)
virus clēofangund (noun n.)
visible ġesewenliċ (adj.), ġesīene (adj.)
vision ġesihþ (noun f.), swefn (noun n.)
visit nēosan (verb weak), (ġe)mengan (verb weak), (ġe)sēċan (verb weak 1b)
visitation nēosung (noun f.)
vixen fyxen (noun f.)
vodka wæterlīþ (noun n.)
voice reord (noun f.), stefn (noun f.)
voluntarily selfwilles (adv.), unnendre handa
voluntary selfwille (adj.)
vow (ġe)hāt (noun n.), behāt (noun n.); (ġe)bēotian (verb weak)
vulture ultor (noun m.)

W

wade wadan (verb strong 6); *[wade across]* oferwadan (verb strong 6)
wagon wæġn (noun m.)
wailing þoterung (noun f.)
wait bīdan (verb strong 1), andbīdian (verb weak); *[wait for]* onbīdan (verb strong) *[lie in wait for]* sætan (verb weak); 'wait a moment' = 'bīd þū ān prēowthwīle'
waiter disċ-þeġn (noun m.), þeningmann (noun m.)
waitress þīnen (noun f.)
wake weċċan (verb weak 1a)
Wales Wēalas (noun pl.), Norþwēalas (noun m pl.); *[inhabitants of Wales]* Norþwealcynn (noun n.)
walk wealcan (verb strong 7), gān (verb strong)
wall weall (noun m.), wāg (noun m.); *[stone wall]* stānweall (noun m.)
wallow wealwian (verb weak); *[wallowing place]* sol (noun n.)
walrus horshwæl (noun m.)
wander wōrian (verb weak), sċrīþan (verb strong 1), wæþan (verb weak)
wanderer eardstapa (noun m.)
wandering wæfre (adj.)
want *[desire]* willan (verb), (ġe)willian (verb weak), wȳsċan (verb weak); *[lack]* onsīen (noun f.); *[wanting]* þearfende (adj.); 'What do you want?' = 'Hwæt wilt þū?'

wanton gālmōd (adj.), gāl (adj.)
wantonness forliġer (noun n.), gǣlsa (noun m.)
war wīg (noun n.), (ġe)feoht (noun n.), unfriþ (noun m.), heaþu (noun m.), hergung (noun f.), (ġe)winn (noun n.), sacu (noun f.); *[make war]* hergian (verb weak)
warfare hergung (noun f.)
warily wærlīċe (adv.)
warm wearm (adj.)
warn (ġe)warnian (verb weak)
warning wearnung (noun f.)
warrior ċempa (noun m. weak), feohtend (noun m.), wiga (noun m.), dreng (noun m.), āglǣca (noun m.); *[armed warrior]* wǣpenwiga (noun m.), wǣpenbora (noun m.)
warship æsċ (noun m.), dulmun (noun m.)
wary wær (adj.)
was wæs; *[was not]* næs
wash þwēan (verb strong 6), āþwēan (verb strong 6)
waste wēste (adj.); *[waste away]* āswindan (verb strong 3); *[lay waste]* āwēstan (verb weak), īeþan (verb weak)
watch *[guardianship]* weard (noun m.); wacian (verb weak); *[watch out]* wæċċan (verb weak); *[watch over]* bewitan (verb pret-pres), eahtian (verb weak)
watchful *[throughout]* þurhwacol (adj.); *[be watchful]* wæċċan (verb weak)
watchman weardmann (noun m.)

water wæter (noun n.), wætersċipe (noun m.), lagu (noun m.), ēa (noun f. weak), brim (noun n.), holm (noun m.); leċċan (verb weak); *[waters, ocean]* lagufōd (noun m.); *[protection offered by body of water]* wæterfæsten (noun n.)
wave wǣġ (noun m.), waþum (noun m.), ȳþ (noun f.), lagufōd (noun m.); wefan (verb strong)
wax weax (noun n.)
way *[road]* weġ (noun m.), faru (noun f.); *[manner]* (ġe)met (noun n.), wīse (noun f.); *[make one's way]* fundian (verb weak); *[way of life]* drohtnung (noun f.)
way-faring weġfarende (adj.)
we *[three people or more]* wē (pron.); *[two people]* wit (pron.)
weak wāc (adj.), tīder (adj.), wācliċ (adj.), wanhāl (adj.), unmihtiġ (adj.), ēaþeliċ (adj.), untrum (adj.); *[become weak]* wācian (verb)
weaken swiþrian (verb weak), untrumian (verb weak)
weakness wācnes (noun f.), uncræft (noun f.), untrumnes (noun f.); *[weakness of mind]* wācmōdnes (noun f.)
wealth wela (noun m.), feoh (noun n.)
wealthy weliġ (adj.)
wean wenian (verb weak 2)
weapon wǣpen (noun n.)
wear *[clothing etc.]* werian (verb weak 1a); *[wear out]* ātǣsan (verb weak)

weary mēþe (adj.), wēriġ (adj.), slæpor (adj.); *[become weary]* tēorian (verb)

weather weder (noun n.); *[bad weather]* unweder (noun n.)

weave āwefan (verb strong 5), wefan (verb strong 5)

web web (noun n.), nett (noun n.)

wedding ġiefta (noun f pl.); ġieftliċ (adj.)

wedding-hall ġiefthūs (noun n.)

wedge weċġ (noun m.)

Wednesday wōdnesdæġ (day of week, m.)

week wucu (noun f. weak)

weep wēpan (verb strong 7), grǣtan (verb strong 6), grēotan (verb strong 2), rēotan (verb strong 2); *[weep over]* bewēpan (verb strong)

weeping wōp (noun m.)

weight hefe (noun m.)

weir wer (noun m.)

well *[for water]* wiella (noun m.); *['in a good way']* wel (adv.), ġearwe (adv.), tela (adv.), fæġre (adv.); hwæt (interj.)

well-willing welwillende (adj.)

Welsh Norþwēalas (noun m pl.), Bretwalas (noun m pl.); Wēalisċ (adj.), wīelisc (adj.)

Welshman Wealh (noun m.)

went ēode/ēodest/ēodon (from gān); fōr/fōron (from faran)

were *[singular]* wǣre; *[plural]* wǣron; *[were not, singular]* nǣre; *[were not, plural]* nǣron

Wessex *[people of Wessex]* West-seaxe (noun m pl.)

west west (adv.); *[west end]* westende (noun m.); *[west part/quarter]* westdæl (noun m.); *[west side]* westhealf (noun f.); *[west wind]* westanwind (noun m.); *[due west]* westrihte (adv.); *[from the west]* westan (adv.)

western westerne (adj.)

westernmost westmest (adj.)

westwards westweard (adv.), westlang (adv.), west (adv.)

wet wǣt (adj.); wǣtan (verb weak)

whale hwæl (noun m.); *[whale fisher]* hwæ hunta (noun m.); *[whale fishing]* hwælhuntaþ (noun m.)

wharf hwerf (noun m)

what hwilċ (pron.), hwæt (pron./interj.); *[to what place]* hwider (adv./conj.)

whatever swā hwæt swā

wheat hwǣte (noun m.)

wheel hwēol (noun n.)

wheeze hwǣsan (verb strong 7)

when hwonne (adv.), þe (conj.), þonne (adv., conj.), þā (adv., conj.), siþþan (conj.), 'mid þǣm þe'/'mid þȳ (þe)' (conj.); 'when ... then ...' = 'þā ... þā ...'

whence *[from where]* hwanon (adv.)

where hwǣr (adv.), þǣr (adv., conj.)

wherefore þæs (adv.)

wherever swā hwǣr swā

whet (ġe)hwettan (verb weak)

whether hwæþer (pron. (noun)), sam (conj.); 'whether ... or ...' = 'hwæþer ... oþþe...'/'þe ... þe ...'

whetstone hwetstān (noun m.)

which hwilċ (pron.); *[which of two]* hwæþer (pron. (noun)); *[with which]* þe (rel. pron.)
whichever swā hwæþer swā
while hwīl (noun f.), þā hwīle þe (conj.), betwix þǣm þe (conj.); þenden (adv./conj.)
whip lǣl (noun f.), swipe (noun m.)
whirlpool wǣl (noun n.)
white hwīt (adj.), blāc (adj.)
whither *[to where]* hwider (adv./conj.)
who hwā (pron.), þæt (conj.), þe (rel. pron./adv./conj. - nom. and acc.)
whoever swā hwilċ swā
whole hāl (adj.), (ġe)hāl (adj.), onsund (adj.), ġesundfull (adj.)
wholesome hālwende (adj.)
whom þe (rel. pron./adv./conj.); 'to whom' = 'þe him'
whore hōre (noun f.)
whosoever *[of two]* swæþer (pron.)
why hwȳ (adv./conj.)
wicked ārlēas (adj.), mānfull (adj.), lyþre (adj.), fracoþ (adj.); *[wicked deed]* māndǣd (noun f.), undǣd (noun f.)
wickedly ārlēaslīċe (adv.), mānfullīċe (adv.), wrāþe (adv.)
wickedness yfel (noun n.), yfelnes (noun f.), mān (noun n.), tēonrǣden (noun f.), heardsǣlþ (noun f.)
wide wīd (adj.), sīd (adj.)
widely wīde (adv.), sīde (adv.); *[widely-known]* wīdcūþ (adj.)
widen (ġe)rȳman (verb)
widespread wīdbrād (adj.)

widow wuduwe (noun f.), widewe (noun f.)
wield (ġe)wealdan (verb strong 7)
wife wīf (noun n.)
wight *[creature, being]* wiht (noun f.)
wild wilde (adj.); *[wild beast]* dēor (noun n.), wildēor (noun n.)
wilderness wēsten (noun n.)
will *[desire]* ġewill (noun n.), willa (noun m.); willan (verb); *[will not]* nellan (verb), nyllan (verb); 'against his will' = 'his unþances'
willingly lustlīċe (adv.), ġeornlīċe (adv.), willum (adv.)
willingness wilsumnes (noun f.)
willow weleġ (noun m.)
win ġewinnan (verb strong 3), ġefeohtan (verb strong)
wind *[air]* wind (noun m.); *[turn]* windan (verb strong 3); *[favourable wind]* ambyre (adj.)
window ēagþȳrel (noun n.)
windy windiġ (adj.)
wine wīn (noun n.); *[wine-hall]* wīnsæl (noun n.); *[joy at the pouring out of wine]* gytesǣl (noun m.); *[satiated with wine]* wīnsæd (adj.)
Winter winter (noun m.); *[winter quarters]* wintersetl (noun n.)
wintry wintriġ (adj.)
wire wīr (noun m.)
wisdom wīsdōm (noun m.), snotornes (noun f.), snytru (noun f.); *[worldly wisdom]* woruldwīsdōm (noun m.); *[lack of wisdom]* unsnotornes (noun f.)
wise snotor (adj.), wīs (adj.), witiġ (adj.), frōd (adj.), glēaw (adj.), rǣdfæst (adj.), searoþancol

(adj.); *[wise man]* (ġe)wita (noun m.), wītega (noun m. weak); *[wise in speech]* snotorwyrde (adj.); *[worldly-wise man]* þēodwita (noun m.); *[manner, in compound words]* -mǣlum (adv.)

wisely wīse (adv.)

wish wȳscan (verb weak), willan (verb), (ġe)willian (verb weak), (ġe)unnan (verb pret-pres)

witch wicċe (noun f.), hæġtesse (noun f.), wælcyriġe (noun f.); *[male witch]* wicca (noun m.)

with mid (prep./adv.), samod (adv.); *[with which]* þe (rel. pron.)

wither forsēoþan (verb strong 2), forweornian (verb weak), sēarian (verb weak)

withhold forhealdan (verb strong 7), oftēon (verb strong 2), wiernan (verb weak)

within wiþinnan (prep./adv.), innan (prep.), inne (adv.), binnan (prep./adv.), oninnan (prep.)

without *[deprived of; except]* būtan (adv., prep.), lēas (adj.), gǣsne (prep.); *[outside of]* wiþūtan (prep.), būtan (adv., prep.)

withstand wiþstandan (verb strong 6)

witness (ġe)witnes (noun f.), (ġe)wita (noun m.), sċēawere (noun m.)

wits *[intelligence, sense]* (ġe)witt (noun n.)

woe wā (noun m.), wēa (noun m. weak), wālā (interj.)

wolf wulf (noun m.)

woman wīfmann (noun m.), wīf (noun n.); *[company of a woman]* wīfcȳþþu (noun f.); *[monstrous woman]* āglǣċ-wīf (noun n.)

womb innoþ (noun m.)

wonder wundor (noun n.); ofwundrian (verb weak); *[wonder at]* wundrian (verb weak), āwundrian (verb weak)

wonderful wundorliċ (adj.)

wonderfully wundorlīċe (adv.)

wondrous wundorliċ (adj.), wrǣttliċ (adj.)

wondrously wundorlīċe (adv.)

wood wudu (noun m.), holt (noun n.), wuduholt (noun m.), bearu (noun m.), trēow (noun n.); *[protection offered by presence of a wood]* wudufæsten (noun n.)

wool wull (noun f.)

word word (noun n.), ġiedd (noun n.)

work weorc (noun n.), ġeweorc (noun n.), ġewyrht (noun n.); wyrċan (verb weak 1b); *[forge]* āsmiþian (verb weak); *[work over]* oferwyrċan (verb weak), bewyrċan (verb weak)

worker wyrhta (noun m.)

world woruld (noun f.), middanġeard (noun m.), woruldrīċe (noun n.), ymbhwierft (noun m.)

worldly woruldcund (adj.), woruldliċ (adj.); *[worldly care]* woruldcearu (noun f.); *[worldly kingdom]* woruldrīċe (noun n.); *[worldly thing]* woruldþing (noun n.); *[worldly wisdom]* woruldwīsdōm (noun m.);

[worldly-wise man] þēodwita (noun m.)
worm wyrm (noun m.), maþa (noun m.)
worse wiers (adv.), wiersa (comp. adj.); *[become worse]* wiersian (verb weak)
worsen wiersian (verb weak)
worship weorþung (noun f.), bīgeng (noun m.); (ġe)weorþian (verb weak 2)
worst wierrest (superl. adj.)
worth weorþ (noun f.), duguþ (noun f.); *[be worth]* dugan (verb pret-pres)
worthless nāhtliċ (adj.)
worthlessness nāhtnes (noun f.)
worthy weorþ (adj.), weorþfull (adj.), wierþe (adj.), wirþe (adj.); *[worthy of honour]* ārweorþ (adj.)
would *[normally expressed with subjunctive form of verb]*

wound *[injury]* wund (noun f.), dolg (noun n.); forwundian (verb weak), sārgian (verb weak), (ġe)wundian (verb weak); *[turned]* ġewunden (adj.)
wounded wund (adj.)
wrap wrīpan (verb strong 1)
wretched earm (adj.), earmliċ (adj.), wræcfull (adj.), unlǣd (adj.)
wretchedly earmlīċe (adv.)
wright *[worker]* wyrhta (noun m.)
wrist wrist (noun f.)
write wrītan (verb strong 1), āwrītan (verb strong 1), dihtan (verb weak), ādihtan (verb)
writer wrītere (noun m.)
writing (ġe)writ (noun n.)
wrong unriht (adj.), unrihtliċ (adj.); *[go wrong]* mislimpan (verb strong), misfēran (verb weak); *[wrong time]* untīma (noun m.)
wrongly unrihtlīċe (adv.)

Y

yard *[enclosure]* ġeard (noun m.)
year ġēar (noun n.), winter (noun m.); *[...-year-old]* -wintre (adj.), e.g. 'one-year-old' = 'ānwintre'
yearly ġēarlīċe (adv.)
yearn ġiernan (verb weak)
yeast beorma (noun m.)
yell ġiellan (verb strong 3), gylian (verb weak)
yellow ġeolu (adj.)
yes ġēa (interj.), ġese (adv.)

yesterday ġiestrandæġ (adv.); *[yesterday night]* ġiestranniht (adv.)
yet ġiet (adv.), þēah (adv./conj.), þēahhwæþere (adv.), þāġiet (adv.)
yew īw (noun m.)
yield *[yield up]* linnan (verb strong 3)
yore *[of yore]* ġēara (adv.); 'days of yore' = ġēardagas (noun m pl.)

you *[one person]* þū (pron.); *[two people]* ġit (pron.); *[three or more people]* ġē (pron.)
young ġēong (adj.), ġehwǣde (adj.); *[young bird]* bridd (noun m.); *[young men]* ġēoguþ (noun f.)

your *[one person]* þīn (possessive pron.); *[two people]* incer (possessive pron.); *[three or more people]* ēower (possessive pron.)
youth ġēoguþ (noun f.), ġēoguþhād (noun m.), cnapa (noun m.), cniht (noun m.)

Z

zeal anda (noun m.), ellenwōdnes (noun f.), ġeornfulnes (noun f.), nēod (noun f.), rēþnis (noun f.)

zealous rēþe (adj.)
zealously ġecrnlīċe (adv.)
zero nāht (noun n.)

Printed and bound by CPI Group (UK) Ltd, Croydon, CR0 4YY
09/02/2026
02050224-0001